Le Rock

POUR LES NULS

Le Rock POUR LES NULS

Nicolas Dupuy

Préface de Francis Zégut

FIRST Editions

12, avenue d'Italie
75013 Paris
Tél : 01 44 16 09 00
Fax : 01 44 16 09 01
Courriel : firstinfo@efirst.com
Internet : www.editionsfirst.fr

ISBN : 978-2-7540-6755-3
Dépôt légal : novembre 2014
Imprimé en Italie par «La Tipografica Varese Srl» Varese

Ouvrage dirigé par Benjamin Arranger
Direction éditoriale : Laurent Boudin
Édition : Capucine Panissal
Illustrations : Marc Chalvin
Correction : Jacqueline Rouzet
Couverture et mise en page : Romain Poiré
Fabrication : Antoine Paolucci
Production : Emmanuelle Clément

À propos de l'auteur

Nicolas Dupuy est rédacteur d'articles encyclopédiques sur le rock depuis 1998. Il a créé en 2005 le blog de référence « Crosstown Traffic, mythes, anecdotes et fabulations rock'n'rollesques », salué par *Rolling Stone*, France Inter, France 2, Europe 2, Le Mouv', Rue89, *Fluide Glacial* et, en 2006, son indispensable complément, le blog « Are you experienced? », une « encyclopédie rock'n'rollesque interactive irraisonnée ». Il est bassiste amateur dans un groupe de rock depuis 1989. Il est également l'auteur du *Petit livre des 100 meilleurs albums de rock* (First, 2010).

Dédicace

À Angélina, ces pages passionnées, rédigées à Paris, Londres, San Francisco et Los Angeles.

Remerciements

De nombreux « fans » (de rock !) m'ont accompagné tout au long de ce projet dont les dix-huit mois intenses ont été vécus comme une véritable « odyssée rock ». Qu'ils (et elles) soient tou(te)s remercié(e)s ici pour leur chaleureux soutien, notamment :

- Benjamin Arranger, fan de Bruce Springsteen, pour avoir permis de porter sur papier une passion de plus de vingt ans ;
- Pierre Barthélemy, fan de David Bowie, pour notre fervente collaboration sur des articles encyclopédiques rock ces dix dernières années ;
- Frédéric Fall, fan de Jaco Pastorius, pour ses quelques cours de basse électrique au début des années quatre-vingt-dix, jamais oubliés ;
- Thierry Ferreira, fan de King Crimson, pour ses remarques pertinentes ;
- Bénédicte Filone, fan de… Frédéric Chopin, pour ses lumières de concertiste ;
- Yann Gibert, fan de Neil Young, pour ses formidables outils Internet porteurs de mon évangélisation Web ;
- Éric Le Cam, fan de Led Zeppelin, pour sa relecture critique ;
- Philippe Manœuvre, fan des Rolling Stones, pour m'avoir ouvert les portes de *Rock&Folk* lors d'un mémorable stage il y a bien longtemps ;
- Isabelle Maze, fan de Police, pour sa participation au choix de la couverture ;
- François et Sandrine Neuville, fans des Smiths, pour leur enthousiasme de la première heure ;
- Jean-François Pitet, fan de… jazz, pour ses analyses toujours pertinentes ;
- Francis Zégut, fan d'AC/DC, pour sa généreuse préface ;

- Ma famille et ma belle-famille, fans de… beaucoup de choses, pour être tout simplement là !
- Et, enfin, tous ceux avec qui j'ai pu jouer et qui ont fait semblant de ne pas entendre mes fausses notes – mais « *hey! it's only rock'n'roll* »…

Sommaire

Préface

« **L**a musique, c'est comme la vie, ça se respire. » Dans cette phrase, cette pensée, cette affirmation, il y a certainement un morceau de l'existence de tout un chacun. Qui n'a pas un instant de vie tatoué de quelques notes ? Amour ou rupture, naissance ou décès, succès ou déception.

Pour ma part, cette maîtresse est devenue comme un abri, afin de me protéger d'une enfance « abandonnée ». Je me souviens de l'achat de mon premier 45 tours en 1962, « Love Me Do » des Beatles. Je me souviens de « Salut les copains » sur Europe 1, le transistor collé à l'oreille, le sourire aux lèvres lorsque retentissaient les premières notes de « Last Night » des Mar-Keys, le générique de l'émission. Je suis devenu « addict » de musique par passion pour la vie. Je rêvais d'un autre monde, d'une revanche. Voilà bientôt trente-cinq ans que je fais de la radio avec un certain engagement. Vivre pour une passion, et qu'elle nous le rende bien, c'est ce que je souhaite à tout le monde.

« Le rock est mort ! » Combien de fois n'ai-je pas entendu cette affirmation jetée au visage de générations de rockers, hard-rockers, punks et autres gothiques ? Toutefois, le rock n'a pas besoin d'avocat. Depuis que les guitares ont mis « les doigts dans la prise », il hurle, ingurgite les époques, crée des modes. Oui madame, monsieur, je le crie haut et fort : Elvis Presley, les Beatles, Led Zeppelin, AC/DC, le Clash, Bruce Springsteen, Oasis, Nirvana, Metallica… tout ce petit monde a son ticket pour la postérité de l'histoire de la musique !

Ce *Rock pour les Nuls* ne se commet pas dans les us et coutumes d'une biographie, ou bien d'une analyse d'un genre précis. Non, ce bouquin décrypte, synthétise et transcrit de manière chronologique la grande épopée du rock.

Comme l'écrit si bien Nicolas Dupuy, le rock « en Noirs et Blancs » est issu des noces improbables du blues et de la country. Les fondations sont érigées et l'attention est instantanément captivée par une écriture fluide, compacte et souriante.

Dans le chapitre 3, consacré au rock français, on apprend que l'expression « yé-yé » est le fait du sociologue Edgar Morin qui écrit dans une chronique du *Monde* en 1964 : « Les 150 000 jeunes qui se pressaient place de la Nation pour voir Johnny Hallyday en poussant des *yeah* ("ouais"). »

Dans *Le Rock pour les Nuls*, on parle également de la « British Invasion », de punk, de rock progressif, de rock alternatif français, de thrash, etc.

La plupart des bouquins sur le sujet, minimisaient, ou occultaient, le hard-rock. Ici, pas de préjugé de poseurs prônant la sainte parole, Nicolas Dupuy y consacre deux chapitres : « Le hard-rock : sainte trinité anglaise et missionnaires américains » et « Le retour des guitares électriques arrogantes ».

Traversant les grandes plaines, là où les chevaux sauvages galopent, ruent et se cabrent, l'auteur fait du pointillisme et s'arrête sur des détails qui comptent. Page 140, un encadré sur les producteurs de rock qui se termine par cette phrase : « Vous souhaitez encore vous convaincre de l'importance de ces "musiciens de l'ombre" ? Une recette imparable : écoutez votre titre préféré dans sa version studio, puis dans sa version live... » C'est lumineux *et* explicite.

La construction encyclopédique de ce *Rock pour les Nuls* pousse l'irréprochable jusqu'à la fin où l'on trouve dix moments cultes du rock, dix albums rock légendaires, un glossaire pour les mots anglais, des conseils de lecture, des liens Internet et deux index, l'un pour les multiples groupes, chanteurs et musiciens, l'autre pour les (non moins nombreux) albums et chansons cités tout au long de l'ouvrage.

Autant vous dire qu'à la lecture de ce livre, je ne me suis pas ennuyé une seule page. C'est clair, limpide, instructif. Cela m'a parfois emmené au pays de la nostalgie, et surtout, c'est rock sans ségrégation. Quatre cents pages à garder près de soi, pour la découverte, les réunions de famille, les trous de mémoire. *Le Rock pour les Nuls* est une boussole indispensable pour tout amateur de rock.

Passez du bon temps, et vive le rock !

Francis Zégut

Introduction

Plus de cinquante ans après sa fracassante naissance, le rock est partout… Tout ou presque, aujourd'hui, est « rock », pour peu qu'une dose infime de rébellion, sincère ou calculée, y soit mêlée : « rock », les Rolling Stones et Bob Dylan, même sexagénaires ; « rock », les néopunks (et déjà séparés) Libertines, les papes assagis du « thrash » Metallica et le duo rétro-futuriste versaillais Air ; « rock » également notre « Johnny national », les (très) jeunes néogothiques allemands de Tokio Hotel, les chanteurs néoréalistes de Louise Attaque ou l'ex-sex-symbol Madonna – et puis, les frontières musicales franchies, « rock » aussi le cinéma de Quentin Tarantino, la cuisine de Jamie Oliver ou les actions musclées des altermondialistes…

Récupéré, le rock, alors ? Certains donnent même le fringant « quinqua » pour, sinon mort, du moins moribond, balayant d'un revers de main la production des trente dernières années ou l'assimilant, au mieux, à une opération commerciale tenant un peu de l'acharnement thérapeutique et orchestrée, bien sûr, par des maisons de disques vendues au diable…

Authentique ou frelaté, le rock fait en tout cas partie de la vie de chacun en ce début de XXIe siècle : que l'on empoigne pour la première fois une guitare pour s'essayer aux légendaires notes d'introduction du « Johnny B. Goode » de Chuck Berry ; que l'on guette avec ferveur la parution du prochain White Stripes ; que l'on se repaisse, oreilles bourdonnantes, des déflagrations stridentes de Slayer en concert ou que l'on se prenne à monter le volume de la radio qui diffuse le « Back in the USSR » des Beatles, le « Born in the USA » de Bruce Springsteen ou le « Louxor, j'adore » de Philippe Katerine…

Aujourd'hui triomphant, le rock revient de loin. Pillant sans vergogne un inépuisable fonds musical afro-américain pour le présenter à un large public blanc, il a tout d'abord été une célébration exaltée d'une jeunesse américaine confiante et un exutoire puissant à ses frustrations et ses révoltes. Fait notable, son essor coïncidait avec l'émergence de cet inconnu, le *teenager*, dont l'industrie du disque n'a pas tardé à mesurer le riche potentiel marketing. Sans surprise, ce sont ainsi ces premières années cinquante, héroïques et insouciantes, qui en ont scellé le destin : médium d'une jeunesse rebelle, le rock, la vieillesse déjà aux trousses, se condamnait à poursuivre une adolescence en fuite et à la prolonger artificiellement au prix de mutations tour à tour douloureuses, sacrilèges et audacieuses.

Mais comment se renouveler quand trois accords suffisent à vous définir ? La question, cruciale, était posée. Comme tout genre musical, le rock y répond par des évolutions (souvent), des révolutions (parfois) et des circonvolutions (toujours, diront les puristes de la première heure)… Américain, il accueille en son sein les « envahisseurs » anglo-saxons dès le début des années soixante, y gagnant une mélodicité et une profondeur insoupçonnées ; art mineur en quête inavouée de respectabilité, il sacrifie à la virtuosité la plus complexe – et, parfois, la plus vaine – avec le *hard rock* ou les groupes progressifs et apporte à la musique du XXe siècle, avec Jimi Hendrix et Edward Van Halen, au moins deux révolutions musicales ; amateur – les fausses notes sont autorisées sous couvert de sincérité –, il se fait même professionnel et honteusement commercial ; ouvert, il s'acoquine avec le jazz, le reggae, le funk, le folk, l'électronique, les musiques du monde et même avec son fossoyeur annoncé, le rap ; spontané, il se fait calculateur – mais aussi stupide, subtil, généreux, raciste, stéréotypé, excentrique… et bien d'autres choses encore !

Comme nul autre genre musical peut-être, le rock est, enfin, pourvoyeur d'icônes – Elvis Presley, Jim Morrison, Jimi Hendrix, Morrissey, Kurt Cobain, Marilyn Manson… – et de légendes outrées (saviez-vous que Paul McCartney était mort en 1968 et qu'Elvis était toujours vivant ?) qui ont contribué à forger sa réputation sulfureuse, résumée par le fameux triptyque « *sex, drugs and rock'n'roll* ».

À propos de ce livre

C'est cette « hénaurme » aventure du genre musical populaire le plus… populaire que j'ai choisi de retracer pour vous ici – ou plutôt de faire revivre. Une structure essentiellement chronologique, articulée autour des grandes périodes du rock et de ses artistes, s'est imposée pour rendre compte de la complexité et de la richesse d'un genre très évolutif, mais aussi débrouiller les liens, ténus mais indéniables, qui unissent les premiers cris d'Elvis Presley en 1954 et les dernières révélations d'un rock en perpétuelle mutation.

Ce livre se conçoit ainsi comme un voyage – un voyage aux étapes balisées, donc, qui en facilitent la lecture linéaire mais en autorisent aussi, si vous êtes pressé(e), la consultation rapide et ponctuelle des centaines de fiches biographiques et critiques des artistes, des « mémos » donnant en quelques points les principales caractéristiques d'un genre (*glam*, *thrash*, *punk*, *rock psychédélique* et les autres), mais aussi des encadrés donnant un coup de projecteur sur les nombreuses thématiques associées au rock, du cinéma au satanisme en passant par les disques pirates, les groupies, Internet ou les concerts caritatifs.

Le rock étant aussi – surtout – affaire de personnalité(s), vous croiserez aussi, au gré de ce voyage, tous ceux et toutes celles qui ont fait sa notoriété mondiale – de Chuck Berry à Thom Yorke, de Sid Vicious à Michael Stipe – mais aussi ses *outsiders*, tout autant essentiels à son histoire mais souvent méconnus, comme Dick Dale, Richard Hell ou Genesis P-Orridge. Vous aurez aussi le loisir de collecter au fil de votre lecture les références de plus d'une centaine d'albums fondamentaux du rock sous toutes ses formes, *surf music*, *punk*, *folk-rock*, *rock industriel*… et toutes les autres. Chemin faisant, des éclairages complémentaires seront portés sur les courants majeurs plus ou moins justement associés au rock dans son sens le plus large (et même très très large !), comme le reggae, le funk, la soul ou même la house qui, impossibles à développer pleinement dans le cadre de ce seul livre, l'ont influencé en profondeur comme vous le découvrirez.

Retracer l'histoire du rock, c'est aussi, inévitablement, suivre l'évolution des sociétés américaine puis européenne au rythme des bouleversements sociologiques – hippies de San Francisco, Swingin' London, l'Angleterre des punks – que le rock provoque ou accompagne. C'est à la découverte de cette contre-culture, qu'il n'est pas interdit de tenir pour véritable culture à part entière, que nous vous convions dans ces pages avec l'idée que tout disque de rock, vinyle, CD ou MP3, est aussi un petit morceau d'économie, de social, de politique et d'art.

Enfin, ni dictionnaire ni encyclopédie, ce livre ne prétend nullement à l'exhaustivité, qui plus est s'agissant d'un genre fort de milliers d'artistes dont on exhume régulièrement des trésors cachés et qui, plus de cinquante ans après sa naissance, est loin d'avoir dit son dernier mot. Pareillement, un portrait définitif du rock a semblé illusoire tant son histoire reste autant collective que personnelle. Précis et objectif, en retour, sur un sujet aussi passionnel, ce livre s'est donné plus simplement pour double objectif de faire comprendre et de surprendre, au fil d'une équipée qu'on espère, naturellement, tout à fait sauvage…

Les conventions utilisées dans ce livre

Genre musical populaire, anglo-saxon de surcroît, le rock brasse un ensemble de termes « techniques » dont le nom originel en anglais est souvent resté sans traduction, que ce soit le nom même d'un genre (comme le *hardcore* ou la *new wave*) ou d'un élément musicologique (*riff* ou *feedback*). Ces termes ont été ici utilisés le moins possible hors contexte, de manière à ne pas entraver la compréhension générale, et font par ailleurs tous l'objet d'une courte définition dans le glossaire présent à la fin de ce livre.

Dans ce même esprit de confort optimal de lecture, la version « française » des noms de groupes a été le plus souvent privilégiée de manière à éviter l'intrusion répétée de l'article anglais *The* dans la lecture. On écrira ainsi « les » Rolling Stones plutôt que « The » Rolling Stones, sans s'interdire d'adopter çà et là la version la plus répandue, pas nécessairement la plus rigoureuse, de la dénomination d'un groupe comme « Cure » (plutôt que « les » ou même « la » Cure) ou « Police » (plutôt que « les » ou « la » Police). Tous figurent, pour un accès rapide, dans un index final spécifique des artistes.

L'objectif pratique assigné à ce livre nous a par ailleurs conduit à mentionner un maximum de références utiles au lecteur soucieux de se constituer une discothèque idéale. Celles-ci prennent la forme de titres d'albums, signalés en italique et souvent suivis de leur année de parution (exemple : *Let It Bleed*, 1969) et de titres de chansons, indiqués, quant à eux, entre guillemets (exemple : « Hey Jude » des Beatles). Toutes sont reprises dans un index final spécifique des œuvres.

Comment ce livre est organisé

Si vous êtes curieux, un coup d'œil au sommaire du livre vous a déjà donné un premier aperçu des différentes étapes de notre « odyssée rock ». Les voici détaillées par partie.

Première partie : « A wop bop a loo bop a lop bam boom » : la naissance du rock'n'roll

Cette partie vous présente les origines du rock'n'roll en en détaillant toutes les influences musicales, nombreuses, mais aussi le contexte socio-économique qui en a favorisé l'éclosion aux États-Unis et la propagation progressive dans le monde entier. Des premiers précurseurs, bien avant que le genre n'existe en tant que tel, à Bill Haley et Elvis Presley, ses deux premières idoles, c'est le rock américain originel, bientôt porté par d'autres légendes – Chuck Berry, Little Richard, Roy Orbison, Duane Eddy et les autres – que vous découvrirez ici. Même les débuts pour le moins personnels de la France dans le domaine sont consignés ici !

Deuxième partie : « She Loves You (Yeah, Yeah, Yeah) » : l'« Invasion britannique »

Cette partie fait toute la lumière sur une des révolutions les plus importantes de ce rock'n'roll devenu simplement « rock » : donné pour mort au début des années soixante, il est sauvé *in extremis* par… des Anglais ! Revigoré, remodelé, redéfini, ce rock anglais est renvoyé aux États-Unis dont il enflamme des millions de jeunes. À la tête de cette « Invasion britannique », on trouve deux groupes mythiques, les Beatles et les Rolling Stones, dont on détaille amplement l'exceptionnel apport, sensible aujourd'hui encore, dans tout le rock ultérieur. À leurs côtés, vous découvrirez toute une génération de groupes légendaires – les Kinks, les Who, Cream, les Yardbirds et bien d'autres – qui confirment que, né américain, le rock sera désormais aussi britannique.

Troisième partie : « Break on through (to the Other Side) » : les « sixties », entre psychédélisme et révolte

Cette partie vous donne toutes les clés pour comprendre l'une des périodes les plus créatives et les plus denses du rock anglais et américain – ces années soixante qui dessinent un « âge d'or » du rock, en lui apportant une grande part de ses albums et de ses titres les plus marquants mais aussi de ses icônes les plus fascinantes, de Bob Dylan à Jimi Hendrix. Y est aussi détaillée, en toile de fond, la contre-culture idéaliste qui la soutient et sa faillite à la fin des années soixante-dix quand, les Beatles séparés et quelques-uns de ses talents les plus prometteurs tragiquement décédés, le rock perd sa crédulité et se découvre une part de cynisme.

Quatrième partie : « It's been a long time since I rock and rolled » : le rock triomphant des années soixante-dix

C'est dans cette partie que vous découvrirez la période la plus excessive du rock : les années soixante-dix. Placée sous le double signe de la surenchère et de la démesure, elle voit éclore quelques-uns des courants les plus influents du rock – *hard rock*, *glam rock*, *rock progressif* notamment – qui se développent sans aucune limite créative, distribuant au passage des dizaines d'albums et de titres passés depuis à la postérité. Confiant et bravache, ce rock en pleine gloire, déjà si loin de ses origines américaines, révèle également un nombre saisissant d'artistes majeurs, de David Bowie à Led Zeppelin en passant par le Velvet Underground, Pink Floyd, les Stooges, Queen, Kraftwerk, ZZ Top ou Frank Zappa ; vous y verrez enfin comment beaucoup d'entre eux seront fortement secoués par la déferlante punk à la fin de la décennie, tandis que d'autres sauront se réinventer et, pour certains, être encore présents, plus de trente ans après leurs débuts, au XXIe siècle.

Cinquième partie : « I wanna be... anarchy » : les révolutions punk

Cette partie vous explique toute la révolution punk : comment à partir de 1976, quelques jeunes rockers iconoclastes anglais et américains prennent violemment à partie la génération rock en place, celle des « dinosaures » qui, trop confiants, se sont fourvoyés dans un rock compliqué et grandiloquent, en lui opposant un rock simple, direct, un peu brouillon et parfois nihiliste mais terriblement excitant ; comment l'impact de cette déflagration, encore audible aujourd'hui, a produit un soubresaut salutaire dans le rock ; comment, enfin, de nouveaux genres, *post-punk*, *new wave* et *hardcore*, se sont engouffrés dans la brèche ainsi créée pour irriguer bientôt tout le rock des années quatre-vingt… jusqu'à celui d'aujourd'hui ! Enfin, vous découvrirez comment, sur un autre versant, coupée de ces agitations, la guitare électrique connaît alors un renouveau technique qui lui fait atteindre des nouveaux pics de virtuosité, au grand bonheur de millions de fans toujours adeptes, malgré le procès punk, d'un rock puissant, rapide et spectaculaire.

Sixième partie : « Smells like teen spirit » : les rocks alternatifs

Cette partie fait le tour de toutes les évolutions, nombreuses et souvent radicales, du rock du début des années quatre-vingt à nos jours. Vous comprendrez comment, partagé entre avant-gardisme et concessions commerciales, ce rock moderne, reconfiguré par sa nouvelle puissance économique, devient une institution planétaire, qu'il soit « indépendant », *grunge*, *néopunk* ou *lo-fi*… Tant et si bien que, vous verrez pourquoi, il est bel et bien impossible d'échapper au rock en ce début de XXIe siècle !

Septième partie : La partie des Dix

Cette partie, un « classique » de la collection « Pour les Nuls », vous résume de manière simple et transversale le rock à travers ses dix albums les plus représentatifs.

Les icônes utilisées dans ce livre

Tout au long de votre lecture, des icônes placées dans la marge vous accompagneront, soulignant l'intérêt d'un passage ou en permettant l'identification immédiate si vous ne faites que parcourir ce livre rapidement. Elles sont au nombre de trois :

Comme son nom l'indique, cette icône signale la mention d'un album considéré comme un « classique » du rock. Pratique pour se constituer une discothèque idéale !

Cette icône pointe les passages où un genre du rock (le rock progressif ou le rock gothique, par exemple) est défini par ses caractéristiques les plus générales (période, son, etc.).

Cette icône attire votre attention sur un point important – musical, historique, social – du chapitre.

Et maintenant, par où commencer ?

Pas de panique ! Dans l'esprit de la collection « Pour les Nuls », ce livre peut tout aussi bien être lu de sa première à sa dernière page – comme une histoire du rock et de toutes ses évolutions – que simplement parcouru, en butinant d'un chapitre à l'autre, au gré de vos envies et de vos découvertes. Ainsi, si vous souhaitez savoir qui étaient vraiment les Sex Pistols et quel est « l' » album à écouter pour vous faire votre propre idée, rendez-vous directement au chapitre 13 ! Si vous souhaitez en savoir un peu plus sur le contexte d'éclosion de ce groupe, et compléter votre lecture de quelques groupes (et albums) additionnels, ajoutez-y un ou deux chapitres avant et après et vous pourrez même épater vos amis ! Quelle que soit la méthode choisie, n'hésitez surtout pas à vous faire *votre* propre histoire rock, celle dont les albums se retrouveront dans votre lecteur de MP3 ou de CD (ou sur votre chaîne hi-fi !)…

Première partie

« A wop bop a loo bop a lop bam boom » : la naissance du rock'n'roll

Dans cette partie…

C'est ici que tout commence : vous saurez tout (ou presque) sur les origines obscures du rock'n'roll, ses influences, sa gestation et ses précurseurs… et ses multiples dates de naissance ! Vous découvrirez aussi comment ce savant mélange de musique folklorique noire et de musique folklorique blanche adapté au goût de la jeunesse blanche américaine fait une entrée fracassante avec le « Rock around the Clock » de Bill Haley, se transforme en phénomène mondial – et social – grâce à un certain Elvis Presley, et touche tardivement (et très curieusement) la France avant d'être donné pour mort, les années cinquante à peine achevées… « *Let's rock!* »

Chapitre 1

Les premiers cris du rock'n'roll

Dans ce chapitre :

- Les origines musicales du rock'n'roll
- Le contexte socioculturel
- Le premier titre de rock'n'roll
- Bill Haley, le défricheur
- Le mythe Elvis Presley

Quand le « rock'n'roll » est-il né ? Bien malin celui qui pourra répondre, cette question-piège divisant, aujourd'hui encore, fans comme musicologues... Si l'année 1954 – celle où Bill Haley enregistre son fameux titre « Rock around the Clock » – est traditionnellement reconnue comme celle où le « rock'n'roll » pousse ses premiers cris aux États-Unis, l'affaire est en effet bien moins simple qu'il n'y paraît... Éparses et confuses, ses premières manifestations sont sensibles dès la fin des années quarante – certains, même, n'hésitent pas à remonter jusqu'aux années vingt !

Se pose ainsi rapidement une autre question, tout aussi embarrassante que la première : qu'est-ce que le « rock'n'roll » ? Le genre à peine éclos, ses premiers héros – Bill Haley, Elvis Presley, Gene Vincent, Chuck Berry, Buddy Holly et les autres (voir Chapitre 2) – en offraient déjà chacun leur propre version, aux différences bien marquées.

En outre, de genre musical essentiellement destiné à faire danser la jeunesse américaine, le « rock », comme nous l'appellerons tout au long de cet ouvrage, s'est fait phénomène, puis culture, pour ainsi dire du jour au lendemain, d'un bout à l'autre de la planète en se réinventant sans cesse tout au long du chemin. Jusqu'à aujourd'hui où, fragmenté, divisé, transfiguré – défiguré parfois –, le « rock » évoque aussi bien Elvis que P.J. Harvey, Megadeth que les Beatles, Cure que les White Stripes, dans un fourre-tout généreux qui en dit long sur son exceptionnelle versatilité.

En bref, vous l'avez compris, on peinerait à trouver un genre musical aussi rebelle à lui-même. Alors, insaisissable, le rock ? Pas tout à fait, fort heureusement, comme vous le raconte ce chapitre qui en remonte à la source, en détaille le contexte d'apparition et décrit la percée de ses deux tout premiers champions, Bill Haley et Elvis Presley.

Les racines du rock

La naissance du rock aux débuts des années cinquante paraît bien improbable : en mélangeant deux cultures musicales plus ou moins antagonistes, celle du *blues* « noir » et de la *country* « blanche », il naît d'un panachage à la symbolique très forte dans une société américaine encore profondément marquée par les questions de race. Célébration du fameux *melting-pot* américain pour les uns, détournement marketing rusé, un peu scandaleux, pour les autres… Hollywood n'aurait pas trouvé meilleur scénario !

Le rock en Noirs et Blancs : les noces du « blues » et de la « country »

Le rock ? L'histoire de l'union, jugée contre nature par beaucoup à l'époque, de deux folklores « raciaux » : une musique « noire », le *blues*, et une musique « blanche », la *country*. Jetons un coup d'œil au livret de famille des heureux (?) parents :

- **Le blues** : le blues est un genre musical afro-américain traditionnel dont les origines remontent au moins à la seconde moitié du XIXe siècle. Chant de « travail » autant que chant religieux spontanément créé par les esclaves afro-américains (notamment dans les champs de coton du Sud des États-Unis), le blues, d'abord transmis oralement, s'ouvre aussi à la guitare acoustique et au piano ; bientôt, il repose sur une progression caractéristique de trois accords dont la récurrence favorise l'improvisation des chanteurs ou des musiciens – le rock ne les oubliera pas, ces trois accords ! Dès le début du XXe siècle, les premiers enregistrements de blues sont réalisés ; quelques décennies plus tard, le blues se frotte au jazz, s'électrifie et éclate généreusement en multiples courants – là encore, le rock et ses innombrables sous-genres ont donc de qui tenir ! Pas ingrats, les rockers américains puis britanniques vénéreront d'ailleurs longtemps les bluesmen légendaires comme Robert Johnson, Muddy Waters, John Lee Hooker ou Howlin' Wolf.

- **La country & western** : la country & western est un genre musical traditionnel « blanc » né aux États-Unis, dans la région des Appalaches, au début du XXe siècle. Destinée au public blanc, essentiellement rural, du Sud des États-Unis, la « country », comme on l'appelle plus simplement, plonge ses racines dans le folklore anglais, irlandais et emprunte aussi aux chants d'église baptiste. C'est une musique acoustique simple, aux accents plaintifs caractéristiques, convoquant guitare, violon, banjo, mandoline, piano, quelques instruments « exotiques » comme la *pedal-steel* ou le *dobro*, puis le saxophone, et même la batterie qui s'ouvre progressivement à l'électricité. Comme le blues, la country se scinde elle aussi en sous-genres – *hillbilly*, *bluegrass*, *honky-tonk*, *western swing*, *cowboy music* et bien d'autres – emmenés, eux, par de véritables stars nationales, souvent consacrées par un passage au « Grand Ole Opry », l'incontournable show radiophonique hebdomadaire du genre, à partir de 1925 : Jimmie Rodgers, Roy Acuff, Hank Williams, Ernest Tubb, Lefty Frizzell, la « famille Carter », Bill Monroe, Earl Scruggs, Lester Flatt, Gene Autry, Roy Rogers sont ainsi les premières idoles du public blanc américain. Au lendemain de la Seconde Guerre mondiale, la country connaît un formidable regain et la ville de Nashville, dans le Tennessee, en devient la « capitale »… mais ça, c'est une autre histoire !

Une telle généalogie, si parfaitement équilibrée entre folklore noir et folklore blanc, reste, naturellement, toute schématique. Blues et country, comme tous les genres musicaux, ont tout au long de leur évolution été perméables à d'autres influences et, quoi que pourront vous en dire les puristes les plus acharnés de chacun des deux genres, se sont mutuellement enrichis.

Le rock peut ainsi se voir comme l'aboutissement d'un rapprochement inéluctable de deux cultures, qui l'est devenu davantage encore à partir de la fin des années dix avec l'exode rural massif de la population noire vers les villes où l'on proposait du travail ; cette mixité explosive en explique d'ailleurs probablement l'exceptionnel succès.

Par ailleurs, la part de chacun des deux genres, blues et country, dans le rock est très relative : si le rock des débuts, vous le verrez un peu plus loin, s'appuie fortement sur la country avec le courant *rockabilly*, celle-ci ne survivra ensuite essentiellement que dans le rock acoustique (voir Chapitre 9) ou « sudiste » (voir Chapitre 10) avec, çà et là, quelques clins d'œil nostalgiques. La veine blues, en revanche, irrigue généreusement le rock de ses débuts jusqu'à la période *punk*, avant de se faire plus discrète ; son univers, fait d'allusions salaces pétillantes, d'une poésie de la souffrance et d'un romantisme faustien (le thème de l'âme vendue au diable y est central !), fournira à beaucoup de rockers une imagerie particulièrement évocatrice.

Mais la généalogie du rock ne s'arrête pas là. Sous l'influence de ses deux mythiques parents, le rock se découvre aussi un grand frère : le *rhythm and blues* ; et dissipé comme il se doit, le rock va faire rien qu'à copier sur son « frangin » !

Le « rhythm and blues » : le rock… avant le rock ?

Un scoop : le rock existait avant le rock ! Son nom ? Le *rhythm and blues*, qu'on appelle aussi le « r'n b » (sans rapport avec son homonyme musical des années quatre-vingt-dix représenté par… Beyoncé et consorts).

Ce style de blues se développe dans la seconde moitié des années quarante sur les bases du *jump blues*, un autre type de blues (oui, encore...) dansant qui privilégie l'improvisation et va chercher un certain *swing* dans le jazz. Comme son nom l'indique, ce rhythm and blues est un style de blues au rythme enlevé, très appuyé ; rapidement électrifié, martelé au piano ou hurlé au saxophone, emmené par des lignes de basse rapides (souvent jouées par le pianiste de la main gauche) sur une pulsation marquée, construit sur de brefs motifs musicaux simples qu'on appelle *riffs*, le rhythm and blues est tout énergie et exubérance. Ses musiciens n'hésitent pas d'ailleurs à grimper sur le piano, à faire tourner leurs instruments au-dessus de la tête ou à les glisser entre leurs jambes devant un public hystérique ! (Des années plus tard, à la fin des années soixante, un certain Jimi Hendrix fera redécouvrir aux foules hippies ce spectaculaire patrimoine scénique « noir ».)

Les stars du genre, Louis Jordan, Amos Milburn, Wynonie Harris, Roy Brown, Nappy Brown, Tiny Bradshaw, Joe Liggins, Roy Milton, Camille Howard, sont noires mais, bientôt, c'est le public blanc qui vient écouter cette musique plus rapide – et plus forte ! – que les autres.

Vous l'avez compris, endiablé, suggestif, viscéral, le rhythm and blues ressemble comme deux gouttes d'eau à du rock avant l'heure. Dans un tel contexte, on ne s'étonnera pas qu'à la naissance du rock, l'une des figures de proue du rhythm and blues justement, le pianiste Fats Domino, ait eu le sentiment qu'on faisait beaucoup de bruit pour rien et que ce « rock » prétendument neuf ressemblait furieusement à ce qu'il jouait depuis des années...

Alors « rhythm and blues » ou « rock » ? Pourquoi deux dénominations là où, de toute évidence, la musique est la même ? C'est une notion bien fâcheuse, vous allez le découvrir, qui est à l'origine de cette distinction : la « race » des musiciens.

L'enfance du rock

L'histoire du rock originel est indissociable du contexte – social, culturel, technique – dans lequel il éclôt. Trois mots clés résument alors cette Amérique prête à succomber à cette musique fiévreuse : « ségrégation », « électricité » et « teenager »…

L'industrie du disque à l'épreuve de la question raciale

Une douteuse caractéristique du marché du disque américain en cette première moitié du XXe siècle suffira à planter le décor : le rhythm and blues a longtemps été présenté aux disquaires – et donc vendu – sous l'étiquette infamante de *race records*, soit les « disques raciaux ». Le message ne souffrait pas de subtilités : le rhythm and blues, c'est de la musique noire, c'est-à-dire *pour* les Noirs et *par* les Noirs…

Glorieuse patrie du rock, les États-Unis à l'aube des années cinquante sont en effet aussi le pays de la ségrégation, dans le Sud principalement. La société qui voit naître le rock est ainsi littéralement divisée en deux, des sections honteusement réservées aux Noirs – dans les toilettes, les bus, les cinémas – se chargeant de segmenter les deux populations blanche et noire.

Pourtant, le cloisonnement n'est pas si efficace et, par une ironie un peu amère, la jeunesse blanche américaine commence à se passionner secrètement pour le rhythm and blues, dont elle capte les émissions de radio spécialisées. Prenant note de l'effervescence de cette « scène » alternative souterraine et de son succès auprès des jeunes Blancs, l'industrie du disque américaine conçoit alors un stratagème marketing imparable : vendre cette irrésistible musique au public adolescent blanc… mais en prenant soin, contexte social oblige, de la faire enregistrer par des Blancs, pour s'assurer du plein succès de l'opération.

Cette genèse aux faux airs de pillage n'entame naturellement en rien la qualité artistique des premières vedettes du genre mais elle explique pourquoi, pour beaucoup, le rock originel n'est que du rhythm and blues pour les Blancs, joué par des Blancs…

Les musiciens noirs n'ont toutefois pas été entièrement floués et ont pu à leur tour, pour certains en tout cas, profiter du raz-de-marée rock qui, outre les droits générés par les reprises de leurs compositions et par l'édition de leurs partitions, lui a donné accès à un public, inimaginable jusqu'alors, de dizaines de millions d'adolescents blancs. Fats Domino en sait quelque chose !

Électriques années quarante

Rythmé, amplifié, festif, mélodique, agressif, dansant, rebelle, instinctif, énergique, érotique : le rock est avant toute chose électrique.

Si une fée s'est penchée sur son berceau, c'est bien en effet la fée Électricité. Voix, guitares, basses, tout est bientôt amplifié par l'électricité ! Là encore, c'est le blues qui a joué le rôle de défricheur : les bluesmen qui montent à Chicago dans les années quarante découvrent un public urbain bien plus nombreux – et bien plus bruyant – que celui du Sud. Une seule solution pour se faire entendre : l'amplification ! Et puis, économiquement, l'électricité permet aussi de faire avec un nombre réduit de musiciens – et donc des cachets plus importants – autant de bruit que les *big bands* en vogue jusqu'à la Seconde Guerre mondiale… C'est ainsi que le terrain est préparé pour un rock rapide, fort, avec, dans l'ombre, la montée de l'instrument-roi, la guitare électrique…

Dans cette évolution, l'électricité est aussi indissociable des développements technologiques qui s'en nourrissent : la radio et l'électrophone (ou *pick-up*) permettent ainsi de lancer un artiste dans tout le pays et plus loin encore… La culture musicale de masse n'est pas loin !

Le règne du « teenager »

Les années d'après-guerre aux États-Unis sont relativement fastes et, entre autres conséquences sociales, favorisent l'invention d'un curieux animal, le *teenager*. Cet « adolescent » américain a du temps, de l'argent – en tout cas, celui de ses parents – et est vite identifié par l'industrie du disque (et du cinéma) comme une vraie entité marchande autonome.

Cette conception, difficilement choquante aujourd'hui à l'heure du téléchargement massif de sonneries personnalisées payantes sur téléphone portable, était alors révolutionnaire : naissait ainsi un marché spécifique prenant en compte sinon les besoins du moins les envies (danse, coiffure, « fringues », sexualité) des « jeunes » ; Elvis Presley en deviendra, le premier, le plus sûr ambassadeur, et les transistors, les autoradios, les *pick-up* portables, les *juke-boxes* mais aussi les téléviseurs, les écrans de cinéma et les magazines spécialisés, les efficaces relais – avec, en tête de proue, les 45 tours (ou *singles*) et les albums, fraîchement disponibles au tout début des années cinquante. Pour la première fois, les adolescents avaient une musique à eux, faite (quasiment) par eux, à rebours des goûts des parents et pouvaient se définir par elle… Un produit était né, le « jeune » !

Deux rois du rock, un seul trône

Restait donc à trouver le porte-drapeau de ce rhythm and blues « blanc pour les Blancs » dont la venue semblait imminente : c'est un certain Bill Haley, trentenaire, père de cinq enfants, amateur de country qui se dévoue tout d'abord… avant d'être rejoint puis dépassé par un jeune camionneur de Memphis, Elvis Presley…

Bill Haley, le roi déchu

Faisons un pari pas très audacieux : vous avez forcément entendu au moins une fois le titre fondateur du rock'n'roll, le fameux « Rock around the Clock » de Bill Haley qui, fort de ses 25 millions de copies vendues, a été le premier succès du genre et en reste, aujourd'hui encore, probablement la chanson la plus emblématique.

Pourtant, avant de devenir la pierre de touche du rock, ce « Rock around the Clock » n'a pas fait beaucoup de vagues : enregistré en 1954 et lancé en face B d'un titre sans succès, il doit son étonnante fortune au film *Graine de violence* de Richard Brooks, qui l'a inclus dans sa bande originale en 1955, un an après sa première sortie !

Avec ce titre enjoué et dansant, premier *hit* du genre, William John Clifton, dit « Bill », Haley devient le premier roi du rock. Haley n'est pas un nouveau venu : avant de devenir une star, il a gravé avec ses Saddlemen puis ses Comets – on vous laisse le soin d'identifier le jeu de mots « astronomique » – d'autres classiques comme « Rocket 88 », « Shake, Rattle and Roll », « Rock the Joint » et « Crazy, Man, Crazy », avec souvent, en précieux compagnon de route, le guitariste électrique Danny Cedrone. Le rock, pendant ces deux années 1953-1954, n'avait ainsi qu'une réalité : sans concurrent, sans rival, Haley *était* le rock.

Si Haley avait compris qu'il lui fallait se dépouiller de sa culture country trop criante en remisant progressivement ses tenues de scène de cow-boy et certains instruments trop marqués comme la *pedal-steel* (ou l'accordéon !), il ne pouvait cependant pas rester au pouvoir très longtemps. Il était écrit en effet que le rock serait jeune, beau, érotique, troublant, rebelle : toutes choses que Bill Haley, un peu vieux et un peu bedonnant, n'était pas (ou plus) et qu'un dénommé Elvis Presley, dès 1954, puis Jerry Lee Lewis, Gene Vincent, Chuck Berry ou Eddie Cochran, chacun à sa manière, incarneraient avec flamboyance. Renversé par cette nouvelle garde, Haley continuera son bonhomme de chemin tout au long des années soixante, non sans succès (« Burn That Candle », « See You Later Alligator », « Razzle Dazzle »).

Le premier titre de rock : la polémique sans fin

Les tenants de la théorie d'un « big bang rock » en seront pour leurs frais : il n'existe pas de « premier titre de rock » ! Au carrefour du blues et de la country, avec des influences complémentaires multiples comme le boogie, le swing ou le jazz, le rock n'est pas né d'un titre en particulier mais est le fruit d'une irrépressible évolution. Pour d'autres, il a d'ailleurs toujours existé... Et pour ajouter à la confusion, les prétendants au titre de premier artiste à avoir enregistré un « vrai » rock sont légion !

Au jeu de la recherche archéologique, les découvertes sont, il est vrai, vertigineuses et le « Rock around the Clock » de Bill Haley paraît en tout cas bien tardif ! Un chanteur « hurleur », des paroles à double sens, un solo de guitare électrique, un piano martelé, un saxophone criard... on trouverait sans difficulté dès les années vingt des traces incontestables de ces composantes « rock »... Dès les années trente, les big bands afro-américains, ces gros orchestres, pratiquaient un *swing* dont les pulsations appuyées deviendront elles aussi typiques d'un certain rock.

Parmi les titres précurseurs se disputant la prestigieuse palme, on trouve ainsi un titre enregistré en 1951 par Jackie Brenston et ses Kings of Rhythm (« Rocket 88 ») avec la complicité de Ike Turner (oui, le mari de Tina !). La même année, Bill Haley lui-même, avant son propre « Rock around the Clock », avait commis avec ses Saddlemen un « Rocket 88 » très... rock.

Bien avant eux encore, on déniche des titres comme « Shake, Rattle and Roll » de Big Joe Turner, « Caldonia » de Louis Jordan et ses Tympany Five, « Good Rockin' Tonight » interprété par Roy Brown mais aussi Amos Milburn et Wynonie Harris, « We're Gonna Rock, We're Gonna Roll » de Wild Bill Moor, « The Fat Man » de Fats Domino... Et pour ceux qui voudraient remonter encore plus loin, on conseille d'écouter Lionel Hampton, Jay McShann, Jimmie Rodgers, Les Paul, Muddy Waters, T-Bone Walker, Big Bill Bronzy – bref de tendre une oreille au jazz, au blues et à la country des années vingt à quarante... surprises garanties ! Vous voilà prévenu en tout cas : vous ne pourrez plus dire que le rock commence avec Elvis Presley...

Elvis Presley, le roi soleil

Elvis Presley n'a pas inventé le rock'n'roll. On l'a vu, le « King » comme on le surnomme n'en est même pas le premier roi ! Mais, ne vous y trompez pas, son règne sur le rock est sans partage. Non qu'il ait conduit une carrière sans faille d'ailleurs :

son pic artistique n'a duré que quelques maigres années, sinon quelques mois, pour une discographie qui s'étale sur près de vingt-cinq ans, trop souvent sans refuser la facilité. Mais avec une poignée d'enregistrements splendides réalisés à Memphis dans les studios Sun du producteur Sam Phillips en 1954 et 1955, Elvis Presley a fait du rock un phénomène culturel mondial et lui a apporté, à l'égal d'un Marlon Brando ou d'un James Dean au cinéma, son premier mythe, le plus durable, le plus intemporel aussi. Et si aujourd'hui, ce mythe se confond depuis longtemps avec sa caricature – lèvre retroussée, moue rebelle, mèche de cheveux grasse et déhanchement suggestif pour les jeunes années, tours de chant laborieux, costumes scintillants et obésité menaçante pour la fin –, il reste d'une puissance inégalée.

Le mythe écarté, reste une réalité : Elvis était un chanteur surdoué, doté d'une voix animale, à la souplesse féline, si exceptionnelle que Frank Sinatra lui-même, fossoyeur peu éclairé du rock, finira par admettre avec humour : « Il y a une voix comme ça par siècle. Il a fallu que ça tombe sur le mien… »

Le soleil se lève sur les studios Sun

Les débuts de Presley sont passés dans la légende : à l'été 1953, avec quatre dollars en poche, le jeune camionneur originaire de Tupelo, dans le Mississippi, se présente aux studios Sun, à Memphis, au 706 Union Avenue exactement (l'adresse, devenue elle aussi mythique, vaut la peine d'être mentionnée !). Sous la férule du producteur Sam Phillips, il y enregistre sans prétention les titres « My Happiness » et « That's When Your Heartaches Begin » pour faire une surprise à sa mère. Phillips, qui selon une autre des légendes les plus incontournables du rock, était à la recherche d'un jeune Blanc susceptible de « chanter comme un Noir » n'en croit pas ses oreilles !

Un an plus tard, en 1954, avec le guitariste Scotty Moore et le bassiste Bill Black, Presley enregistre « That's All Right (Mama) » (le titre prendra plusieurs orthographes au fil des pochettes) qui devient son premier succès, toutefois d'amplitude encore régionale. Les autres enregistrements de ces sessions Sun font date et sont, pour beaucoup, les Tables de la loi rock. Auprès du rock de cow-boy de Bill Haley ou des ballades professionnelles du *crooner* Frank Sinatra, le rock d'Elvis rayonne d'une sensualité et d'une spontanéité éblouissantes – en bref, le vrai rock, hormonal et viscéral, est enfin là !

Nouvelle star du rock, dont la carrière est bientôt dirigée par un imprésario douteux, le (faux) « Colonel » Tom Parker (ancien forain et vendeur de *hot-dogs* !), Presley quitte l'écurie Sun pour la maison de disques RCA qui achève d'en faire une idole de la jeunesse américaine, avec des singles historiques, entre fougue et sensualité, comme « Heartbreak Hotel », « Hound Dog », « Don't Be Cruel », « I Want You, I Need You, I Love You », tous parus en 1956. Radio et télévision s'arrachent le jeune rebelle… parfois après l'avoir repoussé avec dédain ; encore trop sensuel pour la société américaine, il est filmé pour l'émission télévisée « The Ed Sullivan Show »… au-dessus de ses hanches : leur pulsation est en effet jugée beaucoup trop suggestive pour les vertueux et innocents téléspectateurs !

Rock, vos papiers…

Utilisé à tort et à travers, le mot « rock » a perdu aujourd'hui toute trace de ses origines. L'expression complète « rock'n'roll » n'a pourtant jamais fait mystère de ses connotations sexuelles et se rattache à cet argot des bluesmen gorgé de sous-entendus salaces bien avant que, par une ironie savoureuse (ou une ingéniosité remarquable), l'industrie musicale « blanche » se le réapproprie pour vendre une musique noire à un public blanc. On a pu attribuer la paternité de cette expression au fameux animateur de radio Alan Freed, qui l'a popularisée sur l'antenne de sa station.

Le cinéma n'échappe pas au phénomène : dès 1956, Presley devient *aussi* vedette de films musicaux, pour faire bonne mesure ! Avec *Le Cavalier du crépuscule*, *Le Rock du bagne* ou *Bagarres au King Créole*, le chanteur atteint des millions de spectateurs, certes pas nécessairement cinéphiles avertis, et trouve bon an mal an sa place au sein d'un cinéma qui deviendra même, dans les années soixante, l'essentiel de son activité, avec des films souvent aussi décevants sur écran que leur bande originale sur disque et dans lesquels l'idole se fait tour à tour GI, camionneur, médecin ou trapéziste (*Les Rôdeurs de la plaine* ; *Sous le ciel bleu de Hawaï* ; *L'Idole d'Acapulco* ; *L'Amour en quatrième vitesse* ; *Le Tombeur de ces demoiselles*).

L'armée : le début de la fin ?

Le 24 mars 1958, un traumatisme national secoue la jeunesse américaine : Presley est incorporé dans l'armée et, après ses classes à Fort Hood au Texas, part pour l'Allemagne. Ce départ a, pour beaucoup (comme le chanteur John Lennon des Beatles), valeur de symbole : le rock vient tout simplement de mourir.

Quand Presley revient deux ans plus tard, son étoile brille pourtant d'un même éclat aux États-Unis et rien n'indique vraiment que son statut de roi du rock puisse lui être contesté, un succès (« It's Now or Never ») continuant à chasser l'autre (« Are You Lonesome Tonight? »). L'attaque viendra d'Angleterre, avec les Beatles puis l'« Invasion britannique » qui feront voler en éclats le carcan rock (voir Chapitre 6). La carrière du « King », sombrera dès lors dans un rock insipide, versant d'ailleurs souvent dans la variété, avec, çà et là (notamment dans des enregistrements de *gospel*), quelques perles témoignant du talent intact d'un chanteur enferré dans les compromissions commerciales.

Contre toute attente pourtant, en 1968, à l'âge christique de trente-trois ans, Presley effectue un come-back spectaculaire à la télévision américaine où, vêtu de cuir noir, il électrise le public et reconquiert son trône à la force du poignet (ou des hanches, si vous préférez !). Dans la foulée, il enregistre à Memphis une poignée de classiques tardifs comme « In the Ghetto », « Gentle on My Mind » et « Suspicious Minds », qui attestent de son retour en grâce. Des concerts pharaoniques suivent, à Las Vegas ou à Honolulu (ce dernier retransmis par satellite devant un milliard de téléspectateurs !) mais la déchéance physique du chanteur, bientôt reclus dans sa propriété de Graceland et entouré d'une douteuse garde prétorienne, est patente. Il meurt le 16 août 1977, à Graceland, dans des circonstances troubles.

Chapitre 2

Du rockabilly à la pop, les pères fondateurs

Dans ce chapitre :

- Les pionniers du rock'n'roll
- L'émergence de la pop
- Le rock vocal
- Le rock commercial
- Le rock instrumental

Bill Haley écarté de la course, la nouvelle star du rock Elvis Presley ne reste pas seule en piste, loin s'en faut. C'est en effet une véritable déferlante rock qui, dans le sillage du « King », submerge les États-Unis, bientôt l'Angleterre et, dans une moindre mesure, l'Europe au milieu des années cinquante !

Fats Domino, Jerry Lee Lewis, Little Richard, Chuck Berry, Bo Diddley, Roy Orbison, Gene Vincent, Eddie Cochran, Buddy Holly… la tête tourne devant le nombre vertigineux de ces rockers pionniers – noirs et blancs – qui inventent alors « leur » version du rock et bâtissent leur (petit) culte dans une époque déjà riche en mythes rebelles, du James Dean de *La Fureur de vivre* au Marlon Brando de *L'Équipée sauvage*… Tous s'illustrent, pendant quelques trop brèves années, par une créativité artistique exceptionnelle que clôt violemment, pour ceux qui n'ont pas péri tragiquement dans l'intervalle, l'« Invasion britannique », la décennie suivante (voir Chapitre 6).

L'influence de cette génération particulièrement prestigieuse – on a pu évoquer à propos de certains d'entre eux une *class '55,* c'est-à-dire une « promo 1955 » – est sans bornes : tous les rockers, jusqu'aux punks, s'en inspireront pour mieux la dépasser mais sans jamais oublier de lui rendre hommage, d'une manière ou d'une autre.

Effervescence artistique oblige, de nouveaux styles de rock, déjà, se croisent, s'opposent et s'enchâssent et, bientôt, c'est sous une même étiquette « rock » confuse à souhait, que sont vénérés le rock matriciel d'Elvis Presley, les harmonies vocales des Platters ou des Everly Brothers, le ténor sombre du guitariste country Johnny Cash, les mélodies pop de Buddy Holly, les instrumentaux virtuoses de Dick Dale ou encore les centaines de hits uniques d'artistes au succès trimestriel.

Ce bouillon rock n'a pas toujours été heureux. Brassé à grosses louches par une industrie du disque en mal de repères, il s'est aussi déversé généreusement sous la forme de centaines d'imitateurs mis sur le marché à la va-vite, les yeux rivés sur les chiffres de vente. Tout était bon pour pressurer ce nouveau genre musical encore mal identifié, dont par ailleurs rien n'indiquait que la longévité pût excéder quelques mois : versions instrumentales balourdes de hits tout frais à destination des pistes de danse, reprises systématiques, entre « pionniers » ou par des seconds couteaux qui obtiennent parfois plus de succès que les originaux, compositions habilement plagiaires…

Ce chapitre vous présente cette étonnante scène composite du rock des années cinquante : celle de la fine fleur des précurseurs du rock'n'roll, des groupes vocaux, du rock commercial et des groupes instrumentaux.

Le rock en touches noires et blanches

N'OUBLIEZ PAS !

Eh oui, origines rhythm and blues obligent, le rock est tôt affaire de piano avec, aux postes de « bourreaux des touches », trois des plus importants pionniers du rock, Fats Domino, Jerry Lee Lewis – le seul Blanc – et Little Richard… Leur formidable succès n'empêchera pas leur instrument fétiche de se faire voler rapidement la vedette par la guitare électrique qui s'imposera irréversiblement comme l'instrument symbolique du rock.

« The Fat Man » : Fats Domino, le rock en rondeur(s)

C'est entendu, Fats Domino est rond. La centaine de kilos assumée, le pianiste et chanteur de La Nouvelle-Orléans s'est fait connaître dès 1949 avec un titre farceur de rhythm and blues, « The Fat Man », ragoût créole fait de boogie-woogie, de ragtime, et de blues, qui sonnait au final comme du rock avant l'heure ! À un bémol près, si l'on ose dire : docile et bienséant, à l'image du chanteur, le rock de Domino est bien loin du « vrai » rock hystérique, dissolu et rebelle de ses deux concurrents pianistes Jerry Lee Lewis et Little Richard.

Avec le plus souvent l'aide du trompettiste et arrangeur Dave Bartholomew, Domino grave en tout cas, entre 1955 et 1960, une série de singles débonnaires, de même facture, qui se vendent par millions : « Ain't That a Shame », « Blueberry Hill » (une reprise d'un standard, qui reste son titre le plus célèbre), « I'm in Love Again », « Blue Monday », « I'm Walkin' » ou « My Girl Josephine ».

Comme pour beaucoup de ses pairs, vous le verrez, l'« Invasion britannique » stoppera brutalement l'élan de cette *success story* au début des années soixante. Dépassé, Domino, à qui les Beatles n'oublieront pas de rendre hommage en 1967 avec leur « Lady Madonna », se fait ensuite plus discret. Il se produisait toutefois encore au printemps 2007 dans un night-club de La Nouvelle-Orléans, à soixante-dix-neuf ans, après avoir été faussement donné comme disparu suite au passage de l'ouragan Katrina.

Le « Killer » : Jerry Lee Lewis, les ferveurs du rock

Un vrai « tueur », en effet, ce Jerry Lee Lewis ! Ses armes ? Un micro, un piano et c'est tout… Les munitions ? Une poignée de titres littéralement survoltés, publiés en 1956 et 1957, comme « Crazy Arms », « Whole Lotta Shakin' Goin' On » et « Great Balls of Fire », hurlés et martelés sur son piano (de ses mains, bien sûr, mais aussi de ses coudes et même… de ses pieds !). Enregistrés avec le guitariste Roland Janes et le batteur J.M. Van Eaton dans les studios Sun Records de Sam Phillips, tous sont des classiques absolus du rock dont ils offrent une version salace aux paroles à peine cryptées… Musicalement, le cocktail de Lewis est simple – une base de blues, de country et de boogie-woogie – mais tient de la nitroglycérine !

Torturé par une foi ardente qui n'exulte que dans un rock lubrique, Jerry Lee Lewis est aussi une bête de scène stupéfiante qui n'hésite pas, un certain soir, à mettre le feu à son piano – là où le gentil Domino, lui, avait laborieusement tenté, un autre soir, de pousser le volumineux instrument vers les coulisses à coups de ventre (!)…

Son apport au rock, incommensurable, est toutefois de courte durée : une première tournée en Grande-Bretagne vire au désastre quand des journalistes anglais découvrent que sa troisième femme, Myra Gale, est sa cousine… et n'a que treize ans ! Meurtri, Lewis entame bientôt une seconde carrière, placée sous le signe de la country, non sans succès mais en faisant table rase du rock – multipliant aussi, malheureusement, les frasques autodestructrices…

En 2006, à soixante et onze ans, il revient au sommet avec l'album *Last Man Standing* pour l'enregistrement duquel se pressent ses fans de la première heure, les guitaristes Keith Richards, Eric Clapton, Neil Young, Bruce Springsteen et Jimmy Page.

« The War Hawk » : Little Richard, Monsieur Pompadour

Le « Faucon de guerre » ? Curieux surnom pour celui qui, né à Macon (Georgie) dans une famille dévote sous le nom de Richard Wayne Penniman, est le grand rival de Lewis. Une énergie qui confine à l'hystérie, un piano pilonné, une voix puissante et un rock qui, appuyé de regards suggestifs, joue de ses connotations sexuelles : les points communs sont nombreux entre les deux pianistes. Les différences aussi : noir, homosexuel, les yeux lourdement fardés, les cheveux coiffés « à la Pompadour », ses costumes rutilants, Little Richard assume avec superbe, à ses débuts du moins, une extravagance si irrépressible que les paroles de ses titres tournent à l'onomatopée euphorique comme son fameux « A wop bop a loo bop a lop bam boom !!! ». Si vous ne devez retenir qu'un seul mot à propos du rock'n'roll, c'est bien celui-là ! (Vous pouvez même essayer de le crier – effet garanti !)

C'est en 1955 que, délaissant les ritournelles de ses débuts, Little Richard crée spontanément une musique qui puise dans le rhythm and blues de La Nouvelle-Orléans, celui de Roy Brown et Billy Wright, et dans le gospel avec un titre légendaire et ingénieusement obscène, « Tutti Frutti ». D'autres classiques suivent jusqu'en 1958, comme « Long Tall Sally », « Rip It Up », « Slippin' and Slidin' », « Ready Teddy », « Jenny, Jenny », « Lucille », « Keep A-Knockin' », « Good Golly Miss Molly »…

Au sommet, Little Richard se reconvertit à la grande surprise de son public en… pasteur et s'emploie à enregistrer des gospels, devenant même, en 1961, ministre de l'Église adventiste ! De come-back rock en replis dévots, la suite de la carrière du pianiste, affaiblie par l'offensive anglaise, convainc moins mais continue d'inspirer le respect.

Le rock en six cordes

Trois pianistes légendaires pour une demi-douzaine de guitaristes (pour ne prendre que les plus légendaires) : le match était inégal et en quelques années, la guitare s'impose irrépressiblement comme l'instrument-roi du rock.

« Crazy Legs » : Chuck Berry, le chroniqueur rock

Qui n'a pas encore vu le célèbre « pas de canard » esquissé par Chuck Berry pendant ses solos de guitare se prive d'un plaisir rare : celui de voir ni plus ni moins que l'essence du rock à guitare. On aurait tort pourtant de réduire l'art de Chuck Berry à ses seules *crazy legs*, ces « jambes folles » qui lui ont valu son surnom ; le chanteur, guitariste et compositeur de Saint Louis (Missouri) jette en effet, à partir de 1956, ce qui passe pour les bases du rock avec les titres « Maybellene », « Roll over Beethoven », « School Days », « Rock and Roll Music », « Johnny B. Goode », « Sweet Little Sixteen », « Little Queenie », « Back in the USA », « Carol » et quantité d'autres !

Outre la force des compositions elles-mêmes, ses légendaires introductions d'une vingtaine de notes, souvent très semblables, ses solos de guitare épileptiques, étalés sur plusieurs mesures, ses rythmiques implacables comme sciées au médiator, ont fixé une véritable grammaire du rock, pieusement assimilée par toutes les générations de rockers. Fortement redevable aux innovations du guitariste de blues T-Bone Walker, dépouillées de leurs tonalités jazz, mais aussi au blues de Chicago et à la country blanche, le rock de Berry est reconnaissable entre tous, souvent imité et, naturellement, jamais égalé.

Et si toutes ses chansons semblent n'en faire qu'une, c'est que la petite révolution musicale de Berry en cache une autre : le guitariste est un des premiers « vrais » paroliers du rock, sinon le premier. Nul avant lui, et peu après, n'a su en tout cas capturer aussi bien l'univers du *teenager* américain – filles, Coca-Cola, lycée, boulot, bagnoles, danse, flipper, juke-box – dans des textes truculents, narquois et désopilants qui font de lui « le » chroniqueur du rock des années cinquante. Et pour ceux qui bouderaient les textes, les talents de compositeur de Berry, plus variés qu'on ne le croit, ont su aussi s'épanouir dans des titres plus différenciés comme les superbes « Memphis, Tennessee » ou « No Particular Place to Go ».

Comme ses pairs, Chuck Berry subit de plein fouet l'arrivée des rockers anglais au début des années soixante. Il précipite aussi lui-même, il faut l'avouer, sa déchéance artistique, temporaire, en se faisant condamner en 1961 à cinq ans de prison pour une sombre affaire de mœurs. Célébré en Europe et à Las Vegas dix ans plus tard, il obtient un improbable succès en 1972 avec le licencieux et fêtard « My Ding-A-Ling », non sans renouer avec certains de ses démons et faire à nouveau la une des journaux à scandale.

En 1986, le guitariste Keith Richards, admirateur inconditionnel de Berry, rend hommage au guitariste qui fête ses soixante ans sur scène, à la faveur d'un concert filmé (*Hail! Hail! Rock'n'roll* de Taylor Hackford) où le « Maître » se montre méprisant à l'endroit de son très fameux disciple. L'« Invasion britannique » des années soixante n'était probablement pas encore pardonnée ! En 2009, à l'âge vénérable de quatre-vingt-deux ans, Berry se produisait encore sur scène.

« The Screamin' Kid » : Gene Vincent, les hoquets de l'éclopé

Cheveux gominés et veste de cuir noir sur le dos, un hit écrasant – « Be Bop a Lula » –, une vie placée sous le double signe de la souffrance et de la déchéance, piteusement conclue par une mort prématurée à trente-six ans : Gene Vincent, vous l'avez compris, est un « mythe ».

Un accident décide, sinon de sa carrière, du moins de son jeu de scène : en 1955, le jeune Vincent Eugene Craddock (c'est son vrai nom), fan d'Elvis Presley, a la jambe gauche broyée dans un terrible accident de moto ; refusant de se faire amputer, il choisit de porter une gaine de fer douloureuse qui, ironie du sort, lui imposera, sur scène, de rejeter sa jambe sur le côté – une posture « rock » passée à la postérité !

Chanteur et guitariste, il est lancé par « Sheriff Tex » Davis, un animateur radio de Virginie qui devient son manager et pousse le titre « Be Bop a Lula » vers les radios. Son chant fébrile, faussement essoufflé, noyé d'écho, l'accompagnement efficace de son groupe les Blue Caps – le guitariste soliste Cliff Gallup, le guitariste rythmique Willie Williams, le contrebassiste Jack Neal, et le batteur Dickie Harrell – et particulièrement les solos impressionnants de Gallup en font une des nouvelles stars du *rockabilly* (*Bluejean Bop !, 1956,* et *Gene Vincent & His Blue Caps*, 1957).

La guigne semble pourtant prendre un malin plaisir à poursuivre le chanteur éclopé : le 16 avril 1960, de retour en taxi d'un concert à Bristol, en Angleterre, il est victime d'un accident de la route et est à nouveau touché à la jambe ; le chanteur Eddie Cochran, également dans la voiture, meurt le lendemain. Perclus de douleurs, il sombre ensuite dans l'alcoolisme et, malade et ruiné, meurt des suites d'un ulcère en 1971.

« The James Dean of Rock » : Eddie Cochran, l'étoile filante

Quatre classiques du rock, au moins, pour celui qui fut le chanteur, guitariste et compositeur le plus rebelle du rock et périt dans un accident de taxi en avril 1960, à l'âge de vingt et un ans : « Twenty Flight Rock », « Summertime Blues », « C'mon Everybody » et « Somethin' Else ».

Eddie Cochran débute à Nashville, dans une formation country, les Cochran Brothers (qui, malgré leur nom et un patronyme identique, ne sont pas frères !) et, chanteur plutôt réservé, jette son dévolu sur la guitare, tendance rockabilly. C'est en solo qu'il révèle toute sa personnalité : son « Twenty-Flight Rock » fait impression dans le film *La Blonde et moi* (1956), un de ces nombreux films de l'époque auxquels le rock doit beaucoup de sa première notoriété ; son « Summertime Blues », tout en frustration adolescente, devient un des premiers véritables hymnes rock à se ficher directement dans le crâne et le cœur des jeunes américains – il sera repris par de nombreux rockers anglais, les Who et Led Zeppelin en tête, séduits par ses sonorités agressives dues à la surimposition audacieuse de plusieurs guitares. Quant aux titres « Cut across Shorty », « Weekend » ou « Nervous Breakdown », ils confirmeront que Cochran fait partie des grands du rockabilly. Sa disparition précoce lui a assuré un statut culte, notamment en Europe.

Bo Diddley, le rock de la jungle

Pas besoin de surnom pour ce pionnier qui a choisi de s'inventer son propre nom de scène « Bo Diddley », en référence, dit-on, au *bow diddley*, un instrument rudimentaire du Sud des États-Unis composé d'une ou deux cordes !

ATTENTION CLASSIQUE !

Derrière ses guitares rectangulaires écarlates et ses grosses lunettes, Bo Diddley (qui débute au violon et fait un peu de boxe !) a imposé, en 1955, et pour l'éternité ou presque, un rythme tribal syncopé reconnaissable entre tous, dans des titres mille fois repris depuis qui célèbrent souvent sa masculinité triomphante : « Bo Diddley », « I'm a Man », « You Don't Love Me », « Diddley Daddy », « Pretty Thing », « Before You Accuse Me », « Who Do You Love? », « Mona », « Road Runner » ou « You Can't Judge a Book by Its Cover ». Souvent oubliés au profit de leur exubérant chanteur, le joueur de maracas Jerome Green, l'harmoniciste Billy Boy Arnold et, fait assez rare en rock pour le souligner, des femmes, comme Peggy Jones (surnommée « Lady Bo ») ou Norma Jean Wofford (surnommée « The Duchess »), lui ont apporté, au plus fort de sa carrière, un accompagnement marquant.

Un rythme, donc… et c'est tout ? Oui mais un rythme hypnotisant, propulsé par une guitare et des maracas, débusqué des chants de plantations du XIXe siècle et injecté brutalement dans le rock qui en résonne encore, cinquante ans plus tard ! Cherchez bien et vous le retrouverez partout, du « Magic Bus » des Who au « Mr. Brownstone » de Guns N' Roses, du « Desire » de U2 au « Please Go Home » des Rolling Stones, du « She's the One » de Bruce Springsteen au « Movin' On Up » de Primal Scream, du « Screwdriver » des White Stripes au « Bye Bye Love » des Everly Brothers, en passant par le « Not Fade Away » de Buddy Holly, le « Deathwish » de Police ou le « Faith » de Limp Bizkit (reprenant… George Michael !) – le groupe psychédélique Quicksilver Messenger Service a même commis quasiment tout un album de ses reprises (*Happy Trails*) ! Quant au *hip-hop*… Pour ce seul rappel de ses origines africaines à un rock à la mémoire courte, Bo Diddley, décédé en 2008, reste un des plus glorieux explorateurs du genre.

Un peu de sucre dans votre rock ?

En marge du rock frénétique, à piano ou à guitares, qui prévaut initialement, se profile aussi progressivement un autre rock, plus mélodique, plus travaillé, parfois tout à fait mièvre, qui ouvre la voie à la *pop* incarnée, la décennie suivante, par les Beatles ou les Beach Boys.

Là aussi, dans ce genre qui n'en est pas un, la diversité est de mise : aux petits joyaux ciselés de Buddy Holly, Roy Orbison et des Everly Brothers, peu comparables, s'ajoutent, sans façon, le rock sirupeux de Ricky Nelson ou les harmonies vocales graciles des groupes vocaux féminins (et masculins)…

Bientôt, ce sont cordes, cuivres, orchestre symphonique et chœurs renversants qui, poussés par une industrie du disque soucieuse de maîtriser enfin un rock « acceptable », viennent se greffer sur le rock des pionniers. Si cette évolution ouvre aussi la voie à une pop commerciale facile, le rock n'en sort pas perdant puisqu'il se découvre une alliée insoupçonnée : la mélodie.

« The Big O » : Roy Orbison, attention fragile

Heureuse époque où un guitariste myope et sans charisme comme Roy Orbison pouvait, à la seule force de son talent, mener une carrière rock admirable aux côtés de bêtes de scène lascives comme Elvis Presley, Gene Vincent ou Jerry Lee Lewis ! Le rock hâbleur, Orbison le leur laisse d'ailleurs bien volontiers – sans compter qu'il arrive un peu après la bataille en 1956 ; sa culture country l'oriente tout d'abord vers le rockabilly de la maison de disques Sun Records (« Ooby Dooby »), mais ce sont les ballades mélodramatiques (« Claudette », « Only the Lonely [Know the Way I Feel] », « Running Scared », « Crying », « In Dreams », « It's Over ») dans lesquelles son style unique se déploie pleinement : une voix émue, un peu lancinante, parcourue de trémolos et soutenue par des cordes en pâmoison, qui éclate en *falsettos* fragiles dans des compositions d'un rock opératique que les jeunes Beatles écouteront avec la plus grande attention.

L'exception confirmant la règle, c'est un titre plus rythmé, mais non sans la fragilité caractéristique de son auteur, qui reste sa composition la plus fameuse : « Oh, Pretty Woman », avec son riff proche de la soul d'Otis Redding, continue de fasciner toutes les générations (de rockers… et de publicitaires !) et sera repris notamment par le chanteur soul Al Green ou le groupe de hard rock Van Halen. Le « Caruso du rock » (du nom d'un célèbre chanteur d'opéra italien) compose par ailleurs pour d'autres musiciens, se fait producteur et développe une approche symphonique qui influencera le producteur Phil Spector.

En 1988, plus de trente ans après ses premiers hits, au terme d'une vie particulièrement ingrate (sa femme meurt dans un accident de moto, puis deux de ses fils dans un incendie), Orbison rejoint George Harrison, Bob Dylan, Tom Petty et Jeff Lynne pour former un « supergroupe » acclamé, les Traveling Wilburys ; puis, entouré de la dernière génération comme U2, il enregistre un album où son talent, intact, s'épanche une dernière fois (*Mystery Girl*) ; l'album sort quelques semaines après sa mort, à la fin 1988.

Buddy Holly, le binoclard romantique

Encore un destin brisé précocement : dix-huit petits mois d'enregistrements et de scène, entre 1956 et 1957, et Buddy Holly quitte ce monde, en laissant derrière lui un rock recomposé ! Chanteur, guitariste et compositeur, Holly a fait voler en éclats le carcan du rock et du rockabilly en l'ouvrant à la mélodie et, de fait, lui a aussi indiqué une porte de sortie. Quelques années plus tard, les groupes anglais de l'« Invasion britannique », les Beatles les premiers, porteront aux nues son rock léché, subtil et harmonieux, à base de rythmiques appuyées de guitares électriques, en reprenant ses titres les plus célèbres « That'll Be the Day », « Peggy Sue », « Not Fade Away » ou « Well… All Right ». La petite révolution du Texan n'était d'ailleurs pas que musicale : comme Orbison, il a aussi imposé une nouvelle image du rocker, sensible et raffinée, derrière, lui aussi, une paire de lunettes pas vraiment rock'n'roll !

Son succès, gigantesque, repose aussi sur des associations heureuses : avec son groupe les Crickets, composé du guitariste Niki Sullivan, du bassiste Joe Mauldin et du batteur Jerry Allison, mais aussi avec un producteur inspiré, Norman Petty, qui saura déceler le potentiel unique de son protégé en lui laissant – fait exceptionnel à cette époque – tout le loisir de développer ses titres en studio sans regarder l'horloge. Le professionnalisme de ces sessions, aiguillonnées par une créativité favorisée par cette exceptionnelle liberté artistique (des violons et des voix doublées s'y font véritablement entendre pour la première fois en rock), fera date.

L'idylle avec Petty est pourtant de courte durée : au bord de la ruine – le producteur pousse la générosité jusqu'à détourner à son profit les droits de compositeur du pauvre guitariste… –, Holly enchaîne les engagements de dernière minute pour éponger ses dettes. Le dernier d'entre eux, pour le festival « Winter Dance Party », reste tristement célèbre : le petit avion de location de Holly s'écrase dans la nuit du 2 février 1959, tuant tous ses passagers sur le coup. Pour beaucoup, le rock est *vraiment* mort ce jour-là (voir Chapitre 22)…

Ricky Nelson, le crooner rock

Ricky Nelson est un des premiers « cas » du rock : une des plus grandes idoles de la fin des années cinquante, longtemps rival d'Elvis Presley, il a vendu des millions de disques et porté le rock aux masses. Pourtant son rock peine à séduire les puristes : lisse, affecté, calqué sur les succès de son prestigieux concurrent, il semble calculé, coupé de la spontanéité associée au genre.

Non que Nelson soit sans talent : l'enfant de la balle, qui apparaît très tôt dans une émission télé, « Ozzie & Harriet », est bon chanteur et sait s'entourer des meilleurs, comme les guitaristes James Burton et Joe Maphis ou les compositeurs Johnny et Dorsey Burnette de l'ex-Johnny Burnette Trio.

Mais pour un « Hello, Mary Lou » ou un « Be-Bop Baby » d'excellente facture rockabilly, on trouve dix ballades, comme « Poor Little Fool » et « Lonesome Town » qui dessinent les contours d'un rock des crooners, satiné et industriel, également incarné par Perry Como ou Pat Boone – ce dernier s'est ainsi spécialisé avec un bonheur commercial insolent dans des reprises, souvent plus vendues que les originaux ! Nelson, lui, choisira finalement de revenir vers la country dans les années soixante et décédera dans un crash d'avion à la fin de l'année 1985, à quarante-cinq ans.

Les Everly Brothers, les frères superstars de la pop

Considérablement moins reconnue que celle de leurs pairs, l'influence des Everly Brothers est pourtant incontestable : sous des harmonies vocales doublées qui détournent astucieusement le meilleur des mélodies country, les deux frères, Don et Phil, alignent à partir de 1957 une succession de ballades qui deviennent toutes des hits : « Bye Bye Love », « Wake Up Little Susie », « All I Have to Do Is Dream », « Bird Dog », « ('Til) I Kissed You » ou « When Will I Be Loved » jusqu'à leur « Cathy's Clown » en 1960.

Si l'on croise dans leur discographie quelques rocks agités, c'est bien une pop de plus en plus sucrée, à laquelle ils s'abandonnent parfois totalement, qui la conduit. Une volte-face artistique surprenante au milieu des années soixante, alors même que leur étoile faiblit au profit de celle du duo vocal Simon & Garfunkel (fans de la première heure des frères Everly), les voit s'ouvrir à des sonorités folk-rock inspirées des Byrds et, évolution somme toute logique de leurs toutes premières influences, jeter les bases du *country-rock* (voir Chapitre 9) avant de se séparer douloureusement en 1973.

Le rock professionnel : la revanche de l'industrie du disque

Dans ses premières années, peu donnaient cher de la peau du rock ; sensation « du moment », danse plus que musique, amenée à disparaître comme toutes les autres après quelques semaines de frénésie populaire, le rock n'était pas vraiment pris au sérieux… Son succès installé, l'industrie du disque américaine dut se résoudre à admettre son importance (économique, bien sûr) mais elle buta bientôt sur un problème inattendu : il lui était impossible de reproduire « industriellement » les succès d'Elvis Presley, d'Eddie Cochran ou de Chuck Berry, et encore moins leurs personnalités et leurs performances scéniques. Le rock résistait à la copie !

Après quelques années enrageantes à chercher la recette miracle d'un rock « industriel », l'industrie du disque saisit sa chance à partir de 1957, c'est-à-dire au moment où le rock connaissait un recul, en lançant enfin des « idoles des jeunes » manufacturées comme Pat Boone ou, plus soucieuse de qualité, en faisant appel à des équipes de compositeurs professionnels. Vidé de ses portées séditieuse et voluptueuse, ce rock mielleux pouvait enfin s'immiscer au sein des bonnes familles américaines et plaire jusqu'aux préadolescentes à socquettes et queue-de-cheval ! Paul Anka (et son fameux « Diana »), Bobby Rydell, Fabian, Frankie Avalon, Del Shannon et d'autres encore, pour lesquels on a même parfois mis Hollywood à contribution, comme Bobby Vee, Annette Funicello, Brenda Lee (« I'm Sorry ») et Connie Francis, s'emparaient ainsi des hit-parades américains, souvent le temps d'un seul titre.

Symbole le plus éclatant de ce rock « artisanal à la chaîne », le « Brill Building », un bâtiment situé sur Broadway, à New York, abritait ainsi dans ses bureaux des duos de compositeurs, comme Gerry Goffin et Carole King ou Barry Mann et Cynthia Weil, qui y ont écrit certains des plus beaux titres du rock vocal, et notamment féminin, comme l'éternel « Will You Love Me Tomorrow » des Shirelles en 1960.

D'autres paires de compositeurs, concurrentes, se sont illustrées, parfois en marge du Brill Building, comme Jerry Leiber et Mike Stoller, Jeff Barry et Ellie Greenwich, Neil Sedaka et Howard Greenfield, Burt Bacharach et Hal David, Felice et Boudleaux Bryant, Doc Pomus et Mort Shuman, certains œuvrant d'ailleurs pour Elvis Presley. Le rock leur doit une ouverture mélodique bienvenue, notamment par l'emploi de cordes (envoyez les violons !), qui a grandement favorisé son évolution vers la pop et, à défaut encore d'une respectabilité, vers une première maturité. L'industrie du disque, en tout cas, pouvait commencer à dormir tranquille : le rock était enfin maîtrisé depuis un bureau ! La satisfaction a pourtant été de courte durée, et bientôt, de jeunes Anglais de Liverpool allaient montrer qu'un groupe pouvait aussi prendre en main l'ensemble de sa carrière, compositions comprises (voir Chapitre 4)…

Les groupes vocaux : le rock à nouveau noir

Qui se souvient encore des Ravens, des Cardinals, des Cleftones, des Jewels, des Crows, des Charms, des Larks, des Chords ? Des El Dorados, des Cadillacs, des Moonglows, des Drifters, des Teenagers, des Clovers, des Flamingos, des Domino(e)s ? Ou encore des Five Satins, des Monotones, des Dell Vikings, des 5 Royales, des Silhouettes, des Impalas, des Mystics, de Dion et ses Belmonts, de Little Anthony et ses Imperials, d'Hank Ballard et ses Midnighters ?

Si la plupart des noms de ces groupes vocaux vous sont probablement inconnus, vous en avez en revanche sûrement entendu au moins une fois un des hits… sans en connaître davantage le titre exact, d'ailleurs ! Avec les groupes vocaux, masculins ou féminins, on est en effet au plus près de l'essence du single : une chanson unique, obsédante, dont les interprètes voire le titre sont oubliés depuis longtemps mais dont la mélodie est dans toutes les têtes.

On touche aussi – encore ! – au problème de la définition du rock, auquel ce genre est souvent rattaché quand bien même ses harmonies vocales élaborées (plus souvent soutenues par des violons aériens que par des guitares, et parfois même improvisées *a cappella*) évoquent davantage la pop et les prémices d'un tout autre genre, qui explosera dans les années soixante avec Curtis Mayfield, Sam Cooke, Otis Redding et James Brown, la soul. Si « rock » il y a dans ce genre qui puise dans le rhythm and blues et le gospel, c'est en tout cas un rock bien ingénu, fleur bleue à l'extrême, qui se déploie dans des chansons d'amour éplorées, à l'innocence souvent désarmante – même si on peut aussi y trouver quelques sous-entendus délicieusement licencieux…

Ce rock vocal et mélodique est aussi, au passage, une réappropriation par les musiciens noirs américains de leur patrimoine musical, le rock traditionnel étant, à quelques rares exceptions près, passé dans les mains des Blancs.

L'éclosion du « doo-wop » : l'Amérique roucoule

Le genre donne ses premiers signes de vie à la fin des années trente, avec des groupes comme les Mills Brothers, les Ink Spots puis, à leur suite, les Orioles (« It's Too Soon to Know », 1948). Petit à petit, avec la génération des Drifters (« Honey Love ») et les Midnighters de Hank Ballard (« Work with Me, Annie »), les harmonies vocales se font plus hautes et plus énergiques, piochent dans le gospel deux ou trois « trucs » – jeu de questions-réponses entre le chanteur principal et les chœurs, refrains en onomatopées, interprétation émotive à grand renfort de cris, de pleurs, de halètements, de soupirs et de grognements – et s'imposent comme un nouveau genre, le *doo-wop*. Le tout ressemble tellement à une espèce de « gospel sans religion » qu'on a coutume de dire qu'il suffit de remplacer l'incantation traditionnelle « *God* » (« Dieu ») des gospels par « *baby* » (« poupée ») et, le tour est joué, vous obtenez du doo-wop !

Ces groupes vocaux noirs qui, selon la légende, naissent spontanément au coin des rues, se trouvent surtout dans les villes du Nord des États-Unis mais, l'exception confirmant la règle, c'est autour de Los Angeles qu'on trouve quatre des plus importants, les Penguins, les Coasters, les Teen Queens et les Platters menés par la voix d'une pureté stupéfiante de leur chanteur solo, Tony Williams. Autre exception, quelques groupes blancs, comme les Righteous Brothers, les Four Seasons, les Walker Brothers et Dion et ses Belmonts, s'essaient même au genre avec bonheur.

Les « girl groups »

Au début des années soixante, dans la lignée de ce doo-wop, ce sont les femmes qui prennent les rênes du rock vocal avec les *girl groups*, les « groupes de filles ». Les Chantels, les premières du genre avec leur « Maybe » (1958) puis les Shirelles (« Will You Love Me Tomorrow »), les Chiffons, les Shangri-Las, les Cookies, les Jaynetts, les Exciters, les Dixie Cups… ce sont des centaines – certains disent des milliers ! – de *girls groups* qui gravent des hits d'une beauté, souvent tragique, à couper le souffle en rêvant d'un petit ami…

L'essor de ces *girl groups* s'accompagne aussi de la montée en puissance des équipes de compositeurs et des producteurs (souvent blancs) tous tendus vers la recherche du hit parfait. Phil Spector, le plus terriblement fameux de ces producteurs apprentis sorciers, lancera ainsi deux groupes vocaux féminins, les Crystals et les Ronettes, et atteindra à une sophistication vertigineuse en créant des mini-opéras majestueux cernés par un véritable « mur de son » (« Wall of Sound »)… non sans terroriser ses interprètes par un professionnalisme très obsessionnel ! Dès 1964, c'en est fini ou presque du *doo-wop* et des *girl groups* américains. Un groupe anglais s'est chargé de les balayer de la scène rock, reproduisant de façon troublante les harmonies vocales fragiles et, bientôt, les orchestrations ambitieuses de ses producteurs (oui, gagné, ce sont les Beatles que vous retrouverez au chapitre 4 !). Mais déjà, avec la *soul* naissante et les groupes de la maison de disques Motown comme Martha et ses Vandellas et les Supremes de Diana Ross, les voix noires se font à nouveau entendre – mais ça, c'est une autre histoire…

Et si on enlevait le chanteur ?

1957 : le rock est plutôt mal en point. Un rock « noir » existe mais, on l'a vu, reste essentiellement vocal ; le rock « blanc », lui, se fait de plus en plus industriel et, il faut bien le dire, insipide. Soudain, à la rescousse du rock, du vrai, un sauveur inespéré : le rock… instrumental !

Le rock instrumental, sauveur du rock

Grâce à lui, le rock est littéralement maintenu en vie jusqu'à l'arrivée de la relève britannique (voir Chapitre 4) : certes, les éléments caractéristiques du genre – un chanteur charmeur, des paroles apprises par cœur par les fans – passent à la trappe mais au profit d'une nouvelle idole, la guitare électrique, qui, entre les mains de Duane Eddy, Link Wray, Lonnie Mack ou Dick Dale, s'impose définitivement comme l'instrument fétiche du genre. Sans ces défricheurs virtuoses au jeu agressif, pas de Jeff Beck, de Jimi Hendrix, de Stevie Ray Vaughan ni de Joe Satriani !

Des dizaines d'instrumentaux, qui laissent aussi la part belle aux orgues et saxophones, se vendent ainsi par millions : « Honky Tonk » de Bill Doggett, « Green Mosquito » de Tune Rockers, « Topsy » de Cozy Cole, « Raunchy » de Bill Justis, « Crossfire » de Johnny & The Hurricane, « Telstar » des Tornados (les seuls Anglais du lot), « Tequila » de Champs…

Les cordes élastiques de Duane Eddy

Les grincheux vous diront qu'écouter un seul titre de Duane Eddy suffit à apprécier sa discographie complète. Si la plupart des instrumentaux du guitariste (« Peter Gunn », « Rebel Rouser », « Cannonball », « Shazam! », « Because They're Young », « Forty Miles of Bad Road ») ont effectivement un air de familiarité, c'est en raison de la présence de ce son de guitare électrique caractéristique, vibrant, élastique et comme ralenti, qui déroule des basses colossales noyées d'écho et parfois agitées d'un vibrato. Co-créateur de cet univers sonore unique, le producteur Lee Hazlewood a su ainsi réinventer les influences rockabilly et country (les guitaristes Chet Atkins, Les Paul, Merle Travis) du guitariste qui, des Beach Boys aux Shadows anglais (et leur fameux « Apache »), inspirera toute une génération de musiciens. Duane Eddy connaîtra un ultime hit tardif improbable en 1986 avec une reprise inattendue de son « Peter Gunn Theme » en compagnie du groupe Art of Noise.

La guitare cran d'arrêt de Link Wray

Link Wray, c'est avant tout un titre colossal, « Rumble », dont le riff monstrueux jette dès 1958 les bases du *heavy metal*, dix ans avant sa naissance… D'autres de ses titres connaîtront un même succès, comme « Jack the Ripper », « Rawhide », « Batman Theme », « The Sweeper » ou « The Shadow Knows », mais avec ce titre terrifiant, noyé de *fuzz*, le guitariste Link Wray avait tout dit. En passant, il apportait au rock un élément fondamental, l'accord dit « de puissance » – fondamentale, quinte et octave si vous êtes un peu musicien – qui devient le mètre étalon de l'accord rageur rock et qu'on retrouvera partout ailleurs ensuite, chez les Who, les Kinks et jusqu'au « thrash »…

La genèse de ce « Rumble » est devenue légendaire : Wray, vrai rocker rebelle en cuir et lunettes noires (avec un poumon en moins à cause d'une tuberculose ramenée de la guerre de Corée !), décide un jour de percer au stylo le haut-parleur de son amplificateur de guitare électrique et, du coup, invente la distorsion. Insensible à cette avancée technique (et, il est vrai, rarement éclairée), la censure fera bannir l'instrumental des radios : il faut dire qu'avec son titre séditieux (« castagne » en anglais) et ses sonorités menaçantes, il sonnait comme un véritable appel à la révolte… En 1965, le *bad boy* s'assagit, se retire à la campagne et se tourne vers la country, le gospel et le blues.

Dick Dale, le roi de la « surf guitar »

« Roi de la guitare surf » autoproclamé, Dick Dale domine le courant de la musique *surf* (qu'il a inventée, bien avant les Beach Boys) et du rock instrumental en général par sa technique stupéfiante de guitare électrique, capturée notamment dans son hit « Misirlou », repris en ouverture du film *Pulp Fiction* de Quentin Tarantino.

Avec son groupe les Del-Tones, il enregistre en 1961 le premier instrumental de ce *surf rock* ou *surf music* (« Let's Go Trippin' ») et fait dès lors l'objet d'un véritable culte sur la côte californienne. Authentique surfeur (contrairement aux Beach Boys !), il se fait connaître par ses riffs en *staccato* infernal qui cherche à reproduire les grondements et les déferlements des rouleaux de l'Océan Pacifique. Le résultat ? Une déferlante électrique de notes épileptiques qui sonne comme du Duane Eddy… mais cent fois plus rapide ! Gammes exotiques, précision chirurgicale, violence du son : Dale sera aussi, vingt ans plus tard, l'idole des guitaristes virtuoses des années quatre-vingt.

La guitare mitraillette de Lonnie Mack

ATTENTION CLASSIQUE !

Peut-être le plus méconnu de ces pionniers du rock instrumental, Lonnie Mack semble avoir tous les dons : guitariste d'une précision infaillible, alternant accélérations renversantes et tirés de cordes vicieux, il est doté d'une voix soul superbe. Sa carrière est lancée par une reprise du « Memphis, Tennessee » de Chuck Berry en 1963. On y entend l'influence des guitaristes country Merle Travis et Chet Atkins mais aussi du rockabilly et du blues.

Si son titre « Where There's a Will » semble lui promettre un temps une belle carrière de chanteur (jusqu'à ce que sa maison de disques découvre qu'il n'était pas noir !), l'affaire de Mack, c'est bien la guitare. Ses solos sont toujours impressionnants de virtuosité décontractée – à cet égard, les titres « Wham! » ou « Chicken Pickin' » sont, aujourd'hui encore, toujours aussi époustouflants.

Le guitariste ne connaîtra pourtant jamais la gloire ; rapidement, il s'investit dans des enregistrements studio, derrière des stars comme James Brown, Freddy King ou même les Doors, puis enregistre au début des années soixante-dix des albums de *country-rock*.

Les Ventures, du surf… au disco

Un « vrai » groupe pour terminer : les Ventures, qui furent extrêmement populaires avec leurs instrumentaux marqués par un son de guitare ample et cristallin, caractéristique de la musique surf.

Originaire de Washington, le groupe comprend les guitaristes Bob Bogle et Don Wilson, le bassiste Nokie Edwards et le batteur Howie Johnson et connaît notamment un énorme succès avec le titre « Walk Don't Run » (dont il enregistre deux versions à quelques années d'intervalle) et le générique télévisé « Hawaii Five-O » avant de se frotter à à peu près tout ce que la musique populaire compte de genres, du *garage rock* au *twist* en passant par la pop, le funk et le disco.

Les instruments du rock

La mythologie rock passe aussi par ses instruments, au premier rang desquels on retrouve bien sûr la totémique guitare électrique. Sachez-le, comme on est sommé d'être bourgogne ou bordeaux, Robert ou Larousse, football ou rugby, mer ou montagne (et... fromage ou dessert !), l'amateur de guitare électrique, lui, se doit de choisir son camp : Gibson ou Fender ! La première de ces marques s'est fait connaître par quelques modèles au son croustillant et chaleureux devenus cultes (Les Paul, SG, Explorer, Flying V), tandis que la seconde, avec ses modèles Telecaster, Stratocaster, Jaguar ou Mustang, a diffusé un son brillant et précis sous les doigts des plus grands guitaristes rock de la planète.

Hors Gibson et Fender, point de salut, alors ? Fort heureusement si, d'autres marques prestigieuses comme Rickenbacker, Jackson, Ibanez ou Gretsch parvenant à tirer leur épingle du jeu aux côtés de ces deux institutions et à élargir ainsi la palette sonore « rock ».

Outre leur qualité intrinsèque, les guitares électriques, toutes marques confondues, tirent d'ailleurs aussi une grande partie de leur prestige des illustres guitaristes qui les popularisent sur disque et sur scène, et auxquels certaines d'entre elles restent étroitement attachées : la Gibson Les Paul à Jimmy Page ou Eric Clapton, la Stratocaster à Jimi Hendrix ou David Gilmour, la Telecaster à Keith Richards ou Bruce Springsteen, la Rickenbacker à Pete Townshend ou Roger McGuinn, l'Ibanez à Joe Satriani, la Jackson à Randy Rhoads, la Gretsch à Cliff Gallup... Naturellement, à peine un cran en dessous sur l'échelle « mythologique », les basses électriques (Fender – Jazz ou Precision –, Rickenbacker, Music Man, Gibson, Höfner...) et même les batteries (Gretsch, Ludwig, Premier...) eurent, elles aussi, tôt fait de diviser les fans en irréconciliables factions...

Chapitre 3

Le rock français : des débuts très particuliers…

Dans ce chapitre :

- Les débuts parodiques
- Les premiers rockers
- Les trois stars du rock français

« Le rock français, c'est comme le vin anglais. » Cette définition cinglante, due à un John Lennon particulièrement corrosif, fera évidemment bondir les fans de « Johnny », d'« Eddy » ou de « Dick », mais a le mérite de poser sans détour les données du problème : un rock français est-il possible ? À l'évidence, le « vrai » rock est exclusivement anglophone, et les rocks nationaux – français, italien, chinois, brésilien, japonais, coréen… – sont condamnés à souffrir, souvent à juste titre il est vrai, de la comparaison avec leurs prestigieux modèles anglais et américains.

C'est particulièrement vrai du rock français des années cinquante et soixante qui, éclos tardivement, adapte sans imagination les compositions de ses cousins anglo-saxons, pas vraiment menacés par la démarche, récréant même spontanément les hystéries et les scènes d'émeute de ses illustres inspirateurs. Et si la période ne produit objectivement aucun véritable classique local, le rock français se distingue par cette incongruité supplémentaire de se dissoudre rapidement dans le « yé-yé » puis la chanson française, à l'exemple des Hallyday, Mitchell et Rivers cités plus haut.

Une société a le rock qu'elle mérite : les Anglais eux-mêmes attendront dix ans avant de prendre les rênes du rock mondial avec les Beatles et les Rolling Stones – le temps aussi qu'une nouvelle génération de jeunes, avec un tout petit peu plus d'argent de poche, puisse calquer une partie de ses aspirations et de ses frustrations sur celles de ses aînés américains.

La France, de 1955 à mai 1968, justement : il n'est peut-être pas inutile de rappeler que la jeunesse, bien loin d'être émancipée dans une société encore fortement corsetée, y est peu turbulente. Écrasée par le poids des conflits passés ou contemporains – Seconde Guerre mondiale, Indochine puis Algérie –, scolarisée dans des collèges pas encore mixtes, avec la contraception comme chimère, elle n'échappe au mépris de la presse bourgeoise (« cheveux longs, idées courtes ») qu'en se réfugiant dans cette culture populaire américaine qui investit alors la musique mais aussi le cinéma, la littérature et la mode. Jeans, « cuirs », chewing-gums, barres chocolatées, flippers, grosses « bagnoles » : la société américaine, habilement dépouillée de ses travers les plus encombrants (le sort réservé à la population noire, par exemple), fascine ainsi une partie de la jeunesse française.

Quand Mai 68 arrive, le rock français savoure sa liberté en… disparaissant. Quelques exceptions de taille plus tard (Jacques Higelin, Ange ou Magma), on le retrouve en bien meilleure forme lors de l'explosion punk, plus de dix ans plus tard (voir Chapitre 13).

Ce chapitre vous décrit la curieuse éclosion du rock dans notre pays, de ses débuts parodiques à ses premières stars nationales.

Les balbutiements : de la parodie… à la copie

Le rock'n'roll commence en France comme une plaisanterie : noms de scène américanisés, calembours franchouillards, et des reprises, encore des reprises, toujours des reprises…

« Henry Cording » : le jazz s'amuse à faire du rock

Le premier disque de rock'n'roll interprété en français date de 1956 – une initiative plutôt précoce due à Boris Vian, écrivain, parolier et trompettiste jazz, qui signe les paroles de la chanson, sur une musique de Michel Legrand et Alain Goraguer. L'interprète ? Un certain « Henry Cording », un jeu de mots potache sur le terme anglais *recording* (« enregistrement »), derrière lequel se cache un Henri Salvador farceur et un peu méprisant à l'endroit de cette « musique de jeunes ». Quatre titres sont ainsi enregistrés, « Rock and Roll Mops », « Dis-moi qu'tu m'aimes rock », « Va t'faire cuire un œuf, man » et « Rock Hoquet ». Les paroles du premier (« On s'est aimés comme des dieux / Aznavour en s'rait resté bleu / Le phono jouait dans un coin / Des airs de jazz qui swinguaient bien ») disent assez combien jazz et rock sont décidément voués à être irréconciliables !

Inspiré, Vian poursuivit l'expérience avec la chanteuse Magali Noël (« Fais-moi mal Johnny », « Strip-Rock », « Alhambra-Rock », « Rock des petits cailloux ») et même Rock Failair (attention, jeu de mots ici, aussi...), pseudonyme du trompettiste Jacky Vermont qui a commis quelques rocks parodiques, avec ou sans l'aide de Vian d'ailleurs (« Rock Monsieur », « Cœur de rock »). En bref, une belle occasion ratée : le rock s'invite en France dès 1956 mais est traité comme l'idiot du village. On en connaît qui n'ont toujours pas décoléré !

Danyel, Danny, Ronnie, Hector et les autres

À partir de 1958, une poignée de chanteurs français, vrais amateurs de rock, reprennent le flambeau et donnent, cette fois-ci pour de bon, le coup de départ du rock français.

Avec un premier disque paru en 1958, Danyel Gérard fait figure de véritable pionnier : pour la première fois, on entend du (vrai) rock chanté en français, sans jeux de mots bancals ! Adapté par Boris Vian (oui, encore...) du titre *Where Have You Been, Billy Boy?* de Monica Hughes, ce « D'où reviens-tu Billie Boy ? » lance la carrière de celui qu'on surnomme bientôt « le chanteur suffocant ».

Parti pour la guerre d'Algérie l'année suivante, Gérard cède la place bien contre son gré à un petit nouveau qui, resté en France, l'éclipsera bien vite : Jean-Philippe Smet dit Johnny Hallyday. Gérard, lui, flanqué ou non de ses Dangers ou de ses Champions, se reconvertira en « roi du twist » avec des titres comme « Petit Gonzales », « La Leçon de twist » et « Le Marsupilami » et même, en 1968, avec le single « Butterfly » au succès international.

Autre prétendant au titre de premier chanteur de rock français, Danny Boy (de son vrai nom Claude Piron) se fait connaître en 1958 en solo avec une reprise du « When » des Kalin Twins (« Viens »). Accompagné de ses Pénitents (qui portaient tous une cagoule !), il enchaîne les succès (« Un collier de tes bras », « Un coup au cœur », « Je ne veux plus être un dragueur ») avant de sacrifier, lui aussi, à la ferveur twist.

Le chanteur Ronald Méhu dit « Ronnie Bird » se distingue, pour sa part, par une culture rhythm and blues et soul marquée, qui le rend proche des *mods* anglais (voir Chapitre 6). Il enregistre en 1964 un titre hommage à Buddy Holly, « Adieu à un ami », annonciateur d'une carrière prometteuse (« Elle m'attend », « Où va-t-elle ? ») mais vite déclinante.

D'autres encore s'illustreront en reflétant toutes les facettes d'un rock américain, sauvage ou langoureux : Richard Anthony qui, avant de devenir une star de variété, adaptera Buddy Holly et les Coasters ; Noël Deschamps ; « Hector », un chanteur extravagant qu'on surnommait… le « Chopin du twist », et ses Médiators ; Frankie Jordan qui chante en 1961, aux côtés d'une certaine Sylvie Vartan, « Panne d'essence » ; Lucky Blondo, chanteur de charme qui, à la mort d'Elvis en 1977, s'empressera d'en reprendre les titres les plus fameux ; Jacky Moulière qui adapte efficacement le « Next Door to an Angel » de Neil Sedaka, devenu « À deux pas d'un ange » ; Moustique, le poulbot rock à la voix de stentor qui s'inspirait de Little Richard ; des groupes aussi, aux noms plus ou moins heureux – la langue française est sans concession en rock – comme les Pirates (de Dany Logan), les Vautours (de Vic Laurens), les Pingouins, les Mercenaires, les Cyclones ou les Lemons de Vigon (un nom anglais, youpi !) ; et quantité d'autres encore qui cèdent à la frénésie « rock », dans le sens le plus large du mot, qui s'empare de la France au début des années soixante.

Rock, yé-yé, twist, jerk, madison... la grande salade française

Du rock au « yé-yé », il n'y a eu, en France du moins, qu'un pas (de danse, évidemment), vite franchi par les maisons de disques. Tradition intellectuelle française oblige, c'est le... sociologue Edgar Morin qui est à l'origine de l'expression dont il a affublé sans malice, dans une chronique publiée dans *Le Monde*, les 150 000 jeunes qui se pressaient place de la Nation pour voir Johnny Hallyday en 1964 en poussant des *yeah* (« ouais »)... Propagé par l'émission de radio (et le magazine) « Salut les copains » de Daniel Filipacchi et Frank Ténot ainsi que par sa concurrente, l'émission « Âge tendre et tête de bois », le courant « yé-yé » englobe bientôt Johnny Hallyday, Eddy Mitchell, Michel Polnareff, Jacques Dutronc, Claude François, Françoise Hardy, France Gall, Sheila, Sylvie Vartan, Chantal Goya... Autant dire qu'avec ces artistes, qui, pour l'essentiel deviendront des chanteurs de variété, on est loin d'Elvis Presley ou de Fats Domino ! Le tout à une époque où Sylvie Vartan avoue faire du rock *(sic !)* et où les couvertures du mensuel *Rock&Folk* proposent pêle-mêle Brassens, Brel, Aufray et Mick Jagger...

À la même époque, musique autant que danse, le rock américain, dans son sens le plus large, entre, il est vrai, en compétition avec d'autres danses et se confond parfois avec elles. Si le twist, lancé par un titre de Hank Ballard repris par Chubby Checker en 1959, devient l'une des danses « rock » les plus populaires des années soixante, des dizaines d'autres viennent lui marcher sur les pieds, à un rythme hystérique, parfois hebdomadaire : le *jerk*, le *madison*, le *mashed potato*, le *monkey*, le *funky chicken*, le *hully-gully*, la *pachanga*, le *fly*, le *pony*, le *popeye*, le *dog*, le *slop and widdle*, le *frug*, le *block*, le *boogaloo*, le *philly skate*, le *sanctification*, le *benlah wig*, le *funky broadway*... On arrête là ?

Chaussettes roubaisiennes et chats niçois : le duel à la française

Dans cette France de plus en plus acquise au yé-yé, le rock a lui aussi, littéralement, droit de cité : ainsi, au Golf-Drouot, le « temple » du rock français (où même les Who se produiront), au Palais des Sports, à l'Olympia, les décibels sont généreux et les concerts généralement furieux – les sièges arrachés en témoignent souvent ! En 1961, au Palais des Sports, a même lieu le « 1er Festival rock'n'roll international » et une « Coupe du monde de rock » sera organisée un peu plus tard à… Juan-les-Pins !

Deux groupes talentueux se hissent alors au sommet de ce qui ressemble fort à une petite scène rock nationale, en délivrant des adaptations en langue française des succès anglo-saxons mais aussi, parfois, des originaux réussis. À leur tête, deux futures stars de la chanson française, Eddy Mitchell et Dick Rivers…

« Schmoll », le Parisien…

1956 : le jeune Claude Moine, pas encore Eddy Mitchell, chante du haut de ses quatorze ans dans un groupe de rock. Cinq ans plus tard, il est un des rois du rock français avec son groupe, les Chaussettes Noires.

« Schmoll » – le surnom du chanteur – aurait sans doute préféré garder le nom originel, américain en diable, de son groupe (« les 5 Rocks ») mais un accord publicitaire entre sa maison de disques Barclay et… les Lainières de Roubaix, société de confection de chaussettes (de marque « Stemm » pour ne pas les nommer) en a décidé autrement… Les Chaussettes Noires étaient nées ! Derrière Eddy, on trouve les guitaristes William Benaïm et Tony d'Arpa, le bassiste Aldo Martinez et le batteur Jean-Pierre Chichportich qui alignent une série de hits à partir de 1960 (« Tu parles trop », « Daniéla », « Be Bop a Lula », « Dactylo rock », « Eddie sois bon »). Si l'élégance de l'interprétation doit beaucoup à « Eddy », quelques rares instrumentaux laissent par ailleurs éclater la technicité remarquable du groupe.

Dès 1962, le groupe, qui a embarqué à bord du train « twist » mais est fragilisé par la conscription d'Eddy, perd de son allant ; en 1964, il se sépare. L'exceptionnelle carrière ultérieure de leur chanteur est une autre histoire (à découvrir dans *La Chanson française pour les Nuls*, par exemple !)…

… « Dick » le Niçois

Le groupe rival des Chaussettes Noires se forme loin de Paris, à Nice précisément. Au chant, un certain Hervé Forneri, rebaptisé Dick Rivers en clin d'œil à un personnage interprété à l'écran par Elvis Presley, Deke Rivers ; aux guitares, « John Rob » (de son vrai nom Jean-Claude Roboly) et « James Fawler » (Gérard

Roboly) ; à la basse, « Jack Regard » (Gérard Jaquemus) ; à la batterie, « Willy Lewis » (William Taïeb). Le nom de ce groupe, au personnel très fluctuant ? Les Chats Sauvages, bien sûr…

Les influences, évidentes, d'Elvis Presley ou de Gene Vincent, se mêlent aussi de celles des Shadows ou de la country de Johnny Cash mais n'empêchent pas le groupe de courtiser, par ailleurs, le public twist, au risque d'en étouffer le talent musical – le succès commercial, en tout cas, est au rendez-vous avec une poignée de titres comme « Est-ce que tu le sais ? » (inspiré du « What'd I Say » de Ray Charles), « Twist à Saint-Tropez » ou « Quand les chats sont là ».

Le départ de Dick Rivers en 1964 précipite la fin du groupe, privé d'un chanteur extrêmement talentueux, au timbre grave d'une élégance rare ; celui-ci entame dès lors une carrière solo inévitable dont l'album *L'Homme sans âge* en 2008 atteste de la qualité, plus de quarante ans après ses débuts.

Le rock français à la recherche de son mythe : Johnny Hallyday

Faut-il vraiment présenter Johnny Hallyday, « monstre sacré » du rock français ? Plus de cinquante ans de carrière, des débuts rockabilly et yé-yé en 1960 jusqu'aux concerts pharaoniques du début du XXIe siècle, des millions (!) d'albums vendus, des milliers de titres (oui…) enregistrés : « Johnny » est une institution.

Quasiment inconnu hors des pays francophones – obstacle linguistique oblige –, le chanteur et guitariste est un forçat de la scène, palliant une inaptitude à composer (comme Elvis Presley, s'empresseront de préciser les fans !) par une sincérité et une foi inébranlable dans un rock'n'roll qui, oublié de longue date sur le bord du chemin, n'en reste pas moins, à l'évidence, le grand amour de sa vie.

De l'Alhambra à la Nation

Aux sources de l'exceptionnel destin du jeune Jean-Philippe Smet, on ne s'étonnera pas de retrouver Elvis Presley.

Touché par le virus, le gosse du quartier de la Trinité à Paris veut devenir chanteur de rock comme son illustre modèle ; c'est chose faite dès seize ans quand, présenté comme un Américain (de l'Oklahoma !), il enregistre en 1960 un premier EP (disque de quatre titres), composé des titres « Oh Oh Baby », « Laisse les filles », « J'étais fou » et « T'aimer follement » qui emballe la jeunesse française. Le titre « Souvenirs, souvenirs » et des prestations enflammées à l'Alhambra (en première partie de Raymond Devos !) confirment sa stature de fer de lance du rock français. Sacré « idole des jeunes » par une société française un peu effrayée par le phénomène, soutenu par l'influent magazine *Salut les copains*, « Johnny » est véritablement intronisé roi du rock hexagonal lors d'un concert parisien mémorable place de la Nation où ses déhanchements américains provoquent un soulèvement des 150 000 fans présents qui débordent les forces de l'ordre : la France a son Elvis !

Le roc… du rock

Marchant décidément sur les traces de son idole, Johnny, fraîchement marié à la chanteuse Sylvie Vartan, effectue en 1964 un service militaire particulièrement médiatisé ; à son retour, il s'engage dans… une carrière caméléon, marquée par les reprises (et les excès) et se frotte, peu ou prou, à tout ce que la musique populaire compte comme styles : rockabilly, twist, madison, rhythm and blues (« Noir, c'est noir »), blues, rock hippie (« Jésus-Christ »), soul blanche (« Le Pénitencier », adaptation de la version de « House of the Rising Sun » des Animals), rock progressif (un double album *Hamlet* en 1976 !), mais aussi pop, hard rock, disco, country-rock (une reprise du « Fortunate Son » de Creedence Clearwater Revival intitulée, dans un contresens audacieux, « Fils de personne »), rock sudiste (« Cartes postales d'Alabama », reprise de Lynyrd Skynyrd) avant de se fixer sur un rock grand public proche de la chanson française voire de la variété, en collaborant avec Michel Sardou, Michel Berger, Jean-Jacques Goldman ou Pascal Obispo, avec une prédilection pour les ballades mélancoliques (« Laura »). En 2009, toujours debout, Hallyday annonce une nouvelle « ultime tournée ».

Deuxième partie

« She Loves You (Yeah, Yeah, Yeah) » : l'« Invasion britannique »

Dans cette partie...

Dès 1958, le rock première manière est moribond : glissant vers d'autres formes ou assumant son commercialisme, il est en tout cas bien loin de la créativité de ses premières années. En 1960, il est même donné pour mort : Elvis est parti à l'armée, Buddy Holly est décédé, Jerry Lee Lewis est boycotté par les radios, Little Richard se replie dans la religion, Chuck Berry goûte un peu de prison, Gene Vincent s'est exilé en Angleterre et, bientôt, c'est Eddie Cochran qui disparaît.

C'est alors que, sans que rien ne l'annonce, la relève vient d'Angleterre, sous la forme d'un quatuor de Liverpool, les Beatles, qui redéfinit entièrement le rock et le renvoie aux États-Unis, en devenant au passage le plus grand groupe ! Dans sa foulée, une autre formation, aussi mythique, les Rolling Stones, confirme cette renaissance anglaise du rock, en lui apportant une touche de crasse et de menace en complément ; à leur suite, une quantité de groupes historiques – les Kinks, les Who, les Cream, les Yardbirds et bien d'autres – rivaliseront d'inventivité et « squatteront » les hit-parades américains. En quelques mois, le message est passé : si le rock est né aux États-Unis, il sera désormais aussi anglais.

Cette partie vous présente en détail les deux plus grands groupes de l'époque, les Beatles et les Rolling Stones, et passe en revue tous ceux qui ont fait cette « Invasion britannique ».

Chapitre 4

Les Beatles : la déflagration « pop-rock »

Dans ce chapitre :

- Les débuts du groupe à Liverpool et à Hambourg
- La « Beatlemania », de l'Angleterre aux États-Unis
- Les albums studio historiques
- La séparation et les années solo

Treize albums, dix ans d'activité, sept ans d'adulation mondiale et le rock bouleversé à jamais jusque dans ses fondations : la contribution des Beatles au rock est exceptionnelle.

Tout chez les Beatles était nouveau : premières superstars anglaises d'un rock qu'on pensait jusque-là exclusivement américain, ils ont fait voler en éclats les conventions musicales du genre avec des compositions fraîches, personnelles, irrésistibles, d'une évidence qui touchait au génie et dont chaque rocker cherche, aujourd'hui encore, la mystérieuse recette ; là où, à quelques exceptions près, le rock américain faisait traditionnellement appel à des compositeurs professionnels, des musiciens de studios et des directeurs artistiques (comme pour Elvis Presley), les Beatles composaient eux-mêmes toutes leurs chansons et ont ainsi donné un coup de jeune salutaire à toute une profession contrainte de revoir sa copie dans l'urgence ; forts de cette autonomie, ils jouissaient d'une indépendance financière et artistique alors inconcevable qui, en retour, leur a permis d'explorer en studio les régions les plus reculées du rock – et, ce faisant, ils l'ont hissé au rang d'art en proposant des albums audacieux comme autant d'œuvres « totales » qui s'affranchissaient de la dictature du sacro-saint single ; enfin, plus qu'un groupe, les Beatles – John Lennon, Paul McCartney,

George Harrison et Ringo Star, tous chanteurs et musiciens – se présentaient comme quatre personnalités marquées, à l'aisance, la complicité, la verve et l'excentricité fascinantes.

Ce chapitre vous retrace l'histoire de ce groupe incomparable.

Des brumes de Liverpool aux clubs de Hambourg

Liverpool : c'est dans cette ville industrielle du Nord-Ouest de l'Angleterre, ravagée par les bombardements allemands pendant la Seconde Guerre mondiale, que commence à la fin des années cinquante l'aventure, improbable et mythique, du plus grand groupe de pop-rock du XXe siècle – mais c'est en Allemagne, autour du port de Hambourg, que se joue tout d'abord le destin des futurs Beatles.

Les Quarry Men de Liverpool : du rock, du rock, et encore du rock

Avant les Beatles, au début de l'année 1957, il y a eu les Quarry Men, un groupe de lycée mené par John Lennon, un guitariste turbulent et rebelle, fan de rock'n'roll américain. Quand le 6 juillet 1957, un autre guitariste du quartier, Paul McCartney, se rend sur les recommandations d'un ami à la fête du Woolton Garden donnée à St. Peter's Church pour y voir ces fameux Quarry Men et leur charismatique guitariste, c'est l'Histoire qui se met en marche, à l'insu des deux jeunes musiciens…

N'OUBLIEZ PAS !

Vivement impressionné par les talents de McCartney – qui sait chanter « Be Bop a Lula », joue du piano, un peu de trompette, connaît des dizaines d'accords de guitare et… sait accorder son instrument ! –, Lennon le rallie immédiatement à son groupe. McCartney amène à son tour un ami à lui, George Harrison, tout jeune guitariste nourri de Carl Perkins et de Buddy Holly. Le groupe, auquel se joignent des bassistes et des batteurs occasionnels, se produit bientôt dans un club de jazz, la Cavern. De jazz ? Eh oui, le rock américain (Perkins et Holly donc mais aussi Chuck Berry, Little Richard et Elvis Presley) qu'affectionnent tant les trois musiciens trouve en effet encore difficilement sa place dans un Liverpool acquis au *skiffle*, un mélange informel de blues, jazz et folk traditionnel à base de guitare acoustique et banjo lancé par l'Écossais Lonnie Donegan et son titre « Rock Island Line ».

Rebaptisé « The Beatles », avec en renfort le bassiste Stuart Sutcliffe (un ami de la faculté d'art alors fréquentée par Lennon), et le batteur Pete Best, le groupe s'embarque en août 1960 pour une série de concerts en… Allemagne.

Les Beatles, histoire d'un nom

« Johnny and The Moondogs », « Long John and The Silver Beetles », « Long John Silver of The Silver Beatles », « The Silver Beetles »… : le chemin a été long pour en arriver au fameux « Beatles » ! On s'y perd un peu d'ailleurs, la légende ayant brouillé les origines exactes du nom, mais il semble acquis que le choix de « The Beetles » (avec un « e », soit « les Scarabées » en anglais) se voulait un clin d'œil à Buddy Holly et ses « Crickets »… Séduisante, l'homophonie avec le mot anglais *beat* (« rythme ») a fait que les noms « The Beatals », « The Silver Beats », puis « The Silver Beatles » ont également été considérés, avant que ce dernier choix ne soit réduit à sa forme abrégée définitive. Raillant ces hésitations, Lennon a donné pour sa part, dès 1961, sa version loufoque à souhait de la genèse du nom du groupe : « C'est venu dans une vision — un homme apparut sur une tourte en feu et leur parla en ces termes : "Dorénavant, vous serez les Beatles avec un *a*". »

Les Beatles, groupe allemand ?

N'OUBLIEZ PAS !

Installés au cœur du Reeperbahn, le quartier rouge de Hambourg, les Beatles se forment à la dure et deviennent en quelques semaines des musiciens accomplis : donnant plusieurs concerts par soir, toute la semaine, week-end compris, le groupe appelle à sa rescousse les compositions de Little Richard, Fats Domino ou Ray Charles, pour assurer jusqu'à six heures de musique d'affilée ! Il y apprend aussi à « chauffer » un public dur de marins, de prostituées et de « zonards » particulièrement exigeants… Enfin, les Beatles y découvrent l'alcool, la drogue (et les filles à la vertu obligeante) et ne se font pas violence pour faire honneur à la débauche ambiante.

De retour à Liverpool, accueillis en véritables héros dans les clubs de la ville comme la Cavern ou le Casbah alors en pleine vogue *Merseybeat*, les Beatles sont devenus des professionnels.

À nouveau installé à Hambourg en avril et juillet 1961, le groupe se sépare de Sutcliffe – pas vraiment doué, le bassiste avait pour habitude de tourner le dos au public en concert pour cacher ses bourdes ! Après quelques hésitations, c'est McCartney qui s'improvise bassiste, Harrison officiant donc comme guitariste solo et Lennon comme guitariste rythmique, tous trois se partageant par ailleurs le chant et les chœurs. Sutcliffe, lui, meurt l'année suivante à vingt et un ans, des suites d'une hémorragie cérébrale.

C'est toujours en Allemagne que les Beatles enregistrent bientôt leur premier disque – peu représentatif mais très recherché aujourd'hui – comme groupe d'accompagnement de Tony Sheridan, un chanteur anglais installé à Hambourg (une vraie pépinière d'artistes anglais, vous l'avez compris !). C'est encore à Hambourg que, sur les conseils de la petite amie de Sutcliffe, Astrid Kirchherr, les Beatles adoptent leur coupe de cheveux – le *moptop*, soit les cheveux rejetés « en avant » pour les différencier de la banane des rockers – amenée à devenir, elle aussi, très célèbre.

Un producteur, un contrat… et un batteur fortement bagué

Sur les starting-blocks, les Beatles ont encore quelques « bricoles » à régler avant de se lancer à l'assaut du monde : trouver un batteur, un producteur… et un contrat !

Qui veut des Beatles ?

À la fin de l'année 1961, la renommée des Beatles, certes encore locale mais déjà remarquable, attire l'attention d'un jeune propriétaire d'une chaîne de magasins de disques, Brian Epstein, qui devient le manager du groupe. Sous le charme de ses poulains, Epstein, particulièrement motivé, leur obtient une audition chez la maison de disques Decca, le 1er janvier 1962. Le rejet est sans appel : dans une formule restée ironiquement célèbre, le responsable du label explique que « les groupes à guitares sont finis » ! D'une égale lucidité (!), d'autres labels refusent bientôt les Beatles – avant naturellement de s'en mordre les doigts quelques mois plus tard… C'est finalement le producteur George Martin qui les signe à la mi-1962 sur le label Parlophone, une filiale de la prestigieuse maison de disques EMI. Davantage conquis, de prime abord, par les personnalités radieuses des quatre garçons que par leur musique, Martin deviendra bientôt le « cinquième Beatle ».

Richard Starkey dit « Ringo » aux bague(tte)s

En août, Pete Best est remercié à son tour par le groupe, de façon d'ailleurs plutôt cavalière. De nature indépendante, toujours un peu en marge du trio Lennon-McCartney-Harrison (très soudé, lui) dont il refuse d'adopter la fameuse coiffure, Best est alors aussi le plus populaire des Beatles… Les trois autres musiciens en ont-ils pris ombrage ? En tout cas, Best est finalement jugé pas suffisamment compétent par George Martin, qui lui préfère un batteur bonhomme, Richard Starkey. Surnommé Ringo Starr (de l'anglais *ring*, en référence aux « bagues » qu'il avait nombreuses aux doigts), celui-ci est issu d'un obscur groupe local, Rory Storm et les Hurricanes.

George Martin, le (vrai) « cinquième Beatle »

Si, logiquement, il y a eu beaucoup de candidats au titre de « cinquième Beatle », de ses membres originels (Pete Best, Stuart Sutcliffe) à son manager Brian Epstein, en passant par ses *roadies* Mal Evans et Neil Aspinall, c'est sans conteste au producteur George Martin que revient cet insigne honneur. D'une quinzaine d'années l'aîné des Beatles, Martin, pianiste de formation (qui avait aussi produit un album des Goons, une troupe de comiques britanniques menée par Spike Milligan et Peter Sellers), se révèle contre toute attente l'indispensable chef d'orchestre de l'aventure « Beatles » : pédagogue, catalyseur, pourvoyeur des orchestrations du groupe, Martin a su accompagner sans jamais être intrusif toutes les évolutions des Beatles, de la pop-rock au psychédélisme expérimental, avec un égal bonheur et une classe toute « British ».

Les coqueluches anglaises

Leur formation enfin fixée, un contrat en poche et un producteur talentueux en soutien, les Beatles entrent en studio : la légende est en marche !

La claque au rock américain

En septembre 1962, leur formation enfin stabilisée, les Beatles, qui ont abandonné leurs « cuirs » noirs pour des costumes-cravates, publient leur premier single « Love Me Do » (avec, en face B, « P.S. I Love You ») : son harmonica lancinant (joué par Lennon) et ses harmonies vocales délicieuses apportent une fraîcheur et une énergie irrésistibles au rock et à la pop, dans un mélange inédit et original. Le titre est aussi le premier officiellement signé de la paire « Lennon-McCartney » qui offre une première démonstration éclatante de son génie créateur.

« Love Me Do » reçoit un accueil très chaleureux en Angleterre mais il faut attendre le deuxième single du groupe, « Please Please Me », propulsé par ses guitares dynamiques (janvier 1963), pour que le groupe connaisse son premier hit, favorisé par un passage à l'émission de télévision « Thank Your Lucky Stars » qui lui assure une visibilité nationale alors rarissime pour un groupe rock. Dans la foulée, un troisième single, « From Me to You », se place au sommet des *charts* anglais, tout comme leur premier album, *Please Please Me*, enregistré en douze heures (!), qui y reste pendant… trente semaines !

Que proposent donc les Beatles qui leur vaille un tel engouement ? Une fraîcheur, une spontanéité, une énergie, tout d'abord. Une « vraie » personnalité aussi : là où les autres groupes anglais sont tous un peu falots, les Beatles offrent l'image d'un groupe associant les tempéraments forts de quatre garçons doués, drôles et malins. Musicalement enfin, on y entend un brassage, unique et savant, d'influences croisées (rock, blues, folk, country, doo-wop, gospel) qui redéfinit les contours de la pop et du rock… Plus encore que l'interprétation elle-même, dominée par des harmonies vocales superbes, ce sont les compositions originales du duo Lennon-McCartney qui, révélant une complicité d'une fécondité rare, font du groupe une véritable révolution « rock », à mille lieues de ses pairs anglais perdus dans les reprises dévotes du rock américain.

Lennon-McCartney, la paire magique

Avant, pendant ou après Lennon et McCartney, les duos de compositeurs investissent le rock – en témoignent aussi bien Leiber-Stoller (voir Chapitre 2) que Jagger-Richards (voir Chapitre 5) ou Morrissey-Marr (voir Chapitre 17)… Par la qualité époustouflante de leurs compositions, par la diversité de leur inspiration, par leur nombre de hits aussi, Lennon et McCartney font pourtant exception dans l'histoire du rock.

Les spécificités de chacun ? Le cliché veut que Lennon, poète rebelle et spirituel, soit l'auteur des sections les plus « rock » des titres du groupe et que McCartney, âme romantique encline à l'épanchement mélancolique, soit responsable des passages les plus « pop » – chacun contrebalançant avec bonheur l'influence de l'autre. Souvent vérifiable, la démonstration souffre pourtant d'exceptions notables, McCartney, dont on oublie trop souvent les origines rock, se fendant ponctuellement de titres rageurs (« I'm Down ») et Lennon de ballades poignantes (« Julia »).

Une astuce, pour finir : si leurs titres sont invariablement signés « Lennon-McCartney », on peut le plus souvent en reconnaître le contributeur principal en en identifiant le chanteur. Quant à George Harrison, éternel et infortuné *outsider*, il a pu prouver tardivement, avec des compositions signées seul (« Something », « Here Comes the Sun »), qu'il pouvait ponctuellement atteindre le niveau de ses deux écrasants collègues.

« Les Quatre Fantastiques »

Le deuxième album du groupe, *With The Beatles* (1963), inclut des compositions encore plus fortes, dont les singles « She Loves You » (et ses « yeah, yeah, yeah » épanouis clamés en chœur) et « I Want to Hold Your Hand » qui dépassent le million d'exemplaires vendus en Angleterre. La popularité des Beatles en Angleterre est alors immense – et difficilement concevable aujourd'hui : *jamais* un groupe n'avait alors autant séduit, jeunes comme adultes, garçons comme filles. Décontractés, spirituels, talentueux, John, Paul, George et Ringo étaient partout, sur les radios, en concert, à la télévision… En cette année 1963, c'est bien toute l'Angleterre qui s'engouffre dans ce qu'on appelle bientôt la « Beatlemania ». Même le vénérable *Times* succombe au charme des « Fab Four » (contraction des « Fabulous Four », soit « les Quatre Fantastiques ») et en fait « les compositeurs anglais marquants de l'année 1963 ».

En novembre 1963, les Beatles se produisent devant la reine mère et la princesse Margaret, au Prince of Wales Theatre. Sarcastique comme à son habitude, John Lennon ne peut s'empêcher, devant les caméras, d'introduire le titre « Twist and Shout » par ces mots grinçants : « Ceux qui sont dans les sièges les moins chers, frappez dans vos mains, les autres, vous n'avez qu'à secouer vos bijoux. » À l'issue du concert, la reine mère déclare que c'est un des meilleurs shows qu'elle ait jamais vus !

À la conquête de l'Amérique (et du monde)

Rien ne semblait pouvoir arrêter l'ascension des Beatles. Après l'Angleterre ? Les États-Unis, bien sûr ! Forteresse jusqu'alors imprenable pour les artistes britanniques, le pays est conquis en quelques jours.

Les Beatles à la télévision

Le single « I Want to Hold Your Hand » en tête de ses charts dès la fin décembre 1963, l'Amérique reçoit les Beatles en février 1964 en lui ouvrant grand les portes du studio du « Ed Sullivan Show », une de ses émissions télévisées les plus populaires. Plus de 73 millions de spectateurs américains assistent à la prestation des quatre jeunes Britanniques ! La « Beatlemania », forcément plus imposante dans sa version américaine, donne alors dans la démesure la plus absolue – le groupe, lui, devient le fer de lance de la « British Invasion » (voir Chapitre 6) et, du jamais vu, occupe les cinq premières places du classement des singles américains les plus vendus la première semaine d'avril 1964 ! Beaucoup, jusqu'aux intéressés eux-mêmes, continuent pourtant de n'y voir qu'un feu de paille…

Les Beatles au cinéma

« Une nuit d'une dure journée » : c'est sous cette curieuse expression de Ringo, vaguement surréaliste, que les Beatles, à qui plus rien ne résiste, font leurs premiers pas au cinéma. Dirigé par Richard Lester, *A Hard Day's Night* (en français *Quatre Garçons dans le vent*) est un triomphe public et critique. L'album qui l'accompagne propose, pour la première fois, des titres uniquement signés « Lennon-McCartney » et vibre de la toute nouvelle guitare électrique à douze cordes Rickenbacker de Harrison qui s'inspire du folk-rock naissant… tout en en posant aussi les bases (voir Chapitre 9). Les compositions sont toujours aussi irrésistibles (« A Hard Day's Night », « Can't Buy Me Love », « And I Love Her », « Things We Said Today ») et sont accueillies comme des classiques instantanés.

La planète comme scène

En décembre 1964 puis en août 1965, deux nouveaux albums des Beatles, *Beatles for Sale* et *Help!* sont disposés dans les bacs des disquaires. Si le premier, rapidement enregistré et complété de reprises, brille surtout par son titre « Eight Days a Week » (et le single qui précède sa sortie, « I Feel Fine »), le second offre pour sa part quatre titres magnifiques (oui, encore, allez vérifier…) : « Help! », composé spontanément, est un appel à l'aide désespéré de Lennon, caché sous une mélodie cristalline ; subtilement teinté des toutes premières touches de psychédélisme, « Ticket to Ride » est emmené par des guitares puissantes et une batterie acrobatique, tandis que sur « You've Got to Hide Your Love Away », les Beatles s'ouvrent à l'influence de Bob Dylan. La pièce maîtresse de l'album, créditée à Lennon-McCartney mais essentiellement due à ce dernier, est le titre « Yesterday », un des plus célèbres du groupe, joué par McCartney à la guitare sèche.

Salué par quelques-uns des plus grands compositeurs « classiques », ce « Yesterday » est un de ces rares titres dont la pureté absolue défie toute analyse. Conscient de l'importance de sa composition, McCartney a d'ailleurs passé plusieurs jours à vérifier que la mélodie ne lui avait pas été inconsciemment soufflée par un autre compositeur ! Avec ce titre, l'un des plus repris de l'histoire du rock (Elvis Presley, Frank Sinatra, Tom Jones, Marvin Gaye, les Temptations, Placido Domingo et plus de… 3 000 autres !), le rock s'ouvre intuitivement à la subtilité de la musique classique.

Et ça continue : le 12 juin 1965, les Beatles reçoivent le titre de « Member of the British Empire » ; choqués, certains « MBE » renvoient leur propre insigne à la reine ! En août, le groupe se produit au Shea Stadium (un stade américain de… base-ball) devant 55 000 personnes déchaînées… le rock entrait dans les stades (voir Chapitre 17).

Les « Fab Four » sur pellicule : le ciné-rock régénéré

Graine de violence, La Blonde et moi, Le Rock du bagne... le rock et le cinéma ont tôt lié leurs destins. Systématisant un peu trop le principe, Elvis Presley avait même consacré une bonne partie de sa carrière au septième art... qu'il gratifia surtout de superbes nanars (*Sous le ciel bleu de Hawaï, Le Shérif de ces dames*, etc.) malgré la contribution, çà et là, de réalisateurs patentés comme Richard Thorpe, Michael Curtiz ou Don Siegel. Avec les Beatles, là encore, le changement est total. Leur premier film, *A Hard Day's Night* (*Quatre garçons dans le vent*, 1964), est une réussite en tout point : non seulement la caméra de Richard Lester capture à merveille les personnalités de chacun des Beatles – en en arrondissant certes les angles : John spirituel et cynique, Paul gentil et romantique, George profond et introspectif, Ringo rigolo et débonnaire – mais la qualité du scénario, centré sur la Beatlemania, et des dialogues fait du film, aujourd'hui encore, un classique. On a même comparé les quatre musiciens aux Marx Brothers !

Tout aussi acclamé, *Help!* (1965) convainc pourtant moins, notamment en raison d'un scénario dont la loufoquerie traduit surtout l'indigence. Fin 1967, en pleine exploration psychédélique, les Beatles s'emparent eux-mêmes de la caméra pour *Magical Mystery Tour*, un projet inspiré des Merry Pranksters de Ken Kesey (voir Chapitre 7) qui, cette fois-ci, est un flop malgré une avant-première sur la BBC. Un long dessin animé, *Yellow Submarine*, investit les écrans en 1968 : plutôt réussi, il ne concerne en fait que de très loin les Beatles qui n'y apparaissent que très brièvement... et à la toute fin ! Enfin, en 1970, *Let It Be*, documentaire de Michael Lindsay-Hogg sur la conception de l'album du même nom, s'est révélé bien involontairement un témoignage glaçant d'un groupe au bord de l'éclatement.

Leur association revigorée par les Beatles, rock et cinéma continueront à faire bon ménage, s'ouvrant, après l'âge d'or des concerts-documentaires (*Monterey*, *Woodstock*, *Gimme Shelter*), au « vrai » film rock c'est-à-dire une œuvre d'essence entièrement rock – *Phantom of the Paradise*, *The Rocky Horror Picture Show*, *Tommy*, *Quadrophenia* – et non un film distinct à la simple bande-son rock comme le furent à la fin des années soixante *Blow Up* ou *Easy Rider*. Ce cinéma rock laissera même le fauteuil de réalisateur à quelques-unes de ses plus grandes stars, comme Bob Dylan (*Renaldo & Clara*), Frank Zappa (*200 Motels*) ou Neil Young (*Journey through the Past*). Au début des années quatre-vingt, les vidéoclips diffusés en masse sur la nouvelle chaîne de télévision musicale MTV changeront la donne en offrant à tous les groupes la possibilité d'utiliser un format industriellement éprouvé de promotion. Les biographies filmées continueront pourtant, en parallèle, de captiver un large public, de *The Rose* (sur Janis Joplin) à *Sid & Nancy* (sur le bassiste des Sex Pistols) en passant par *The Doors* ou *Control* d'Anton Corbijn sur le groupe Joy Division.

Le rock à l'âge adulte

Au sommet, les Beatles ? Eh non, l'ascension continue… Certains de leurs derniers titres indiquaient déjà assez que le thème un peu simplet des amours « garçons-filles », longuement exploré sur leurs premiers albums, avait fait son temps ; à partir de 1965, du jour au lendemain ou presque, les Beatles hissent la « pop-rock » à de nouvelles hauteurs, ouvrant leurs paroles – et leur musique – à une complexité et une subtilité insoupçonnées.

Âme de caoutchouc et revolver

Décision cruciale : entre deux tournées, les Beatles choisissent de se concentrer davantage sur leurs activités « studio ». Une première étape est franchie en 1965 avec l'album *Rubber Soul* qui, placé sous l'influence folk-rock alors dominante, apporte son nouveau lot de classiques (« Drive My Car », « Michelle », « Girl », « In My Life », « Norwegian Wood », « Nowhere Man »). L'avancée est sensible : la production, sous la férule de George Martin, est particulièrement sophistiquée et accueille des sonorités originales comme celles d'un sitar indien, d'une basse distordue par une pédale fuzz ou d'un faux clavecin (en fait, la bande accélérée d'un piano) ; les compositions, plus fouillées et comme libérées par les audaces de Bob Dylan (voir Chapitre 9), se frottent à des thèmes « adultes » comme la jalousie, la gloire ou l'adultère. Dans la foulée, le single « We Can Work It Out »/« Day Tripper » confirme magistralement la maturité musicale du groupe dont les Beach Boys prendront bonne note pour l'enregistrement de leur *Pet Sounds* (voir Chapitre 7).

Quelques mois plus tard, au printemps 1966, un nouveau single – encore un classique, à croire qu'ils le font exprès ! – précède la sortie d'un nouvel album, *Revolver*. Ce « Paperback Writer » est un rock vigoureux aux paroles inspirées, mais c'est « Rain », titre halluciné noyé de sonorités psychédéliques, qui frappe les esprits et annonce une révolution imminente : les Beatles viennent de découvrir le LSD, « la » drogue psychédélique, et ça s'entend !

Sorti en août 1966, *Revolver* est un choc artistique. D'une fécondité insondable, servie par une production novatrice guidée par les drogues, l'album laisse éclater sur chacun de ses titres le talent radieux des quatre musiciens.

Rock tranchant (« Taxman »), ballade parcourue d'un quartet de cordes (« Eleanor Rigby »), soul tonitruante (« Got to Get You into My Life »), échappée indienne (« Love You To »), comptine pour enfants (« Yellow Submarine »), rock psychédélique délirant aux couches sonores fractales (« Tomorrow Never Knows »), tout y est impressionnant – à l'évidence, le rock et la pop ne seront jamais plus les mêmes !

Grandeur et décadence de la « Beatlemania »

Problème : la complexité de *Revolver* en interdit la reproduction sur scène. Et puis les concerts des Beatles, vous l'avez compris, ce sont surtout des cris, des risques de débordements grandissants et finalement, peu de musique et beaucoup d'angoisse pour les quatre musiciens… Le 29 août 1966, les Beatles donnent leur dernier concert payant à San Francisco. Soulagés, les quatre musiciens décident de se donner enfin les moyens de leurs ambitions et s'enferment pour le reste de leur carrière en studio.

Dès lors, la discographie des quatre coqueluches anglaises prend la forme d'une consécration de l'« album » (de préférence, longtemps mitonné en studio) au détriment du single à destination des radios. Le changement est plutôt radical pour le rock dans son ensemble : après le *Revolver* des Beatles, chacun des titres d'un album rock est dorénavant censé bénéficier d'autant d'attention que les singles qui en donnent un avant-goût sur les radios. Une évolution qui est aussi heureuse économiquement : du coup, le public rock se tourne davantage vers les albums, plus coûteux !

Pour l'heure, l'été 1966 est particulièrement éprouvant pour les Beatles qui connaissent leurs premiers coups durs. En tournée aux Philippines, ils sont ainsi « enlevés » gentiment mais fermement par une milice locale ; leur manager Brian Epstein décline maladroitement une invitation présidentielle et déclenche la colère du peuple philippin, outragé : les chauffeurs refusent de transporter le groupe, les promoteurs de les payer, les policiers se font menaçants… C'est escortés par une foule furieuse que les Beatles, terrorisés, gagnent l'aéroport et s'enfuient du pays !

À leur retour, une interview accordée quelques mois plus tôt par Lennon à une journaliste de l'*Evening Standard* refait surface aux États-Unis. Le chanteur, toujours aussi mordant, y déclare maladroitement que les Beatles sont « plus populaires que Jésus » et qu'il ne sait pas ce qui « disparaîtra le premier, le rock'n'roll ou le christianisme ». La réaction américaine ne se fait pas attendre : les albums des Beatles sont brûlés en public, le Ku Klux Klan émet des menaces de mort et des excuses publiques sont exigées, tant il est vrai que rien ne ressemble plus à une hystérie collective qu'une autre hystérie collective… Plus de quarante ans plus tard, en 2008, *L'Osservatore Romano*, l'organe du Vatican, fera savoir publiquement qu'il a finalement pardonné au Beatle sa « sortie » malheureuse.

La Beatlemania, ombre et lumière

Ces images, vous les connaissez forcément : des hordes de jeunes filles hystériques criant à pleins poumons, tout un concert durant, les bras tendus vers leurs quatre idoles, éclatant en sanglots, s'évanouissant même, pour les plus hyperémotives… C'était ça, la « Beatlemania » !

Mais cette « Beatlemania », exutoire de jeunesse sous soupapes, c'était aussi des centaines de milliers (!) de fans rassemblés, en Australie, sous les fenêtres de l'hôtel où était descendu le groupe, des concerts, comme celui à l'Hollywood Bowl en août 1964, où les cris des fans couvraient jusqu'aux instruments, et l'angoisse constante de débordements tragiques… Amusant ? Pas vraiment : littéralement coupés du monde, réfugiés dans la marijuana, escortés de chambres d'hôtels gardées en scènes surélevées (pour éviter les assauts du public), les Beatles, eux, vivaient ce qui ressemblait à un vrai cauchemar.

Le studio, bouillon de culture

Les concerts n'étant plus qu'un (mauvais) souvenir, les Beatles se retrouvent en studio, sans contrainte artistique (ils n'ont rien à prouver) ni financière (ils ont beaucoup d'argent). Dans des conditions si favorables, là où d'autres, plus complaisants, comme les Rolling Stones ou les Beach Boys, s'égarent un peu, les Beatles, eux, s'en tiennent à leur cœur de métier : repousser les limites du rock.

En route vers le psychédélisme

À vrai dire, chacun des Beatles profite de la fin de l'année pour s'essayer à des projets en solo, parfois même en marge de la musique. Le spectre de la séparation est même agité un certain temps, mais les « Fab Four » clouent le bec à la critique en février 1967 avec deux titres à la perfection éblouissante : « Penny Lane », une ballade nostalgique, pure et lumineuse, parcourue d'un improbable solo de trompette *piccolo* et « Strawberry Fields Forever », un titre psychédélique aux arrangements vertigineux invitant trompette, mellotron, violoncelle, piano et sitar dans un maelström étourdissant de bandes d'enregistrement savamment bidouillées.

Le « sergent Poivre » et ses cœurs solitaires

En juin 1967, au tout début du « Summer of Love » (voir Chapitre 7), c'est (encore…) la révolution chez les Beatles avec un album sans précédent et au titre à rallonge : *Sgt. Pepper's Lonely Hearts Club Band*… Sous une pochette flamboyante composée de collages de photos de plus de soixante-dix « célébrités » (de Einstein à Tony Curtis), les Beatles offrent au rock psychédélique naissant leur plus bel album… sans même se déplacer jusqu'à San Francisco, pourtant « La Mecque » du mouvement !

Le groupe avait enregistré son premier album en douze heures ? Ce sont 700 heures qui sont consacrées à *Sgt. Pepper's*… À l'arrivée, un kaléidoscope monumental de titres rêveurs et chatoyants où le jeu de basse exceptionnel de McCartney donne toute sa mesure (« Lucy in the Sky with Diamond », « A Day in the Life », « With a Little Help from My Friends ») et qui donne ses lettres de noblesse à un rock enfin reconnu comme art.

Le 25 juin 1967, les Beatles entonnent leur hymne hippie « All You Need Is Love » devant plus de 350 millions de personnes de 24 pays (!), dans le cadre d'une retransmission par satellite d'un programme télévisé de la BBC.

Du collectif au solo

À l'été 1967, les premiers signes de la fin de l'état de grâce sont sensibles : si, artistiquement, les Beatles restent toujours aussi inspirés, le groupe, lui, commence à perdre son exceptionnelle – et indispensable – cohésion.

« Trip » indien et tragédie londonienne

En août 1967, Brian Epstein, dépressif, est retrouvé mort à son domicile, des suites d'une ingestion massive (et apparemment involontaire) de médicaments. Sous le choc, privés de leur manager, les Beatles s'égaillent un temps dans des projets diversement heureux. Le premier d'entre eux, un film avant-gardiste sorti de l'imagination de McCartney, *Magical Mystery Tour*, s'inspire de l'équipée des Merry Pranksters (voir Chapitre 7) – c'est un flop. Les Beatles fondent aussi leur propre société, Apple, qui finance bientôt à fonds perdus des projets expérimentaux – musicaux, cinématographiques ou industriels – un peu trop utopiques, même pour cette époque à la proverbiale indulgence !

En février 1968, les Beatles s'envolent pour l'Inde pour y suivre les cours de méditation transcendantale d'un gourou indien amateur de stars, le Maharishi Mahesh Yogi – l'expérience, diversement goûtée par les musiciens, sera écourtée et restera un souvenir embarrassant… D'autres célébrités rejoignent les Beatles dans le studieux *ashram* du gourou : Mike Love des Beach Boys, le chanteur Donovan, l'actrice Mia Farrow… C'est par celle-ci que le scandale arrive d'ailleurs puisqu'elle se plaint un jour d'avoir subi les avances poussées du Maharishi lui-même. Dégoûté, Lennon coupe dès lors toute relation avec le gourou et compose un titre au vitriol « Sexy Sadie ».

Un double album, quatre musiciens… un groupe ?

Seul point positif de ce séjour indien : les Beatles en reviennent avec de nouvelles compositions. À la fin de l'année, un double album à la pochette d'un blanc immaculé arrive dans les bacs, avec en lettres légèrement saillantes, cette seule mention :

« The Beatles ». Ce *White Album* (ou « album blanc » ainsi qu'il est appelé, de préférence à *The Beatles*) est une véritable fête pop et rock dont il parcourt à nouveau tout le spectre, de la ballade poignante « While My Guitar Gently Weeps », signée Harrison et illuminée des solos d'un Eric Clapton invité au surf rock rigolard de « Back in the USSR » en passant par la pop nourrie de ska de « Ob-La-Di, Ob-La-Da », le hard rock alors inédit de « Helter Skelter » et la mosaïque sonore avant-gardiste de « Revolution 9 ». Le psychédélisme semble déjà loin et, s'il est magistral, l'album fait, pour la première fois, davantage l'effet de quatre mini-albums solo de chacun des quatre Beatles que d'une œuvre commune. Un single « Hey Jude »/« Revolution » conforte le groupe au sommet mais les dissensions se font jour avec l'arrivée d'une improbable « sixième Beatle » (vous n'avez pas oublié qu'il existe un cinquième Beatle au moins ?) : l'artiste japonaise Yoko Ono.

Vers l'inconcevable séparation

S'ouvre alors la période la plus douloureuse – et la plus laborieuse – d'un groupe éclaté dont les quatre membres, désorientés, tentent de résister, encore un peu, à l'appel du large.

Cherchez la femme

Pour beaucoup de fans, meurtris aujourd'hui encore, le déclin des Beatles n'a qu'une seule responsable : Yoko Ono. Un jugement excessif même s'il est vrai qu'avec la rencontre de John et Yoko, bientôt en ménage et inséparables, la cohésion du groupe, exceptionnellement soudé depuis ses origines, se délite irréversiblement. Lennon, qui clame à tout-va son amour pour l'artiste japonaise, invite d'ailleurs celle-ci aux sessions d'enregistrement du groupe (un privilège même pas accordé à leur ancien manager Brian Epstein !).

Dans ces conditions un peu particulières, les Beatles entrent à nouveau en studio en janvier 1969 et s'attellent à leur nouveau projet, alors appelé « Get Back ». Soucieux de revenir à des compositions plus spontanées, le groupe enregistre sous l'œil des caméras pour un documentaire. Une fausse bonne idée :

l'ambiance est visiblement tendue, Harrison quitte même le groupe quelques jours, on appelle le joueur de claviers Billy Preston pour apaiser les esprits… Le 30 janvier 1969, sur les toits de l'immeuble Apple à Londres, les Beatles improvisent un concert filmé, vite interrompu par la police. Le projet « Get Back », quant à lui, est remisé ; en est extrait le single « Get Back »/« Don't Let Me Down » en 1969. Rattrapés par leurs problèmes de gestion, enferrés dans une crise précipitée par la paranoïa du couple John et Yoko, les Beatles sont au bord de la séparation.

John Lennon et Yoko Ono, les tourtereaux rock

En novembre 1966, John Lennon se rend à une exposition d'une artiste japonaise à l'avant-gardisme échevelé, Yoko Ono. Intitulée « Unfinished Paintings and Objects » (« Tableaux et objets non finis »), l'exposition donne notamment à voir une pomme sur un présentoir en plexiglas, un échiquier entièrement blanc et, accroché au plafond, accessible par une échelle et lisible par le biais d'une loupe, le mot « oui »… Pas convaincu ? Lennon, lui, l'est en tout cas et en août 1969 divorce pour se remarier avec sa Yoko, de sept ans son aînée. Jouant de leur image, les deux inséparables tourtereaux se font bientôt les apôtres d'un pacifisme planétaire, à la faveur d'un *bed-in* (ou manifestation dans… un lit) lors de leur lune de miel à l'Amsterdam Hilton ou en entonnant devant le monde entier un « Give Peace a Chance » dans une chambre d'hôtel de Montréal. L'expérience inspire décidément Lennon qui offre aux Beatles le titre « The Ballad of John and Yoko », plus convaincant. Des albums très (*très*) expérimentaux du couple, beaucoup ne retiennent que la pochette du premier qui montre les deux amants en pied dans le plus simple appareil (et au verso, les mêmes, de dos…).

Le chant du cygne : « Abbey Road »

Ultime enregistrement, ultime chef-d'œuvre : en septembre 1969, l'album *Abbey Road*, du nom des studios londoniens dans lesquels les Beatles l'enregistrent, offre l'image d'un groupe recomposé et réuni. S'il n'en est rien, le résultat est spectaculaire et la paire Lennon-McCartney toujours aussi insolemment inspirée (« Come Together », « Because », « Sun

King »). Le talent d'Harrison s'y voit, trop tardivement, accorder enfin la place qui lui revient avec deux ballades somptueuses, « Something » et « Here Comes the Sun ».

La fin des Beatles : la mort des « sixties »

Enfin disponible, en même temps que le documentaire correspondant, le projet « Get Back » sort en mai 1970 sous le nom de *Let It Be*. Repris en main par le producteur fantasque Phil Spector (voir Chapitre 2), l'album déçoit un peu, malgré le bon single qui en est extrait (« The Long and Winding Road »). Les Beatles sont alors déjà séparés – McCartney a annoncé son départ le 10 avril 1970 – et engagés dans d'amères batailles juridiques. Aucun d'entre eux n'a encore trente ans. Symbole de la fin d'une ère, l'annonce fait l'effet d'une bombe.

L'après-Beatles

Bien avant leur séparation, les quatre Beatles se sont essayés à divers projets en solo, musicaux ou non : Lennon et Ono enregistrent ainsi trois albums très expérimentaux (*Unfinished Music Nr.1: Two Virgins* ; *Unfinished Music Nr.2: Life with the Lions* ; et *Wedding Album*) et, avec le Plastic Ono Band, trois singles « Give Peace a Chance », « Cold Turkey » et « Instant Karma! » ainsi qu'un *Live Peace in Toronto 1969*. McCartney sort quant à lui son premier album solo en avril 1970 (*McCartney*) qui officialise la fin des Beatles. Harrison s'investit lui aussi dans deux albums expérimentaux en 1968 et 1969 (*Wonderwall Music* et *Electronic Sound*). Quant à Ringo, dès 1968, il se laisse tenter par le cinéma avec *Candy* de Christian Marquand et *The Magic Christian* de Joseph McGrath.

Quatre ex-Beatles en goguette

Musicalement, les carrières respectives des ex-Beatles n'évoquent que très rarement leur glorieux passé mais sont loin d'être déshonorantes. S'y révèlent surtout le style spécifique de chacun, son génie propre mais aussi ses complaisances et ses facilités.

John Lennon connaît un succès planétaire en 1971 avec l'album *Imagine*, dont le titre éponyme devient un hymne pacifiste mondial. D'autres titres, sur cet album et les suivants (« Jealous Guy », « Working Class Hero », « Happy Xmas [War Is Over] », « Power to the People », « Mind Games », « Whatever Gets You Thru the Night », « [Just like] Starting Over », « Mother », « Woman » ou « Beautiful Boy ») témoignent d'un talent vivace ; en 1980, quelques jours après la sortie de son nouvel album *Double Fantasy*, John Lennon est assassiné.

La mort de John Lennon

Le 8 décembre 1980, à New York, John Lennon est abattu devant le Dakota Building où il résidait par un certain Mark David Chapman. Responsable de sécurité à Honolulu, Chapman avait rejoint New York peu avant et attendu l'ex-Beatle toute la journée. À 16 heures, il le rencontre enfin et obtient une dédicace de l'album *Double Fantasy*. Quelques heures plus tard, Chapman, resté sur les lieux, tire cinq balles à bout portant sur Lennon qui revenait de sessions d'enregistrement avec Yoko Ono. À l'arrivée de la police, Chapman, plongé dans la lecture de *L'Attrape-cœurs* de J.D. Salinger, se rend sans résistance. Il purge sa peine à New York.

Quant à « Macca » qui, peut-être trop conscient de son génie, cède souvent à la facilité, la critique n'est pas tendre avec lui. La liste de ses succès, en solo ou avec son nouveau groupe les Wings, est pourtant impressionnante : « Band on the Run », « Jet », « Ebony and Ivory », « Listen to What the Man Said », « No More Lonely Nights », « Silly Love Songs », « Let 'Em In », « Coming Up », « Live and Let Die », « Another Day », « C Moon », « Say Say Say »… En 1973, il enregistre son chef-d'œuvre solo, *Band on the Run* qui connaît un grand succès critique et public. Excellents, ses albums les plus récents (*Memory Almost Full*, 2007) laissent enfin la critique bouche bée et entendre un compositeur exigeant, encore soucieux de remettre son art en question.

La séparation des Beatles reste toutefois, pour ses deux compositeurs principaux, un vrai traumatisme. Dans les premières années « solo », Lennon et McCartney s'envoient ainsi des piques par chansons interposées. C'est Lennon qui ouvre les hostilités avec le titre « How Do You Sleep? », n'hésitant pas, dans un clin d'œil vicieux, à y confirmer la (fausse) rumeur de la mort de son *alter ego* propagée quelques années auparavant... McCartney réplique sur l'album *Band on the Run* avec un titre pastiche, « Let Me Roll It » mais la hache de guerre est vite enterrée et, loin des journalistes, les deux hommes se retrouvent même en 1974 dans le plus grand secret, pour des sessions communes.

Pour Harrison, les années solo sont l'occasion de sortir de sa proverbiale réserve et de faire enfin entendre pleinement son talent. Manifestement frustré de longue date, Harrison publie dès le lendemain de la séparation du groupe, un triple (!) album, *All Things Must Pass*, souvent considéré comme la plus aboutie de toutes les tentatives solo des quatre Beatles. En 1987, il connaît un hit tardif avec « Got My Mind Set on You ». Il décède d'un cancer le 29 novembre 2001.

Quant à Ringo, dont les compositions au sein des Beatles n'ont jamais prétendu à la qualité de celles de ses collègues, il poursuit paisiblement une carrière sporadique et sans prétention que deux succès précoces inattendus, les singles « It Don't Come Easy » et « Back Off Boogaloo » avait pourtant placée, au début des années soixante-dix, sous les meilleurs auspices.

La « reformation » des Beatles

Toujours aussi importante, la popularité des Beatles, elle, est encore ravivée par quelques projets posthumes : en 1994, un double album de sessions du groupe pour la BBC est publié ; en 1995, un long documentaire sur le groupe, auquel participent activement McCartney, Harrison et Starr, accompagné de trois albums de raretés, est accueilli avec ferveur. Les trois musiciens créent même, à partir d'un enregistrement de Lennon exhumé pour l'occasion, deux nouveaux titres des Beatles, « Free As A Bird » et « Real Love » qui se vendent à des millions d'exemplaires ; le 9 septembre 2009, au terme de plus vingt ans d'attente, c'est l'ensemble du catalogue des « Fab Four » qui est enfin remasterisé. Vous avez dit immortels ?

Chapitre 5

Les Rolling Stones : la mythologie rock

Dans ce chapitre :

- Les débuts à Londres
- La « Stonemania » et les démêlés avec la justice
- Les années Brian Jones
- Les années Mick Taylor
- Les années Ron Wood

Autoproclamés « le plus grand groupe de rock du monde », les Rolling Stones sont comme le revers d'une médaille rock qui aurait, bien sûr, pour autre face les Beatles. Mais forts d'une discographie unique rythmée par le sexe, les drogues et (quand même) le rock'n'roll, qui s'étale sur plus de quarante années, les Rolling Stones valent bien plus que cette opposition journalistique – et vous le verrez, sont bel et bien incomparables.

De leurs débuts dans les petits clubs anglais à la grosse machine institutionnelle à tournées planétaires, les Rolling Stones ont traversé toutes les modes, musicales et culturelles, s'y sont accrochés parfois désespérément, ont été donnés pour morts tous les ans ou presque, et ont réussi à donner au rock quelque chose qui pourrait bien ressembler à une immortalité.

L'affaire s'annonçait pourtant mal pour ce groupe de jeunes Anglais issus de la classe moyenne, blancs de surcroît, qui méprisaient le rock et ne juraient que par la musique des Noirs américains opprimés, ce rhythm and blues que même les États-Unis commençaient à oublier. Quinze ans après leurs débuts, les « Stones » avaient enregistré de la soul, du blues, de la pop psychédélique, de la country, du funk, du disco et, oui, du rock aussi…

Dans l'intervalle, ses deux têtes de proue, le chanteur Mick Jagger et le guitariste Keith Richards s'étaient imposés comme deux des icônes les plus absolues du rock, le premier comme sex-symbol arrogant et misogyne, le second comme l'archétype du *guitar hero*, formant un couple repris depuis par tous les groupes de hard rock ; en passant, le duo avait signé des dizaines de classiques du rock, comme « (I Can't Get No) Satisfaction », « Paint It Black », « Let's Spend the Night Together », « Sympathy for the Devil », « Jumpin' Jack Flash », « Gimmie Shelter », « Brown Sugar », « Angie », « Miss You »…

« Plus qu'un groupe : une manière de vivre » : la formule publicitaire, due à leur producteur Andrew Loog Oldham à leurs débuts, peut prêter à sourire mais elle garde, aujourd'hui encore, alors même que l'âge moyen du groupe touche à la soixantaine, un fond de vérité. Ce chapitre vous propose de découvrir pourquoi, en vous retraçant toutes les étapes, de sa naissance à nos jours, de la légende « Rolling Stones ».

Du rhythm and blues, du rhythm and blues et encore du rhythm and blues

Le plus connu de tous les groupes de rock a commencé par une première rébellion : rejeter en bloc le rock, trop vulgaire, et lui préférer le rhythm and blues ! Son chef ? Un petit guitariste blond, Brian Jones…

De la gare de Dartford au Healing Club de Londres

Emblèmes du groupe, le chanteur Mick Jagger et le guitariste Keith Richards semblent s'être toujours connus. Se croisant depuis l'enfance, à l'école ou dans les rues de leur ville de Dartford, au sud-est de Londres, un peu copains mais pas trop, les deux jeunes hommes entrent sans le savoir dans l'histoire du rock à dix-neuf ans, sur le quai de la gare de

Dartford. La légende veut qu'en ce jour (béni !) d'octobre 1961, Jagger, étudiant à la London School of Economics, porte sous le bras quelques disques de Chuck Berry, Little Walter et Muddy Waters qui attirent l'attention de Keith Richards, qui pour sa part traîne ses guêtres dans une fac d'art... Si les Rolling Stones ne sont pas encore nés, on date de ce jour bien symbolique le début de l'odyssée des « Pierres qui roulent ».

Un ami commun, le guitariste Dick Taylor (à qui on demande de devenir bassiste), en renfort et c'est le groupe Little Boy Blue & The Blue Boys qui est lancé, avec Jagger au chant et à l'harmonica et Richards à la guitare. Leur passion ? Le rhythm and blues ! Avant d'en devenir le plus grand groupe du monde, les futurs Rolling Stones nourrissaient en effet un vif dédain pour le rock. Aux gesticulations vulgaires des Presley, Vincent et Lewis, ils préféraient, de loin, le blues rapide, électrique et nerveux de Jimmy Reed, Muddy Waters, Chuck Berry et Bo Diddley, en bref, tout ce qui n'était pas rock à bananes... Quant à la fièvre *Merseybeat* propagée par les Beatles qui agite Liverpool en ce début des années soixante, rien de plus éloigné des clubs londoniens que fréquente alors le groupe.

C'est dans l'un des plus fameux d'entre eux, le Healing Club, que l'aventure des futurs Rolling Stones commence véritablement. Lancé par Alexis Korner qui y tient la tête d'affiche avec ses Blues Incorporated (voir Chapitre 6), il accueille la fine fleur du rhythm and blues anglais, comme les chanteurs Eric Burdon et Paul Jones ou le bassiste Jack Bruce. On y croise aussi un petit guitariste à la chevelure blonde, multi-instrumentiste fan de jazz et roi de la guitare *slide*, qui se fait appeler Elmo Lewis en hommage au bluesman Elmore James, mais dont le vrai nom est Brian Jones ; Charlie Watts, un autre amoureux de jazz, batteur pour sa part, monte lui aussi régulièrement sur scène.

Brian Jones vous présente « ses » six Rolling Stones

Si l'histoire des Rolling Stones se confond avec celle de ses deux mythes Jagger-Richards, au début du groupe, le « boss », c'est ce Brian Jones. Père à seize ans de deux enfants naturels, joueur bohème de sax, de clarinette, d'harmonica ou de guitare, il capture tous les regards et impressionne vivement les jeunes Jagger et Richards. Rompant avec les Blues Incorporated, il fonde d'ailleurs bientôt son propre groupe avec le pianiste Ian Stewart et, rejoint par Jagger, Richards et Taylor, donne naissance aux Rolling Stones. Purisme oblige, le nom est emprunté à une chanson du chanteur et guitariste blues Muddy Waters.

Les destins ne tenant, même en rock, qu'à un fil, c'est au désistement du Blues Incorporated, appelé à se produire pour la BBC, que les Rolling Stones doivent leur premier concert, le 12 juillet 1962, au Marquee Club. La formation est pourtant loin d'être stabilisée et les batteurs Mick Avory (des futurs Kinks) ou Tony Chapman vont et viennent. Quant au bassiste, le plus souvent, on s'en passe ! Dès octobre 1962, des démos sont enregistrées et, point commun avec les Beatles, sont rejetées sans ménagement par les maisons de disques décidément très perspicaces…

Avec le départ de Taylor – qu'on retrouvera à nouveau guitariste dans un groupe étonnamment proche des Rolling Stones, les Pretty Things –, le groupe passe à la vitesse supérieure ; Bill Perks dit Bill Wyman, un bassiste âgé de cinq ans de plus qu'eux, marié, père de famille, s'y intègre dans la foulée. La légende, peu généreuse envers le pauvre Bill, veut qu'il ait été recruté parce qu'il disposait d'un précieux ampli Vox AC-30 ! Restait à trouver un batteur, c'est Charlie Watts qui est (difficilement) convaincu d'abandonner ses rêves de jazz (et son job dans une agence de pub) pour rejoindre la formation.

Début 1963, les Rolling Stones sont formés : Mick Jagger (chant, harmonica), Keith Richards (guitare), Brian Jones (guitare et toutes sortes d'instruments), Bill Wyman (basse), Charlie Watts (batterie) et Ian Stewart (piano). Et si certaines affiches de l'époque annoncent parfois le groupe comme « Mick Jagger & The Rolling Stones » (et qu'on demande à Richards d'enlever le « s » final de son nom pour suggérer une parenté avec l'idole rock anglaise d'alors Cliff Richard), le groupe n'appartient bien, alors, qu'à son charismatique leader, Brian Jones.

Andrew Loog Oldham, enchanté...

Commence alors une période de vaches maigres formatrice, un peu sur le modèle des Beatles à Hambourg ; mais c'est dans un taudis londonien, à Edith Grove, que les Rolling Stones s'amassent pour leur part, jouant beaucoup, mangeant peu et attendant leur heure.

Elle n'est pas longue à arriver : dès janvier 1963, le groupe se produit au Station Hotel, un club de Richmond bientôt rebaptisé Crawdaddy Club, appartenant au producteur Giorgio Gomelsky. Cette scène nichée en plein Surrey est bien loin de Liverpool, et pas seulement géographiquement : ici, point de ce *Merseybeat* popularisé par les Beatles, ni même du rock jugé trop vulgaire, mais (insistons) du rhythm and blues, et que du rhythm and blues !

L'exceptionnelle cohésion du groupe, la qualité des musiciens et une identité forte – une espèce d'érotisme voyou – distinguent rapidement les Rolling Stones de leurs concurrents. Repérés par Andrew Loog Oldham, un jeune homme de dix-neuf ans qui s'improvise manager et producteur du groupe, les Rolling Stones sont lancés sur la scène londonienne.

Des bluesmen blancs à la recherche du riff

Dès mai 1963, l'astucieux Oldham va redoubler d'ingéniosité pour lancer ses poulains. Le pianiste Ian Stewart écarté sans ménagement – sa mâchoire trop carrée écornait l'image sexuelle du groupe –, les Rolling Stones deviennent en deux ans un véritable phénomène de société... aux côtés des Beatles.

Les Beatles, parrains des Rolling Stones

Signés par la maison de disques Decca (qui avait refusé les Beatles...), les Rolling Stones sortent en juin 1963 leur premier single, une reprise du « Come On » de Chuck Berry. Sans être un succès, le titre attire l'attention ; cheveux pas nets, tenues négligées et poses arrogantes : les musiciens font l'unanimité contre eux après leur passage à l'émission télévisée « Thank Your Lucky Stars » dans une Angleterre à peine habituée aux mélodies énergiques des Beatles qui paraissent du coup bien inoffensives. Le groupe, lui, continue à fourbir ses armes en concert, croisant la route de ses idoles comme Bo Diddley, avec qui il partage la scène.

C'est encore les Beatles, décidément incontournables, qu'on retrouve alors : sollicités par Oldham, John Lennon et McCartney composent en quinze minutes le titre « I Wanna Be Your Man » qui, enregistré par les Rolling Stones, leur apporte leur premier vrai succès ! La facilité de composition de la paire Lennon-McCartney ne manque pas, au passage, de fasciner Jagger et Richards, habitués aux seules reprises de leurs idoles afro-américaines. En face B du titre, une jam malicieusement (et très audacieusement, pour l'époque) intitulée « Stoned » donne les premiers signes de la menace indistincte portée par les Rolling Stones.

Le single ouvre en tout cas les vannes d'une discographie parmi les plus riches et les plus touffues du rock : singles, EP (mini-album de quatre titres), albums (souvent sans les titres les plus fameux du groupe qui ne paraissent qu'en singles) et, pour compliquer le tout, des pressages différents pour les États-Unis… Il vous faudra donc un peu de persévérance si vous souhaitez découvrir les centaines de titres enregistrés par le groupe !

Pour l'heure, les Rolling Stones enregistrent des reprises de Chuck Berry (« Bye Bye Johnny »), des Coasters (« Poison Ivy ») et même le « Not Fade Away » de Buddy Holly, titre plutôt pop qui se solde aussi par un succès – les Rolling Stones retiendront la leçon… Les premières compositions collectives, parfois enrichies de l'apport d'un producteur, comme « Little by Little » révèlent davantage encore la singularité de ce groupe porté par un Jagger méprisant et sarcastique et un son brut qui, pour un peu, résonnerait comme du punk avant l'heure ! Manque en tout cas un album pour finaliser l'intronisation du groupe au sein du rock anglais : c'est chose faite le 26 avril 1964.

Premier album, premiers hits : naissance du « riff stonien »

L'album fait l'effet d'une bombe – là encore, il faut attendre, treize ans plus tard, la révolution punk (voir Chapitre 13) pour se représenter le choc d'une telle parution dans une

Angleterre sclérosée. Sous une pochette funèbre, sans même une indication des artistes, qui donne à voir les cinq Rolling Stones visages fermés, sans un sourire, la jeunesse anglaise découvre un hommage aux grands bluesmen de Chicago, au rhythm and blues, en bref à la musique afro-américaine, qui prend sa source chez Willie Dixon, Muddy Waters, Bo Diddley, Jimmy Reed, Slim Harpo, Chuck Berry ou Marvin Gaye.

Le talent des Rolling Stones y est éclatant : déférentes, les reprises sont toutes parcourues d'une urgence et d'une lascivité insolente qui tranchent avec le purisme de la scène londonienne. Quand Jagger, pourtant encore sur sa réserve, chante « I Just Want to Make Love to You », le titre licencieux de Muddy Waters bascule dans une violence à peine contenue qui a dû faire frissonner bien des adolescentes anglaises – celles, en tout cas, autorisées à écouter de telles incitations à la débauche ! On note aussi la première composition, bien timide, de Jagger et Richards, « Tell Me (You're Coming Back) ».

Le groupe s'embarque ensuite dans une tournée américaine et, provoquant des émeutes à chacune de leurs prestations, s'impose bientôt comme le fer de lance de l'« Invasion britannique », versant blues (voir Chapitre 6). En pèlerinage aux studios Chess à Chicago, dans lesquels Muddy Waters, Chuck Berry, Willy Dixon ou Buddy Guy ont officié, les Rolling Stones ont la chance d'enregistrer avec quelques-unes de leurs idoles. Ils y gravent surtout le titre « It's All Over Now » où Jagger s'amuse à glisser quelques allusions graveleuses de son cru ; pas assez attentive (ou peut-être le contraire, justement), l'Angleterre hisse le titre au sommet de ses charts, au nez et à la barbe de ses coqueluches les Beatles !

De ces sessions fructueuses – il faut vous y habituer, les Rolling Stones enregistrent beaucoup ! (et gardent peu d'ailleurs) – date aussi le titre « If You Need Me », une reprise de Wilson Pickett qui ouvre les Rolling Stones à la soul naissante dont on retrouve l'influence, quelques mois plus tard, sur un autre titre, l'excellent « Heart of Stone », la première face A signée par la paire Jagger-Richards. Enfin, avec le titre « Around and Around », Keith Richards se réapproprie un titre de son maître Chuck Berry qu'il investit d'un sens du *riff* – un court motif de guitare frappant – exceptionnel sur lequel, bientôt, toutes les compositions du groupe reposeront. Prenez-en bonne note : c'est dans ces riffs que se loge toute l'essence des Rolling Stones !

Le blues n'est pas oublié et Brian Jones sait rappeler son exceptionnel talent de guitariste *slide* avec une reprise lumineuse (et salace) du « Little Red Rooster » de Howlin' Wolf ou une composition de Jagger-Richards, « What a Shame », qu'on jurerait échappée d'un album de Muddy Waters. Un deuxième album, où sont réunis le rock de Chuck Berry, le rhythm and blues de Muddy Waters et la soul des Drifters et d'Otis Redding, assoit la popularité du groupe, notamment avec le titre « Time Is on My Side ». Richards, entre deux solos inspirés, y cultive son sens du riff avec un instinct impressionnant.

Mais ces incursions semblent déjà datées et il devient évident que l'irrépressible impulsion du groupe doit les emmener ailleurs, loin du blues et de leurs premières idoles.

Les « Stones » en pleine satisfaction

Un titre provocant va mettre le feu aux poudres : « (I Can't Get No) Satisfaction » et faire des Rolling Stones des superstars. Partageant dès lors le trône du rock anglais planétaire avec les Beatles, ceux qu'on appelle les « Stones » se retrouvent aux commandes d'une véritable machine de guerre qui, aiguillonnée par les chefs-d'œuvre mais aussi menacée par les condamnations en justice, écrasera tout sur son passage – jusqu'au fondateur du groupe, Brian Jones – pour mieux se réinventer.

La guerre fratricide : Brian Jones contre Jagger-Richards

Pour l'heure, les Rolling Stones font peur à la vieille Angleterre. Si leur manager Oldham s'ingénie à les opposer artificiellement (mais très efficacement) aux Beatles, les « Stones » restent, avec ou sans marketing, des voyous à cheveux longs – pour se représenter le choc occasionné par leur coiffure, il faut encore renvoyer aux punks en 1977 – dont la musique de « sauvages » est chargée d'une sexualité trouble qui ne peut que porter atteinte aux valeurs de la Couronne britannique.

En y ajoutant, à la faveur d'un incident devenu célèbre le 22 juillet 1965, un premier exemple de trouble à l'ordre public (Bill Wyman se voyant refuser l'accès aux toilettes d'une station-service, les Stones se soulageront sur un mur), les Stones s'engagent sans le savoir dans une lutte sans merci avec leur fier pays ; à tel point que, sans dédouaner les membres du groupe de leurs responsabilités, on peut parler d'une véritable chasse à l'homme qui s'engage entre la Couronne, apeurée, et la formation londonienne. Vilipendés, attaqués de toutes parts par la presse à sensation, les Stones continuent à tourner sans relâche dans le monde entier.

Pour en finir avec la rivalité Beatles/Stones

Une des idées reçues les plus coriaces du rock veut que les deux plus grandes formations anglaises de l'époque, les Beatles et les Rolling Stones, se soient livré une guerre sans merci pour garder le trône du rock mondial. S'il n'en est rien, les deux groupes collaborant même à plusieurs reprises tout au long de leur histoire commune, les fans rock de l'époque étaient certes, eux, sommés de se prononcer : on était soit pour les Beatles soit pour les Rolling Stones. En tout cas, ce n'est pas Andrew Loog Odlham, le manager des Rolling Stones, qui se serait plaint de cette vraie-fausse rivalité médiatisée, lui qui était passé maître dans l'art du coup publicitaire. Producteur dilettante du groupe à ses débuts, il a notamment rédigé des notes de pochettes d'une efficacité marketing redoutable (« Plus qu'un groupe : une manière de vivre », c'est de lui). Et quand un journaliste du *Melody Maker* titre « Laisseriez-vous votre sœur sortir avec un Rolling Stone ? », Oldham prend la balle au bond et colporte bientôt un « Laisseriez-vous votre *fille* sortir avec un Rolling Stone ? »... qui s'est d'ailleurs rapidement transformé en un « Laisseriez-vous votre fille se *marier* avec un Rolling Stone ? » ! Couplé aux frasques du groupe, ce genre de coups d'éclat médiatiques a contribué à édifier l'image d'un groupe rebelle et teigneux, effectivement bien loin des « gentils » Beatles mais sans rivalité avec ceux-ci.

Le groupe de Brian Jones est, en tout cas, alors plus populaire que jamais. La « Stonemania » qui fond sur l'Angleterre – sur le modèle de la « Beatlemania » – est loin d'être désagréable à celui qui, plus que tout autre dans le groupe, y compris Jagger qui pourtant gesticule beaucoup sur scène, attire toutes les lumières. Mais Jones le « puriste » habitué au public respectueux des clubs de rhythm and blues goûte peu les concerts assourdissants où les cris hystériques des fans, notamment des jeunes filles, rendent toute subtilité inutile. On raconte même que le guitariste blond poussait la démonstration jusqu'à y jouer n'importe quel air qui lui passait par la tête sans noter aucune réaction dans la salle !

De leur côté, Jagger et Richards ont retenu la leçon des Beatles : leur association en tant que compositeurs ne peut qu'évoquer favorablement auprès de la presse celle, talentueuse et spontanée, de Lennon et McCartney. Le chanteur et le guitariste en déduisent aussi fort justement qu'elle leur rapporterait par ailleurs considérablement plus de *royalties* que leurs reprises de vieux bluesmen… Encouragée dans cette direction par Odlham, la paire Jagger-Richards prend confiance et passe à la vitesse supérieure. Cette immersion un peu forcée dans la composition va bouleverser l'identité musicale du groupe ; c'est aussi une révolution de palais, Jagger et Richards prenant progressivement les rênes du groupe avec ce qui ressemble ni plus ni moins qu'à une destitution de son fondateur, Brian Jones.

Avec le titre « The Last Time », emmené par un riff circulaire sulfureux de Keith Richards et des paroles perfides de Jagger, les deux compositeurs signent le premier véritable titre des Stones. Il y fixe au passage une innovation musicale : le dialogue entre deux guitares, celle de Richards et celle de Jones, qui, rejetant le modèle traditionnel de la guitare solo soutenue par une guitare rythmique, composent un paysage sonore inédit où les guitares s'entremêlent et semblent vouloir se marcher sur les cordes… Le rock à guitares, d'Aerosmith à Scorpions en passant par AC/DC ou Guns N' Roses, ne s'en remettra pas ! En face B de ce titre fielleux, une composition collective splendide, la ballade « Play with Fire », où pour la première fois, les Stones semblent pouvoir marcher sur les plates-bandes mélodiques des Beatles.

Juin 1965 : la déflagration « Satisfaction »

En pleine ascension, les Rolling Stones se font artificiers et déposent en juin 1965 une petite bombe appelée « (I Can't Get No) Satisfaction ». Ce titre à la structure soul, qu'on jurerait tiré de la discographie d'Otis Redding n'étaient les signes distinctifs des Stones – riff insolent, ici en son saturé, et paroles crasseuses –, semble poser les bases du hard rock trois ans avant sa naissance officielle (voir Chapitre 10). Ultraconnu d'un bout à l'autre de la planète, « Satisfaction » n'a rien perdu de son mordant plus de quarante ans après sa sortie, grâce à Jagger dont le « personnage » suffisant, frustré et railleur naît ici sous nos yeux (et dans nos oreilles). À ceux qui douteraient de la violence de ce titre, on conseille de lire attentivement les paroles, où les allusions à peine masquées à la menstruation tue-l'amour ou à l'homosexualité d'un acteur publicitaire, sont poisseuses à souhait…

Ignoré de la censure, le titre installe les Stones au sommet. Décidés à ne pas en descendre, les Stones redoublent d'effort : maladroitement, pour commencer, en publiant un live EP au son désastreux (*Got Live If You Want It*, 1965) puis, brillamment, avec deux albums aux pochettes à la splendeur louche : *Out Of Our Heads* qui comprend notamment un « She Said Yeah » à la violence punk, un « Mercy Mercy » au riff diabolique et des reprises soul de Marvin Gaye et Sam Cooke ; puis *December's Children* et ses classiques « Get Off My Cloud » (qui peut passer pour une suite de « Satisfaction »), la ballade acoustique « The Singer Not the Song » et le titre pop « As Tears Go By »… avec quatuor à cordes ! Enregistré par Jagger seul et offert à sa fiancée, la chanteuse à la blondeur virginale Marianne Faithfull, le titre trahit encore une fois la volonté du groupe de se mesurer frontalement aux Beatles qui avaient sorti peu avant, enregistré par McCartney seul, leur « Yesterday », également acoustique et avec cordes. Considérablement moins réussi, comme à chaque confrontation entre les deux groupes, le titre des Rolling Stones marque toutefois un élargissement de la mélodicité du groupe.

Enfin, avec un « I'm Free » fédérateur, les Stones s'essayent, avec un peu d'avance, à une générosité hippie qui leur va mal. Leur talent ? La composition visqueuse, misogyne de préférence, cachée sous un riff rock ou sous les enluminures trompeuses des énigmatiques instruments de Jones. En prenant bonne note, le groupe enregistre leur album suivant en respectant scrupuleusement cette recette et, ce faisant, accouche de son premier chef-d'œuvre.

« *Aftermath* », le rock odieux et irrésistible

En avril 1966 sort le premier album des Rolling Stones intégralement composé par la paire Jagger-Richards. Précédé d'un excellent single, « 19th Nervous Breakdown », où Jagger se montre sans pitié avec une fille dépressive (dont les crises sont cruellement imitées par la basse de Wyman), *Aftermath* est une réussite artistique éclatante : alors que les ambitions des Beatles et de Bob Dylan semblent repousser les limites du rock tous les six mois, les Rolling Stones, sous la plume de Jagger et Richards, montrent qu'ils sont eux aussi capables de fournir un rock plus mature sur la totalité d'un album et non le temps d'un single.

Monument de rock misogyne et sardonique, l'album étrille la gent féminine sans états d'âme : mères au foyer névrosées sous antidépresseurs (« Mother's Little Helper » – chacun ses drogues !), petite cruche (« Stupid Girl »), fille soumise, à la botte de Jagger (« Under My Thumb »), nana plus dans le coup (« Out of Time »), le tableau à charge se complète, presque élégamment, d'une délicieuse ballade élisabéthaine au clavecin, « Lady Jane », qui révèle une douceur inconnue chez Jagger.

Si Jagger et Richards ont frappé un grand coup en signant tous les titres de l'album, *Aftermath* marque aussi l'heure de gloire de Jones qui, empoignant sitar, tympanon, marimbas, xylophone, orgue ou clavecin, installe les compositions dans des hauteurs insoupçonnées, souvent exotiques. Excellence de la rythmique, souvent ignorée, de Wyman et Watts, jeux croisés des guitares, premières incursions country (« High and Dry »), audaces des compositions (« I'm Going Home », plus de onze minutes !), tout concourt à faire de l'album une célébration du rock.

Pour faire bonne mesure, les Stones font suivre ce chef-d'œuvre d'un nouveau single qui devient classique instantané, « Paint It Black ». Poussant les sonorités orientales du clavecin de Jones plus avant, le groupe réussit à marier rock et exotisme comme jamais… Intarissables, les Stones publient dans la foulée les titres « Have You Seen Your Mother, Baby,

Standing in the Shadow? » et « Who's Driving Your Plane? » qui s'imprègnent des premières vapeurs du psychédélisme (voir Chapitre 7) ; incorrigibles, les cinq musiciens apparaissent sur la pochette en… travestis, Bill Wyman, assis dans un fauteuil roulant, ayant pour sa part revêtu l'uniforme d'une dame de l'Armée du Salut…

Curieusement, c'est aussi le moment choisi pour sortir le live *Got Live If You Want It*, complet cette fois-ci, dont le chant souvent faux, les instruments désaccordés et la poignée de titres enregistrés en studio et couverts artificiellement des cris de fans constituent un bien piètre hommage à la folie des concerts des Londoniens.

1967, année erratique

À force de jouer avec le feu, les Stones réussissent à réveiller une Angleterre momifiée mais pas assoupie qui décide de contre-attaquer férocement, au point que l'année passe pour la pire qu'ait connue le groupe, au moment même où les Beatles étaient décorés par la Reine !

1967 avait pourtant commencé sous les meilleurs auspices, avec un nouveau single et deux classiques à la clé, la soul lascive de « Let's Spend the Night Together » et la perle baroque « Ruby Tuesday ». Une telle créativité musicale n'a alors d'égale que celle des Beatles. Le groupe continue à scandaliser même si, pour passer au « Ed Sullivan Show », Jagger est obligé de marmonner le refrain de « Let's Spend the Night Together » afin de ne pas choquer le public américain avec cette invitation pressante et explicite à la luxure.

L'album *Between the Buttons*, qui paraît en janvier 1967, trahit les premiers doutes du groupe qui puise autour de lui, des Kinks à Dylan en passant par les Beatles, pour composer. Même si l'album renferme d'excellentes compositions comme « Yesterday's Papers » ou « Back Street Girl » (avec Jones à… l'accordéon !), il est clair que le groupe, épuisé, n'a plus l'énergie de déclencher des révolutions mais doit se contenter de se mettre dans le sillage de concurrents plus créatifs ; la pochette même les montre transis de froid, cernes profonds sous les yeux, dans le parc de Primrose Hill. Abîmé dans les drogues, Jones, à l'évidence, est le plus affecté du groupe.

Les ennuis commencent dès février 1967 : le journal à scandale *News of the World* publie une interview de Jagger dans laquelle le chanteur reconnaît consommer des drogues. Un coup d'épée dans l'eau : le journaliste avait interviewé Jones qu'il avait confondu avec Jagger ! Celui-ci porte plainte mais, déjà, la police britannique s'en mêle. Informée par un mystérieux journaliste présent sur place, elle perquisitionne la propriété de Keith Richards, à Redlands dans le Sussex, avec le (désormais célèbre) Sergent Pitcher aux avant-postes. Parmi les invités, le Beatle George Harrison et sa femme Patti Boyd qu'on laissera s'esquiver discrètement, la chanteuse Marianne Faithfull – qu'on découvre nue, blottie dans un tapis – et d'autres... Seuls Jagger et Richards seront inquiétés dans ce qui a les allures d'un coup monté.

La récolte est maigre mais, douces ou pas, les drogues sont dans le collimateur de la police. La ronde des condamnations commence et ce sont respectivement un an et trois mois d'emprisonnement qui planent sur les têtes de Richards et Jagger ! La sanction que l'arrogance jusqu'ici impunie des deux Stones avait certes favorisée paraît à beaucoup disproportionnée. Bientôt, c'est Jones qui est également inculpé pour possession de drogue. Touchés, les Stones perdent alors de leur superbe.

Contre toute attente, c'est le vénérable journal *Times* qui vient à la rescousse de Jagger et Richards avec un fameux éditorial dénonçant l'injustice criante faite aux deux artistes, têtes de Turc de l'Establishment anglais. Les Who apportent également leur soutien en enregistrant leur propre version de deux titres des Stones, « Under My Thumb » et « The Last Time » et déclarent, bravaches, ne vouloir enregistrer que des titres du groupe tant que ses deux leaders ne sont pas disculpés !

Cette épée de Damoclès suspendue au-dessus de leurs têtes, les Stones enregistrent un single avec en face A le titre « We Love You », glaçant, qui s'ouvre sur des bruits de pas, et une porte (de prison, à n'en pas douter) qui claque... Au dos de cette face au titre hippie un peu racoleur, une ballade acoustique d'inspiration psychédélique, « Dandelion », atteste que les ressources créatives de la paire Jagger-Richards sont loin d'être épuisées.

Les Stones ne referont pourtant surface qu'à la toute fin d'année, en décembre, avec l'album *Their Satanic Majesties Request*. Dans l'intervalle, le « Summer of Love » (voir Chapitre 7) se sera fait sans eux ; et si Jagger part alors rejoindre les Beatles auprès du Maharishi Mahesh Yogi en Inde et participe aux chœurs de leur célèbre « All You Need Is Love » devant des millions de téléspectateurs, la publication de l'album révolutionnaire *Sgt. Pepper's Lonely Hearts Club Band* des Beatles creuse encore plus l'écart entre les Stones et la scène musicale londonienne.

Dépassés, séparés de leur manager Oldham, les Stones rétorquent avec leur propre album psychédélique, *Their Satanic Majesties Request* qui se veut « leur » *Sgt. Pepper's Lonely Hearts Club Band*. Le résultat est moins désastreux qu'on a coutume de le dire, le rock « Citadel » et son riff rageur ou la ballade psychédélique « She's a Rainbow » et sa ligne de piano sautillante comptant parmi les meilleurs titres des Londoniens. Mais, à l'image de la pochette de l'album, un vague décalque raté de celle des Beatles ou du titre « Sing This All Together (See What Happens) », une improvisation enfumée sans queue ni tête, les Stones sont manifestement perdus. Dépressif et paranoïaque, Jones accuse le coup et perd tout à fait pied.

L'âge des « Pierres »

1968 : acculés, Jagger et Richards retroussent leurs manches et réinventent les Rolling Stones. À la clé, les meilleurs singles et les meilleurs albums du groupe qui, dans ce qui est sa période la plus féconde, se réapproprie le rock et lui donne quelques-uns de ses plus grands classiques.

L'orgie satanique des gueux

Spécialistes du retour en force, les Stones entendent bien, cette fois-ci encore, montrer qu'ils restent les rois du rock malgré leur petit passage à vide. Personne n'est prêt à le contester quand, en mai 1968, sort le titre « Jumpin' Jack Flash », un rock démoniaque conduit par un riff hard rock qui semble faire écho à leur fameux « (I Can't Get No) Satisfaction ».

L'album qui suit cloue la critique sur place : ce *Beggar's Banquet*, avec sa pochette choquante, censurée à sa sortie par la maison de disques, représentant un mur de WC recouvert de graffitis (!) est un nouveau chef-d'œuvre. Les Stones y revisitent toutes leurs influences blues, s'ouvrent davantage au folk et à la country et, dans un album aux sonorités essentiellement acoustiques, n'oublient pas de dispenser quelques décharges de rock électrique. L'album s'ouvre sur le fameux « Sympathy for the Devil », inspiré à Jagger par la lecture du roman *Le Maître et Marguerite* de Boulgakov : propulsé par une ligne de basse entêtante posée sur un rythme tribal, le titre est construit comme un crescendo illuminé par un solo écorché de Richards et la partie vocale de Jagger, littéralement possédé par ses nouveaux atours sataniques. L'enregistrement de ce classique absolu du rock est d'ailleurs capturé, avec une chance incroyable, par Jean-Luc Godard qui filme le groupe au studio Olympic pour son film *One +One*. La suite de l'album est à l'avenant, avec notamment « No Expectations » parcouru de la *slide* luminescente de Jones, « Street Fighting Man », un appel à la révolte (nous sommes en 1968) un peu démagogique de la part d'un groupe peu politisé qui repose sur un riff électroacoustique diabolique, et « Stray Cat Blues » où Jagger, qui se pourlèche les babines, évoque un détournement de mineures…

À la fin de l'année, incorrigibles, les Stones décident de réaliser leur propre émission de télévision, sur le modèle du *Magical Mystery Tour* des Beatles. Sont convoqués, dans un décor de cirque où évoluent pêle-mêle clowns, acrobates et animaux divers, Marianne Faithfull, Jethro Tull, les Who qui, au passage, volent la vedette à leurs hôtes avec une prestation explosive… Un supergroupe, les Dirty Mac, est assemblé pour l'occasion avec Keith Richards, John Lennon, Eric Clapton et le batteur de Jimi Hendrix, Mitch Mitchell, mais, comme à chaque fois que les Stones tentent de suivre de trop près les Beatles, l'opération est un four et le film restera dans les cartons de la BBC pendant vingt-cinq ans.

Mort d'un ange blond paranoïaque

Le retour au sommet des Stones a un prix : l'éviction de Brian Jones. Perdu dans les drogues, toujours sous le coup de diverses accusations, sa compagne mannequin Anita Pallenberg partie rejoindre Richards, Jones avait hanté, hagard, les sessions d'enregistrement de *Beggars Banquet*. Le 9 juin 1969, poussé vers la sortie par ses « amis », il quitte le groupe qu'il avait fondé. Le 3 juillet, il est retrouvé mort dans sa piscine, dans des conditions restées mystérieuses. Le soir même, les Rolling Stones jouent à sa mémoire à Hyde Park, à Londres. Jagger lit un passage du poème « Adonis » de Percy Shelley et libère 3 500 papillons mal en point dans les airs. Sur scène, un nouveau venu, aussi virtuose qu'effacé, le jeune guitariste Mick Taylor, fait ses premiers pas en public au sein du groupe.

Faut que ça saigne…

Transfuge des Bluesbreakers de John Mayall (voir Chapitre 6), Taylor est un des tout meilleurs (et des plus jeunes) guitaristes de blues électrique anglais. Son arrivée marque le début de la période la plus impressionnante des Rolling Stones qui s'orientent alors vers un rock plus démonstratif, plus dur aussi, rythmé par les riffs de Richards – désormais composante essentielle du son distinctif du groupe – et les solos fluides et inspirés de Taylor.

Taylor n'apparaît pas encore sur le single « Honky Tonk Women » qui sort en juillet, mais le riff singulier de Richards – qui, au contact du guitariste de session Ry Cooder, a appris à accorder sa guitare différemment, à la façon des bluesmen – et le jeu colossal de Charlie Watts laissent entendre un groupe regonflé à bloc. Sur l'album qui suit en 1969, *Let It Bleed* (dont le titre saignant est encore un clin d'œil aux Beatles et leur *Let It Be*), les interventions de Taylor restent rares, à tel point qu'on peut parler du seul album des Stones où Richards est (presque) seul aux commandes des guitares. Du « Gimmie Shelter » d'ouverture au « You Can't Always Get What You Want », en passant par « Monkey Man » ou au « Love in Vain », l'album est une célébration du riff, de la guitare électrique et acoustique. Jagger y brille particulièrement et se délecte de la fange sonore du groupe, n'hésitant pas à incarner, le temps d'un « Midnight Rambler » d'anthologie, l'étrangleur de Boston !

Sortis d'affaire, la menace pénale un peu éloignée, les Stones reprennent confiance et, comme intouchables, une odeur de soufre toujours dans leur sillage, repartent à la conquête des États-Unis, après une trop longue absence. La tournée est une réussite éclatante mais est assombrie par un nouveau revers de fortune.

N'OUBLIEZ PAS !

Grands absents du festival de Woodstock (voir Chapitre 7), le groupe décide en effet de monter son propre festival, sur le circuit automobile d'Altamont, près de San Francisco, le 6 décembre 1969. L'opération est une catastrophe : l'organisation est déplorable, la section locale des Hell's Angels, des motards ivres et batailleurs, « assurant » la sécurité, Jagger reçoit un coup de poing, de même que le chanteur du groupe de Jefferson Airplane ! Le chaos est total quand les Rolling Stones montent sur scène et la catastrophe logistique cède le pas à la tragédie humaine : enivrés, les Hell's Angels poignardent à mort un jeune Noir, Meredith Hunter, qui aurait pointé un revolver vers la scène. Le meurtre a lieu pendant le titre « Under My Thumb » mais la presse, particulièrement féroce avec le groupe qu'elle accuse d'incitation à la violence, retiendra que c'est le titre satanique « Sympathy for the Devil » qui était alors joué. La tragédie est capturée par les caméras des frères Maysles qui, sans sensationnalisme, réalisent avec leur *Gimme Shelter* un des plus grands documentaires rock – et consignent sur pellicule la fin piteuse des *sixties* et de leur idéalisme, réduit en bouillie par cette tragédie.

Secoués, les Stones se terrent ; Jagger fait ses débuts d'acteur dans les films *Ned Kelly* et, plus convaincant, *Performance*, film sulfureux mêlant crime organisé, drogue et érotisme trouble dont certaines séquences d'ébats torrides particulièrement réalistes entre Jagger et Anita Pallenberg ont traumatisé (à juste titre, si vous nous permettez !) son compagnon, Richards ; l'année suivante, un live splendide,

Get Yer Ya-Ya's Out!, enregistré les 27 et 28 novembre 1969, est publié pour faire patienter les fans. Avec des versions souvent supérieures aux originaux qui doivent beaucoup à un Mick Taylor en état de grâce, c'est « le » disque en public du groupe.

Sexe, drogue et rock'n'roll et drogues : les « seventies stoniennes »

Investis du titre de « plus grand groupe de rock du monde », les Beatles séparés, les Stones sont, au début des années soixante-dix, les icônes absolues du rock. Talonnés par les Who, Led Zeppelin et d'autres dans une course à la démesure, ils restent, envers et contre tous, « le » seul mythe rock.

C'est le temps de l'indépendance pour le groupe qui fonde sa propre maison de disques, avance sous le couvert d'un logo en forme de langue qui fait le tour du monde et dispose même de son propre système d'enregistrement mobile, le Rolling Stones Mobile Recording Unit, qui lui permet d'enregistrer n'importe où et n'importe quand. Fidèles à eux-mêmes, Jagger et Richards s'acquittent de leurs dernières obligations contractuelles envers leur ancienne maison de disques en délivrant le dernier single dû sous le titre « Cocksucker Blues » dont les anglophones apprécieront l'élégance ! C'est aussi – et surtout – le temps de la fête, les Stones s'embarquant pour une longue et déraisonnée *fiesta*, cynique et décadente, qui ne prendra fin qu'au début des années quatre-vingt.

Doigts poisseux et jet-set : les nouveaux classiques

Le premier enregistrement des Stones pour leur label en 1971 rassure les fans du groupe : ce *Sticky Fingers* c'est, à nouveau, un chef-d'œuvre ! Richards y est sensationnel et dispense de nouveaux classiques à grands coups de riffs, comme « Brown Sugar » ou « Bitch » ou d'incursions country magnifiques

(« Wild Horses », « Dead Flowers ») dans un album parfait, un peu inquiet, dominé par la thématique de la drogue et enrichi des cuivres de Bobby Keys et Jim Price. La voix de Jagger n'a jamais été si bien enregistrée ; enfin libérée, la guitare de Taylor y brille quant à elle de tous ses feux : ses solos déliés, d'une beauté à couper le souffle, se posent sans effort sur les riffs de Richards et touchent au divin. Sur le titre « Sister Morphine », récit glaçant d'une overdose co-composé par Marianne Faithfull, c'est exceptionnellement Ry Cooder qui tient la guitare *slide* et offre aux Stones un joyau sépulcral tétanisant. La pochette même du disque fera du bruit, si l'on peut dire : une photo de jeans calée sur un entrejambe masculin à la protubérance généreuse, et un vrai zip de fermeture éclair par-dessus ! Si le concept est dû à Warhol, le logo du groupe – cette fameuse langue tirée qui évoque la moue lippue de Jagger – qui y apparaît pour la première fois est dû à un étudiant en arts plastiques particulièrement inspiré, John Pasches. L'Espagne franquiste la jugera obscène et, se référant directement au titre de l'album, la remplacera par une photo de doigts poisseux baignant dans une boîte de conserve remplie de sang…

Forts de ce chef-d'œuvre, mais au bord de la ruine, les Stones décident de fuir une fiscalité anglaise particulièrement éprouvante (d'autres groupes anglais, comme Led Zeppelin, les imiteront) et se réfugient en France. Marié (à Saint-Tropez !) à Bianca Perez Morena de Macias, un mannequin nicaraguayen, fille de diplomate, Jagger fait ses premiers pas dans la jet-set locale, manifestement pour son plus grand plaisir. Les fans des Stones, eux, ont peine à reconnaître leur groupe qui semble être rentré dans le rang. Retranchés dans la villa de Richards à Nellcote, sur la Côte d'Azur, qui devient vite un repaire de dealers et zonards en tout genre, les Stones se lancent dans l'enregistrement chaotique d'un double album, *Exile on Main St.*, descendu en flèche par la critique à sa sortie en mai 1972.

L'album est pourtant un choc artistique et, depuis, est régulièrement salué comme le plus important du groupe – ce qui ne manque pas aujourd'hui de faire grincer les rares dents de Richards qui n'a pas oublié l'accueil glacial réservé à l'album à sa sortie ! D'une fécondité insondable, il passe en revue toute la musique américaine avec des rocks presque punk (« Rocks Off »), du boogie moite (« Shake Your Hips »), des ballades acoustiques lumineuses (« Sweet Black Angel »), des rocks mâtinés d'ambiances soul (« Loving Cup ») et des blues incandescents (« Stop Breaking Down »).

« It's Only Rock'n'roll » : les « Jumeaux scintillants » en cavale

Embarqués dans de gigantesques tournées planétaires, les Rolling Stones ont alors un train de vie peu enviable, qui tient du *glamour* un peu sordide : drogue, arrestations, interdictions de séjour, le groupe semble être en perpétuelle fuite et prêt à s'écrouler à tout moment. Il se sait aussi à l'aube d'une deuxième carrière et attendu par une nouvelle génération de fans, dix ans après ses débuts. Sur scène, cette décadence est habilement théâtralisée en prenant modèle sur le glam rock qui submerge l'Angleterre (voir Chapitre 11) : maquillé, recouvert de strass, Jagger achève sa mue androgyne et développe un nouveau jeu de scène, ambigu à souhait (et très vite autoparodique), qui alterne des moues de tenancière de bordel et des trémoussements embarrassants… quand il n'enfourche pas de gigantesques pénis gonflables !

Les albums *Goats Head Soup* (1973), enregistré en partie en Jamaïque, et *It's Only Rock'n'roll* (1974) confirment que le groupe, plus populaire que jamais mais boudé par la critique, a perdu un peu de sa superbe. Le temps des chefs-d'œuvre est manifestement révolu mais, si les compositions s'affaiblissent, le talent de Jagger et Richards est tel, et les solos de Taylor toujours si renversants, que ces deux albums se hissent sans problème au meilleur niveau de la concurrence de l'époque. Pourtant, le changement est indéniable : conscient d'être à un tournant de sa carrière, le groupe… se tourne, justement, vers de nouvelles sonorités, plus fédératrices, ballade à destination des radios (le magnifique « Angie »), funk (« Doo Doo Doo [Heartbreaker] », « Fingerprint File ») ou reggae (« Luxury ») ; il fait aussi, pour la première fois depuis longtemps, du remplissage en glissant de plus en plus de compositions inachevées dans ses albums.

L'état de grâce des Stones s'achève tout à fait avec le départ de Taylor en décembre 1974. Dégoûté de voir sa contribution grandissante au son du groupe ignorée par Jagger et Richards (qui signent invariablement de leurs deux noms toutes les compositions, même collégiales et se font désormais appeler les « Glimmer Twins », les « Jumeaux Scintillants »), le guitariste prodige claque la porte. Il aura, en guise d'adieu, laissé au groupe l'une de ses plus belles compositions personnelles, « Time Waits for No One », où non content de graver un des plus beaux solos du rock sur une mélodie inoubliable, il tient des synthétiseurs aériens… le tout sans être crédité bien sûr ! Taylor parti, s'ouvre l'ère la plus longue du groupe avec l'arrivée d'un curieux « oiseau », ex-Faces : le guitariste Ron Wood.

Un frère pour Richards : Ron Wood

L'ironie voudrait que pas un seul album « classique » des Stones ne soit sorti depuis que Ron Wood a intégré le groupe en 1975 – avec plus de trente ans de bons et loyaux services au service du « plus grand groupe de rock du monde », le guitariste aurait de quoi se vexer !

C'est que, en préférant Wood, guitariste efficace et sans esbroufe, à toutes les pointures qui ont été envisagées pour remplacer Taylor (Jeff Beck, Rory Gallagher, Wayne Perkins, Harvey Mandel, Alexis Korner, Jimmy Page, Peter Frampton, Steve Marriott, Leslie West…), les Rolling Stones ont fait peau neuve comme jamais auparavant. Et, en passant, Richards s'est trouvé un compagnon de débauche, encore plus *destroy* que lui, qui pousse le mimétisme jusqu'à jouer comme lui ! Dès *Black and Blue* (1976), le premier album de la nouvelle formation, le changement est manifeste : touche-à-tout, les Stones se frottent au jazz, au funk, au reggae, bref se cherchent plus qu'ils ne se trouvent… Le succès est pourtant toujours là, notamment avec la ballade « Fool to Cry », parcourue des *falsettos* de Jagger (dont l'accent est de plus en plus américain), qui sort au moment où les Sex Pistols tentent de renverser la monarchie à coups d'accords rageurs et approximatifs (voir Chapitre 13).

Le punk sur leurs talons, les Rolling Stones se savent menacés et trouvent une porte de sortie avec un titre… disco qui vise le marché américain, « Miss You », tiré de l'album *Some Girls* (1978) où le groupe semble revigoré par la révolution punk. Mais le réveil est de courte durée. Les Stones continuent toujours à faire scandale, notamment quand Richards et Pallenberg se font arrêter pour possession d'héroïne ou quand une possible liaison de Jagger avec la femme du Premier ministre canadien Pierre Trudeau menace de créer un incident diplomatique (!) mais, surtout, une évidence terrible, inimaginable, se fait jour : les Stones ne sont plus dans le coup !

Sous le plus grand chapiteau du monde : l'entreprise Stones

1979 : c'en est fini de la fabuleuse histoire des Rolling Stones… Vous trouvez ça provocateur ? Peu, même parmi les fans, pourraient pourtant contester que, depuis le tout début des années quatre-vingt, les Stones n'offrent plus qu'un rock compétent mais générique, un peu parodique. Après *Some Girls*, c'est encore une autre vie qui commence pour les « Stones »…

Bye bye Bill…

Les années quatre-vingt sont marquées par des déchirements internes, notamment entre Jagger et Richards qui s'affrontent par presse interposée, sur fond d'albums décevants (*Emotional Rescue*, 1980 ; *Undercover*, 1983 ; *Dirty Work*, 1986). Seul *Tattoo You*, en 1981, et son titre « Start Me Up » (avec un riff de Richards digne de la grande époque) suscitent l'intérêt. Il faut dire qu'il est essentiellement constitué d'anciens titres remontant jusqu'en 1974, certains avec Taylor !

Si Richards se voit bien vieillir dans la peau d'une espèce de vieux bluesman du rock, Jagger, lui, la vieillesse aux trousses, s'emploie à faire évoluer le groupe vers les sonorités les plus récentes, quitte à lui faire des infidélités avec des albums solo qui ne décollent pas. Les deux « amis de trente ans » n'en finiront plus de se battre à fleurets mouchetés jusqu'à la parution de *Steel Wheels* en 1989, leur effort le plus convaincant depuis *Some Girls*. Les tournées sont gigantesques. Fatigué, le discret et inamovible Bill Wyman annonce soudainement son départ, dont la menace pesait de longue date sur le groupe. Il est remplacé par le bassiste Darryl Jones – sans que celui-ci ne soit d'ailleurs officiellement crédité comme membre des Rolling Stones.

... la fin ?

Les Rolling Stones, dès lors, se font entreprise et enchaînent les tournées « records » dans des stades de plus en plus grands – en 2006, ce sont un million de spectateurs qui s'amassent sur la plage brésilienne de Copacabana pour les entendre (et peut-être les voir) ! La « machine » est devenue si colossale (et lucrative), le mythe si tétanisant que la qualité n'importe plus vraiment : chaque « nouvel » album (*Voodoo Lounge*, 1994 ; *Bridges to Babylon*, 1997 ; *A Bigger Bang*, 2005) est accueilli avec enthousiasme par une partie de la critique (et rejeté en bloc par l'autre) dans une espèce de fascination collective avec, en toile de fond, l'attente toujours déçue d'une résurrection artistique dont les intéressés eux-mêmes ont fait depuis longtemps le deuil.

Les révolutions musicales passées loin derrière lui, le groupe ne cherche manifestement pas à retrouver le chemin de l'inspiration qui lui permettrait d'accoucher d'un nouveau « Jumpin' Jack Flash » ou même d'un « Fool to Cry » mais se font, en représentation plus qu'en tournée, les dignes mandataires d'un rock professionnel à la maturité proche de celle des vieux bluesmen. En juin 2002, Mick Jagger est fait chevalier par la reine d'Angleterre ; Richards, qui n'a pas oublié ses tourments avec la Couronne dans les années soixante, n'en pense pas moins et préfère se divertir en prêtant ses traits à un pirate dans un film hollywoodien, aux côtés de Johnny Depp...

Chapitre 6

L'âge d'or du rock anglais : la conquête de l'Ouest

Dans ce chapitre :

- L'essor des groupes anglais
- Leur succès aux États-Unis
- Le blues électrique anglais
- Les premières traces du rock psychédélique et du hard rock

Le rock des années cinquante était américain ? Celui des années soixante sera anglais ! La formule est un peu excessive mais, entre 1963 et 1967, la passation de pouvoir est incontestable : sans relâche, ce sont des dizaines de groupes britanniques, élevés au rock des pionniers américains (voir Chapitre 2), qui s'engouffrent dans la brèche créée par les Beatles, mettent les États-Unis à genoux et dominent le rock mondial.

Cette « Invasion britannique », comme on l'appellera, témoigne alors d'une effervescence artistique renversante : des Who aux Kinks, en passant par Cream, Free, Traffic, les Animals ou les Yardbirds, c'est un rock rafraîchi, redynamisé, décomplexé (un comble !) qui se déploie, au rythme de discographies d'une créativité insurpassée sur lesquelles repose encore le rock du XXIe siècle. Au passage, il révèle des guitaristes anglais « mythiques » comme Eric Clapton, Jeff Beck, Jimmy Page et bien d'autres, toujours révérés par les dernières générations rock. Enfin, c'est aussi le début d'une aventure rock unique, celle d'un « petit » groupe londonien appelé les Rolling Stones.

Ce chapitre retrace l'histoire de cette « conquête de l'Ouest » à la mode anglaise, en s'attachant à ses deux fronts, celui d'un rock mélodique inspiré des Beatles et celui d'un blues électrique qui, parfois, vous le verrez, se confondent. Il montre enfin comment, dans une troisième phase confluente des deux précédentes, le rock se durcit et se complexifie pour s'acheminer vers le hard rock.

La « British Invasion » : l'Amérique renversée, le rock réinventé

L'arrivée des Beatles à l'aéroport de New York en février 1964 donne, très symboliquement, le coup de départ de ce que l'on va appeler la « British Invasion » – une « Invasion britannique » magistralement confirmée quelques jours plus tard par le passage triomphal des Beatles au « Ed Sullivan Show » devant 73 millions de téléspectateurs américains qui succombent à ce rock anglais qui aurait tout aussi bien pu être extraterrestre (voir Chapitre 4) ! Le terrain dégagé, une première génération de groupes anglais va redéfinir l'ensemble des bases du rock'n'roll, avec plus ou moins de bonheur artistique et de réussite commerciale.

Naissance d'un rock anglais

Cette « British Invasion », c'est la réponse anglaise, fervente et déférente, au rock américain des années cinquante, celui d'Elvis Presley, de Chuck Berry, de Gene Vincent ou de Buddy Holly, qui a bercé une partie de la jeunesse britannique. Celle-ci s'était d'ailleurs rapidement trouvé un équivalent local de ses idoles américaines, avec des artistes et groupes prometteurs, comme Cliff Richard et ses Shadows (dont l'instrumental « Apache » est un des plus connus du rock), Johnny Kidd et les Pirates (créateur du fameux « Shakin' All over »), Tommy Steele, Billy Fury, Adam Faith, Joe Brown et les Bruvvers, Terry Dene, Wee Willy Harris et Marty Wilde… Au même titre que les premiers rockers français, leur apport artistique est toutefois très relatif et leur notoriété restera strictement nationale.

À cette même époque, l'engouement de l'Angleterre pour le « skiffle » – un mélange de blues, de jazz et de folk joué par des amateurs sur des instruments de fortune – donne une impulsion supplémentaire aux jeunes « rockers » anglais qui découvrent que, sur le modèle de ce « skiffle », un groupe de rock peut se lancer autour de quelques rudiments de musique et d'une bonne dose de volonté…

Sautant rapidement les étapes, les groupes anglais de Liverpool, les Beatles en tête, vont accoucher du *beat*, un rock novateur, très rythmé, aux guitares carillonnantes et aux mélodies accrocheuses, qui emprunte aussi bien au rock originel américain qu'aux groupes vocaux féminins – un mouvement qui se fera rapidement déferlante en Angleterre et bientôt, de manière tout à fait inattendue, aux États-Unis. Retour à l'envoyeur !

De Liverpool à New York, la route des croisés

L'expédition aura (un peu…) des relents de redite historique, plus de trois cent cinquante ans après l'arrivée des premiers colons anglais en Amérique : de jeunes Européens qui se réclament ouvertement de l'influence d'Elvis Presley, de Buddy Holly, des Everly Brothers et des groupes de la Motown, viennent donner des leçons de rock à leurs aînés, à coups de guitares endiablées et de chœurs irrésistibles… on frise l'hérésie !

N'OUBLIEZ PAS !

La jeunesse américaine ne s'en offusque pas pourtant et accueille à bras ouverts ces groupes anglais, consciente peut-être que la révolution qui se joue là est plus profonde qu'il n'y paraît : en lieu et place d'un Elvis, artiste solo secondé par des musiciens de studios de plus en plus anonymes et alimenté par des compositeurs professionnels comme la paire Leiber-Stoller, on découvre, à l'image des Beatles, des groupes énergiques associant plusieurs personnalités, composant eux-mêmes leurs propres chansons, s'impliquant bientôt eux-mêmes dans la production de leurs disques et conduisant eux-mêmes leur carrière.

Cette conquête de l'Amérique semble d'ailleurs rétrospectivement toute logique ; outre la qualité et la fraîcheur des chansons, c'est en effet l'époque même qui se fait favorable : en 1964, le rock est tenu pour mort depuis au moins cinq bonnes années ! Une conclusion un peu trop hâtive, mais il est vrai que le tableau était plutôt sombre, on l'a vu, avec les premières icônes américaines bannies des radios, en prison ou décédées… Si l'on ajoute que les États-Unis, fraîchement traumatisés par l'assassinat de John Fitzgerald Kennedy, aspiraient alors fortement à une détente collective, vous comprendrez que cette « Invasion britannique » ne pouvait qu'être couronnée de succès…

Bientôt, des groupes anglais, de Londres, de Manchester, de Newcastle, de Birmingham ou de Belfast, se lancent ainsi à l'assaut de l'Amérique, se hissent en haut de ses mythiques hit-parades (ou *charts*), avec du rock énergique mais aussi de la pop très (très) sucrée… Si, dès 1963, quelques groupes parviennent à se mettre dans la roue des Beatles, comme les Tornados avec « Telstar » (ou Mr. Acker Bilk avec un « Stranger on the Shore » pas vraiment rock !), tous deux titres instrumentaux, c'est à partir de 1964 que les digues britanniques lâchent et submergent les États-Unis.

Le taux de mortalité, si l'on peut dire, sera considérable : pour des carrières internationales et des réussites artistiques majeures comme celles des Beatles, des Rolling Stones, des Kinks ou des Who, ce sont des dizaines d'autres qui, leur unique hit passé, tomberont dans l'oubli. Certains, dans la lignée du *Merseybeat* popularisé par les Beatles, connaîtront ainsi pendant quelques mois un énorme succès – et les foules de fans hystériques qui vont avec – comme le Dave Clark Five (« Glad All Over ») ou Gerry et les Pacemakers (« Ferry Cross the Mersey ») et Billy J. Kramer et les Dakotas (« Little Children »), tous deux poulains de l'écurie de Brian Epstein, manager… des Beatles. D'autres, comme les talentueux Move, n'arriveront jamais à percer sur ce marché américain.

La qualité, convenons-en, n'était d'ailleurs pas nécessairement au rendez-vous et c'est dans des compilations associant le meilleur comme le pire qu'il vous faudra aujourd'hui fouiller pour retrouver la trace des plus intéressants de ces groupes, (certains tout à fait étrangers au rock d'ailleurs), comme les Herman's Hermits (« No Milk Today »), les Searchers (« Needles and Pins »), les Swinging Blue Jeans (« Hippie Hippie Shake »), les Fourmost (« A Little Loving »), les Hollies (« Bus Stop »), Wayne Fontana et les Mindbenders (« Game of Love »), les Merseybeats (« I Think of You »), Freddie et les Dreamers (« I'm Telling You Now ») – mais aussi, aux confins du rock, du folk et de la variété, Peter et Gordon (« A World without Love »), Donovan (« Sunshine Superman »), Petula Clark (« Downtown »), Cilla Black, Chad et Jeremy, Dusty Springfield, Georgie Fame… Pas de doute, c'est l'ère des singles et les Britanniques en déversent par camions sur la jeunesse américaine !

Voici les plus importants de ces « envahisseurs » anglais.

Les Animals, les prémices du folk-rock

Connus du grand public pour son immortel titre « The House of the Rising Sun », les Animals furent un des groupes les plus influents du rock anglais des années soixante et même, pendant quelques années, de sérieux concurrents des Rolling Stones. Formés en 1963 autour de la voix de Eric Burdon et des claviers de Alan Price, les Animals puisent, eux aussi, à la source du rhythm and blues et de la soul mais en proposent une relecture très personnelle, à l'image de leur succès de 1964, ce « The House of the Rising Sun » traditionnel que le groupe revitalise entièrement avec ces arpèges inoubliables de leur guitariste Hilton Valentine (eh oui, puisque vous posez la question, « Le Pénitencier » de notre Johnny Hallyday en est bien l'adaptation !).

D'autres succès suivront pour ce groupe plus à l'aise dans le format des singles que dans celui des albums, comme « Don't Let Me Be Misunderstood » et « We Gotta Get Out of This Place » ; mais les querelles d'ego entre Burdon et Price ont vite raison du groupe qui, Price parti, sacrifie dès lors au commercial et devient davantage l'orchestre de Burdon, une vraie bête de scène captant tous les regards, qu'un véritable « groupe » à part entière.

Quelques heureuses surprises émaillent pourtant la suite de la carrière du groupe, comme l'album *Animalisms* (1966) ou, dix ans plus tard, Burdon s'étant égaillé dans divers projets avec ses « New Animals » ou son groupe californien de soul-funk War (*War*, 1971), l'album de la reformation du groupe original *Before We Were So Rudely Interrupted.*

Les Kinks, le rock nostalgique (avec un nuage de lait)

Souvent éclipsés par l'imposant trio de tête du rock anglais (Beatles, Rolling Stones, Who), les Kinks comptent pourtant, eux aussi, parmi les plus importants des groupes de cette « Invasion britannique » – à laquelle, ironiquement, ils n'ont participé que fugitivement puisque, fauteurs de troubles, ils ont été interdits de séjour aux États-Unis entre 1965 et 1969 ! Ils en étaient en tout cas probablement l'un des plus originaux. Fort des textes ciselés, satiriques ou mélancoliques, non sans une pointe d'acidité et d'ambiguïté, de leur leader Ray Davies et de compositions très personnelles mêlant pop, hard rock, folk, country (et même cabaret !), le rock des Kinks ne ressemblait à aucun autre et se fait encore entendre jusque chez les Jam, Oasis ou Franz Ferdinand.

Au cœur des Kinks, formés en 1963, on trouve deux frères, Ray Davies, génie vaguement torturé comme il se doit, et son frère, Dave, dandy guitariste en chemise à jabot, costume cintré et *boots* tout droit sortis de Carnaby Street, dont la collaboration orageuse donne naissance à une série impressionnante de singles : « All Day and All of the Night », « Till the End of the Day », « Dedicated Follower of Fashion », « A Well Respected Man », « Sunny Afternoon », « Waterloo Sunset », « Where Have All the Good Times Gone »... Mais « le » hit des Kinks, pas nécessairement le plus représentatif d'ailleurs mais certainement le plus influent, c'est bien sûr son « You Really Got Me », titre au riff rageur et saturé et au solo démoniaque joué par Dave Davies qui évoque le *garage rock* et pose les bases du hard rock.

Le *garage rock* : la petite revanche américaine

Sonné par la créativité anglaise, le rock américain a mis un peu de temps à réagir – et c'est d'ailleurs à un courant plutôt marginal, le *garage rock* que revient l'honneur d'avoir rallumé sa flamme vacillante entre 1965 et 1967. Comme son nom le suggère, ce « garage rock » était un rock basique et bruyant joué par de jeunes Américains dans leur… garage – un rock amateur, un peu rêche, sans autre prétention que de tenter de capter un peu de l'énergie des groupes de la « British Invasion » comme les Beatles, les Rolling Stones et les Kinks. En d'autres termes, le rock n'étant jamais à court d'une contradiction, de jeunes Américains réapprenaient à jouer le rock né dans leur pays… à partir de l'interprétation qu'en avaient fait une poignée de groupes anglais !

Si la qualité n'était pas toujours au rendez-vous, la sincérité, l'innocence et l'agressivité de ce rock cru, parfois mélangé à des ambiances psychédéliques héritées des Yardbirds, en font tout simplement l'ancêtre du punk (dont vous verrez au chapitre 13 qu'il n'en manque pas !). Des titres comme le fameux « Louie, Louie » des Kingsmen, le « Wild Thing » des Troggs ou le « Surfin' Bird » des Thrashmen l'annonçaient d'ailleurs quelques années auparavant. Quelques-uns ont même connu un petit succès en leur temps comme les Seeds, les Count 5, les Thirteenth Floor Elevator ou les Shadows of Knight, mais il a fallu attendre une compilation (une des plus fameuses du rock), intitulée *Nuggets: Original Artyfacts from the First Psychedelic Era 1965-1968*, parue en 1972 grâce aux efforts du critique rock Lenny Kaye, pour que le genre soit identifié en tant que tel – et révéré par les générations de rockers suivantes.

Éclectiques et parcourus de textes de plus en plus introspectifs, les albums des Kinks s'ouvrent à toutes les influences, toujours sous une teinte très britannique (*Something Else* ; *The Kinks Are the Village Green Preservation Society* ; *Arthur [or the Decline and Fall of the British Empire]* ; *Lola Versus Powerman and the Moneygoround, Part One*), et même à l'opéra-rock avec, en 1973, *Preservation.*

Ray Davies excelle alors dans l'art, rare en rock, de la chronique sociale de la vie des « petites gens » ou de la confession sentimentale – souvent sous le couvert de personnages improbables comme sa « Lola », travesti alcoolique et suicidaire de Soho ! – dans des saynètes rock pour le moins personnelles. À partir du milieu des années soixante-dix, le plus anglais des groupes anglais verse inexplicablement dans un hard rock commercial pour stade, indigne de sa subtilité première.

Les Who, la revanche d'un nez

Un guitariste assénant de violents accords à coups de larges moulinets de bras (Pete Townshend), un chanteur se servant du fil de son micro comme d'un lasso (Roger Daltrey), un bassiste virtuose et impassible (John Entwistle) et un batteur fantasque perdu dans d'interminables roulements (Keith Moon) : l'image explosive des Who – en concert – est fixée de longue date. Ne retenir que cette image, ce serait toutefois oublier que le groupe, déchiré entre ses aspirations « hard rock » en concert (l'incontournable *Live at Leeds*, 1970) et « pop conceptuelle » en studio a aussi fourni au rock un de ses plus fins paroliers, à l'égal de Ray Davies des Kinks, en la personne de Townshend.

Si le nez de ce Townshend eut été plus court, la face du rock en aurait d'ailleurs été changée : c'est en effet à la longueur humiliante de son appendice nasal que, de l'aveu même de l'intéressé, les Who doivent leur naissance en 1964 ! Soucieux de prendre une fière revanche sur son handicap, le jeune Pete apprend (vite) la guitare et se met à composer (bien) : les Who connaissent leur premier succès en 1965 avec le single « I Can't Explain » (où l'on peut entendre larsen et distorsion) qui devient le premier hit du groupe, puis sortent un single générationnel, hymne de la jeunesse anglaise, « My Generation » sur lequel Daltrey, jeune *mod* désorienté bégaie sous l'effet de son traumatisme (ou des amphétamines).

Moto contre scooter : l'autre guerre des sixties

Si vous croyez que les *sixties* étaient rock, détrompez-vous ! À l'époque, on se devait de choisir précisément son camp : rocker ou *mod*. Les rockeurs, c'étaient la « banane », le « cuir » Perfecto et la moto, en somme des voyous amateurs d'une musique mâle et rebelle… S'opposant à ce rock qu'ils jugeaient vulgaire et commercial, les *mods* ne juraient quant à eux que par le rhythm and blues et la soul des États-Unis. Raffiné et élitiste, leur univers reposait sur une association originale, celle d'une distinction vestimentaire un peu obsessionnelle et d'une attirance incontrôlée pour les amphétamines… Et quand les rockers chevauchaient leurs graisseuses motos, les *mods* enfourchaient élégamment leurs scooters bardés de multiples lampes et rétroviseurs ! Les deux factions rivales, rockers et *mods*, n'hésitaient d'ailleurs pas à faire le coup de poing à la faveur de rassemblements organisés (à Brighton, à Pâques, notamment) pour faire valoir leur culture. Musicalement, en tout cas, le rhythm and blues anglais des *mods*, plus rapide que son modèle américain (les amphétamines sûrement !) et essentiellement porté par les Who et les Small Faces, fut aussi populaire que le mouvement lui-même fut bref : en 1966, c'était déjà fini, la créativité de ces deux groupes emblématiques les menant loin de leurs reprises dévotes des débuts. Dix ans plus tard, la culture *mod* faisait un retour remarqué et inattendu en pleine vague punk avec le groupe The Jam.

Suivent « Substitute », « I'm a Boy », « I Can See for Miles », au gré d'albums (*A Quick One* ; *The Who Sell Out*) distillant un rock mélodieux et dur, servi par des textes d'une rare finesse et porté par une guitare essentiellement rythmique avare en solos. On y trouve les influences croisées du rhythm and blues et de la soul mais aussi de Link Wray (pour les riffs) et de la surf music (pour les chœurs et le jeu de batterie éclaboussant de Moon). Le rock des Who apparaît alors comme un croisement génial entre celui des Beatles et des Rolling Stones.

En 1967, la performance scénique exceptionnelle du groupe au festival de Monterey lui permet d'accéder à un vaste public américain : à l'exception notable de leur imperturbable bassiste, le groupe brise guitare, batterie, pied de micro et amplis en fin de concert. Un peu de désordre dans la grand-messe hippie !

Avec *Tommy*, qui paraît en mai 1969 juste avant la prestation à nouveau cataclysmique du groupe au festival de Woodstock, Townshend et son groupe frappent un grand coup : cet « opéra-rock » qui raconte l'histoire d'un enfant sourd, muet et aveugle qui trouve son salut dans le… flipper (!) s'inscrit dans les nouvelles ambitions d'un rock qui, aiguillonné par le *Sgt. Pepper's Lonely Hearts Club Band* des Beatles, se veut décidément art.

Après leur *Live at Leeds* (1970), brut et puissant, les Who publient en 1971 *Who's Next*, un classique du rock avec sa pochette montrant les musiciens se soulageant dans une décharge sur un mystérieux monolithe ; le son du groupe semble désormais bien américain mais l'album, porté par de riches compositions, est un succès. Deux ans plus tard, *Quadrophenia*, nouvel opéra-rock, peut-être plus abouti que *Tommy*, convainc pourtant moins que son illustre prédécesseur. Les concerts du groupe, qui joue à un niveau sonore assourdissant, ne désemplissent pas.

La carrière du groupe, déjà menacée par la déferlante punk (voir Chapitre 13) à laquelle il a somme toute contribué depuis ses débuts, est stoppée net par la mort, en 1978, de son batteur Moon, victime d'une overdose de médicaments. Le groupe ne lui survit alors qu'à travers de pâles reformations.

Histoires de tronches : des Small Faces aux Faces

Les grands malheureux de la « British Invasion » : originaux et talentueux, les Small Faces, formés en 1965, n'ont jamais réussi à hisser leur rock croisé de soul, de blues et de rhythm and blues à la hauteur de celui des Rolling Stones, des Who ou même des Kinks. Conduits par le chanteur et guitariste Steve Marriott, l'organiste et guitariste Ian McLagan, le bassiste Ronnie Lane et le batteur Kenney Jones, les « Petits Visages » étaient pourtant, en 1966, la coqueluche de la jeunesse anglaise.

La star, c'est Steve Marriott, chanteur puissant et guitariste inspiré au talent éclatant, qui, avec Lane, compose l'essentiel des titres du groupe. Ni les premiers singles, « All or Nothing », « Here Come the Nice » et l'ode au « Summer of Love », « Itchycoo Park », ni leurs albums (*Small Faces*) n'annoncent la surprenante reconversion du groupe dans le rock psychédélique. Il signe pourtant, avec *Ogden's Nut Gone Flake* son chef-d'œuvre qui, dans la meilleure tradition anglaise du genre, brasse sonorités incongrues, compositions fortes et ambiances pastorales opiacées, le tout sous une pochette haute en couleur.

Marriott parti en plein succès rejoindre le guitariste Peter Frampton avec qui il fonde Humble Pie (vous le retrouverez plus bas dans ce chapitre), le groupe engage le chanteur Rod Stewart, passé par le Jeff Beck Group (vous le retrouverez *aussi* plus bas dans ce chapitre !) et le guitariste Ron Wood et devient plus simplement les Faces.

Ces « Visages » se feront connaître par un rock festif et débraillé d'inspiration « stonienne », à coups d'albums un peu bordéliques mais à l'enthousiasme communicatif (*First Step*, 1970 ; *Ooh La La*, 1973) mais aussi par des concerts à forte teneur en alcool qui transforment la salle et la scène en gigantesque *pub* anglais. En 1974, le groupe se sépare, Wood rejoignant les Rolling Stones au poste de second guitariste ; Stewart, promis à une carrière internationale déjà entamée depuis 1970 avec de splendides albums solo sous l'influence conjuguée de Bob Dylan, côté folk, et de Sam Cooke, côté soul (*Every Picture Tells a Story*), connaît quant à lui un énorme succès avec une série de singles (« Maggie May », « Sailing », « The Killing of Georgie [Parts I and II] ») avant de sombrer au début des années quatre-vingt dans le disco et le rock commercial (avec des titres comme « Passion », « Baby Jane » ou « Infatuation ») et défrayer la chronique jet-set par ses frasques. Ronnie Lane se joindra au guitariste des Who, Pete Townshend, pour un excellent album, *Rough Mix*, en 1977.

Les Pretty Things, les (vrais) loubards du rock anglais

Les Pretty Things valent bien plus que leur réputation de « Rolling Stones du pauvre ». Si la voix du chanteur Phil May peut rappeler celle de Mick Jagger et le jeu de Dick Taylor évoquer celui de Keith Richards – ceci d'autant plus logiquement que Taylor a fait partie de la toute première mouture des Rolling Stones… en tant que bassiste ! –, les « Jolies Choses » ont su développer un son qui leur était propre, plus agressif et plus cru que leurs illustres confrères, dans des albums qui puisaient dans le rhythm and blues

(*Get the Picture?*, 1965) et qui, sur scène, donnaient lieu à des interprétations d'une sauvagerie peu commune.

De manière prévisible, le groupe a sauté dans le wagon psychédélique en 1967 avec l'album *Emotions* mais, l'année suivante, s'est fait défricheur en enregistrant un des tout premiers, sinon le premier, album d'opéra-rock, *S.F. Sorrow* (1968).

Succès critique mais non commercial, l'album signait la fin du groupe dans sa première incarnation, Taylor déclarant bientôt forfait. En 1970, un album méconnu, *Parachute*, aux sonorités flirtant avec le hard rock a fait renaître l'espoir, vite déçu, d'un renouveau artistique.

Une nuit à l'opéra ?

C'est un type d'album bien insolite qui fait son apparition en 1967 : l'« opéra-rock ». Ne fuyez pas, aucune cantatrice en blouson de cuir à l'horizon ! Le principe en était simple : assembler des titres dont les paroles, composées à la manière d'un livret, raconteraient une seule histoire, le tout au sein de compositions rock, bien sûr. L'album emblématique du genre est le *Tommy* des Who, paru en 1968, qui suit le destin d'un joueur prodige de flipper, sourd, muet et aveugle (!) en alternant titres rock et petites ritournelles récurrentes.

D'autres, avant les Who, s'étaient essayés à ce périlleux exercice comme les Pretty Things (*S.F. Sorrow*, 1969) ou les Small Faces (*Ogden's Nut Gone Flake*, 1968) – les Who eux-mêmes, toutefois, avaient conçu dès 1966 une petite suite musicale novatrice de neuf minutes pour l'album *A Quick One* qui peut passer pour les prémices du genre. À leur suite, les Kinks avec *Arthur, or the Decline and Fall of the British Empire* (1969) ou, quatre ans plus tard, à nouveau les Who (!) avec *Quadrophenia* avaient donné une crédibilité encore plus forte au genre, ces derniers déclinant même leur œuvre au cinéma ou à Broadway. Le rock complexe des années soixante-dix a succombé assez logiquement à cette petite mode, des groupes comme Genesis (*The Lamb Lies Down on Broadway*, 1974), Rush (*2112*, 1976), Pink Floyd (*The Wall*, 1979), Frank Zappa (*Joe's Garage*, 1979) installant avec bonheur leurs ambitieuses compositions dans un écrin plus ou moins littéraire. Menacé de disparaître avec le punk, l'opéra-rock se fait un peu oublier pendant les années quatre-vingt avant de resurgir sans esbroufe, comme plus mature, chez des artistes aussi différents que Iron Maiden (*Seventh Son of a Seventh Son*, 1988), Queensrÿche (*Operation: Mindcrime*, 1988), David Bowie (*1. Outside*, 1995) ou Dream Theater (*Metropolis Pt2: Scenes from a Memory*, 1999).

De Spencer Davis Group à Traffic : Steve Winwood, le « Ray Charles » anglais

L'histoire du Spencer Davis Group – et celle de Traffic, on va le voir – s'organise autour d'un musicien rare, Steve Winwood, chanteur, guitariste, claviériste et compositeur.

Autre fleuron de l'« Invasion britannique », le Spencer Davis Group se forme en 1963. Les hits, d'essence rhythm and blues, ne se font pas attendre : « Keep On Running », « Gimme Some Lovin' » ou « I'm a Man », ces deux derniers dus à la plume du très jeune Winwood, quinze ans seulement ! Si, sur le papier, la vedette en est le guitariste Spencer Davis (qui donne quand même son nom au groupe !), la vraie star, d'ailleurs d'une humilité rare, c'est en effet bien Winwood dont la voix chaleureuse, qu'on jurerait « noire », et les nappes de claviers forment le son unique du groupe.

Winwood ne s'y trompe pas et quitte bientôt le groupe pour former en 1967, avec le chanteur et guitariste Dave Mason, le multi-instrumentiste Chris Wood et le batteur Jim Capaldi, Traffic, un groupe aussi singulier que doué qui, sans jamais tout à fait les ignorer, se jouera des modes et conduira une carrière en dents de scie, à la richesse discrète.

Flûte, orgue et un peu de guitare électrique : le son de Traffic tranchait, même à leurs débuts psychédéliques, avec le rock ambiant et se nourrissait de soul, de folk, de jazz mais aussi de musiques « exotiques » comme la bossa-nova – le tout dans une alchimie originale proche du rock progressif (voir Chapitre 12) qui a donné des petites perles comme « Paper Sun », « Hole in My Shoe », « Feelin' Alright » ou « Pearly Queen ». Deux albums splendides (*Mr. Fantasy*, 1967 ; *Traffic*, 1968) sont assemblés au gré d'une histoire troublée et de séparations chroniques – Mason quittant le groupe, Winwood rejoignant Eric Clapton pour l'éphémère supergroupe Blind Faith en 1969 (*Blind Faith*). Le groupe se reforme pour les albums *John Barleycorn Must Die* (1970), puis *The Low Spark of High Heeled Boys* (1971), d'excellente facture mais son heure de gloire, à l'évidence, est passée. Winwood, quant à lui, multipliera par la suite les collaborations, connaîtra un regain de succès en 1986 avec l'album *Back in the High Life* et, en 2008, à soixante ans, sortira un album salué par la critique, *Dirty City*.

Manfred Mann, le rock barbu (et à lunettes)

Peut-être le plus méconnu, aujourd'hui, de ces groupes anglais, Manfred Mann fut pourtant l'une des stars de cette « Invasion britannique », se partageant instinctivement entre rhythm and blues, rock, jazz et pop avec un égal bonheur mais en désorientant nombreux de ses fans.

Fondé à Londres en 1962 par le claviériste sud-africain Manfred Mann (un barbu à lunettes, très rare en rock !), fan de Miles Davis et John Coltrane, et le percussionniste Mike Hugg, le groupe doit une grande part de son premier succès au chanteur Paul Jones qui, dès le single « Cock-A Hoop » investit le rock anglais de sa voix puissante. Le tournant de la carrière du groupe, c'est le titre « 5-4-3-2-1 » choisi comme thème de l'émission télévisée anglaise de rock « Ready Steady Go! » qui les révèle auprès de la jeunesse anglaise.

Adoubé par Bob Dylan lui-même, le groupe enchaîne les succès, notamment avec les singles « Do Wah Diddy Diddy » (« Vous les copains » de Sheila, en version française !) et « Sha La La » ; il n'hésite pas à passer sans transition d'un genre musical à l'autre, ajoutant au son distinctif de son orgue les sonorités d'une flûte, d'un saxophone ou d'un vibraphone.

Jones quitte le navire en 1966 ; en dépit de son talent, son remplaçant, Mike D'Abo, peinera à faire oublier le charismatique chanteur. Le groupe, lui, continuera à suivre son curieux instinct en se frottant au jazz-rock, au rock progressif puis au hard rock pour radio.

Les Zombies, les damnés du rock anglais

Encore un groupe au destin malheureux ! Les Zombies, c'est une voix superbe, celle de Colin Blunstone, et un clavier, celui de Rod Argent qui, avec le guitariste Chris White donneront naissance à une suite de petits joyaux pop, fragiles et subtils, en cinq petites années, comme « She's Not There », « Tell Her No », et surtout « Time of the Season », à la beauté renversante, proche du meilleur des Beach Boys, la profondeur anglaise en plus.

Les Zombies, c'est aussi une terrible ironie : las de leurs échecs commerciaux successifs – à une époque où le « single » reste encore roi – le groupe enregistre en 1967 un dernier album autofinancé, *Odessey and Oracle* ; sorti un an plus tard, celui-ci est découvert tardivement, quelques semaines après la séparation du groupe, et considéré depuis comme une perle du rock anglais psychédélique.

Them, garage rock et soul de Belfast

Formé à Belfast en 1964, Them est le premier groupe du chanteur, guitariste, harmoniciste, saxophoniste et compositeur (!) Van Morrison dont la carrière solo ultérieure de barde folk-rock, riche et splendide, a fait un peu oublier les premières énergiques années.

Them se fait connaître à Londres avec une version explosive d'un standard de Big Joe Williams, « Baby Please Don't Go » qui, comme le « You Really Got Me », tient du garage rock à l'anglaise. Mais c'est le titre « Gloria » qui les impose et surtout son charismatique chanteur Morrison qui y éclipse ses partenaires de sa voix puissante avec cette composition menaçante, reprise par les Doors, Patti Smith et Tom Petty. Incapable de composer avec l'industrie musicale, Morrison choisit de quitter le groupe, au terme d'une carrière fulgurante jalonnée de deux seuls albums, et se replie sur un rock électroacoustique intimiste de toute beauté (*Astral Weeks*, 1968).

Le « British Blues Boom » : le blues électrique, sauce anglaise

Conjointement à la « British Invasion » – et même jusqu'à s'y confondre parfois –, une autre scène anglaise se fait jour autour d'une passion : le blues et le rhythm and blues américains. Puriste à ses débuts puis défricheur, ce « British Blues Boom », comme on a pu l'appeler, revisite ainsi l'héritage blues américain avec ferveur et dynamisme et y imprime bientôt la personnalité de ses musiciens, accélérant le tempo et faisant la part belle aux guitares électriques promues instruments cultes du rock sous les doigts virtuoses des Eric Clapton, Mick Taylor et Peter Green. S'y dessine aussi, en réaction à la pop ambiante, une certaine attitude rebelle, rock en diable, qu'incarneront les emblèmes du genre, les Rolling Stones.

Du blues... anglais ?

Si la « British Invasion » a fait grincer quelques dents – des Anglais se réappropriant l'héritage rock américain –, le « British Blues Boom » confinait, lui, encore une fois à l'hérésie : des blancs-becs issus de la classe moyenne anglaise singeant les souffrances des Noirs américains ! Le respect des Anglais pour cet héritage fera vite taire les fâcheux, avec d'autant plus de facilité que le blues était alors presque oublié dans son propre pays d'origine, les États-Unis…

Dès la fin des années cinquante, le blues est à l'inverse très présent et, toutes proportions gardées, plutôt populaire en Angleterre. S'y produisent d'ailleurs des pointures comme B.B. King, Howlin' Wolf, Muddy Waters, Sonny Boy Williamson, John Lee Hooker ou Big Bill Broonzy dont les carrières américaines sombraient dans l'indifférence générale. Accueillis avec ferveur par les publics anglais de connaisseurs, leurs cachets beaucoup plus intéressants qu'aux États-Unis, ces bluesmen renaissent littéralement en Angleterre – certains n'hésitant pas, parfois, à se plier aux exigences européennes et jouer un style « authentique » à mille lieues de leur propre style d'origine… Quant à la guitare électrique de Muddy Waters, si elle choque le public des musicologues en herbe anglais, elle donne aussi la direction de la prochaine révolution : une bonne dose d'électricité et les guitares en avant, toute !

Outre ces concerts, les jeunes fans anglais de blues un peu motivés ont par ailleurs la possibilité d'accéder à des enregistrements considérés comme autant de trésors via certaines boutiques de soldes (héritage des GI de la Seconde Guerre mondiale !), ou de rares présences sur des labels de jazz… Les plus motivés commandent même par la poste… pas de téléchargement instantané de MP3 alors ! Qu'y cherchent-ils ? Une authenticité et un lyrisme un peu tragique qui tranchent avec les sucreries de la pop anglaise, alors en plein boom elle aussi. Quant à l'imagerie machiste triomphante véhiculée par ce blues, les groupes anglais se chargeront de la récupérer, au risque des pires clichés sexistes !

Sous l'impulsion de trois amateurs éclairés, Alexis Korner, Cyril Davies et Graham Bond puis, à leur suite, de John Mayall, un blues anglais prend ainsi forme et investit progressivement les clubs londoniens en partant d'un constat simple : la meilleure façon d'entendre du blues, c'est encore de le jouer soi-même ! Cette scène « blues » londonienne se révèle un véritable creuset du rock des années soixante : Brian Jones, Keith Richards, Mick Jagger, Charlie Watts, Eric Clapton, Jeff Beck, Jimmy Page, tous les grands noms du rock anglais y feront leurs premières armes avant d'être consacrés au sein des Rolling Stones, Cream, Led Zeppelin et consorts. Bientôt, alors que des festivals blues sont organisés dans toute l'Europe, ces amoureux du blues enregistreront même avec leurs idoles, comme les Yardbirds avec Sonny Boy Williamson.

En complément de ce renouveau typiquement anglais, des groupes de blues électrique, comme le Paul Butterfield Blues Band, l'Electric Flag ou Canned Heat, font progressivement leur apparition aux États-Unis, avec au premier plan des guitaristes – blancs – comme Mike Bloomfield, Elvin Bishop et Henry Vestine, avant d'être rejoints par les groupes « sudistes » comme ZZ Top ou les Allman Brothers (voir Chapitre 10).

Mais bien avant, donc, trois mordus de blues œuvraient patiemment pour le développement d'un blues en Angleterre : en voici l'histoire.

Les trois pères du blues britannique : Alexis Korner, Cyril Davies, Graham Bond

Figures tutélaires du blues anglais, Alexis Korner et Cyril Davies ont été, notamment au sein de Blues Incorporated, à la tête d'une véritable pépinière d'artistes anglais qui, pour la plupart, se sont ensuite illustrés dans des formations rock « mythiques » : sont passés par là Mick Jagger, Keith Richards, Brian Jones, Charlie Watts, Ian Stewart (les Rolling Stones presque au complet, en somme), Jack Bruce, Eric Burdon, Steve Marriott, Paul Jones, Manfred Mann, Eric Clapton, Paul Rodgers, Andy Fraser, Nicky Hopkins, Robert Plant – et même le guitariste jazz surdoué John McLaughlin !

Après avoir participé à la frénésie du « skiffle » au milieu des années cinquante, Korner, chanteur, pianiste et guitariste, s'associe à Cyril Davies, chanteur, guitariste et harmoniciste, pour propager leur passion commune pour le blues et le rhythm and blues dans les clubs londoniens. En 1962, ils ouvrent leur propre club, le London's Marquee Club, sur la scène duquel se bouscule la fine fleur du rock anglais naissant.

Enregistré cette même année, l'album *R&B from the Marquee* du Alexis Korner's Blues Incorporated est le tout premier album d'une formation blues anglaise dont le purisme est déjà battu en brèche par les audaces de ses poulains, les Rolling Stones les premiers.

En complément, Davies, en désaccord avec Korner qui souhaitait ajouter des cuivres à la formation – quand on vous dit que ce sont des puristes ! –, quitte le groupe et fonde le Cyril Davies R&B All-Stars. Le groupe est prometteur mais Davies meurt subitement, début 1964. Korner, trop « traditionnel » pour des années soixante rythmées par des révolutions rock semestrielles, obtiendra quant à lui un curieux hit tardif en 1970 avec une reprise du… « Whole Lotta Love » de Led Zeppelin avec son groupe CCS, un big band de vingt-cinq musiciens !

Autre « père du blues anglais » – oui, ça commence à en faire beaucoup ! –, le chanteur, saxophoniste et claviériste Graham Bond a connu une carrière sous-estimée autant que tragique.

Après avoir fait, comme il se doit, ses classes au sein du Blues Incorporated d'Alexis Korner, il s'associe en 1962 à Jack Bruce et Ginger Baker, future section rythmique du « supergroupe » Cream pour fonder le Graham Bond Organization. Le rhythm and blues puissant du groupe est alors fortement teinté de jazz. Baker et Bruce appelés à un autre destin, la carrière de Bond ne fait ensuite que dévaler la pente : alcool, drogue, occultisme et drames familiaux conduisent ce précurseur à se jeter, en 1974, sous une rame du métro londonien.

John Mayall, l'école du blues anglais

Encore un père du blues anglais ? Oui, mais de deuxième génération si l'on peut dire… Mayall, chanteur, guitariste, organiste, harmoniciste, se distingue de ses trois pairs sur de nombreux points : infatigable promoteur du blues aujourd'hui encore, il fonde ses Bluesbreakers à l'âge de trente-trois ans (autant dire un vieillard en rock !), seul au fin fond de sa province qui plus est, sur le modèle des Blues Incorporated de Korner.

Mayall peut aussi s'enorgueillir d'avoir révélé trois des plus grands guitaristes électriques anglais – Eric Clapton, Mick Taylor, Peter Green – et d'avoir accueilli des talents nationaux comme les bassistes Jack Bruce et Andy Fraser, les batteurs Aynsley Dunbar et Mick Fleetwood ou encore le guitariste américain Harvey Mandel. C'est son album *Bluebreakers with Eric Clapton* qui l'impose en 1965 comme une figure majeure du blues anglais – moins d'ailleurs comme chanteur ou musicien que, encore une fois, comme révélateur de talents. Sur ce disque, le jeune guitariste Eric Clapton qui vient de quitter les Yardbirds laisse en effet éclater des solos incendiaires et novateurs en associant pour la première fois une guitare électrique Gibson à un ampli Marshall. C'est toute la guitare électrique rock qui en est changée ! De Jimmy Page à Gary Moore, en passant par Mick Mars, Ace Frehley, Paul Personne ou Slash, les plus grands s'inspireront du son « Clapton » – tout simplement l'un des plus connus du rock !

Au sein d'un groupe à géométrie (et personnel) variable et aux allures de laboratoire musical, Mayall embauche ensuite, en remplacement de Clapton, son rival Peter Green (*Hard Road*, 1967) qui part bientôt fonder Fleetwood Mac, puis le jeune guitariste prodige Mick Taylor (*Crusade*, 1967 ; *Bare Wires* et *Blues from Laurel Canyon*, tous deux en 1968) que l'on retrouvera au sein des Rolling Stones.

Ses guitaristes partis pour d'autres aventures, Mayall s'essaiera à un album solo (*Blues Alone*, 1967), un live jazzy, sans batterie mais avec un saxophoniste et un flûtiste (*The Turning Point*, 1969). En 1993, son *Wake Up Call* est accueilli comme l'album de la résurrection.

La deuxième vague du blues anglais

Sur le modèle des Bluesbreakers de Mayall, certains groupes anglais, comme Chicken Sack et Savoy Brown, se tournent vers un blues électrique porté par des guitaristes hors pair dont la technique et la sensibilité impressionnent jusqu'aux bluesmen américains noirs eux-mêmes.

La plus douée de ces formations est probablement Fleetwood Mac, formée par le batteur Mick Fleetwood et le bassiste John McVie, transfuges des Bluesbreakers de… John Mayall (petit monde que celui du blues anglais !). Deux guitaristes d'exception viennent grossir ses rangs, Peter Green, également passé par « l'écurie » Mayall, et Jeremy Spencer, un fan absolu du bluesman chicagoan Elmore James dont il imite de manière troublante le jeu abrasif. C'est toutefois le jeu coulé et aérien de Green qui fait le succès du groupe, notamment avec deux titres envoûtants « Black Magic Woman » et l'instrumental « Albatross ». Le premier album, qui célèbre le blues du Mississippi et surtout celui de Chicago, s'intitule d'ailleurs, sans ambiguïté, *Peter Green's Fleetwood Mac*… En 1969, c'est un troisième guitariste, Danny Kirwan, qui vient épauler ses deux camarades pour l'album *Then Play On* ! Le groupe, qui a aussi enregistré avec des bluesmen fameux comme Willie Dixon, Buddy Guy ou Otis Spann, commence alors à s'affranchir de son purisme pour explorer de nouvelles sonorités.

La suite est confuse et surprenante : Green, en proie à un mysticisme troublé, et Spencer, enrôlé par une secte chrétienne, quittent le groupe ; Kirwan les imite après l'enregistrement de *Bare Trees* en 1972. Fleetwood Mac, qui a accueilli la pianiste Christine Perfect, s'éloigne alors sensiblement du blues de ses débuts. Après une période troublée, la formation renaît de ses cendres et, son son renouvelé de fond en comble par l'arrivée de la chanteuse Stevie Nicks et du guitariste Lindsey Buckingham, se réinvente en star internationale de la pop californienne, avec les albums *Rumours* et *Tusk*.

Vers le hard rock : le blues prend du poids

Tout puriste qu'il était, le blues électrique de John Mayall et de Fleetwood Mac avait remodelé le rock en profondeur : par les longs solos virtuoses de Clapton, Green ou Taylor, il avait définitivement installé la guitare électrique comme instrument vedette du genre – et les guitaristes comme ses nouvelles stars, au même titre que les chanteurs. Le rock, désormais, serait aussi affaire de démonstration !

L'évolution, dès lors, est prompte : d'autres groupes anglais, issus du blues, vont s'employer tôt à alourdir et surélectrifier ce blues ; quant au hard rock, que nous verrons au chapitre 10, il prend forme, irréversiblement !

Yardbirds, blues, psychédélisme (et chants grégoriens)

Les Yardbirds, excusez du peu, ont abrité trois des plus grands guitaristes anglais – Eric Clapton, Jeff Beck et Jimmy Page – et ont donné le ton du psychédélisme et, pour finir, celui du hard rock… Pas mal pour un groupe souvent réduit à son seul hit commercial un peu nunuche « For Your Love », non ?

Né de la scène du rhythm and blues anglais, le groupe commence en accompagnant le bluesman Sonny Boy Williamson et en enregistrant en 1964 un album public avec un jeune guitariste prodige, l'incontournable Eric Clapton (*Five Live Yardbirds*). Le jeu exceptionnel de Clapton lui vaut à l'époque le surnom de « Dieu » (« *God* »), en référence à un graffiti photographié sur un mur de Londres qui proclamait « *Clapton is God* » (« Clapton est Dieu ») ! Pour faire bonne mesure, la rythmique – Chris Dreja (guitare rythmique), Paul Samwell-Smith (basse), Jim McCarty (batterie) – est particulièrement incendiaire et le chanteur et harmoniciste Keith Relf compense un chant limité et nasillard par un enthousiasme communicatif.

Rapidement pourtant, les Yardbirds délaissent le rhythm and blues et s'essaient même à la pop avec le titre « For Your Love », s'attirant un beau succès commercial mais perdant au passage Clapton, écœuré par ce qu'il estime être une inacceptable compromission – toujours ce purisme inflexible !

C'est le guitariste Jeff Beck qui lui succède ; son jeu audacieux à la technique impressionnante remodèle entièrement le groupe mais aussi le rock anglais. Utilisant tous les « effets » à sa portée (vibrato, écho, pédale wah-wah, larsen, feedback, fuzz, distorsion, réverbération), comme le fera Jimi Hendrix un peu plus tard, Beck pousse le groupe à l'expérimentation en s'aventurant dans de longs solos fulgurants et débridés sur des accélérations surchauffées de la rythmique (ou *rave-up*).

À force d'explorations, le groupe jette aussi rien moins que les bases du rock psychédélique avec son titre « Shapes of Things » (voir Chapitre 7). Il collecte au passage quelques petits succès comme « Heart Full of Soul », « Over Under Sideways Down », « I'm a Man », « Evil Hearted You » et « Still I'm Sad » mais désoriente public et critique par sa versatilité. Pour un titre coup-de-poing comme « Train Kept A-Rollin' », il faut en effet aussi accepter des titres déroutants, où le chanteur Relf s'essaye à des chœurs grégoriens (!), comme sur l'album *Roger the Engineer*, pourtant un des plus consistants du groupe.

En 1966, Beck quitte le groupe ; il est remplacé par le guitariste Jimmy Page, musicien de studio parmi les plus réputés de Londres, qui, avant le départ de Beck, avait même accepté de tenir la basse pour rejoindre le groupe. Cette formation « culte » bien éphémère est filmée *in extremis* par Michelangelo Antonioni dans *Blow Up*. Plus intéressante, la collaboration des deux guitaristes sur deux rares titres, « Happening Ten Years Ago » et « Psycho Daisies » (Page revenu à la guitare), laissent entrevoir le grand groupe de guitares qu'auraient pu devenir les Yardbirds. Portés vers le haut par les ambitions de Page, les Yardbirds semblent un temps détenir le destin du rock entre leurs mains ; Page en décidera autrement en 1968 en faisant de ses « New Yardbirds » un groupe au succès planétaire et à l'originalité insurpassée, Led Zeppelin (voir Chapitre 10).

Cream, la crème anglaise du rock

Trois virtuoses, le guitariste Eric Clapton (toujours, lui, oui), le bassiste Jack Bruce – qui compose à huit ans un quatuor à cordes ! – et le batteur Ginger Baker, deux années d'existence (1966-1968) et une influence sans bornes : Cream est le tout premier « monstre » rock.

Deux « Cream » coexistent en fait, un peu sur le modèle des Who : celui des studios qui, dès son premier album (*Fresh Cream*) propose un mélange de blues (« N.S.U. ») et de pop psychédélique virtuoses (« I Feel Free »), chantés par Bruce mais aussi Clapton, dont le purisme blues s'est détendu ; et celui des concerts titanesques où les titres studio, étirés sur plusieurs (dizaines de) minutes, permettent à Clapton, Bruce et Baker de déployer leurs solos, tour à tour ou… en même temps. Improvisations hardies et grande technicité : la musique de Cream louche ainsi vers le hard rock mais aussi le rock progressif et même le jazz. Elle met le rock sur les rails de la surenchère et de la complaisance que les punks, dix ans plus tard, se feront un plaisir de faire sauter avec, en guise de dynamite, des titres simples, directs et percutants (et, à l'arrivée, le gros train rock et tous ses wagons qui déraillent !).

Paru en 1967, l'album *Disraeli Gears* est le chef-d'œuvre du groupe, probablement parce que la technicité des trois musiciens est mise au service de compositions courtes et originales, d'essence psychédélique, comme « Strange Brew », « Tales of Brave Ulysses » ou « Sunshine of Your Love », qui composent, sur les textes du poète Pete Brown et sous une pochette kaléidoscopique, une petite vignette des *sixties* anglaises.

Wheels of Fire, l'album suivant, se répartit pour moitié en enregistrements studio, toujours ponctués de compositions puissantes dues à Bruce (« White Room »), pour moitié en live, à San Francisco, avec des versions électriques monumentales de blues et un solo de batterie de Baker de… seize minutes !

Le groupe est alors au sommet et la puissance de ces trois musiciens (un *power trio*, comme on dira en anglais) est telle que beaucoup – Jimi Hendrix, Blue Cheer, Cactus, ZZ Top, Grand Funk Railroad, West, Bruce & Laing, Taste, Rush, Motörhead, King's X ou Nirvana – choisiront ensuite, eux aussi, la configuration souveraine du trio.

Le groupe ne survivra pas à l'inévitable choc des ego de musiciens de cette trempe – quand l'album *Goodbye*, mi-studio mi-live encore une fois, sort précédé de son single « Badge » (une co-composition de Clapton et du Beatle George Harrison), le groupe est déjà dissous. Des enregistrements publics viendront enrichir après coup une discographie d'une brièveté inversement proportionnelle à son importance.

Clapton retrouvera Baker peu après au sein d'un autre « supergroupe » Blind Faith, puis tentera douloureusement de se débarrasser de son écrasante image de *guitar hero* en lançant une carrière solo aux albums de plus en plus dépouillés (*Clapton*) dont le sommet est en 1974 le sublime *461 Ocean Boulevard*. Dans l'intervalle, à la recherche d'un anonymat difficilement envisageable, il aura monté le groupe Derek & The Dominoes et signé un autre chef-d'œuvre, déchirant, du rock, *Layla & Other Assorted Songs*, à la gloire de la femme de son ami Harrison, dont il était secrètement amoureux et qu'il finira par épouser. Enfin, jamais à court d'un surnom, après « *God* », c'est celui de « *Slowhand* » (« main lente »), en référence à la fluidité de son jeu, qui lui restera le plus attaché – à tel point que c'est le titre d'un de ses albums les plus populaires des années soixante-dix.

Baker quant à lui s'intéressera aux musiques africaines tandis que Bruce se reportera vers un jazz-rock de qualité propulsé par son jeu de basse exceptionnel (*Songs for a Tailor*, 1969). Taisant leurs dissensions, les trois hommes se réuniront avec succès en 2005 pour une série de concerts sous le glorieux « pavillon » Cream.

Jeff Beck Group, les farouches défrichages

Ombrageux et torturé, volontiers « tête de mule », Jeff Beck est un infatigable défricheur de la guitare électrique. À sa sortie des Yardbirds en 1968, avec Eddie Cochran et Cliff

Gallup comme indétrônables idoles, il forme le Jeff Beck Group. À ses côtés, on y trouve notamment le jeune chanteur écossais Rod Stewart, le bassiste Ron Wood (futur guitariste des Rolling Stones) et le pianiste Nicky Hopkins. Ensemble, ils n'enregistrent que deux albums, mais quels albums !

Truth (1968), le premier d'entre eux, est spectaculaire : emmené par le chant rugueux de Stewart, Beck y revisite des classiques du blues sur les lignes de basse généreuses de Wood, avec un son colossal qui associe fulgurance des solos électriques et lourdeur des rythmiques. Les bases du hard rock sont jetées mais il s'en faut de quelques mois pour qu'un autre groupe lui vole la vedette, Led Zeppelin.

La Chambre d'écoute de René Magritte reproduite sur sa célèbre pochette, *Beck-Ola* pousse encore plus avant la démarche hard rock du groupe : voix, guitares, basse, batterie, tout, à l'exception du lumineux piano de Hopkins, y est plus lent, plus lourd, plus étouffant – et le résultat est époustouflant. Comme pour Cream, les querelles d'ego ont vite raison du groupe ; en 1969, Stewart et Wood s'en vont rejoindre les Faces, et Beck, une parenthèse hard rock exceptée avec le spectaculaire trio Beck-Bogert-Appice, trouve dans un jazz-rock qu'il ne quittera plus que très rarement un véhicule parfait à sa virtuosité expérimentale (voir Chapitre 12).

Jethro Tull, le blues électrique en mode traversière

Comme Fleetwood Mac ou Genesis, Jethro Tull est un groupe à deux vies – et deux carrières – successives quasiment indépendantes : si le groupe du chanteur et flûtiste Ian Anderson et du guitariste Mick Abrahams se fait d'abord connaître par un excellent blues électrique (*This Was*), c'est en effet dans le rock progressif qu'il s'épanouira totalement (voir Chapitre 12). Perché sur une jambe, alternant solo de flûte traversière « essoufflé » à la Roland Kirke et chant nasillard, Anderson en est déjà l'attraction et sa fameuse reprise de la « Bourrée » de Jean-Sébastien Bach, sur l'album *Stand Up* (1969) trahit déjà des ambitions musicales excédant les limites du simple blues électrique.

Les noms de groupes

Même si vous n'avez fait que feuilleter ce livre, vous avez probablement déjà rencontré au détour d'une page quelques groupes aux noms bien improbables – Led Zeppelin, Jethro Tull, Blue Oÿster Cult, Lynyrd Skynyrd, Buffalo Springfield, Creedence Clearwater Revival, Fleetwood Mac et tant d'autres… Tous ont une origine surprenante, souvent potache, brassant références cryptiques, allusions voilées et blagues privées qui composent un imaginaire propre au rock et à lui seul. Les détailler prendrait un chapitre entier mais au lecteur curieux, nous conseillons de naviguer un peu sur Internet : de l'ancien professeur de gymnastique (« Leonard Skinner » pour « Lynyrd Skynyrd ») à l'agronome du XVIIIe siècle (Sir « Jethro Tull »), en passant par le dirigeable phallique (« Led Zeppelin » ou « zeppelin de plomb »), le tueur en série (les « Stranglers »), le titre de roman obscur (*Arrowsmith* pour « Aerosmith ») ou la marque de rouleau compresseur (« Buffalo Springfield »), les origines des noms les plus connus du rock restent irrévérencieusement jubilatoires.

Ten Years After, la guitare fulgurante

Fondé en 1967, Ten Years After se confond avec son chanteur et guitariste Alvin Lee. Soutenu par le claviériste Chick Churchill, le bassiste Leo Lyons et le batteur Ric Lee, celui-ci va proposer un blues électrique rapide et musclé dont la qualité est souvent occultée par sa prodigieuse technique de guitare ! Précis, véloce et agressif, le jeu d'Alvin Lee est consacré avec le titre « I'm Going Home », enregistré pour l'album *Undead* (1968) mais dont Lee offre une version époustouflante lors du festival de Woodstock.

Dès lors, réduit au cliché du « guitariste mitraillette », Lee aura toutes les peines du monde à faire oublier son écrasante technique dans des albums pourtant excellents (*Ssssh* ; *Cricklewood Green*) qui s'acoquinent parfois même avec le jazz. Consolation relative, le titre « Love Like a Man » sur *Cricklewood Green* deviendra l'un des plus connus du groupe : simple et lent, il sonnait comme un pied de nez aux injustes critiques de technicité vaine que son guitariste essuyait depuis ses détonants débuts.

Free, la guitare sensible

Avec un hit fédérateur mélangeant hard rock et funk (« All Right Now ») en guise de carte de visite mondiale, Free est un des groupes anglais les plus méconnus. Formé en 1968 par d'anciens membres des Bluesbreakers de John Mayall (eh oui, encore), Free s'adonne sur ses premiers albums à un blues électrique puissant, proche de Led Zeppelin (*Tons of Sobs* ; *Free*)… une lourde mélancolie en plus. Le groupe associe alors quatre fortes personnalités artistiques : le chanteur Paul Rodgers, dont la voix ardente évoque un croisement entre celles de Rod Stewart et de Robert Plant, le guitariste Paul Kossoff, aux solos « claptoniens » torturés, un jeune bassiste prodige de seize ans, Andy Fraser et le vigoureux batteur Simon Kirke.

Avec *Fire and Water* en 1970 – l'album qui contient leur hit « All Right Now » –, le groupe signe son premier chef-d'œuvre en offrant un mélange unique de blues électrique et de hard rock sensible. Après un passage retentissant au festival de l'île de Wight, le groupe enregistre un album, *Highway*, tout aussi excellent que le précédent. Plus mélancolique encore, d'une subtilité rare, il offre encore un classique absolu du rock avec le titre « The Stealer », écrit en une nuit.

La discographie du groupe, plus troublée ensuite – séparations et reformations – prend la forme d'un excellent live (*Free Live*, 1971), un album enregistré avec une moitié du groupe originel (*Kossoff, Kirke, Tetsu and Rabbit*) et un chant du cygne remarquable avec, en 1972, *Free at Last*, et son hit tardif « Little Bit of Love ». Kossoff qui avait formé pour sa part Back Street Crawler, un groupe de blues-rock prometteur (*Back Street Crawler*), perd tragiquement sa bataille contre la drogue en 1976. Rodgers et Kirke s'en vont quant à eux former une version plus commerciale de Free, avec le guitariste Mick Ralphs de Mott The Hoople en renfort, sous le nom de Bad Company (*Bad Company*, 1974).

Humble Pie, la guitare épaisse

Peut-être le plus insoupçonné des précurseurs du hard rock, Humble Pie naît à la fin de l'année 1968. À son bord, le chanteur Steve Marriott des Small Faces et une « fine gâchette » de la guitare amenée à devenir une star, le jeune Peter Frampton ; leur premier album (*As Safe as Yesterday Is*, 1969), enregistré dans une veine acoustique proche de la sensibilité de Frampton, donne peu d'indications sur ce qui fera la gloire du groupe dès l'album suivant : un blues électrique mélangeant boogie et hard rock (*Humble Pie*, 1970 ; *Rock On*, 1971) dont l'aboutissement est l'énergique live de 1971 *Performance: Rockin' the Fillmore.*

En plein succès, Frampton claque la porte du groupe pour une carrière solo qui débute sous les meilleurs auspices avec un live au succès inattendu (*Frampton Live*), rendu fameux par son titre « Show Me the Way » joué à la *talking-box*, un procédé permettant de parler à travers sa guitare électrique.

Renforcé de l'excellent Clem Clemson, Humble Pie continuera à alourdir son rock, sauvé de l'obésité par la grâce soul de la voix de Marriott (*Smokin'*, 1972).

Troisième partie

« Break on through (to the Other Side) » : les « sixties », entre psychédélisme et révolte

Dans cette partie…

À partir de 1965, le rock entre dans une de ses périodes les plus créatives, aussi bien en Angleterre qu'aux États-Unis. Des dizaines de singles – et, nouveauté, d'albums – deviennent des classiques du genre et marquent encore de leur empreinte le rock actuel. Exceptionnelle, cette nouvelle ère du rock, généreusement alimentée par la consommation de drogues, est aussi celle de ses icônes les plus mythiques – Bob Dylan, Jimi Hendrix, Jim Morrison, Janis Joplin, Neil Young, Syd Barrett – dont beaucoup disparaîtront au début de la décennie suivante.

Cette partie vous donne toutes les clés pour comprendre cette période, l'une des plus fécondes et des plus denses du rock anglais et américain.

Chapitre 7

De Londres à San Francisco : le rock sous acide

Dans ce chapitre :

- La révolution hippie, de Londres à San Francisco
- Les groupes anglais et américains emblématiques
- Les icônes masculines et féminines

Livrés à la pop anglaise triomphante des Beatles et au rock rebelle des Rolling Stones, les États-Unis, un peu étourdis, reviennent à partir de 1966 sur le devant de la scène rock avec un tout nouveau courant, le « rock psychédélique », dont San Francisco et en particulier son quartier hippie d'Haight-Ashbury deviennent l'épicentre.

Adossé à l'émergence d'une véritable contre-culture hippie prônant en vrac rejet du matérialisme, pacifisme, liberté sexuelle et expansion des consciences par l'usage (de préférence immodéré) de drogues, ce rock « psychédélique » se déploie alors à la faveur de longs concerts-happenings brassant rock, *light-shows*, théâtre, danse et, bien sûr, LSD, la drogue emblématique de l'époque. Il donne aussi au rock quelques-uns de ses groupes les plus chatoyants – Jefferson Airplane, les Doors, le Grateful Dead – et, avec Jim Morrison ou Janis Joplin, une poignée d'icônes immortelles.

La révolution n'est pas qu'américaine : si avec ce nouveau genre, le rock s'affranchit du diktat du single formaté pour les radios et s'ouvre à de nouvelles sonorités et aux expérimentations les plus audacieuses, c'est aussi sous l'influence de groupes anglais comme les Yardbirds, Pink Floyd et, encore eux, les Beatles qui forment une scène londonienne psychédélique tout aussi fertile.

Titres étirés, structures ambitieuses et sonorités inédites : les ténors du rock progressif retiendront la leçon (digressions et complaisance comprises), et prendront appui sur le genre pour pousser le rock plus avant encore (voir Chapitre 12).

Ce chapitre vous dit tout sur l'histoire d'un des courants les plus féconds et les plus importants du rock : le rock « psychédélique ».

Une histoire d'oiseaux : Yardbirds et Byrds

Quand et où le rock « psychédélique » est-il né ? Les « américano-centristes » et les « anglo-centristes » se déchirent encore sur la question !

Londres-San Francisco, match nul ?

N'OUBLIEZ PAS !

Dès 1965, le rock se rêve plus ambitieux. Des deux côtés de l'Atlantique, conjointement, deux groupes, les Yardbirds anglais et les Byrds américains (voir Chapitre 9), commencent à s'affranchir du format traditionnel du rock – couplet/refrain – et s'embarquent pour des régions sonores encore vierges. Les deux groupes ont pourtant peu en commun, le premier se rattachant au rock anglais de la « British Invasion » (voir Chapitre 6) et le second combinant les influences des Beatles et de Bob Dylan pour composer un folk-rock ambitieux. Pourtant, tous deux incorporent à cette époque des sonorités novatrices (bandes d'enregistrements inversées, accélérées, instruments traités par des effets, etc.) et exotiques, surtout indiennes, et éclatent la structure rock à coups de changements de tempo et de développements libres secrètement inspirés du jazz.

Si on peut trouver des traces d'un psychédélisme naissant dans certains titres encore plus anciens (comme le « Telstar » des Tornados ou le « Any Way You Want It » de Dave Clark Five), ce sont le « Shapes of Things » des Yardbirds en 1966 suivi de près par le « Eight Miles High » des Byrds qui semblent véritablement évoquer les premiers les états hallucinés d'un rock sous acide…

Avec leur single « Rain » puis l'album *Revolver*, les Beatles donnent ensuite une crédibilité à un genre alors en voie de définition et, à leur habitude, placent les attentes suivantes très haut, fermant presque définitivement la porte derrière eux en 1967 avec leur sublime « Strawberry Fields »/« Penny Lane » et leur album *Sgt. Pepper's Lonely Hearts Club Band*. Dans leur sillage, le genre se propage : en Angleterre, notamment avec Pink Floyd, groupe emblématique dont le rock psychédélique précurseur associe à ses débuts un format pop, marqué par l'esprit des comptines anglaises, à de longues improvisations hallucinogènes, mais aussi Donovan (*Sunshine Superman*), le Incredible String Band (*The 5 000 Spirits or the Layers of the Onion*) ou Traffic, le groupe du jeune Steve Winwood (voir Chapitre 6) ; aux États-Unis avec le garage rock puis, surtout, la scène californienne du Grateful Dead, de Jefferson Airplane et des Doors dont l'intérêt passionné pour les drogues favorisera l'expansion exponentielle des titres – parfois jusqu'à trente minutes !

Bientôt, porté à la connaissance du plus grand nombre par le « Summer of Love » et son mythique festival de Monterey, ce rock « acide » – comme on l'appellera, en référence au sens pharmaceutique du terme… – semble investir le rock dans son entier (même les Rolling Stones s'y rallieront un peu maladroitement !). Coloré, introspectif, planant, le rock devient un gigantesque kaléidoscope sonore, longuement concocté en studio ; il permet aussi à des guitaristes comme Eric Clapton, Jeff Beck, Jimi Hendrix ou Jimmy Page d'étendre leurs solos à l'infini : derrière le rock psychédélique, c'est aussi le hard rock et ses *guitar heroes* qui pointent le bout de leur nez…

Mémo rock : le rock psychédélique

Les visages du rock psychédélique sont innombrables ; mais, là encore, les spécificités de chaque groupe ignorées pour l'occasion, vous pouvez retrouver quelques éléments caractéristiques récurrents :

- **Une ambiance hallucinogène** : qui dit rock psychédélique dit drogues – et c'est bien l'effet de ces drogues que les musiciens de l'époque cherchent à recréer, avec plus ou moins de bonheur. Il existe certes une grande différence entre les petites comptines pop *British* acidulées de Pink Floyd et les longues explorations oniriques du Grateful Dead – autrement dit entre le rock psychédélique anglais et le rock psychédélique américain – mais, pas de doute, l'ambiance est bien à la dérive des sens…
- **Des sonorités exotiques** : pour créer ces ambiances, le rock psychédélique va chercher loin, très loin, de nouveaux sons, notamment en Inde (préoccupations spirituelles obligent !) dont l'instrument traditionnel, le sitar, colore bientôt les albums. Les « bidouillages » studio de bandes d'enregistrements et les effets appliqués aux instruments permettent, eux aussi, de créer de nouveaux univers sonores dont les producteurs presque autant que les musiciens deviennent responsables.
- **Des titres étirés et de longs solos** : avant que le rock progressif et le hard rock n'en fassent leur chasse gardée, les titres de dix ou vingt minutes (voire plus !) étaient l'apanage du rock psychédélique. Guitare, claviers, basse, batterie, tout le monde y va de son solo, souvent sous l'influence de drogues qui, vous l'avez compris, favorisaient l'expansion de la créativité et faisaient perdre un peu la notion du temps aux musiciens (et favorisaient sans doute un accueil indulgent du public, lui-même rarement « à jeun »…).

Et puisque vous vous posez encore la question : le terme « psychédélique » apparaît au grand jour en 1966, avec la sortie du disque *The Psychedelic Sounds of the 13th Floor Elevators* dû au groupe texan, les 13th Floor Elevators, considéré aujourd'hui comme l'archétype du groupe psychédélique, davantage dans son esprit que dans sa musique même, d'ailleurs.

Le rock psychédélique londonien

Des deux grandes « tribus » du rock psychédélique – californienne et londonienne – c'est cette dernière qui est probablement la moins connue, peut-être précisément en raison de son caractère farouchement britannique qui circonscrit le mouvement à l'Angleterre, bien loin de la destinée internationale du rock californien et de ses grands festivals estivaux – même si son groupe fétiche, Pink Floyd, deviendra quand même en quelques années l'un des plus grands groupes de rock du monde !

La scène londonienne

Fleurissant dès le début de l'année 1966, le rock psychédélique anglais s'intègre dans une contre-culture très spécifique, qui s'adosse au mouvement hippie américain naissant mais aussi, plus généralement, au « Swingin' London », ce Londres moderne et effervescent, celui des premières minijupes dessinées par Mary Quant, du mannequin Twiggy et de Carnaby Street, capturé par la caméra de Michelangelo Antonioni dans son film *Blow Up* (dans lequel on peut d'ailleurs voir les Yardbirds en concert).

Soutenu par les deux revues « underground » *Oz* et *IT* (pour *International Times*), l'imaginaire de ce rock psychédélique se développe essentiellement à Londres, autour de quelques clubs comme le UFO, le Roundhouse et le Middle Earth dans lesquels se déploie, sur fond des premiers *light shows* (stroboscopes et autres animations de lumières hallucinogènes), une véritable scène psychédélique anglaise, aussi influente que… microscopique puisque trois groupes, bon an mal an, la composent ! Si Tomorrow, le premier de ces groupes, est aujourd'hui presque oublié et Soft Machine plus connu comme un précurseur du rock progressif (voir Chapitre 12), le groupe Pink Floyd, quant à lui, reste l'emblème de ce premier rock expérimental anglais, né à l'écart de la « British Invasion » (voir Chapitre 6).

Pink Floyd : les comptines rock sous stroboscope

Pink Floyd est formé à Cambridge en 1965 autour du chanteur et guitariste Syd Barrett, de l'organiste Rick Wright, du bassiste Roger Waters et du batteur Nick Mason. Le nom de la formation, souvent associé à tort à un bien improbable « flamant rose », vient en fait des prénoms de deux bluesmen, Pink Anderson et Floyd Council. L'âme de la première incarnation du groupe, dont l'histoire se déroule en deux volets distincts, est un jeune chanteur, guitariste et compositeur, Syd Barrett, poète inspiré et un peu fou dont le coup de génie sera d'associer expérimentations novatrices – cordes de guitare atrocement frottées et bruitages électroniques – et compositions pop lumineuses, injectées de l'imaginaire des comptines anglaises, absurdes et un peu cruelles, du XIXe siècle.

Deux singles attestent en 1967 de la puissance de composition de Barrett, « See Emily Play » et « Arnold Layne » (une histoire de… travesti). La même année, le premier album du groupe, *The Piper at the Gates of Dawn*, consacre son exceptionnelle créativité avec ses onze titres composant un kaléidoscope de comptines rock insensées, irriguées des délires poétiques de Barrett et d'ambiances sonores électroniques avant-gardistes. Beaucoup y voient le véritable acte de naissance du rock psychédélique anglais, bien que l'album paraisse quelques mois après le *Sgt. Pepper's Lonely Hearts Club Band* des incontournables Beatles.

Le premier destin de Pink Floyd est tragique et fulgurant : le cerveau littéralement brûlé par les drogues, Barrett le petit prodige perd pied et sombre dans la schizophrénie. Contraint de quitter son groupe, il ne refera brièvement surface qu'au début des années soixante-dix, le temps de deux albums solo (dont *The Madcap Laughs* en 1970), avant de retourner vivre en reclus à Cambridge.

C'est le guitariste David Gilmour qui prend sa place dès le deuxième album du groupe, *A Saucerful of Secrets*. Un tout autre destin, artistique et commercial, commence pour le groupe (voir Chapitre 12 pour la suite).

Le rock psychédélique californien

À partir de 1966, de San Francisco à Los Angeles, un rock bohémien expérimental, alimenté par les drogues, se développe grâce à des groupes (artistiquement) intrépides qui tiennent d'ailleurs le plus souvent de la communauté. Fouillant jusqu'au moindre repli du rock, ces formations ne donnent aucune limite à leur *trip* musical. Certains, comme Love, le groupe d'Arthur Lee (*Forever Changes*), Country Joe & The Fish (*Electric Music for the Mind and Body*), Moby Grape (*Moby Grape*), ? & The Mysterians (*96 Tears*), Spirit (*Twelve Dreams of Dr. Sardonicus*), Quicksilver Messenger Service (*Happy Trails*) ou le groupe vocal The Mamas & The Papas (*If You Can Believe Your Eyes and Ears*) graveront à partir de 1966 quelques-uns des classiques du genre, mais sans accéder à la reconnaissance internationale durable des groupes cultes que nous vous proposons de découvrir ci-dessous.

Le Grateful Dead : des « Joyeux Drilles » au « Mort reconnaissant »

Bienvenue dans la communauté ! Le Grateful Dead, c'était « la » tribu hippie de San Francisco, menée trente années durant par une dizaine de musiciens avec, à leur tête, un sympathique faux gourou, le guitariste Jerry Garcia, et soutenue par une légion de fans – eux-mêmes regroupés en une communauté, les Dead Heads ! – suivant avec une fidélité exceptionnelle les concerts-fleuves de leur groupe vénéré… Une aventure hippie à la longévité exceptionnelle, en forme de long *trip* bien sûr, dispensant un rock psychédélique nourri de blues, de country et même de jazz, fondateur de ce qu'on allait appeler le « son de San Francisco ».

Comme souvent, une rencontre capitale pour commencer : celle du parolier Robert Hunter (de son vrai nom Robert Christie Burns) et du guitariste et chanteur Jerry Garcia, qui s'associent au tout début des années soixante à d'autres beatniks pas encore hippies : Ron McKernan (claviers et chant) bientôt connu sous le nom de « Pigpen », Bob Weir (guitare rythmique), Phil Lesh (basse) – un violoniste et trompettiste de formation classique ! – et Bill Kreutzmann (batterie). Traditionnelles, les influences du groupe puisent indifféremment dans le blues, le rhythm and blues, la country – et, plus particulièrement, un de ses courants, le *bluegrass* – et dans les *jug bands*, ces groupes qui se servaient d'objets de la vie quotidienne (peigne, cuillers, planche à laver, basse-bassine, seaux, lame de scie, etc.) comme d'instruments.

À bord du « Further » avec les « Joyeux Drilles »

N'OUBLIEZ PAS !

La bande de Garcia doit sa première renommée à... un bus : celui des Merry Pranksters, une petite communauté (c'est la mode, vous l'aurez compris) de « Joyeux Drilles » assemblée par l'écrivain Ken Kesey. Auteur du fameux roman *Vol au-dessus d'un nid de coucou* (1962), Kesey organise en 1964 une escapade à New York en compagnie de ses « Joyeux Drilles » pour fêter la parution de son second roman, *Sometimes a Great Notion*. Tout ce beau monde – dont Neal Cassady qui avait inspiré le personnage de Dean Moriarty dans *Sur la route* de Jack Kerouac – embarque à bord d'un ancien bus scolaire, entièrement repeint de motifs psychédéliques et orné, à son fronton, d'un « *Further* » (« plus loin ») qui se veut évidemment profession de foi. Indispensable viatique de ce *trip* aux visées évangélisatrices, la marijuana, les amphétamines et surtout le LSD que Kesey avait testé volontairement à l'armée (avec, pour faire bonne mesure, de la mescaline et de la cocaïne) et que, généreux, les Merry Pranksters proposent tout au long de leur équipée aux passants.

Et le Grateful Dead dans tout ça ? De retour en Californie, Kesey s'installe, avec sa communauté, à La Honda, au sud de San Francisco et organise dans la région de gigantesques fêtes d'un psychédélisme naissant, les *Acid Tests*. Au programme : animations stroboscopiques, lectures de poèmes d'Allen Ginsberg, et, héros de la fête, le LSD, panacée universelle dont Kesey s'applique à présenter les vertus introspectives au plus grand nombre... et (quand même !) de la musique, bien sûr, assurée par nos futurs Grateful Dead, alors appelés les Warlocks, à qui ces tout premiers concerts psychédéliques ont apporté une visibilité inespérée tout autour de San Francisco.

Vous voyez un peu l'ambiance ? En tout cas, si vous voulez plonger, parfums enivrants compris, au cœur de cette époque, sachez qu'il existe un document d'époque passionnant, dû en 1968 à la plume du journaliste Tom Wolfe. Celui-ci a en effet rapporté les expériences hallucinées de Kesey et de ses Merry Pranksters dans un roman-essai, *Acid Test* (titre plus coloré en anglais : *The Electric Kool-Aid Acid Test*), composé dans la veine d'un « Nouveau Journalisme » qu'il avait contribué à lancer avec Truman Capote (*De sang-froid*) et Hunter S. Thompson (*Hell's Angels*).

« Le Mort reconnaissant » enfermé en studio

Bénéficiant d'une renommée locale grandissante, et renforcés d'un second batteur (Mickey Hart) et du claviériste Tom Constanten – influences majeures : Pierre Boulez et Karlheinz Stockhausen ! –, les musiciens enregistrent un premier album, *The Grateful Dead*, dont ils retiennent le nom dada (« Le Mort reconnaissant ») pour leur groupe. La dette au folklore musical américain, même sous des atours électrifiés, y est encore très sensible, mais avec le patronage du mécène Augustus Owsley Stanley III, ingénieur du son et chimiste amateur désormais grand pourvoyeur de drogues pour le groupe, la bande de Garcia se permet bientôt des enregistrements autrement audacieux : *Anthem of the Sun* (1968), collage kaléidoscopique de parties studios et concerts et, plus encore, l'album suivant au titre palindromique, *Aoxomoxoa* (1969), qui mêle électronique et titres acoustiques, montrent les ambitions d'un groupe désormais entièrement voué à l'expérimentation… sous forte influence chimique.

Le « Dead »… en live

Prometteur en studio, *The Grateful Dead* prend toutefois, du propre aveu de ses musiciens, toute sa dimension en concert : larguant toutes les amarres, s'abandonnant chaque soir, au risque d'égarements, à de longues improvisations rythmées par les cultures musicales complémentaires de chacun des membres, le groupe repousse les limites temporelles du concert rock, vécu dorénavant comme une fusion collective et spirituelle où les frontières entre artistes et public sont enfin abolies. Qu'on se le dise : la grande affaire du « Dead », ce sont les « live » !

Une preuve magistrale en est d'ailleurs donnée en 1969 avec la publication de *Live Dead*, un album enregistré en concert dont les blues superbes, écrits par le groupe (« St. Stephen ») ou revisités (« Death Don't Have No Mercy » du Reverend Gary Davis), composent une espèce d'*acid blues* inédit, subtilement teinté de jazz. Davantage que par ces réussites, l'album est illuminé – écrasé, pour un peu – par le titre spatial qui l'ouvre, « Black Star », une « étoile noire » de plus de vingt-trois minutes d'inspiration sidérante (et sidérale...) où la guitare fluide et serpentine de Garcia semble pouvoir dialoguer à l'infini avec le reste du groupe. L'album consacre d'ailleurs pleinement le guitariste barbu qui s'impose comme le leader – bien contre son gré – du « collectif » et, à l'évidence, comme son directeur artistique.

« Grateful Dead » Inc.

Sujet à de premiers déboires financiers, le groupe effectue en 1970 un surprenant retour aux origines, sous l'influence du groupe folk Crosby, Stills, Nash & Young et de Bob Dylan (voir Chapitre 9), avec deux albums superbes, *Workingman's Dead* et *American Beauty*, distillant un country-rock traditionnel nappé d'harmonies vocales élaborées.

Le décès de « Pigpen » en 1973 – d'une cirrhose du foie – semble marquer la fin d'une période pour le groupe qui, toujours aussi actif sur scène, s'oriente progressivement vers des productions studio plus commerciales comme *Terrapin Station* (1977) et *Shakedown Street* (1978), courtisant ouvertement les radios d'un rock ronronnant qui, curieusement, ne semble pas lui aliéner sa communauté de fans.

Ce « Dead » bien assagi réserve pourtant encore quelques surprises, comme son « come-back » en 1987 avec l'album *In the Dark*, un succès inattendu, porté par un fameux clip MTV pour le titre « Touch of Gray » qui donne la mesure de la reconversion culturelle effectuée par les « survivants » du San Francisco hippie. Une tournée et un album avec Bob

Dylan (*Dylan & The Dead*) leur assurent un ultime regain de renommée auprès des fans les plus récents.

Tout autant que groupe, le Grateful Dead est alors une véritable institution – et même une société aux revenus désormais généreux, cités par le magazine financier *Forbes* (!) – qui, fidèle à l'idéal hippie, investit désormais dans la santé et l'environnement de sa région.

L'aventure prend fin tragiquement : le rythme de vie du patriarche Jerry Garcia, « accro » aux drogues dures, à l'alcool et guetté par l'obésité, rattrape le guitariste qui décède le 9 août 1995 en cure de désintoxication. En décembre de la même année, le Grateful Dead est dissous.

Jefferson Airplane : Grace au pays d'Alice

Autre groupe culte du San Francisco hippie, pionnier d'un rock psychédélique expérimental et mélodique baigné d'entrelacs vocaux, Jefferson Airplane reste associé au « Summer of Love » auquel il fournit deux hymnes tonitruants, « Somebody to Love » et « White Rabbit », claironnés par le soprano explosif de sa jolie chanteuse, Grace Slick.

Aux origines du groupe, six musiciens qui choisissent au débotté le nom de Jefferson Airplane, vague décalque potache du nom d'un bluesman, Blind Lemon Jefferson : Marty Balin, un chanteur et guitariste folk à la petite gloire locale, Paul Kantner (chant, guitare), une chanteuse bientôt enceinte Signe Anderson, un batteur (et guitariste !) Skip Spence ; s'y greffe un duo détonnant, le guitariste Jorma Kaukonen, amateur de blues acoustique des années trente converti de fraîche date à l'électricité, et son complice de toujours, le bassiste Jack Casady, un virtuose de la « quatre-cordes ». Le groupe, assemblé par Balin et Kantner, n'a pour premier but que d'animer les soirées du Matrix, le club dont Balin est propriétaire.

« Jefferson Airplane vous aime »

« Fly, Jefferson Airplane – gets you there on time » : un petit clin d'œil du troubadour folk Donovan sur son titre « The Fat

Angel » sur l'album *Sunshine Superman*, l'appui des critiques élogieuses du journaliste musical Ralph J. Gleason, critique de jazz au *San Francisco Chronicle*, des concerts dans toute la région – et voilà Jefferson, premier groupe hippie signé par une grande maison de disques (RCA Victor), en studio pour enregistrer son premier album. *Jefferson Airplane Takes Off* (« Jefferson Airplane décolle »), est un bon disque de blues et de folk sous acide, sur lequel plane parfois l'ombre des Byrds, mais pas encore une révolution musicale. En attendant celle-ci, dans les rues de San Francisco, sur les pare-chocs des voitures, cet autocollant : « *Jefferson Aiplane loves you* »…

Alice au pays des hallucinogènes

Il s'en faut encore de deux départs pour lancer la légende : celui de Spence tout d'abord, remplacé par Spencer Dryden et, autrement important, celui d'Anderson, qui laisse sa place à une étonnante chanteuse : Grace Slick. Ancien mannequin, Slick possède une voix superbe, opératique, tour à tour cajoleuse, tragique, provocante et railleuse ; c'est aussi une compositrice inspirée qui amène à un groupe déjà fort de deux excellents compositeurs, Kantner et Balin, des titres originaux qui vont conquérir la jeunesse californienne.

Les résultats ne se font pas attendre : enregistré sous les auspices de Jerry Garcia du Grateful Dead, crédité comme « conseiller musical et spirituel » (!) des sessions, *Surrealistic Pillow* (« l'oreiller surréaliste ») devient la bande-son du « Summer of Love ». Si son titre « Somebody to Love », généreux et fédérateur, s'impose comme l'hymne évident de la génération hippie, c'est « White Rabbit » qui impressionne le plus : Slick y convoque, sur un rythme de boléro aux accents tragiques, la célèbre Alice de Lewis Carroll, placée au cœur d'un récit truffé d'images hallucinogènes à la gloire du LSD. À l'ombre de ces deux chefs-d'œuvre acides, l'intermède acoustique « Embryonic Journey » du guitariste Jorma Kaukonen, la ballade poignante de Kantner et Balin, « Today » et le féroce « Plastic Fantastic Lover » montrent l'exceptionnelle diversité d'un album aux ambiances chatoyantes.

Le « Summer of Love » à San Francisco

« *If you're going to San Francisco / Be sure to wear some flowers in your hair... / If you're going to San Francisco / Summertime will be a love-in there* »... Si, comme beaucoup, vous connaissez ces paroles chantées par le vibrant Scott McKenzie, alors l'ambiance est plantée, vous êtes en plein « Summer of Love » !

Cet « Été de l'Amour », associé à l'année 1967 sur la côte ouest des États-Unis, est en fait une succession d'événements, dont certains remontent... à l'automne de l'année précédente ! En octobre 1966, la chanteuse Grace Slick organise ainsi pour ses vingt-sept ans une fête dans le Golden Gate Park de San Francisco – manière aussi de protester contre la toute récente interdiction du LSD. Quelques mois plus tard, le 14 janvier 1967, au même endroit, une autre fête, annoncée dans les pages du journal local psychédélique *The San Francisco Oracle* sous le titre de « Gathering of the Tribes – The First Human Be-In » (« rassemblement des tribus »), est organisée par les Diggers sur le modèle du rassemblement étudiant des 24 et 25 mars 1965 à l'université du Michigan (« Students for a Democratic Society »). Y défilent notamment, au son du Grateful Dead, de Jefferson Airplane et de Quicksilver Messenger Service et sous la haute protection des Hell's Angels et du chimiste improvisé Owsley Stanley, Timothy Leary qui y prononce son fameux slogan hippie « *Turn On, Tune In, Drop Out* » (« Allumez-vous, Branchez-vous, Détachez-vous »), l'activiste Jerry Rubin et les poètes *beat* Allen Ginsberg et Gary Snider.

Dans la foulée du festival de Monterey, qui rassemble plus de 50 000 jeunes, les Beatles, de leur Angleterre, entonnent à la télévision le 25 juin, par satellite, devant 350 millions (!) de personnes, leur « All You Need Is Love ». Le célèbre idéal hippie de Paix et Amour (« *Peace and Love* ») ayant fait littéralement le tour du monde, le « Summer of Love » s'épanouit totalement et ce sont plus de 100 000 jeunes qui se rendent dans la baie de San Francisco devant le monde ébahi.

Le conte de fées est pourtant de courte durée, le district de Haight-Ashbury devenant, de manière prévisible, un repaire de clochards et de junkies secoué, à l'occasion, par des crimes sordides. À tel point que, dès le 7 octobre (l'été, techniquement, certes bel et bien fini), les rescapés de l'aventure montent une cérémonie funéraire parodique intitulée « *The Death of the Hippie* ». Et si, deux ans plus tard en août 1969, le festival de Woodstock attire plus de 500 000 personnes, les événements tragiques, la même année, du concert d'Altamont organisé par les Rolling Stones (voir Chapitre 5) sonnent le glas du rêve hippie dont le « Summer of Love » avait constitué pendant quelques brèves semaines l'idéal utopique.

Expérimentations, revendications et dissensions

Après une apparition remarquée à Monterey en juin 1967, Jefferson Airplane, reclus dans une grande maison sur les hauteurs de Beverly Hills à des centaines de kilomètres de son quartier de Haight-Ashbury, passe deux semaines particulièrement dispendieuses à enregistrer *After Bathing at Baxter's* (1967), un album fortement expérimental, mélangeant guitares torturées, rythmes complexes et parties vocales mélancoliques, dans des mini-suites psychédéliques où les solos sinueux de Kaukonen et la basse vrombissante de Casady font merveille.

L'année suivante, en 1968, l'album *Crown of Creation* propose des compositions plus accessibles comme le superbe « Lather » qui ouvre le disque, ou « Triad », titre autobiographique magnifique de David Crosby sur un impossible ménage à trois (tragédie hippie s'il en est !) ; en avril 1969, un live furieux *Bless Its Pointed Litlle Head* rappelle combien Jefferson Airplane, groupe hippie, garde toutefois intacte une violence ponctuelle, tout à fait rock, qui le différencie de ses pairs. Revenus dans leur bon vieux San Francisco, les musiciens vivent alors pleinement l'idéal communautaire au 2400 Fulton Street, en plein cœur de Haight-Ashbury, dans une demeure de vingt pièces devant laquelle, aujourd'hui encore, les fans effectuent un pèlerinage ému.

La même année *Volunteers* témoigne de préoccupations plus directement politiques, le groupe s'opposant notamment avec virulence, dans le titre éponyme, à la guerre du Vietnam et à « l'État policier », à grand renfort de « *motherfuckers* » et « *shit* » et se frottant à des thèmes encore neufs comme l'écologie (« *The Farm* ») ou les dangers nucléaires (« *Wooden Ships* »).

Une participation au festival de Woodstock achève de les consacrer mais le désastreux concert d'Altamont, quelques mois plus tard, qui sombre dans une incroyable violence, clôt symboliquement la période la plus féconde du groupe (voir Chapitre 5).

Le départ de Dryden puis de Balin – l'utopie communautaire n'a pas résisté à la naissance de l'enfant de Slick et Kantner – et l'arrivée d'un violoniste aux sonorités country, Papa John Creach, parviennent toutefois à donner, un temps, un nouveau souffle au groupe qui signe deux bons albums, *Bark* et *Long John Baldry*.

De l'avion au vaisseau spatial

Impérieuse, la mue du groupe est précipitée par l'attrait de longue date de Kantner pour la science-fiction dont un album publié sous le nom de « Paul Kantner-Jefferson Starship » indique la nouvelle direction « cosmique » (*Blows against the Empire*).

Les deux piliers Kaukonen et Casady partis étancher leur soif de country-rock traditionnel dans l'excellent groupe Hot Tuna (*Burgers*, 1972), le premier véritable album du « Jefferson Starship », *DragonFly*, reçoit un accueil chaleureux – même Balin, convaincu, revient pour l'enregistrement de l'album suivant, *Red Octopus*. Celui-ci témoigne d'une ouverture commerciale vers les radios et lance la dernière période du groupe, marquée comme il se doit par des départs et des retours, des déchirements (et même des batailles légales) et un come-back (en 1989 !) vite oublié.

Janis Joplin : « (Sexe, dope et) émotions bon marché »

Et encore un mythe du « Summer of Love », qui en compte beaucoup, vous l'aurez compris ! Avec Grace Slick du Jefferson Airplane, Janis Joplin, c'est, dans un rock majoritairement acquis aux hommes, « l'autre » icône féminine de l'époque : fragile et torturée, dotée d'une voix bouleversante digne des chanteuses de blues des années vingt qu'elle vénérait, « Janis » n'a connu que trois courtes années de gloire avant de décéder d'une overdose en octobre 1970 à l'âge de vingt-sept ans.

Une Texane à la voix d'or à San Francisco

Née à Port Arthur, au Texas, Janis Joplin est une adolescente de bonne famille qui se passionne pour les chanteuses blues et jazz comme Bessie Smith et Big Mama Thornton. Un peu rebelle, un peu paumée, elle quitte son Texas natal pour la Californie en 1963 et deux ans plus tard, toujours mal dégrossie, elle se greffe à la communauté hippie de Haight-Ashbury, devenant au passage une consommatrice effrénée d'alcool, avec une prédilection pour le bourbon et les liqueurs et, presque fatalement, de drogues ; remarquée par un groupe local gentiment allumé, Big Brother & The Holding Company – Sam Andrew et James Gurley aux guitares, Peter Albin à la basse et Dave Getz à la batterie –, Janis fait ses premiers pas de chanteuse professionnelle en juin 1966. Sa prestation galvanisante à Monterey en juin 1967 la révèle, du jour au lendemain, au monde entier. Dans la foulée, un premier album est mis à la hâte dans les bacs des disquaires sans susciter de grande réaction critique ni publique.

En août 1968, sort le nouvel album du groupe sous une pochette luxuriante due au fameux dessinateur *underground* Robert Crumb et marquée d'un sigle bravache : « approuvé par les Hell's Angels de Frisco ». Son titre original ? *Sex, Dope and Cheap Thrills*, « Du sexe, de la dope et des émotions bon marché », un ambitieux programme dont la maison de disques n'osera retenir que les deux derniers mots. Enregistré en partie au Fillmore West de San Francisco, *Cheap Thrills* est un témoignage éclatant du talent unique de Janis Joplin dont la voix déchirée (et déchirante) s'empare avec une aisance insolente d'un blues traditionnel (« Ball and Chain »), d'un succès soul (« Piece of My Heart ») et jusqu'au « Summertime » de Gerswhin dont elle donne une version inoubliable. Si les guitares sont psychédéliques à souhait et les compositions du groupe, fortes et inspirées (« Combination of the Two », « I Need a Man to Love »), il apparaît que Joplin, interprète flamboyante peu portée aux expérimentations ambiantes, est la star incontestable du groupe – elle le quitte à la fin de l'année 1968.

Une « Perle » à la dérive

« *On stage I make love to twenty five thousand different people; and then I go home alone* » (« Sur scène, je fais l'amour à vingt-cinq mille personnes ; puis je rentre à la maison toute seule ») : sous ses robes bariolées, ses tatouages et sa personnalité exubérante, Joplin, perfectionniste et angoissée, vit pourtant difficilement le rêve hippie et sombre irréversiblement dans l'alcoolisme et l'héroïne.

En 1969, à la tête d'un nouveau groupe à l'orientation plus soul et rhythm and blues, le Kozmic Blues Band, elle enregistre

I Got Dem Ol' Kozmic Blues Again Mama! (et son superbe titre « Try [Just a Little Bit Harder] ») puis participe au festival de Woodstock avant de dissoudre la formation la même année.

Un nouveau groupe plus « propre » (comprendre : sans drogue), le Full Tilt Boogie Band, aux tonalités country-rock et Janis reprend le chemin des studios, sous la férule de Paul Rothchild, producteur des Doors, pour enregistrer ce qui s'annonçait comme son chef-d'œuvre, l'album *Pearl* (« Perle », du surnom affectueux donné à la chanteuse). Malgré quelques titres magnifiques, dont une reprise de Kris Kristofferson (« Me and Bobby McGee »), une pépite soul-rock (« Move Over ») et un titre émouvant chanté *a cappella* (« Mercedes Benz »), *Pearl*, qui souffre d'une production un peu trop lisse, n'atteint pas son but. Avant même qu'il soit terminé, le 4 octobre 1970, Janis Joplin est retrouvée morte d'une overdose dans sa chambre d'hôtel.

Carlos Santana, le rock latino

À l'écart des groupes expérimentaux de la scène de San Francisco, un guitariste d'origine mexicaine, avançant, sans message communautaire particulier, sous le couvert de sonorités latino-américaines et afro-cubaines inédites, donne en 1968 de nouveaux reflets au psychédélisme et se fait le pionnier d'un rock « fusion » ouvert aux folklores étrangers : Carlos Santana.

Du Fillmore West à Woodstock

Né au Mexique (à Autlàn de Navarro, si vous voulez tout savoir !), Carlos Santana pratique le violon dès l'âge de cinq ans et, à huit ans, la guitare acoustique et électrique. Ses centres d'intérêt ? Le blues et le rock'n'roll bien sûr ! Ses idoles ? Les guitaristes BB King et Mike Bloomfield du groupe Paul Butterfield Blues Band dont, adolescent, il reproduit les « plans » dans les bars de Tijuana. En 1966, installé à San Francisco, le guitariste crée avec Gregg Rolie (chant, orgue) son premier groupe professionnel, le Santana Blues Band.

Ensuite, tout s'accélère : le 16 juin 1968, le groupe, rebaptisé plus simplement « Santana », fait sensation au Fillmore West de San Francisco. Un an plus tard, en août 1969, Santana (le groupe, donc, pas le guitariste, si vous suivez bien) se produit au festival de Woodstock dont il électrise le public endormi d'une version « stupéfiante » de son titre « Soul Sacrifice », conduit par la guitare nerveuse de Carlos Santana et les percussions inventives de Mike Carabello, José « Chepitó » Areas et du batteur Michael Shrieve. Sorti dans la foulée, le premier album du groupe (*Santana*) est un succès.

De la salsa-rock au jazz-rock

C'est toutefois l'album suivant, *Abraxas* (1970) – le titre est emprunté à un passage d'un roman de Herman Hesse, *Demian* – qui, sous sa pochette torride au psychédélisme étincelant, remporte tous les suffrages : rock costaud (« Incident at Neshabur »), blues électrique langoureux (« Samba Pa Ti »), reprise enjouée d'un titre du percussionniste « salsa » Tito Puente (« Oye Como Va »), association improbable d'un titre du groupe Fleetwood Mac avec un instrumental du guitariste hongrois Gabor Szabo (« Black Magic Woman/Gypsy Queen »), l'album oscille avec légèreté entre rock et musique latine, avec de subtiles touches jazz. Sa « star » en est bien sûr le guitariste Carlos Santana dont les solos en chromatismes et notes tenues à l'infini font merveille.

Après un *Santana III* réussi avec le guitariste Neal Schon (17 ans) en renfort, Carlos Santana reprend la direction de son groupe, affaibli par les problèmes de drogue, et se produit dorénavant sous son propre nom. Évolution cohérente mais surprenante, l'album suivant *Caravanserai* (1972) touche au jazz-rock de Miles Davis et du Mahavishnu Orchestra.

Immergé alors dans un épais mysticisme, Carlos Santana, devenu disciple du gourou Sri Chinmoy avec le titre de « Devadip », s'associe à deux autres adeptes, le guitariste John « Mahavishnu » McLaughlin et l'organiste Larry « Khalid Yasin » Young (claviers), pour enregistrer un album dédié à une autre de ses idoles, moins connue, John Coltrane (*Love Devotion Surrender*, 1972).

Une renaissance « supernaturelle »

Avec *Amigos* (1976) et *Moonflower* (1977), et ses deux hits, la reprise du « She's Not There » des Zombies et l'instrumental « Europa (Earth's Cry Heaven's Smile) », Santana élargit encore son public mais entame une traversée du désert artistique qui, malgré une production soutenue jamais déshonorante, ne semble véritablement prendre fin qu'avec le succès mondial, en 1999, de son album *Supernatural* et de ses deux singles « Smooth » et « Maria Maria » qui assurent dès lors à Santana une ouverture sur les nouvelles générations.

Les Doors : le « Rimbaud de cuir noir » aux portes du rock

À quelques centaines de kilomètres au sud de San Francisco, loin de son quartier Haight-Ashbury, voici Los Angeles et sa communauté hippie, autrement moins importante, de Venice Beach – et encore une icône (c'est l'époque, on vous dit !) : Jim Morrison, « Rimbaud de cuir noir » selon la formule consacrée, chanteur et poète qui a apporté au rock une dramaturgie puissante et inédite, portée par un charisme et une sensualité qu'on croyait réservés jusqu'alors au seul Elvis Presley.

Nietzsche, Dionysos, Rimbaud (et Coppola)

Juillet 1965. Deux étudiants en cinéma à l'UCLA (Université de Californie, que fréquente alors un certain Francis Ford Coppola), fument des joints sur Venice Beach. L'un, chanteur occasionnel et poète à ses heures, se lance et récite à son pote quelques vers d'inspiration rimbaldienne qu'il a composés : « *Let's swim to the moon / Let's climb through the tide / Penetrate the evenin' that the / City sleeps to hide* » (« Nageons jusqu'à la lune / Grimpons jusqu'au courant / Pénétrons le soir que / La ville cache de son sommeil »). Quatre vers : c'est, selon la légende, tout ce qu'il faut à Ray Manzarek, organiste, pour être conquis par les talents de parolier de Jim Morrison. Le guitariste Robbie Krieger, grand amateur de flamenco aux fortes influences classiques, et le batteur John Densmore, beatnik à la culture musicale plutôt jazzy, bientôt ralliés aux deux étudiants, l'aventure peut commencer.

Ou presque : quel nom pour ce groupe hors normes dont le chanteur, féru de philosophie nietzschéenne, se fait le chantre d'un rock dionysiaque brassant poésie, théâtre et musique dans une exaltation, époque oblige, collective ? On décide de piocher dans un vers de William Blake lu dans un essai d'Aldous Huxley sur ses expériences psychotropes, *Les Portes de la perception* : « *If the doors of perception were cleansed, every thing would appear to man as it is: infinite* » (« Si les portes de la perception étaient purgées, toute chose apparaîtrait à l'homme telle qu'elle est : infinie »). Dès les premiers concerts, notamment au club Whiskey-A-Go-Go, les « Doors » se font un petit succès local accompagné d'un parfum de scandale, Morrison cachant sa timidité sous un jeu de scène agressif et provocateur.

Œdipe, Brecht, Weil, les chamans (et un peu de peyotl)

Repérés et signés, sur les conseils avisés du groupe psychédélique Love, par la maison de disques Elektra, les Doors enregistrent en août 1966 un premier album étonnant en tout point : les compositions, signées du groupe ou reprises aussi bien de Bertolt Brecht et Kurt Weill (« Alabama Song [Whisky Bar] ») que du bluesman Willie Dixon (« Back Door Man »), sont superbes, le clavier Fender Rhodes de Manzarek typique de l'époque assure la basse (presque une hérésie au moment même où cet instrument sortait précisément de sa réserve pour devenir « bavard ») et Robbie Krieger distille un jeu coloré et précis, exempt des audaces expérimentales de ses pairs. Mais c'est bien Morrison, dont la voix puissante et confiante déclame une poésie baroque sur un fond rock, qui, crooner sous acide, s'y révèle ce qui pourrait bien être un Sinatra psychédélique.

S'ouvrant sur le titre-manifeste « Break on through (to the Other Side) » (« Passez de l'autre côté ») aux références « chimiques » censurées, l'album se fait aussi connaître par son titre « Light My Fire », aux paroles, ironie des destinées commerciales, exceptionnellement signées par le guitariste

Robbie Krieger. Son riff de claviers jazzy, son solo de guitare céleste et son refrain accrocheur peinent toutefois à faire oublier la pièce maîtresse du disque, « The End », morceau-fleuve aux ambiances de raga indien parcouru des images hallucinatoires de Morrison qui culminent dans un passage parricide et œdipien qui fait l'effet d'un coup de tonnerre dans le rock : « *Father? Yes son? I want to kill you. Mother? I want to...* » (« Père ? Oui, fils? Je veux te tuer. Mère ? Je veux te... ») Peu d'auditeurs ont eu des difficultés à compléter la phrase de Morrison, dont la fin est pudiquement noyée dans un cri peut-être plus terrifiant que l'aveu qu'il est censé masquer... Le titre « The End » sera repris douze ans plus tard par Francis Ford Coppola dans la séquence d'ouverture de son film *Apocalypse Now*.

Sur scène, Morrison déploie maintenant totalement son personnage : en pantalon de cuir noir (toujours le même et, comme son propriétaire, jamais lavé, disent les mauvaises langues...), accroché au micro, feignant convulsions et évanouissements, il imprime aux performances des Doors une dimension théâtrale, aux visées cathartiques et à l'érotisme latent, qui ont l'ambition de faire des concerts du groupe de véritables cérémonies mystiques, inspirées des rituels des chamans. Sur le modèle de ces sorciers indiens qui s'ouvrent à de nouvelles réalités par la consommation de boutons de *peyotl* (un cactus mexicain), Morrison ne fait pas mystère de son attrait pour les drogues. Le chanteur apparaît alors sur une célèbre photo dans une pose christique, morbide et érotique.

« Nous voulons le monde et nous le voulons... maintenant ! »

Noël 1967, le deuxième album du groupe, *Strange Days*, est dans les bacs : l'effet de surprise est passé mais les compositions, toujours traversées de la poésie nihiliste et séditieuse de Morrison (dont les poèmes sont alors publiés), sont toujours aussi fortes, de « Love Me Two Times » à « People Are Strange ». Pendant de « The End », mais à l'inspiration plus commerciale, son long titre final « When the Music's over » en reprend la construction dramatique

que coiffe un « *We want the world and we want it... now!* » (« Nous voulons le monde et nous le voulons... maintenant ! ») tétanisant – et du meilleur effet, on s'en doute, en concert !

Mai 1968, *Waiting for the Sun*, nouvel album des Doors, est dans une veine identique avec un « Hello, I Love You » dérivé du « All Day and All of the Night » des Kinks, un « Five to One » mémorable, hurlé par la voix de stentor de Morrison et un titre de circonstance contre le Vietnam « The Unknown Soldier ». Le disque inclut aussi le titre « Not to Touch the Earth », extrait d'une composition en gestation d'une trentaine de minutes, « The Celebration of the Lizard », que Morrison, dévoilant sa nouvelle identité littéraire, clôt par une fameuse déclaration péremptoire : « *I am the Lizard King, I can do anything* » (« Je suis le Roi Lézard, je peux tout faire »). L'année suivante, l'album *Soft Parade*, qui accueille de nouvelles sonorités marquées par la soul et le jazz, déconcerte les fans du groupe.

Un lézard à Miami

Morrison, lui, commence à sentir le poids des tournées et, prisonnier d'un personnage désormais propriété de ses fans, se réfugie dans l'alcool et les drogues, s'autoparodie sur scène et multiplie les coups d'éclat à l'envi. En mars 1969, le chanteur, passablement éméché, apostrophe les 7 000 spectateurs amassés au Dinner Key Auditorium de Miami et, moquant la condition de star, exhibe son sexe. Fantasme collectif selon Ray Manzarek, l'incident, resté fameux, précipite la chute de l'idole, arrêtée par la police puis désormais engagée dans des batailles légales. La tournée américaine du groupe est annulée : Morrison, soulagé, pouvait enfin échapper à son propre mythe.

La femme de Los Angeles

Désorienté, le groupe reprend le chemin des studios fin 1969 et, contre toute attente, se tourne vers le blues électrique (« Queen of the Highway » et « Maggie McGill ») et s'aventure même aux confins du hard rock (« Roadhouse Blues ») pour un album superbe, *Morrison Hotel*. Un enregistrement en public phénoménal, *Absolutely Live*, publié peu après offre un superbe témoignage de la personnalité de Morrison en concert, capturé *in extremis* dans toute sa gloire. Le chanteur, lui, soucieux de se débarrasser de ses derniers oripeaux de star, apparaît dorénavant barbu et bouffi par l'alcool.

En avril 1971, le groupe enregistre ce qui devient son disque-testament – et un chef-d'œuvre du rock, imbibé de blues, *LA Woman*. En état de grâce, les musiciens proposent un blues révolté magnifique (« Been Down so Low »), un hommage vrombissant à la capitale californienne (« LA Woman »), encore du blues, moite cette fois-ci, sur les brisées de John Lee Hooker (« Crawling King Snake ») et, sublime chant du cygne aux accents prophétiques, un « Riders on the Storm » jazzy et cristallin, sur fond de pluie et d'orage, percé de la voix sépulcrale de Morrison.

La fin trouble

Désespérés et « accros », en mars 1971, Morrison et sa compagne Pamela Courson s'exilent au lendemain des sessions de *LA Woman* pour Paris, ville romantique du renouveau aux yeux des deux *junkies* amoureux… Le 3 juillet, dans des circonstances encore troubles, Morrison est retrouvé mort dans sa baignoire, au 17 rue Beautreillis. Les Doors ne survivront à leur chanteur que dans de bien piètres albums – enregistrant même par-dessus un poème enregistré de Morrison (*An American Prayer*, 1978) – ou des reformations tardives sacrilèges.

Faux surfeurs et vrai génie : Brian Wilson et les Beach Boys

En marge du mouvement psychédélique, avec lequel il ne se confond que le temps de quelques titres, un autre groupe de Los Angeles : les Beach Boys… Rois de la pop américaine dès 1961, les Beach Boys se prêtent, il faut l'avouer, difficilement à la classification. Des titres de surf rock aux harmonies vocales angéliques, chantant le rêve (adolescent) américain, de leurs débuts jusqu'aux singles novateurs et baroques de leur âge d'or, un seul point commun : leur leader, Brian Wilson, compositeur et producteur au génie fugace englouti par la paranoïa et la schizophrénie.

Les garçons de la plage ?

Les Beach Boys, c'est une famille : autour de l'aîné Brian Wilson, ses deux frères Carl et Dennis, le cousin Mike Love (et, en renfort, Al Jardine) et une enfance passée à fredonner en chœur autour du piano menaçant d'un paternel autoritaire. En octobre 1961, sous le nom des Pendletones et sous la stricte surveillance de leur père, les jeunes Wilson (Carl n'a que 15 ans, Dennis 17 et Brian 19) enregistrent un titre essentiellement vocal à la gloire du sport alors en vogue sur les plages californiennes, « Surfin' » – en fait de surfeurs, seul Dennis s'adonne au sport mais, pour faire bonne mesure, le titre est mis en vente en décembre sous le nom plus vendeur de « Beach Boys » : c'est le début d'un long malentendu sur l'identité d'un groupe pas vraiment sportif...

Pour l'heure, les titres suivants, « Surfer Girl » ou « Surfin' Safari » mais aussi « 409 » et « Little Deuce Coupe » (référence aux voitures américaines), sur les albums *Surfin' Safari* (1962), *Surfin' USA*, *Surfer Girl*, *Little Deuce Coupe* (tous trois en 1963) ou « Fun, Fun, Fun » sur *Shut Down Volume 2* (1964) indiquent assez que le sort du groupe est désormais lié à la célébration ingénue des loisirs de la jeunesse californienne. Si la base de leur composition reste souvent rock – ils empruntent même fortement au « Sweet Little Sixteen » de Chuck Berry pour composer leur « Surfin' USA » –, les Beach Boys se distinguent alors du tout-venant des groupes vocaux par des harmonies particulièrement élaborées, qui puisent dans celles des *girl groups* et charment la jeunesse américaine.

Les séductions du psychédélisme

Le vernis ne tarde pas à craquer : bientôt menacés par l'arrivée des Beatles, rivaux insoupçonnés en provenance de la perfide Albion (voir Chapitre 4), épuisés par le rythme effréné des tournées, les Beach Boys accusent le coup – surtout leur leader Brian Wilson, dépressif, qui annonce brusquement, fin 1964, son retrait des tournées du groupe. La décision est capitale : dès lors, les Beach Boys deviennent le groupe de Brian qui les réduit à un simple orchestre d'accompagnement et n'hésite pas à recourir à des musiciens de studios pour mettre en musique ses compositions les plus complexes. C'est que Wilson, sous la double influence des Beatles mais aussi du producteur « fou » Phil Spector, se sent pousser des ailes. Avec les hits « Help Me, Rhonda », « California Girls » – un des tout premiers titres psychédéliques pour certains –, « Barbara Ann » et notamment l'album *Today!*, les ambitions de Brian commencent à s'afficher.

Peu, pourtant, auraient pu soupçonner la révolution *Pet Sounds*, l'album des Beach Boys qui sort en mai 1966 – ou plutôt l'album de Brian Wilson qui a en composé l'essentiel en l'absence de son groupe et a fait appel à d'autres musiciens. Le rock adolescent et la pop souriante des débuts oubliés, il y signe un bijou baroque de trente-six minutes, aux ambiances subtilement dépressives parcourues de *falsettos* nostalgiques. Les compositions, marquées de la maturité et de la complexité du *Rubber* soul des Beatles, offrent des structures et des sonorités inédites en pop et en rock et constituent un véritable tour de force d'un producteur improvisé qui, de « Wouldn't It Be Nice » à « Caroline No » en passant par l'instrumental « Let's Go Away for Awhile » fait montre d'une créativité débridée que le psychédélisme de San Francisco n'oubliera pas.

Impressionné, à son tour, par la nouvelle production de Brian Wilson, Paul McCartney des Beatles n'hésite pas alors à se fendre de chaleureux compliments confraternels, décrétant « God Only Knows » sa chanson favorite et l'album, une influence majeure sur le propre *Sgt. Pepper's Lonely Hearts Club Band* des Beatles, sommet du rock psychédélique anglais… dont la perfection poussera Wilson, en retour, à abandonner la compétition officieuse entre les deux groupes !

Chef-d'œuvre absolu, *Pet Sounds* ne rallie à sa sortie les suffrages ni de la critique ni du public. Durement marqué par l'échec, s'aliénant « son » propre groupe dérouté par la nouvelle orientation des compositions, Wilson s'enferme alors dans une schizophrénie et un autisme sans billet retour…

Les producteurs de rock

Mal identifié par le grand public, le rôle du producteur est pourtant des plus essentiels, même (surtout ?) en rock. L'univers sonore si caractéristique de votre album préféré (voire de votre groupe préféré) est en effet *aussi* dû aux choix artistiques et aux techniques d'enregistrement de son producteur – à tel point d'ailleurs que tout ou partie des discographies de certains des plus grands groupes sont à jamais associées à leurs producteurs, comme George Martin pour les Beatles, Robert John « Mutt » Lange pour AC/DC, Martin Birch pour Deep Purple et Iron Maiden ou Tony Visconti pour T. Rex et David Bowie…

Si quelques-uns sont même devenus des stars à part entière, la fameuse figure du producteur « apprenti sorcier », oscillant entre génie et folie, doit, elle, beaucoup à Phil Spector, que vous avez rencontré avec ses groupes vocaux féminins au chapitre 2 ; d'une mégalomanie dévorante et d'un perfectionnisme obsessionnel, le jeune producteur, devenu milliardaire à vingt ans, s'était fait connaître par des productions ambitieuses à la démesure symphonique… mais aussi par ses sautes d'humeur, d'autant plus effrayantes qu'il nourrissait une irrépressible passion pour les armes, dirigées parfois contre les musiciens ! Des producteurs comme Joe Meek, un « Spector » anglais, ou Brian Wilson (des Beach Boys) incarnèrent eux aussi des « Faust » version rock qui semblaient avoir vendu leur âme au diable en échange d'une ambiance sonore originale. Meurtre, suicide, folie : si on en juge par le destin de Spector, Meek et Wilson, il ne faisait en tout cas pas toujours bon être un génie !

Fort heureusement, tous les producteurs, même les plus inspirés, ne semblent pas voués à connaître une fin aussi tragique, et dans cette grande famille qui n'en est pas vraiment une, on distingue plusieurs espèces plus rassurantes : les autodidactes brillants (Jimmy Page pour son propre groupe Led Zeppelin) ou… de circonstance (Andrew Loog Oldham pour les Rolling Stones), les emphatiques (Bob Ezrin pour Alice Cooper, Lou Reed, Pink Floyd), les avant-gardistes (Brian Eno pour U2, Bowie et Talking Heads), les excentriques (Todd Rundgren pour les New York Dolls), les efficaces (Giorgio Moroder pour Blondie, Rick Rubin pour Slayer ou les Red Hot Chili Peppers)… Parfois d'ailleurs, la frontière entre ingénieur du son et producteur se fait ténue : Glyn Johns (pour les Rolling Stones, les Faces, Eric Clapton ou les Who) et Eddie Kramer (pour Jimi Hendrix) ont ainsi, plus souvent qu'à leur tour, dépassé leur simple fonction d'ingénieur du son pour participer pleinement à la confection de l'univers sonore de leurs protégés.

… Vous souhaitez encore vous convaincre de l'importance de ces « musiciens de l'ombre » ? Une recette imparable : écoutez votre titre préféré dans sa version studio puis dans une version live…

Mauvaises vibrations

Wilson trouve pourtant l'énergie de s'atteler à un nouveau projet, encore plus ambitieux (nom de code « Dumb Angel », « l'Ange débile »...) dont le premier titre « Good Vibrations », présenté comme une « symphonie de poche » est rien moins qu'un chef-d'œuvre du rock psychédélique, multipliant les instruments, les couches sonores et les prouesses vocales dans une production dispendieuse qui s'étend sur six mois ! Un album, *SMiLE*, est annoncé mais le projet avorte et seules quelques chutes présentes sur *Smiley Smile* (1967) en laissent entrevoir l'ambition.

Dès lors, drogué, obèse, dépressif et paranoïaque, Wilson continuera avec un bonheur très ponctuel à fournir à ses frères, qui reprendront progressivement le contrôle du groupe, des titres lumineux dans des albums en demi-teinte (*Wild Honey* et *Friends*, 1968) où le charme des enregistrements passés se fait de plus en plus discret.

Les albums ultérieurs du groupe deviennent inévitablement plus commerciaux tandis que la descente aux enfers de Brian, elle, semble irrésistible. En 1974, on retrouve tout de même les Beach Boys aux côtés d'Elton John sur le hit « Don't Let the Sun Go Down on Me ». Dans les années quatre-vingt, l'arrivée du thérapeute Eugene Landy, aux méthodes très controversées, pour aider Brian enferre le groupe dans des procès. En 1983, Dennis se noie en mer et en 1998, dix années après le petit come-back des Beach Boys avec le titre « Kokomo » (utilisé dans le film *Cocktail* avec Tom Cruise), c'est Carl qui s'éteint. En novembre 2006, Brian, toujours un peu égaré, a fêté les quarante ans de *Pet Sounds* sur scène.

Chapitre 8

Jimi Hendrix, le bluesman intergalactique

Dans ce chapitre :

- La naissance de la légende
- Les groupes du guitariste
- Les quatre albums historiques
- Le legs « Jimi Hendrix »

Au tournant des années soixante et soixante-dix, en quatre années – à peine – et trois albums studio seulement, un jeune guitariste noir américain surdoué révolutionne l'instrument-roi du rock, la guitare électrique. Si Dick Dale, Jeff Beck, Eric Clapton, Pete Townshend et quelques autres avaient déjà repoussé les frontières sonores de la guitare électrique à coups de distorsion et d'amplification osées, Jimi Hendrix (c'est son nom – avec un seul « m » et pas de « y » !) propulse, lui, l'instrument dans l'espace en en tirant des sonorités inouïes issues d'une électricité enfin complètement libérée et, dans le même temps, magistralement domptée. À une époque où le psychédélisme ambiant pousse des groupes comme les Beatles ou les Beach Boys à investir longuement les studios et à polir la production à la recherche de nouveaux paysages sonores, Hendrix prend un chemin plus rapide en faisant de sa propre guitare un véritable studio ; hurlant, bourdonnant, feulant, celle-ci restructure en profondeur l'espace rock !

En passant, Hendrix se révèle compositeur hors pair, de classiques du rock (« Foxy Lady », « Purple Haze »), de ballades (« Little Wing ») mais aussi de titres audacieux

(« 1983... [A Merman I Should Turn to Be] ») qui lui valent l'admiration de jazzmen comme Miles Davis ; il se révèle également poète rock sous l'influence de Bob Dylan et bête de scène impressionnante de virtuosité inspirée. De ce musicien exceptionnel, tôt disparu, dont l'influence dépasse celle du seul rock et en fait l'un des musiciens les plus importants du xxe siècle au même titre que le saxophoniste John Coltrane auquel on le compare souvent, la guitare électrique mettra dix ans à oser se défaire de l'influence, grâce à une deuxième révolution, due elle aussi à un jeune Américain, Edward Van Halen (voir Chapitre 16).

Un « extraterrestre » à Seattle

« Comète », Jimi Hendrix ? Oui, si on en juge par la brièveté de sa carrière, mais pas vraiment si on se penche sur le passé du guitariste, fait de longues et douloureuses années d'apprentissage.

Un « Chitlin' Circuit » formateur

Après une jeunesse tourmentée à Seattle (pas encore capitale du grunge – voir Chapitre 20) que sauve *in extremis* un enrôlement dans l'armée, James Marshall Hendrix se décide à embrasser une carrière de musicien professionnel. Pour le guitariste noir, aux origines cherokee, une seule voie : le « *chitlin' circuit* », le circuit des tournées officieuses des salles de concerts réservées aux musiciens noirs du Sud des États-Unis, encore ségrégationniste, pour faire connaître leur musique.

N'OUBLIEZ PAS !

Essentielles et formatrices, ces années sur la route permettent à Hendrix, encore inconnu, de se produire aux côtés des grands noms – noirs – du blues, du rhythm and blues, du rock et de la soul, comme Slim Harpo, Wilson Pickett, King Curtis, Curtis Knight, les Isley Brothers et Little Richard – tous ces genres marqueront d'une empreinte indélébile les compositions ultérieures, y compris les plus « spatiales », du jeune guitariste.

Monté à New York, Hendrix enregistre ses premiers disques, en tant que simple accompagnateur, comme le « Testify » et le « Move Over and Let Me Dance » des Isley Brothers, fonde son premier groupe, Jimmy James & The Blue Flames, et écume les clubs de Greenwich Village. Le style révolutionnaire du musicien commence alors à éclore ; peu s'y trompent et, parmi le public et les musiciens new-yorkais, la réputation de Hendrix commence à croître. Dans une déclaration fracassante, le guitariste Mike Bloomfield, qui s'est notamment illustré aux côtés de Bob Dylan, avoue même songer à « abandonner la guitare pendant un an » face à une telle concurrence ! Bientôt, tout le monde veut entendre le guitariste « martien » et ses sons de guitare stratosphériques...

Un Indien dans la ville : Jimi le Cherokee à Londres

Repéré dans un club new-yorkais par Chas Chandler, le bassiste des Animals, Hendrix se voit proposer en septembre 1966 d'aller à Londres pour jouer en solo. Reconverti en manager du guitariste, Chandler rassemble rapidement un groupe autour du petit prodige avec deux Anglais, le bassiste Noel Redding (à l'origine plutôt guitariste d'ailleurs) et le batteur Mitch Mitchell. Le nom du groupe ? « The Jimi Hendrix Experience »... Un nom doublement inspiré puisqu'à l'orthographe énigmatique du prénom du guitariste s'ajoute un substantif évocateur, « Experience » : car le trio se veut explicitement laboratoire pour les expériences de Hendrix qui va y défricher systématiquement le langage rock. Le groupe confirme aussi, après Cream, la validité du « *power trio* » rock, une configuration de rock puissante, réduite à l'essentiel – guitare, basse, batterie – qui séduira beaucoup de groupes de hard rock.

Le succès du Jimi Hendrix Experience est fulgurant – en Europe du moins, et en particulier en Angleterre, et pas seulement parce que les Beatles, retirés de la scène, ont laissé un peu de terrain libre aux nouveaux venus. Un passage à l'Olympia parisien en 1966 en première partie de Johnny

Hallyday puis, en Angleterre, de Cream justement, leur assure une réputation grandissante. Conquis par cet étrange musicien bohème qui porte une chemise à jabot sous une veste à brandebourg achetée aux puces de Clignancourt, le guitariste anglais Eric Clapton lui-même adopte bientôt… la coupe « afro » de son idole !

La guitare rock pyrotechnique

Pour l'heure, le trio avance sous le couvert de singles formatés pour la radio dans lesquels la guitare de Hendrix fait fureur et semble vouloir à tout instant s'envoler vers la stratosphère. Le premier d'entre eux, « Hey Joe », est une reprise d'un titre folk traditionnel remis au goût du jour en 1966 par un certain Tim Rose ; suivent, « Purple Haze », un titre vite adopté par les hippies qui y voient une ode à la drogue quand Hendrix y relate en fait ses expériences de parachutiste à l'armée (et y dispense déjà ses saillies poétiques comme le fameux « *'Scuse me while I kiss the sky* », soit « 'Scusez, je dois embrasser le ciel »), et une ballade sensible, « The Wind Cries Mary » qui établit que Hendrix n'est pas qu'un faiseur de bruit.

En mai 1967, le Jimi Hendrix Experience sort son premier album au titre interrogatif, *Are You Experienced?* un peu provocateur. Mélange de rock (« Manic Depression »), de funk (« Foxy Lady », « Fire »), de blues (« Red House »), de soul (« Remember »), de psychédélisme spatial à l'imaginaire nourri de LSD (« Third Stone from the Sun »), il laisse entendre une guitare débridée, virtuose et cosmique, dégorgeant des sons invraisemblables à l'aide d'un arsenal de pédales d'effets (pédale wah-wah, fuzz box, octaver, phaseur, Octavia, Univibe, si vous voulez tout savoir !). On en a moins fait cas à l'époque, l'album comporte aussi des compositions fortes, paroles comprises, habitées par la voix chaude, et comme réservée, de Hendrix.

Si l'album est une révolution, il ne laisse qu'entrevoir l'extraordinaire créativité sonore de Hendrix. Sur scène, celui-ci pousse en effet encore plus loin ses « expériences », laissant sa guitare hurler, feuler, gémir devant un public ébahi, la frottant contre les amplis ou la tenant dans son dos (en continuant de jouer !)… Hendrix joue aussi avec les dents et donne même l'illusion de jouer simultanément de deux guitares en tenant les deux cordes supérieures de sa guitare en *feedback* avec le pouce et en jouant en même temps une mélodie sur les quatre restantes… Maître de l'électricité, puisant son inépuisable inspiration dans une région du rock inconnue, Hendrix ne regardait que très rarement sa guitare – une guitare de droitier renversée… pour ce gaucher – et chantait souvent la mélodie qu'il jouait.

Londres conquise, ce sont, comme pour les Beatles et les Rolling Stones, les États-Unis (son pays natal quand même !) qui attendent maintenant le sensationnel guitariste.

Le « Mozart rock » de retour à la maison

Comme les Beatles avant lui, il suffira à Hendrix d'un concert pour mettre toute la jeunesse américaine dans sa poche. Accrochez vos ceintures, ça va vite !

La révélation « Monterey »

C'est sur les recommandations du Beatle Paul McCartney que Hendrix est inclus, en juin 1967, dans la liste des artistes se produisant au premier véritable festival rock, Monterey (voir Chapitre 7). Introduite par le Rolling Stone Brian Jones, sa prestation incendiaire (littéralement : il y met le feu à sa guitare !) révèle le phénomène « Hendrix » à l'Amérique et propulse le guitariste, qui y déconstruit magistralement des titres de Bob Dylan, BB King, des Troggs et de Howlin' Wolf, sur le devant de la scène rock.

En décembre 1967, l'Experience sort son deuxième album, *Axis: Bold as Love*. S'ouvrant à la stéréo, Hendrix y décuple son imaginaire, du titre d'ouverture, une fausse interview d'un Hendrix extraterrestre libérant un magma sonore incroyable, virevoltant d'un baffle à l'autre (« EXP »), à « Spanish Castle Magic », « Up from the Skies », « Wait until Tomorrow », tous titres lumineux et confiants où la guitare de Hendrix sidère, en passant par son inoubliable ballade « Little Wing », un joyau marqué par l'influence du guitariste soul Curtis Mayfield. Supérieur au premier album du groupe, *Axis: Bold as Love* ne représentait pourtant encore qu'un aperçu des capacités du guitariste qui ouvre toutes les vannes de son imaginaire pour l'album suivant.

L'enfant vaudou au pays de la « Femme électrique »

En 1968, c'est un double album, *Electric Ladyland*, qui attend dans les bacs les fans de Hendrix. La pochette anglaise, abandonnée et reprise depuis au gré des rééditions, est restée fameuse : sa vingtaine de femmes posant lascivement, entièrement nues, regard fixé vers l'objectif, comme autant d'odalisques psychédéliques, a dû donner des émotions à plus d'un adolescent (à l'auteur de ce livre en tout cas !)…

Avec ce *Electric Ladyland*, Hendrix grave son chef-d'œuvre – et l'un des deux ou trois plus grands albums de rock. Il y convoque encore une fois toutes ses influences, passant avec une aisance déconcertante de la pop-rock avec kazoo (« Crosstown Traffic ») à un long blues de quinze minutes emmené dans l'espace (« Voodoo Chile »), d'un maelström de guitares virtuoses (« Voodoo Child [Slight Return] ») à un rhythm and blues des années cinquante noyé de wah-wah crépitante (« Come On [Let the Good Times Roll] »), d'une reprise écrasante de son idole Bob Dylan (« All along the Watchtower ») à un funk incendiaire (« House Burning down »). Et, pour renforcer son « Experience », il n'hésite pas à faire appel à des amis prestigieux comme le bassiste Jack Casady du Jefferson Airplane, Steve Winwood, Buddy Miles ou Al Kooper. Mais surtout, enfermé en studio avec l'ingénieur du son Eddie Kramer, Hendrix crée des espaces sonores stupéfiants : la suite « 1983… (A Merman I Should Turn to Be) »/« Moon, Turn the Tides… Gently Gently Away », aux confins du rock psychédélique et du jazz, est ainsi une illustration magistrale de l'imaginaire débridé d'un guitariste évoluant dans des sphères inaccessibles à ses pairs.

De l'art de faire des pochettes en rock…

Troublante et inoubliable, la pochette d'*Electric Ladyland* est loin d'être la seule à jouir d'un tel statut « culte » : pour tout vous dire, le rock en compte même des centaines, de ces pochettes fascinantes – ésotériques, choquantes, oniriques ou sensuelles – qui ont longtemps été l'indispensable complément de la musique qu'elles abritaient ! De simple emballage de disque vinyle, souvent sobrement réduit à une photographie de l'artiste, la pochette est devenue à partir du milieu des années soixante une création artistique à part entière sur laquelle les plus grands artistes, dessinateurs, graphistes ou photographes, ont exercé leur talent : Robert Crumb (*Cheap Thrills* de Janis Joplin), Andy Warhol (*Velvet Underground & Nico* du Velvet Underground, *Sticky Fingers* des Rolling Stones), Robert Frank (*Exile on Main Street* des Rolling Stones, encore), Robert Mapplethorpe (*Horses* de Patti Smith), Annie Leibovitz (*Born in the USA* de Bruce Springsteen), Anton Corbijn (*The Unforgettable Fire* de U2), Peter Saville (*This Is Hardcore* de Pulp), Gerhard Richter (*Daydream Nation* de Sonic Youth), mais aussi Robert Doisneau, Keith Haring, David Bailey… nombreux sont les artistes de renom à avoir ainsi contribué à l'iconographie rock.

Certains groupes ont même lié leur destin à celui d'un illustrateur, sans lesquels on les imaginerait difficilement aujourd'hui, comme Derek Riggs qui a conçu « Eddie », l'inamovible momie mascotte de Iron Maiden. D'autres encore ont choisi de confier la réalisation de leur pochette à des collectifs ou des agences de *design*, la plus célèbre d'entre elles restant probablement Hipgnosis dont les créations « conceptuelles » ont orné les albums de Pink Floyd, Led Zeppelin, Genesis ou Scorpions, au risque d'une uniformisation esthétique et d'une interchangeabilité des univers créés. Au surplus, certains courants comme le rock psychédélique dont les pochettes cherchaient souvent à reproduire des ambiances hallucinogènes ou le punk, iconoclaste et bricoleur, ont aussi redoublé de créativité pour offrir des pochettes à la hauteur de leur musique. D'autres, enfin, ont joué la carte de l'ingéniosité comme Led Zeppelin et son *Physical Graffiti* dont la pochette découpée permettait d'y faire coulisser différents visuels (les Rolling Stones reprendront le principe sur leur *Some Girls*) ou Alice Cooper dont la pochette du *School's Out* s'ouvrait comme un véritable pupitre d'écolier (qu'elle représentait) et contenait… une fausse petite culotte de papier !

En passe de devenir des reliques du passé, ces pochettes d'album, déjà considérablement réduites lors du passage au CD, résistent difficilement à la dématérialisation des supports et subsistent aujourd'hui essentiellement sous la forme d'une petite vignette associée à un MP3. Avec elles, c'est l'imaginaire puissant convoyé par cet emballage, difficilement concevable aux yeux des générations les plus récentes, qui disparaît un peu… Ceux pour qui les titres de l'album *Houses of the Holy* de Led Zeppelin ont une coloration orange (ou ceux de *Metallica*, noire) comprendront la nostalgie de l'auteur !

Après l'Experience…

En 1969, le Jimi Hendrix Experience n'existe plus. *Electric Ladyland* l'avait montré, le guitariste se sent désormais à l'étroit au sein d'un trio. Hendrix multiplie alors les reconfigurations de son groupe, abandonnant certains musiciens pour les retrouver plus tard, au gré de ses évolutions artistiques et… des imbroglios juridiques.

Le Gypsy Sun & Rainbows à Woodstock

Prisonnier de son image de « cascadeur de la guitare », menacé de devenir un monstre de foire comme les affectionne le rock (vous vous rappelez de Jim Morrison ?), Hendrix veut revenir à la musique (et rien qu'elle) et continuer sa quête des sons improbables « qu'[il a] dans la tête ». Désertant les studios, enchaînant les concerts (une nécessité en l'absence de singles porteurs), Hendrix se voue alors à sa passion : jouer et improviser avec des musiciens de passage.

En août 1969, il se produit ainsi au festival de Woodstock (voir Chapitre 7) avec une nouvelle formation, parfois appelée « Gypsy Sun & Rainbows », comprenant un bassiste rencontré à l'armée, Billy Cox, à nouveau le batteur Mitch Mitchell et des musiciens additionnels comme le guitariste Larry Lee et les percussionnistes Juma Sultan et Jerry Velez. Au terme d'un show par ailleurs approximatif, il délivre une relecture sidérante et insolente de l'hymne américain, le « Star Spangled Banner » déstructuré et tailladé de ses griffes soniques dans ce qui reste un des plus grands moments de guitare électrique live jamais enregistrés.

Un groupe de bohémiens et un dernier cri d'amour

Hendrix forme ensuite le Band of Gypsys, un trio « noir » avec le fidèle Billy Cox et le batteur Buddy Miles qui donnent une tonalité « funk » plus prononcée à la rythmique et aux compositions du guitariste. Si Cox et Miles se révèlent moins efficaces que la paire Redding-Mitchell – le premier, ancien guitariste, assurait des parties de basse simples et dynamiques sur les rythmes d'inspiration jazz du second, grand admirateur d'Elvin Jones –, la fertilité de Hendrix n'en semble pas affectée. Un album enregistré en public au Fillmore East le 1er de l'an 1970 (*Band of Gyspys*) vient le confirmer en offrant notamment une version magistrale d'un long poème pacifiste, « Machine Gun », où Hendrix reproduit à la guitare le son des mitraillettes et des bombardements d'une guerre du Vietnam qui obsède alors la nation américaine.

Cette formation est de courte durée, et Hendrix, dispersé, changeant de managers, se lance entre deux concerts dans d'ambitieux projets, comme une collaboration avec le pianiste jazz Gil Evans, dont aucun n'aboutit. Accueillant (encore) le batteur Mitchell, il entre en studio pour enregistrer un dernier album, *Cry of Love*, qu'il n'aura pas le temps de finir. Le 18 septembre 1970, au retour d'une fête, Hendrix meurt d'un étouffement (par ses propres vomissures) consécutif à l'absorption massive d'alcool couplée à des somnifères. Il avait vingt-sept ans et rejoint, après Brian Jones et avant Janis Joplin et Jim Morrison, la liste des icônes *sixties* qui disparaissent avec la décennie qui les a couronnées. Quelques-uns des plus grands guitaristes de la décennie suivante le prendront comme modèle, quitte à le singer parfois, comme Robin Trower, Frank Marino, Uli Jon Roth, Randy California, Michael Hampton, Eddie Hazel, Vernon Reid…

Les albums posthumes et la légende

Sorti peu après la mort de Hendrix, dans différentes versions, *Cry of Love* est un excellent album, d'essence plus funky, où le jeu de Hendrix est toujours aussi stupéfiant, l'effet de surprise en moins, et les compositions inspirées. L'album donne symboliquement le coup de départ d'une exploitation vertigineuse du fonds Hendrix dont le filon semble inépuisable. Les tiroirs sont raclés !

N'OUBLIEZ PAS !

Enregistrements plus ou moins officiels ou vraiment « pirates », en studio ou en concert : ce sont ainsi des centaines d'heures d'enregistrements du guitariste qui paraissent dès sa mort en vinyle puis, des années plus tard, en CD. Les chutes de studio anecdotiques, les concerts inaudibles abondent et beaucoup d'albums semi-officiels, parfois un peu douteux, se multiplient non sans réserver leur lot d'agréables surprises (*Rainbow Bridge*, *War Heroes*, *Crash Landing*, *Midnight Lightning*).

À l'ère du CD, la situation s'éclaircit un peu, au gré des batailles juridiques, et des albums « officiels » comme *First Rays of the New Rising Sun*, *South Saturn Delta*, des enregistrements professionnels de concerts légendaires (*Jimi Plays Monterey*, *Woodstock*, *Isle of Wight*, *Winterland*, *Berkeley*, *Fillmore East*, *BBC Sessions*) permettent de retrouver, dans des prestations certes inégales, l'époustouflante virtuosité de Hendrix.

Chapitre 9

Autour du folk-rock : les noces de l'acoustique et de l'électrique

Dans ce chapitre :

- La rencontre du folk et du rock
- La légende Bob Dylan
- Les Byrds, groupe précurseur
- Les stars du genre

Le rock est électricité. C'est ce qu'on peut en tout cas conclure, un peu rapidement, de sa première décennie d'existence, à l'écoute des discographies d'Elvis Presley, de Chuck Berry, des Beatles, des Who, du Grateful Dead ou des Beach Boys (pour ne prendre que quelques exemples symboliques) qui s'envisagent difficilement sans leurs instruments électriques, guitare, basse ou claviers.

Pourtant, dès le début des années soixante, le rock montre qu'il peut s'assagir et se raffiner, hors des ballades et des slows, en accueillant les sonorités caressantes des guitares acoustiques, puisées dans deux courants musicaux traditionnels, le « folk » et la country. L'alliance est certes d'abord jugée contre nature, les amateurs de folk traditionnel (genre « pur ») ne méprisant rien tant que les musiciens de rock (genre « vulgaire et commercial ») à qui on autorise charitablement, ici et là, des incursions acoustiques ponctuelles.

À partir de 1965, avec Bob Dylan et les Byrds, un pas est franchi : le folk s'intègre doucement au rock mais sans en renier l'électricité pour donner (vous l'aviez deviné !)… le « folk-rock » ! Bientôt, les sonorités « électroacoustiques » sont partout : chez les groupes phares du genre, comme Buffalo Springfield, Crosby, Stills, Nash & Young ou Hot Tuna, mais aussi chez les rockers « traditionnels » comme Eric Clapton, les Rolling Stones ou Led Zeppelin.

Le rock n'y est d'ailleurs pas gagnant que musicalement : au passage, il s'ouvre en effet à la tradition folk de « l'auteur-compositeur », faisant du chanteur une espèce de troubadour moderne ; les paroles deviennent plus intimes, plus romantiques parfois, d'essence politique souvent, voire tout à fait abstraites. C'est ainsi rien moins qu'une « poésie rock » qui se fait jour !

Ce chapitre vous donne les clés pour accéder à ce gigantesque continent musical au sein (et, parfois, à l'extérieur) du monde rock, en vous en présentant quelques-unes des icônes les plus significatives.

Une histoire rapide du rock électroacoustique

Ou comment le rock électrique se laisse séduire par des ambiances acoustiques avant d'y mêler à nouveau sa petite dose vitale d'électricité...

Les sources acoustiques

N'OUBLIEZ PAS!

À l'origine de ce « folk-rock », on trouve deux sources musicales folkloriques américaines, la country (déjà présentée dans le chapitre 1) et... le folk (d'où le nom !). Ce folk est la musique acoustique des « troubadours » américains du début du xxe siècle – poètes vagabonds ou syndicalistes – qui, guitare en bandoulière et harmonica dans la poche, composent et interprètent des textes poétiques, souvent à charge, avec une portée sociale marquée. Ses hérauts sont Woody Guthrie, Big Bill Broonzy, Leadbelly ou Joe Hill ; beaucoup doivent leur renommée – tardive – au travail d'exhumation de leurs œuvres réalisé à partir de la fin des années trente par le musicologue américain Alan Lomax pour la Bibliothèque du Congrès.

Le rock « électroacoustifié »

À l'origine de ce folk-rock, deux noms également : Bob Dylan, chanteur et guitariste folk qui décide un jour de se convertir à l'électricité devant un public stupéfait qui crie au sacrilège ! Les Byrds, ensuite, un groupe californien qui associe la mélodicité vocale des Beatles aux textes et aux harmonies de Dylan, justement, à grands coups de guitares électriques carillonnantes. Et si on trouve, çà et là, quelques exemples antérieurs comme chez les Animals, les Searchers, Jackie DeShannon, les Beau Brummels et même (comme toujours !) les Beatles, c'est, pour les historiens du rock, avec le « Mr. Tambourine Man » des Byrds, une version électrique d'un succès folk de Dylan, que le folk-rock est officiellement né !

Sur sa lancée, le genre infiltre bientôt le rock dans son ensemble ; avec des groupes comme Buffalo Springfield, The Mamas & The Papas, les Turtles, les Lovin' Spoonful, Love, America ou Sonny & Cher ou, de loin le plus populaire d'entre eux, Crosby, Stills, Nash & Young, le folk-rock rivalise en notoriété avec le rock psychédélique… dont beaucoup des musiciens venaient d'ailleurs du folk avant de succomber au plaisir coupable de l'électricité !

Bientôt, des auteurs-compositeurs-interprètes plus « traditionnels » comme le duo Simon & Garfunkel (*Bridge over Troubled Waters*), puis, en solo, ce même Paul Simon (*Paul Simon*), Tim Buckley (*Goodbye and Hello*), Leonard Cohen (*Songs of Love and Hate*), Jackson Browne (*Late for the Sky*) ou James Taylor (*Sweet Baby James*) deviennent, à la suite de Dylan, des icônes d'un rock acoustique (ou d'un folk un peu électrique, comme vous voulez !) ; avec, enfin, vous l'avez vu, des musiciens rock comme les Rolling Stones qui s'aventurent eux aussi dans des espaces électroacoustiques, les ambiances « folk » sont officiellement intégrées dans la grande marmite rock dès le milieu des années soixante.

Profondément américain, le genre s'immiscera comme on peut s'y attendre jusqu'en Angleterre qui lui donnera en retour quelques-uns de ses plus magnifiques représentants : après le succès un peu passager de Donovan (*Sunshine Superman*, 1966), ce sont Van Morrison (*Astral Weeks*, 1967), Nick Drake (*Five Leaves*, 1969), Roy Harper (*Stormcock*, 1971), Richard &

Linda Thompson (*I Want to See the Bright Lights Tonight*, 1974) qui montrent qu'un folk-rock typiquement anglais, souvent teinté d'influences celtes, est possible, classiques compris ! Celui-ci se mêle même de prétentions « progressistes » (voir Chapitre 12) avec Fairport Convention, Pentangle ou Barclay James Harvest.

De l'autre côté de l'Atlantique, sous l'impulsion de Dylan (encore !) et des Byrds (encore aussi !), ce rock électroacoustique assimile aussi, rapidement, des sonorités country également explorées par les Everly Brothers (voir Chapitre 2). Si certains groupes s'y cantonnent exclusivement avec succès comme les Flying Burrito Brothers (*The Gilded Palace of Sin*, 1969), ou le panache de rock musclé comme les Eagles (dont le « Hotel California » et la carrière furent phénoménaux !), là encore ce sont les ténors anglais du rock qui se le réapproprieront, Rolling Stones (« Dead Flowers »), Led Zeppelin (« Down by the Seaside ») ou Eric Clapton qui, en puisant dans le style décontracté du guitariste J.J. Cale (*Naturally*, 1971), signe quelques-uns de ses plus beaux albums (*461 Ocean Boulevard*, 1974). Ce country-rock, autre continent à lui tout seul, devient d'ailleurs une scène tout aussi riche, forte de stars au succès souvent considérable, comme Linda Ronstadt, Emmylou Harris, Charlie Daniels Band, Poco, Pure Prairie League, Townes Van Zandt, Guy Clark, Jerry Jeff Walker, Lyle Lovett, Michelle Shocked, Billy Bragg, Garth Brooks... Bref, si c'est ce style qui vous « branche », vous avez l'embarras du choix !

Les maîtres du rock électroacoustique

Avec Bob Dylan comme écrasante et incontournable figure tutélaire, le rock électroacoustique s'impose au monde entier grâce à deux grandes « familles » de musiciens, celle des Byrds et celle de David Crosby, Stephen Stills, Graham Nash et Neil Young.

La statue du Commandeur : Bob Dylan

Messie, martyr, prophète, poète : Dylan, armé d'un harmonica, d'une guitare et d'une voix pas toujours très juste, fut tout cela et, pour certains, l'est toujours. Le chanteur, harmoniciste, guitariste et compositeur projette en tout cas incontestablement une ombre gigantesque sur le folk-rock mais aussi sur l'ensemble du rock.

Son influence est en effet sans bornes : en apportant au folk, puis au rock (et au folk-rock, du coup !), des textes profondément personnels, tour à tour spirituels, introspectifs, surréalistes et hallucinatoires, Dylan a injecté la poésie dans notre bon vieux rock. En les chantant sans se soucier de la justesse de ton, parfois avec un mépris ou un agacement ostentatoires, il en appuyait d'ailleurs l'importance (et se montrait punk avant l'heure !). Après lui, immédiatement ou presque, les Rolling Stones (un peu) et les Beatles (beaucoup), mais aussi les Byrds, Cream ou Jimi Hendrix comprendront que le rock peut *aussi* s'adresser aux adultes et chanter autre chose que les voitures, la plage et les romances – chanter ce qui lui plaît, en somme. En bref, le rock fait ses premiers pas en tant qu'art !

Né Robert Allen Zimmerman à Minneapolis, le futur Bob Dylan prend son nom de scène chez le poète Dylan Thomas. Ses héros sont le légendaire chanteur et guitariste country Hank Williams (mort en 1953) et surtout Woody Guthrie, porte-drapeau d'un folk politique et contestataire (sur sa guitare était écrit cet avertissement : « Cette machine tue les fascistes ») qui aura beaucoup d'influence sur Dylan et, plus encore en fait, sur ses suiveurs.

C'est au contact de la scène folk de Greenwich Village, un quartier de New York qu'il rejoint en 1961, que Dylan s'épanouit, pour ainsi dire du jour au lendemain : plutôt réservé, le chanteur devient en quelques mois la star du « Village ». Charismatique, incisif et original, il est vite repéré et enregistre dans la foulée son premier album en 1962, *Bob Dylan*, sur lequel il ne signe que deux timides compositions.

Tout va très vite ensuite : Dylan écarte les reprises au profit de ses propres compositions, accède à une notoriété inattendue grâce à la reprise « grand public » de son titre « Blowin' in the Wind » par le groupe Peter, Paul & Mary, forme avec la chanteuse Joan Baez un couple « people » avant l'heure, et, en cette période troublée (droits civiques et, bientôt, guerre du Vietnam notamment), se voit introniser bien contre son gré icône contestataire ! Ses albums (*The Freewheelin' Bob Dylan*,

Another Side of Bob Dylan) laissent entendre un jeune homme confiant, doué, à la créativité littéraire inépuisable.

L'électrification sacrilège

En 1964, le folk-rock était déjà dans l'air : les Byrds reprennent le « Mr. Tambourine Man » de Dylan dans un arrangement électrique, les Animals connaissent un de leurs plus grands succès avec « House of the Rising Sun »... Après l'album *Bringing It All Back Home* (1965), en partie électrique, Dylan choque ses fans venus l'entendre au Newport Folk Festival en se produisant avec le Paul Butterfield Blues Band, un groupe de blues électrique ! Hué – on a peine à imaginer aujourd'hui le traumatisme d'un tel concert auprès du public folk « puriste » –, le chanteur en restera meurtri mais n'en démordra pas : l'avenir de sa musique sera électrique ou ne sera pas. Le sacrilège était aussi astucieux : en perdant quelques fans puristes, le « Barde » s'assurait aussi d'en retrouver quelques millions supplémentaires...

En 1965, le titre « Like a Rolling Stone » est un énorme hit que les fans de la première heure interprètent comme un blasphème de plus : non seulement le titre est électrique mais en plus il est franchement pop ! Le rebelle aurait-il vendu son âme ? Il suffisait pourtant d'écouter les paroles pour y constater que Dylan s'était à nouveau surpassé... Outrageusement électriques, l'album *Highway 61 Revisited* puis le double album *Blonde on Blonde* enfoncent le clou. Insolent et distant, Dylan est au sommet – et une star mondiale, célébrée comme le premier génie du rock !

Accident de moto et retraite : le nouveau Dylan

En 1966, un accident de moto, plus ou moins volontaire et plus ou moins grave selon les versions, donne le signal d'une indispensable reconversion du chanteur : fatiguée et déprimée, l'idole décide de vivre recluse avec sa femme Sara et enregistre sans publicité avec son nouveau groupe, The Band, de vieux titres blues et folk. L'album du retour, *John Wesley Harding*, est une surprise pour tous, fans de la première heure ou récents convertis : Dylan y fait du country-rock ! Il poursuit dans cette veine avec *Nashville Skyline*, collaborant même avec le chanteur et guitariste country Johnny Cash. De son côté, The Band, sans Dylan, publie en 1968 un album splendide *Music from Big Pink* dont la quiétude pastorale, à rebours du rock de l'époque, laisse des musiciens aussi importants qu'Eric Clapton ou George Harrison bouche bée.

Un génie aux prises avec... son génie

Tout au long des années soixante-dix, Dylan n'en finit plus de revenir et, d'un album à l'autre – la bande originale de *Pat Garrett and Billy the Kid*, le live *Before the Flood*, *Blood on the Tracks*, *Desire* – de surprendre par la richesse de son inspiration. Engagé dans des tournées marathons, il connaît une brève période mystique peu convaincante artistiquement. Là où la plupart de ses confrères du New York des années soixante choisissaient sagement de se retirer, Dylan continue sur sa lancée tout au long des années quatre-vingt, se payant le luxe d'enregistrer en 1989 un excellent album, *Oh Mercy*, avant de revenir à ses premières amours folk en 1992 (*Good As I Been to You*) et même de concocter en 2006 *Modern Times*, un album accueilli comme un nouveau chef-d'œuvre du barde new-yorkais, alors âgé de soixante-cinq ans.

Les Byrds : « Alors, comme ça, tu veux être une star du rock ? »

Vous n'échapperez pas à la formule magique de la recette Byrds : un peu de Dylan et beaucoup de Beatles (ou le contraire) ! Eux-mêmes, agacés de cette comparaison un brin réductrice, se définissaient en ces termes : « 21 % de Beatles, 11 % de Zombies, 8 % de Dillards, 18 % de Dylan, 14 % de Pete Seeger, 16 % de Searchers, et 12 % d'essais, erreurs, ignorance, accidents et originalité ». (Ne cherchez pas, le total fait bien 100 % !)

N'OUBLIEZ PAS !

Ces modèles (certains oubliés aujourd'hui) écartés, l'influence du groupe reste aussi incommensurable que méconnue : sans lui, on a peine à imaginer les Smiths ou R.E.M., les deux formations majeures du rock indépendant anglais et américain des années quatre-vingt ! Son (coup de) génie a consisté à fusionner les harmonies vocales des Beatles avec la poésie de Dylan, en somme entrelacer une révolution anglaise et une révolution américaine… Toutes guitares carillonnantes et chœurs divins dehors, les Byrds sont ainsi aux avant-postes du folk-rock, du rock psychédélique et du country-rock : pas mal pour un groupe presque entièrement oublié du grand public !

Formés en 1964 par le chanteur et guitariste Roger McGuinn, les Byrds, on l'a vu, doivent leur entrée sur la scène rock au titre « Mr. Tambourine Man » de Dylan qu'ils réinventent en l'électrifiant – le folk-rock était né ! Le titre, sur lequel d'ailleurs, un peu trop « verts », ils sont renforcés de musiciens de studios, a un tel impact que leurs modèles mêmes, Dylan et les Beatles, s'en inspireront à leur tour. Au passage, on entendait, pour la première fois aussi franchement, un rock électrique « à message »…

Tout ce que touche le groupe – le chanteur et guitariste David Crosby, le chanteur Gene Clark, le chanteur et bassiste Chris Hillman et le batteur Mike Clarke – semble alors se transformer en or : après un premier album remarqué (*Mr. Tambourine Man*, 1965), c'est le titre « Turn! Turn! Turn! » sur l'album du même nom qui leur apporte un nouveau succès puis « Eight Miles High », titre considéré comme l'un des tout premiers du rock psychédélique, tiré de l'album *Fifth Dimension*.

Le groupe est alors au sommet ; mais les tensions y sont, comme toujours, proportionnelles au talent : McGuinn, leader contesté du groupe, est attiré par l'expérimentation, Clark est hésitant – il part puis intègre à nouveau le groupe sur *The Notorious Byrd Brothers* (1968) – et Crosby, conscient de son exceptionnel talent, difficile à faire rentrer dans les rangs… Un des titres de l'époque du groupe, « So You Want To Be a Rock'N'roll Star » (« Alors comme ça, tu veux devenir une star du rock'n'roll »), est d'ailleurs savoureux à bien des égards…

Plus à une innovation rock près, le groupe invente alors… le country-rock ! L'élément déclencheur est l'arrivée du chanteur et guitariste Gram Parsons qui apporte sa culture country au groupe ; en 1968, l'album *Sweetheart of the Rodeo* assimile toutes les influences du groupe (pop, rock, folk, country, psychédélique) et marque un nouveau tournant dans sa discographie mais aussi, plus globalement, dans le rock qui avait oublié ses origines country, jugées plutôt « ringardes », depuis des années. Cette country-rock est d'ailleurs tellement influente que Hillman, le bassiste du groupe, quitte les Byrds la même année pour former l'un des groupes les plus importants du genre, les Flying Burrito Brothers. Crosby parti bientôt former le légendaire Crosby, Stills, Nash & Young, les Byrds redevient enfin, à son grand contentement, le groupe de McGuinn et de lui seul pour quelques années supplémentaires non négligeables (*Untitled*).

La constellation folk : Crosby, Stills, Nash & Young

Attention, légendes ! Certes, des légendes, vous en avez déjà rencontré une flopée mais ici, excusez du peu, on a affaire à quelques-uns des plus grands talents rock des années soixante et soixante-dix !

Les destins de David Crosby, Stephen Stills, Graham Nash et Neil Young, tous chanteurs, guitaristes et compositeurs, ne cesseront d'avoir plus ou moins partie liée tout au long des années soixante-dix, à tel point que seuls leurs fans les plus dévots sont capables d'énumérer de tête toutes leurs collaborations, à deux, trois ou quatre ; une chose est sûre : l'histoire commence en 1966 avec le groupe Buffalo Springfield : trois albums, un hit (« For What It's Worth »), deux talents qui éclatent au grand jour, celui des frères ennemis Stephen Stills et Neil Young et dès 1968, c'est fini ! Young a, pour sa part, déjà enclenché une carrière solo – plus de quarante ans plus tard, il la mène avec toujours autant de succès et de pugnacité – avec des albums comme *Everybody Knows This Is Nowhere*, marqués par des compositions torturées et un *falsetto* ému, et des hits comme « Cinnamon Girl » ou « Down by the River ».

Entre-temps, en 1969, David Crosby, Stephen Stills et Graham Nash (seul Anglais du lot) s'étaient retrouvés le temps d'un album, *Crosby, Stills, Nash*. L'alchimie de la formation, pourtant construite comme un « supergroupe » sur la base d'une association plus commerciale qu'artistique, se révèle exceptionnelle : les harmonies vocales, les compositions, l'univers sonore du groupe y sont stupéfiants de cohésion.

Young rejoint le trio pour l'album *Déjà vu* en 1970, un chef-d'œuvre « monstrueux » du folk-rock qui, tout en décontraction « baba », nécessite quand même plus de 800 heures de production ! Les titres « Helpless », « Almost Cut My Hair », « Carry On » deviennent des classiques et le groupe une véritable institution (contre-)culturelle de l'époque, notamment avec le single « Ohio » qui dénonce l'assassinat d'étudiants par la police sur le campus de Kent, sous l'administration Nixon. Un double album, *Four Way Street* (1971), témoigne de la facilité insolente des quatre chanteurs qui n'hésitent pas à étirer les compositions à coups de longs duels de guitares électriques... sur le modèle des groupes de hard rock !

Les ego auront, là encore, raison du groupe. Conscient de son talent propre, chacun des musiciens décide alors de lancer sa carrière solo en appelant d'ailleurs ponctuellement à la rescousse ses anciens collègues, comme Crosby avec *If I Could Only Remember My Name* (1971), Stills avec *Stephen Stills* (1970), Nash avec *Songs for Beginners* (1971). Young est, de loin, celui dont la carrière est la plus réussie, aussi bien artistiquement que commercialement, qu'il explore ses tourments en mode folk-rock (*After the Gold Rush* ; *Harvest* ; *Tonight's the Night*), lance les bases du *grunge* en inventant un jeu de guitare électrique bruitiste et épileptique (*Rust Never Sleeps*) ou revienne au sommet au début des années quatre-vingt-dix, après bien des errements artistiques il est vrai, avec son groupe d'accompagnement de la première heure, le Crazy Horse.

Le groupe Crosby, Stills, Nash (et parfois Young) se reformera quant à lui très épisodiquement et même aussi tardivement qu'en 2006, pour la tournée « Freedom of Speech » initiée par le sémillant Young, jamais en retard d'un combat, et désormais chef de file d'un folk-rock vétéran.

Quatrième partie

« It's been a long time since I rock and rolled » : le rock triomphant des années soixante-dix

Dans cette partie…

Les années soixante sont mortes, vive les années soixante-dix ! Pour beaucoup, c'est à cette période qu'on trouve le meilleur du rock ; pour d'autres, savoureuse coïncidence, c'est aussi à cette période qu'on trouve le pire du rock ! L'explication ? C'est la décennie de la surenchère, celle où le hard rock, le rock progressif et le jazz-rock s'épanouissent somptueusement, celle où les guitaristes, plus encore que les chanteurs peut-être, deviennent des « demi-dieux ». L'ère du single derrière lui, le rock se fait dorénavant entendre dans des albums !

Cette partie vous retrace toute l'histoire de ces évolutions massives du rock et explique en quoi le *glam rock*, autre genre fondamental qui éclôt alors, a fourni une heureuse alternative à cette surenchère généralisée… en attendant que cette scène fertile soit violemment balayée par le punk.

Chapitre 10

Le hard rock : sainte trinité anglaise et missionnaires américains

Dans ce chapitre :

- Hard rock ou « heavy metal » : une définition
- Aux sources du hard rock : le blues
- La longue gestation du hard rock, en Angleterre et aux États-Unis
- Les trois groupes anglais fondateurs
- Le hard rock mondial
- La guitare électrique en folie

Avouez-le, on vous dit « hard rock », vous pensez cheveux longs peroxydés (ou tignasse noire graisseuse), collants noirs en Spandex™, ceintures cloutées et bracelets de force, guitares criardes (à trois ou quatre manches), solos interminables, distorsion et hurlements bestiaux, occultisme et satanisme, machisme aussi – et puis surtout, sous un déluge de décibels, beaucoup, beaucoup, *beaucoup* de mauvais goût… Si tous ces clichés ont pu parfois trouver leur justification dans les enregistrements les plus ouvertement commerciaux du genre, ils font oublier que le hard rock, dans ses meilleurs moments, réserve à l'auditeur, même sorti de l'adolescence, un rock puissant, subtil et complexe d'une qualité rare.

Dans ce chapitre, vous verrez ainsi comment le hard rock, turbulent et insoupçonné rejeton du blues, doit sa naissance et l'essentiel de sa popularité à trois groupes, tous anglais, qui ont porté à un large public une musique titanesque et ambitieuse et fait de ce nouveau genre l'un des avatars les plus glorieux du rock. Et, pour ceux qui en redemandent, vous saurez tout (ou presque) sur d'autres précurseurs, moins connus, mais aussi sur les plus flamboyantes formations qui, à leur suite, ont fait s'abattre un déluge d'électricité sur les *seventies*.

Du métal lourd, lourd, lourd…

Avant de se pencher sur ses origines, tentons de définir un genre aux multiples facettes qui, pour embrouiller davantage les choses, se présente… sous deux identités !

« Hard rock » ou « heavy metal » ?

Appelé « hard rock » en France, le genre est de préférence désigné sous le nom de *heavy metal* (littéralement « métal lourd », en anglais), partout ailleurs dans le monde ou presque. La langue française a ses coquetteries jusqu'au rock !… Mais l'affaire n'est pas si simple et beaucoup tiennent à distinguer un « hard rock » qui serait encore fortement redevable de ses influences blues (Led Zeppelin, par exemple) d'un heavy metal plus violent, plus rapide et délesté de l'héritage afro-américain au profit d'influences baroques et classiques (Deep Purple, par exemple). Ténébreuses et subtiles différences ? Ajoutons encore qu'aucune des deux appellations, tour à tour équivalentes, complémentaires ou opposées, ne trouve grâce jusque chez les anglophones – et si l'on vous dit que le groupe emblématique du genre, Led Zeppelin, tombe indifféremment, pour certains, dans les deux catégories… Bref, le mieux est peut-être de parler de « hard » et puis c'est tout !

L'expression « heavy metal », en tout cas, est née sous la plume de William Burroughs dont un des personnages de son roman *The Soft Machine* (*La Machine molle*, 1961), Uranian Willy, se fait aussi appeler « *The Heavy Metal Kid* ». Burroughs reprend d'ailleurs l'expression un peu plus tard dans son roman *Nova Express*, publié en 1964, à deux reprises (« *Heavy Metal People of Uranus* » et « *Metal Music* »).

Utilisée à son tour par le groupe californien Steppenwolf dans son célèbre titre « Born to Be Wild » en 1968 (« *I like smoke and lightning / Heavy metal thunder / Racin' with the wind / And the feelin' that I'm under* »), l'expression devient encore plus populaire quand le titre est retenu pour la bande originale du film *Easy Rider* (1969) de Dennis Hopper dont il accompagne la tragique équipée des deux antihéros, motards hippies aux trousses du Rêve américain. Pour boucler la boucle, au début des années soixante-dix, quelques-uns des critiques rock américains les plus en vue recourent à leur tour à l'expression, de manière souvent approximative et péjorative, lui assurant une destinée aussi prospère que brouillée.

Mémo rock : le hard rock

Comme souvent en rock – et en musique – toute définition d'un genre est forcément restrictive : quel(s) point(s) commun(s), après tout, entre le « hard rock » de Led Zeppelin, celui d'Iron Maiden ou celui de Guns N' Roses ? On peut toutefois s'entendre, si l'on peut dire, sur quelques éléments caractéristiques récurrents :

- **Un chanteur à la voix haut perchée (ou en tout cas, avec du coffre)** : le hard rock a repris du blues la tradition du *shouter* (littéralement, « gueuleur »), un chanteur à la voix puissante qui n'hésite pas à s'aventurer dans des aigus himalayesques (davantage en studio qu'en concert, d'ailleurs !). Un talent littéralement pas à la portée de tout le monde, ce qu'oublient parfois certains adeptes du genre qui s'improvisent chanteurs à la grande douleur de leurs courageux auditeurs : sachez-le donc, un bon chanteur de hard rock ne *crie* pas, il chante *haut* (et juste).
- **Une (ou plusieurs) guitares** : l'*alter ego* du chanteur de hard rock, c'est le guitariste. En l'absence d'un compère en soutien, celui-ci assume tour à tour la rythmique et les solos ; sinon, un deuxième guitariste, voire un troisième (oui, il y a même plus…) assurent la rythmique, les solos étant partagés ou réservés à un seul d'entre eux.
- **Une section rythmique « basse-batterie » massive** : le hard rock se définit aussi par la mise en avant (sonore et rythmique) de la basse électrique et de la batterie. Outrepassant leur rôle traditionnel de soubassement rythmique, les deux instruments assurent une pulsation

appuyée, souvent rapide et complexe, qui forme un véritable « mur de son ».

- **De la virtuosité** : le (bon) hard rock se joue vite… et bien : une virtuosité – réelle – est exigée pour traiter les différents climats (acoustique et électrique) de titres à la construction et au rythme souvent complexes. Sous leurs tenues de scène contestables et derrière leurs décibels excessifs, les « hard rockers » sont ainsi, pour l'essentiel, des musiciens accomplis à la culture musicale étendue, souvent d'origine classique, qui leur permet de s'affranchir de la structure rythmique traditionnelle du rock et de déployer des ambiances subtiles et encore insoupçonnées quelques années plus tôt. Enfin, démesure du genre oblige, chaque musicien – guitariste, bassiste et batteur – doit être capable d'assurer, en concert, un solo de quinze ou vingt minutes au bas mot – plus encore, si leurs collègues ont quitté la scène pour aller boire un coup en ville… En tout cas, certains, pas assez armés, s'y sont cassé les dents (et nos oreilles au passage) !
- **Des effets** : feedback, larsen, distorsion, wah-wah, fuzz… Tout ça ne vous dit rien ? En bref, disons que ces « effets » – en gros, tout ce qui altère ou amplifie le son des instruments électriques – constituent l'arsenal du musicien de hard rock qui n'hésite pas à y piocher à l'envi : dans les cas les plus réussis, les titres en sont rehaussés et atteignent à des sonorités inédites, dans les pires, les effets deviennent artifices et, joujoux bruyants entre les mains de sales gosses, en appellent fortement à l'indulgence de l'auditeur… En tout cas, la cause est entendue : le hard rock, plus que le rock encore, se voue à l'*électricité*.
- **Des paroles ridicules ou… ambitieuses** : si le hard rock célèbre souvent la femme, c'est, on ne vous le cache pas, avec une bonne dose de machisme adolescent, hérité du blues, que tempèrent à peine, dans les traditionnelles ballades romantiques auxquelles les groupes du genre s'essayent régulièrement, des évocations plus sereines et moins triomphantes. À cet inépuisable thème féminin s'ajoutent souvent, pêle-mêle, des thématiques médiévales, ésotériques et occultistes qui, maniant

sexe, violence et mystère, s'abîment souvent dans des clichés embarrassants pour l'auditeur postpubère ! En bref, à de rares et notables exceptions près – certains paroliers se livrent à des considérations littéraires, politiques, religieuses ou même philosophiques plutôt convaincantes –, le chant sera apprécié de préférence aux paroles.

- **Un son lourd et fort** : pour tous les instruments, voix comprise, le volume se doit d'être poussé au maximum : le hard rock se joue et s'écoute FORT.

… Vous avez déjà trouvé un contre-exemple qui ne remplit pas toutes ces conditions ? Quand on vous disait que c'était une tentative de définition !

Retenez tout de même, pour faire plus court, que le hard rock est un rock paroxystique qui, pour un peu, ferait sienne la devise olympique (traduite du latin que peu de hard rockers doivent connaître) : « Plus haut, plus vite, plus fort » !

Les origines : ce bon vieux blues…

Encore le blues ? Eh oui, c'est là qu'il faut à nouveau chercher les fondations mélodiques et rythmiques du hard rock – un genre dans lequel beaucoup ne voyaient, à ses débuts, rien de plus qu'une version alourdie et emphatique du folklore musical noir américain, qui décidément se rappelle au bon souvenir du rock à chacune de ses évolutions…

Les premiers signes de vie

N'OUBLIEZ PAS !

Quand est né le hard rock ? Comme pour le rock'n'roll, les candidats au titre de précurseurs officiels du genre se bousculent au portillon. Quand en 1958, le guitariste Link Wray lacère son amplificateur à coups de rasoir et crée pour son titre « Rumble » ce qui passe pour la toute première distorsion de guitare, le son étouffé et brouillon des accords de guitare simplifiés qui s'échappent des enceintes annonce, avec dix ans d'avance, les bourdonnements abrasifs des premiers groupes de hard rock. Cinq ans plus tard, en 1963, le surfeur californien Dick Dale enregistre des titres violents et rapides, portés par une guitare Fender au son compressé et agressif tout aussi novateur (le fameux « Misirlou » sur la bande originale du film *Pulp Fiction*, c'est lui).

Dans la foulée ou presque, toujours aux États-Unis, le courant « garage rock » (voir Chapitre 6), représenté notamment par les Sonics, les Seeds ou les Count Five, dispense un rock hargneux aux guitares mordantes et à la batterie musculeuse, qui doit beaucoup aux groupes anglais comme les Kinks. Ces derniers, exceptionnellement énervés, avaient d'ailleurs signé en 1964 un « You Really Got Me » au riff haché légendaire et au solo furieux ; un an plus tard, les Who dotent leur impétueux « I Can't Explain » de *power-chords* sismiques, directement hérités de Link Wray… Même les « gentils » Beatles apportent leur pierre (de taille) à l'édifice en 1968 sur leur *White Album* avec le titre « Helter Skelter » (en français « Débandade »), une décharge de sons et de cris inouïs, écrit par un Paul McCartney enragé.

Le blues nourri aux hormones de croissance

En marge de ces tentatives éparses, à comprendre comme autant d'incursions expérimentales et de défrichages instinctifs, d'autres groupes anglais (vous le savez si vous avez lu le chapitre 6), choisissent à partir du milieu des années soixante d'alourdir résolument les bases blues de leur rock, en développant des rythmiques de basse-batterie corpulentes, mais aussi en étirant les solos de guitare au-delà des douze mesures traditionnelles.

Sous la férule de leur colérique guitariste Jeff Beck, les Yardbirds proposent ainsi entre deux hits pop brassant psychédélisme et chants grégoriens, des *rave-up* (ou « délires ») instrumentaux dans lesquels basse et batterie s'affolent sous les assauts soniques du guitariste soliste. Encore teinté de psychédélisme, le « supergroupe » Cream offre un rock virtuose et pesant, Eric Clapton (guitare), Jack Bruce (basse) et Ginger Baker (batterie) rivalisant de virtuosité sur un socle blues qu'ils délaissent parfois en concert pour improviser dix, vingt ou trente minutes…

Au même moment ou presque, aux États-Unis aussi les sonorités se densifient et se durcissent : à San Francisco, en janvier 1968, Blue Cheer sort un *Vincebus Eruptum* métallique et étouffant tandis que Iron Butterfly (« le papillon d'acier ») s'amuse en juillet de la même année, sous le couvert du psychédélisme ambiant, à mêler légèreté et lourdeur dans une formule consacrée par un légendaire morceau de dix-sept minutes, « In-A-Gadda-da-Vida »... À Detroit, fin octobre 1968, les MC5 enregistrent au Russ Gibb's Grande Ballroom un premier album en public sanglant, *Kick Out the Jams*, dont la furie politisée et les guitares débridées font date. Originaires de la même ville (qui, vous le verrez plus bas, constitue alors une véritable scène « hard » américaine), les Stooges d'Iggy Pop délivrent un rock primitif et violent qui ouvre aussi la voie, avec dix ans d'avance, au punk (*Fun House*, 1970). Emmené par la section rythmique démesurée du bassiste Tim Bogert et du batteur Carmine Appice, Vanilla Fudge souffle le chaud et le froid avec une pop surélectrifiée (*Vanilla Fudge*, 1967). Gorgé d'électricité menaçante, le blues torturé et avant-gardiste du prodige Jimi Hendrix préfigure lui aussi fortement le hard rock, dès ses débuts en 1967 (« Foxy Lady »)...

Et, pour retourner de l'autre côté de l'Atlantique, Jeff Beck (encore lui...) s'associe en août 1968 à un jeune chanteur à la voix éraillée, Rod Stewart, pour graver un album historique, *Truth*, parcouru de riffs lourds et profonds, de basse caverneuse et de solos de guitare tranchants, qui pourrait bien être tout simplement le premier véritable album de hard rock.

Et pourtant, en ce dernier trimestre de l'année 1968, à bout de gestation, le hard rock peine encore à naître. C'est à un groupe anglais jailli de nulle part qu'on doit de lui avoir apporté ce qui lui manquait pour devenir genre à part entière : une voix à la hauteur de ses instruments.

L'ombre monumentale du « Dirigeable » : Led Zeppelin

En septembre et octobre 1968, quatre jeunes Britanniques s'enferment dans un studio d'enregistrement dans les environs de Londres : ressortis trente-six heures plus tard, ils venaient de révolutionner le rock en signant l'acte de naissance du hard rock. Pour le meilleur – et le pire, concédons-le aux âmes sensibles –, Led Zeppelin donnait au rock sa pleine (dé)mesure.

Jimmy Page et ses « Nouveaux » Yardbirds

L'histoire de Led Zeppelin, c'est avant tout celle de son maître d'œuvre, le guitariste Jimmy Page. Requin de studios courtisé par la crème du rock anglais (mais aussi du jazz ou de la variété), Page est « le » guitariste des années soixante qu'on appelle à la rescousse, qu'on soit les Everly Brothers, Cliff Richard, les Pretty Things, les Kinks – le solo de « You Really Got Me », ce serait lui, même si l'information a été de nombreuses fois démentie... –, Burt Bacharach, Paul Anka, Jackie DeShannon, Petula Clark et même... Eddy Mitchell ou Johnny Hallyday ! Déjà à l'affût de sonorités inédites, Page est l'un des premiers, sinon le premier, à amener dans les studios anglais un sitar, bien avant que le Beatle George Harrison ne popularise l'instrument indien auprès du public hippie.

À l'été 1966, il intègre les Yardbirds en s'improvisant bassiste (mieux que rien quand on a décidé un peu tardivement de devenir célèbre !) puis empoigne à nouveau sa guitare aux côtés de Jeff Beck (vous vous souvenez ?) : inespérée, la collaboration des deux pointures fait long feu mais donne des ambitions au jeune Jimmy qui, las des sessions de studios pourtant lucratives auxquelles la séparation des Yardbirds le condamne, décide de prendre les rênes de son premier groupe. Recrutant au débotté un jeune hippie à la voix de stentor, Robert Plant (chant), un ex-collègue lui aussi loup blanc des studios londoniens (John Paul Jones, basse et orgue) et un batteur inconnu au jeu herculéen, John Bonham, Page s'envole pour Copenhague avec ses nouveaux collègues en septembre 1968, pour la première date d'une tournée scandinave effectuée sous le nom des... New Yardbirds. À la fin du mois, les quatre musiciens entrent aux studios Olympic de Londres.

Octobre 1968 : le hard rock pousse ses premiers cris

En moins de deux jours (!), sous un nouveau nom soufflé par le truculent batteur des Who Keith Moon (Led Zeppelin, soit « zeppelin de plomb ») et une pochette tout aussi phallique (la photo de l'incendie du dirigeable *Hindenburg* le 6 mai 1937, sur l'aéroport de Lakehurst, près de New York), les quatre Anglais gravent douze titres qui révolutionnent le paysage rock et tracent les contours d'un hard rock enfin totalement épanoui : blues brûlants survitaminés, psychédélisme furieux (où la guitare électrique est frottée avec un archet de violon !), ballade traditionnelle aux surprenantes ruptures explosives, rock criard, bref et violent, le groupe traite toutes les ambiances avec une facilité insolente, se permettant même un intermède acoustique rafraîchissant.

Si Plant s'y distingue par des parties vocales spontanées d'une puissance et d'un placement rares, John Paul Jones par des lignes de basse fluides et John Bonham par un jeu de batterie titanesque, c'est bien le frêle Jimmy Page qui, panachant guitares acoustiques et électriques, y révèle son exceptionnel talent – de guitariste et de compositeur, mais aussi de producteur en créant un son « énorme », aux dynamiques subtiles, à la mesure du gigantisme de son groupe.

Pressés, les Anglais oublient aussi de créditer les artistes à l'origine de l'essentiel des compositions de l'album, comme les bluesmen Willie Dixon et Howlin' Wolf, le chanteur folk-rock Jake Holmes et le guitariste folk Bert Jansch : un pillage éhonté aux allures de vampirisme, absous, pour les fans du groupe, par les interprétations époustouflantes – et, certes, considérablement éloignées des titres originaux – proposées. L'influence de l'album *Truth* de Jeff Beck, paru en août 1968, sur un titre duquel étaient intervenus… Jimmy Page et John Paul Jones (« Beck's Bolero »), est par ailleurs incontestable.

L'état de grâce : le « Dirigeable » haut dans le ciel

Sorti en 1969, *Led Zeppelin* donne le coup de départ d'une discographie exigeante et ambitieuse, unique en son genre. Sur son deuxième album, enregistré en pleine tournée et sobrement intitulé *Led Zeppelin II* (1969), le groupe signe avec « Whole Lotta Love » et son riff primaire monumental, le premier véritable classique du hard rock. En pochette intérieure figure aussi la représentation d'un panthéon à la gloire du groupe qui en dit long sur l'estime dans laquelle se tenaient alors les quatre musiciens !

Avec *Led Zeppelin III* (1970), le groupe tente de faire taire les critiques qui, en masse, raillent leur rock jugé pompier et vulgaire, en s'ouvrant à des atmosphères acoustiques encore plus subtiles, pour un résultat superbe. Au passage, le groupe grave, avec le titre « Since I've Been Loving You », un des plus beaux blues électriques enregistrés, mille fois tentés en vain depuis par les plus grands noms de la guitare électrique.

Au faîte de leur créativité, les Anglais publient en novembre 1971 leur quatrième album à la pochette vierge de toute information – un clin d'œil confiant à leur notoriété en forme de déclaration d'indépendance à l'endroit de l'industrie du disque… Désigné depuis sous le nom de *Led Zeppelin IV*, ou *Untitled*, ou *Zoso* (en référence aux (faux) symboles runiques sous lesquels s'y présente, en pochette intérieure, chaque musicien), l'album s'impose à sa sortie comme le chef-d'œuvre du groupe qui y grave de nouveaux classiques, de « Black Dog » et son riff tentaculaire complexe à « Rock'n'roll », une épure totémique du genre. Mais la pièce maîtresse de l'album, c'est son « Stairway to Heaven », ballade acoustique, lente et majestueuse, construite en un crescendo mystique de plus de huit minutes qui éclate en un solo spontané et lumineux de Jimmy Page, accueilli comme l'un des plus parfaits du rock. Conscient de sa qualité, le groupe a d'ailleurs refusé de le publier en single, ce qui ne l'a pas empêché d'être longtemps le titre le plus diffusé sur les radios américaines !

Les Attila du rock : Led Zeppelin, le rock et les groupies

Le rock et les groupies ? Une affaire entendue dès les origines ! Le rock, en retour, ne s'est pas fait prier pour rendre hommage à ses fans dévouées corps (beaucoup) et âme (un peu ?)... D'AC/DC (« Whole Lotta Rosie ») à Guns N' Roses (« It's So Easy ») en passant par Grand Funk Railroad (« Sweet Connie ») et George Harrison (« Apple Scruffs »), nombreux sont les rockers qui ont ainsi gratifié les *girls* de compositions un peu railleuses et rarement valorisantes... Les incontournables Rolling Stones, eux, quand ils ne filmaient pas une partie fine à peine consentie à bord de leur avion sous le délicieux titre de « Cocksucker Blues » (on vous laisse chercher la traduction !), signaient de délicieux « Star Star (aka « Starfucker ») » et « Rip This Joint » dont les paroles valent le détour...

Certaines de ces fans, comme Pamela Des Barres et Bebe Buell – qui, avec d'autres délurées demoiselles, formaient les Girls Together Outrageously (ou GTO's), un groupe de groupies malicieusement lancé par Frank Zappa –, ont même atteint une espèce de célébrité, se partageant parfois leurs fameux trophées (Zappa justement mais aussi Captain Beefheart, Alice Cooper, Jim Morrison, Robert Plant, Rod Steward, Noel Redding, Keith Moon, Gram Parsons, Iggy Pop, David Bowie, Elvis Costello, Stiv Bators, Steven Tyler... la liste est interminable ou presque).

La plus surprenante de ces groupies ? La fameuse Cynthia « Plaster » Caster, immortalisée d'ailleurs elle aussi par un titre (« Plaster Caster », de Kiss) qui, un peu étudiante en art, s'est rendue célèbre en sculptant amoureusement les membres virils de quelques rockers *sixties* (Jimi Hendrix et Wayne Kramer du MC5 notamment) dans d'accueillants moules d'alginate.

Avec Led Zeppelin, un cap est franchi et la vie de tournées, par définition pas vraiment casanière, prend des proportions épiques. Si le rock regorge d'anecdotes sur les dérapages notoires de groupes, comme les Who, Deep Purple, les Rolling Stones ou Mötley Crüe, trompant leur ennui mortel à coups de blagues plus ou moins potaches, Led Zeppelin devient dès sa première tournée américaine le douteux héraut de cette « *life on the road* » : chambres d'hôtels saccagées, importuns tabassés, groupies malmenées, les Anglais s'attirent rapidement une réputation de voyous. À bord de leur avion personnel – qui disposait même d'une fausse cheminée ! –, les quatre jeunes Britanniques vivaient ainsi leurs tournées comme autant de conquêtes (voir leur album en public aux États-Unis *How the West Was Won* – en version française : *La Conquête de l'Ouest*) dont le point culminant est l'infâme incident dit « du requin » que la décence nous interdit de détailler ici...

La vitesse de croisière...

Après un album de transition d'excellente facture (*Houses of the Holy*, 1973) à la croisée du folk-rock, du rock progressif, du funk et même du reggae, Led Zeppelin revient en 1975, au terme d'une insupportable attente de plus de deux ans pour ses millions de fans, avec un double album, *Physical Graffiti*, qui explore toutes les facettes d'un rock grandiose et serein : hard rock, funk, folk, country-rock, rock fifties, blues de la fin des années vingt, tout y passe avec brio ! Incorrigible, le groupe y accouche une nouvelle fois d'un chef-d'œuvre monstrueux, « Kashmir », titre épique aux ambiances indiennes et orientales, conduit par un riff symphonique hypnotique de Page et la frappe de forgeron de Bonham.

La sortie de *Physical Graffiti* semble pourtant signer la fin de l'âge d'or d'un groupe sur lequel le sort semble dès lors s'acharner : en 1975, Robert Plant est victime d'un grave accident de voiture lors d'un séjour sur l'île de Rhodes et, deux ans plus tard, son jeune fils de cinq ans, Karac, meurt des suites d'une infection virale. Des esprits chagrins se sont empressés d'y voir une espèce de sanction divine, le groupe, et surtout son guitariste, flirtant notoirement avec l'occultisme (et, plus grave encore, un succès insolent).

Une coda tragique

Soucieux de retrouver l'urgence originelle d'un rock alors pris d'assaut par le punk, les quatre Anglais publient en 1976 un disque surprenant, direct et dépouillé qui compte un dernier classique, un « Achilles Last Stand » épique où les guitares de Page s'empilent pour construire une véritable cathédrale sonore (*Presence*). Si le dernier album du groupe, dispersé et défait, déçoit (*In through the Out Door*, 1979), sa prestation au festival de Knebworth en mai 1979 devant plus de 200 000 personnes témoigne d'une énergie sauve ; mais la tournée qui suit tient davantage du baroud d'honneur : le 25 septembre 1980, John Bonham est retrouvé mort au domicile de Page, victime d'un coma éthylique. Dévasté, le groupe décide peu après de se séparer et clôt ainsi un des chapitres les plus audacieux du rock.

Les années quatre-vingt et quatre-vingt-dix sont, pour les fans éplorés du groupe, rythmées par les rumeurs de reformation. Les trois « survivants » se rassemblent exceptionnellement lors de concerts commémoratifs mais restent surtout attachés à la poursuite de leurs propres carrières solo, honorables mais difficilement comparables aux années d'or du « Dirigeable ». Contre toute attente, le 10 décembre 2007, le groupe se reforme avec le fils de John Bonham derrière les fûts le temps d'un concert médiatisé à l'extrême qui laisse espérer un miraculeux retour en studio.

Tentations néoclassiques et rock à la sauce Hammer : Deep Purple et Black Sabbath

On vous a promis une « sainte trinité » du hard rock ? Voici les deux autres légendes du genre ! Il ne faut en effet que quelques mois à Led Zeppelin pour assister à l'émergence de concurrents qui, avec leurs spécificités, contribuent eux aussi à fixer un premier état du hard rock. Deep Purple, groupe originellement pop et psychédélique anglais, se range ainsi à ses côtés et en devient le rival le plus acharné, lâchant la bride, du jour au lendemain ou presque, à ses guitares, à ses claviers – et à sa voix.

Sur un tout autre flanc, plus théâtral et moins technique, c'est le groupe Black Sabbath qui talonne Led Zeppelin. Conduite par le chanteur Ozzy Osbourne (bien avant qu'il ne devienne une improbable star de la télé-réalité américaine avec l'émission « *The Osbournes* » de la chaîne MTV), la formation faussement sataniste marque de son empreinte aujourd'hui encore, de Metallica à Rage Against The Machine en passant par Jane's Addiction, Ministry ou Nirvana, le paysage rock.

Voici l'histoire de ces deux groupes fondamentaux du hard rock anglais.

Deep Purple : de la pop au hard néoclassique

Formé en 1968, à Hertforden en Angleterre, Deep Purple comprend le chanteur Rod Evans, le guitariste Ritchie

Blackmore, le claviériste Jon Lord, le bassiste Nick Simper et le batteur Ian Paice. Son rock est influencé par la musique pop, psychédélique et baroque du groupe américain Vanilla Fudge. Deux titres pop, « Hush » de Joe South et « Kentucky Woman » de Neil Diamond, assurent au groupe un premier succès mais pas encore dans son propre pays !

Si le groupe est déjà impressionnant de technicité sur les deux premiers albums en 1969 (*Shades of Deep Purple* et *The Book of Taliesyn*), c'est à partir de *Deep Purple*, son troisième album éponyme, que son son trouve son identité : les claviers virtuoses de Lord, de formation classique, et la guitare agressive de Blackmore commencent à s'y chercher des noises !

Le départ d'Evans et Simper et l'arrivée du puissant chanteur Ian Gillan et du bassiste Roger Glover scellent la meilleure configuration du groupe, celle qui l'inscrira au panthéon du hard rock avec quatre albums devenus des classiques du genre. L'échec de leur projet de mariage du rock et de la musique classique (*Concerto for Group and Orchestra*, 1970, enregistré au Royal Albert Hall de Londres avec le Royal Philharmonic Orchestra dirigé par Malcolm Arnold) convainc le groupe de se rallier au « hard rock ». Les résultats sont spectaculaires !

ATTENTION CLASSIQUE !

In Rock, le premier des quatre albums, est lancé par un single prometteur, « Black Night ». Sa pochette tout d'abord frappe les esprits par sa mégalomanie encore plus poussée que celle de Led Zeppelin sur son deuxième album : les visages des cinq musiciens y sont représentés sculptés dans le célèbre mont Rushmore, à la place de leurs illustres prédécesseurs comme George Washington ou Abraham Lincoln ! À l'intérieur, les titres, d'une rare violence et d'une technicité sidérante, se partagent entre les acrobaties vocales d'un Gillan à la voix haut perchée et les solos croisés de Lord et Blackmore, sous forte influence « classique ». Chef-d'œuvre instantané, l'album est écrasé par son titre « Child in Time », tour de force de Gillan qui s'y aventure dans des octaves sensationnelles (et ascensionnelles) mais aussi de Blackmore qui grave un solo furieux, d'une précision à couper le souffle, mille fois repris depuis. Annoncé par le single « Strange Kind of Woman », *Fireball* (1971) confirme l'excellence du groupe.

Avec l'album suivant, *Machine Head* (1972), Deep Purple s'assure une espèce d'immortalité au sein du hard rock. Son titre le plus connu, « Smoke on the Water » et son riff simple à l'extrême (l'un des plus célèbres du rock), n'est peut-être pas le plus représentatif d'un album où la vitesse et la précision, presque clinique, du groupe font des merveilles, comme sur « Highway Star ». Quant à la « fumée sur l'eau » du titre phare de l'album, elle fait référence à l'incendie du casino de Montreux où se produisaient alors Frank Zappa et ses Mothers of Invention. Consécration obligée de la virtuosité du groupe, le double album enregistré en public *Made in Japan* (1972) est un succès énorme qui n'évite pas toujours les digressions, époque oblige !

La suite de la saga du groupe est marquée par d'incessants changements (et retours) de musiciens. Gillan et Glover le quittent après l'album *Who Do We Think We Are* (1973). Leurs remplaçants, le chanteur David Coverdale et le bassiste-chanteur Glenn Hughes, revigorent le groupe avec un album marqué par la soul, *Burn*, en 1974. Le déclin du groupe semble pourtant irréversible : Blackmore lui-même part former avec succès une copie de son propre groupe, Rainbow, avec le chanteur Ronnie James Dio. Son remplaçant, le guitariste Tommy Bolin, fait ses armes sur un album prometteur (*Come Taste the Band*, 1976) mais meurt quelques mois plus tard d'une overdose. Dissous en juillet 1976, le groupe multiplie depuis les reformations, non sans succès ni inévitables concessions commerciales (*Perfect Strangers*, 1984 ; *Bananas*, 2003).

Black Sabbath : le rock de Boris Karloff

Le chanteur John « Ozzy » Osbourne, le guitariste Tony Iommi, le bassiste Terry « Geezer » Butler et le batteur Bill Ward décident du nom définitif de leur groupe après avoir visionné un film de Mario Bava de 1963, *Les Trois Visages de la peur* (avec Boris Karloff et... Michèle Mercier pour les cinéphiles !)... *Black Sabbath* en version originale ! Fort de ce nom inquiétant, le groupe, formé à Birmingham en 1967, et alors plus attiré par le blues électrique et même les ambiances jazz, s'engouffre dans la brèche hard rock pour son premier album, *Black Sabbath*, en 1970.

Le génie de Black Sabbath c'est de développer un rock théâtral (bien avant le *glam rock*) sur fond d'occultisme et de satanisme (de pacotille, naturellement) ; c'est aussi, grâce au son caverneux et oppressant du guitariste Iommi, de recréer les ambiances lourdes, lugubres et funèbres des films d'épouvante de la Hammer en jouant un blues ralenti, enrichi ici du son d'un orage qui éclate et d'un terrible tocsin. Mais cette messe noire à la sauce rock, proche du grand-guignol, n'est tout à fait convaincante, à défaut d'être effrayante, que grâce au chant approximatif mais possédé d'Osbourne, qui semble, lui, réellement dément ! La section rythmique du groupe, basse agile et rugueuse sur roulements colossaux de batterie, y est déjà exemplaire.

Le deuxième album du groupe, *Paranoid* (1971), leur apporte leur premier vrai classique, « War Pigs », un long morceau apocalyptique hanté par les visions délirantes d'Osbourne qui ouvre un album inusable, bien plus subtil qu'il n'y paraît. Le rouleau compresseur est en marche : avec *Master of Reality* (1971), *Vol.4* (1972), *Sabbath Bloody Sabbath* (1973) et *Sabotage* (1975), le « Sab' » montre qu'il est le maître du hard rock diabolique ! La critique reste toutefois le plus souvent assassine, même quand le groupe, conscient des limites de son approche, s'ouvre partiellement au synthétiseur. En 1976, *Technical Ecstasy* et, deux ans plus tard, *Never Say Die!* n'apportent rien d'essentiel à la discographie d'un groupe dispersé dont le chanteur emblématique annonce, en 1979, son départ. Il connaîtra une carrière encore plus heureuse commercialement, dès son premier album, *Blizzard of Ozz* (1980), avec le guitariste surdoué Randy Rhoads qui, avant son décès précoce, semblait jouir des virtuosités additionnées de Ritchie Blackmore et de Edward Van Halen (voir Chapitre 16).

Une démonologie du rock

Le Malin et le rock, une vieille histoire ça aussi... Artificiel et théâtral, le satanisme, au contact du rock, mêle surtout crédulité et marketing – et certes, beaucoup plus exceptionnellement, manipulation, folie et meurtres... Très tôt, en tout cas, la messe est dite : le rock est la musique du diable, ses origines afro-américaines, ses rythmes simples et hypnotiques aux résonances tribales, l'hystérie de ses concerts aux relents de rites vaudous en attestant incontestablement (pour un certain public américain très conservateur, du moins)...

Certains ne s'en offusquent pas et, de Mick Jagger et son « Sympathy for the Devil » à Black Sabbath, Alice Cooper, Kiss ou Marilyn Manson, beaucoup se rendent à l'évidence : le Diable fait vendre. À leur suite, le message est entendu par des milliers de groupes de hard rock caricatural s'abîmant dans un satanisme creux à la scénographie et la panoplie marquées : momies, squelettes, masques et maquillage, guillotines, hémoglobine, volatiles plus ou moins sacrifiés au cours de concerts qui se voulaient messe noire et culte satanique... Les fans, à leur tour, en arborent bientôt les colifichets – croix renversées et pentacles en pendentifs, bracelets de force et bien sûr, signe de reconnaissance inoubliable, poing fermé, index et auriculaire levés en cornes du diable... Des groupes comme King Diamond, Morbid Angel, Cannibal Corpse ou Deicid (et tant d'autres plus ou moins rattachés à un *death metal* au nom explicite) poussent ensuite le concept marchand plus avant avec une conviction que leur disputent seuls quelques rares groupes de rock catholiques à la carrière très confidentielle...

Et les indispensables preuves de l'existence du Démon, au fait ? Le rock y a apporté, à son corps défendant, sa modeste contribution, notamment grâce à la technique des bandes d'enregistrement inversées, popularisée par les Beatles (sur les titres « Rain » et « Tomorrow Never Knows ») qui venaient opportunément à la rescousse de certains exégètes un peu tordus d'un « satanisme rock »... Une croisade douteuse, encore active, était lancée et les disques de nos rockers d'être passés à l'envers (ou au ralenti) à la recherche de messages subliminaux enfouis dans des mixages manipulateurs et sataniques : de « Another One Bites the Dust » de Queen (dont le refrain, joué à l'envers donnerait « *It's fun to smoke marijuana* », soit « c'est super de fumer de la marijuana »...), à « Revolution 9 » des Beatles, du « Empty Spaces » de Pink Floyd à l'« Hotel California » des Eagles, du « Back in Black » d'AC/DC au « Locomotive Breath » de Jethro Tull, sans oublier l'ésotérique « Stairway to Heaven » de Led Zeppelin, tout était prétexte à débusquer le Fourchu dans ces messages souterrains. Même Britney Spears y passait !

De vraies tragédies, occasionnées par de vrais fous qui mettaient leurs gestes sur le compte de Belzébuth et du rock, ont toutefois eu lieu, comme avec la secte lombarde les « Bêtes de Satan » qui, sous l'inspiration du groupe Slayer (disent-ils), ont torturé, mutilé, brûlé et pendu leurs (vraies) victimes... Dans la confusion générale, un procès a aussi été intenté à Judas Priest après le suicide de deux adolescents du Nevada dont les familles éplorées (mais bien conseillées) avaient avancé que le titre « Better By You, Better Than Me » du groupe était à l'origine du geste tragique de leurs enfants. Quant à AC/DC, c'est le *serial killer* Richard Ramirez qui s'est réclamé de leur influence lors de son procès.

Fort heureusement, des esprits plus scientifiques ont vite argué qu'à force de persuasion, on pourrait tout aussi bien y entendre la recette du jarret de veau aux lentilles ou l'hymne national sibérien (très rare)... Judas Priest rappelait fort à propos qu'à tout prendre, il aurait été plus intelligent de leur part d'inclure des messages subliminaux commerciaux pour vendre davantage d'albums. Railleur, le J. Geils Band a ainsi enfoui, au fin fond de son titre « No Anchovies, Please » (« pas d'anchois, svp ») un pur message luciférien : « *It doesn't take a genius to tell the difference between chicken shit and chicken salad* » (« pas besoin d'être un génie pour faire la différence entre la merde de poulet et la salade de poulet ») qui, nous semble-t-il, clôt le débat...

Comme parfois (mais peu souvent) en rock, la résurrection artistique du groupe est aussi rapide que surprenante : le chanteur Ronnie James Dio, transfuge de la nouvelle formation de Ritchie Blackmore, Rainbow (vous vous souvenez ?), investit le groupe de son chant épique, sans l'étouffer de ses marottes médiévales et lui donne deux nouveaux classiques, *Heaven and Hell* (1980) et *Mob Rules* (1981), à l'énergie renouvelée. Mais le conte de fées, si l'on peut dire, est de courte durée et le « Sab' », dès lors, connaît une deuxième vie instable et compliquée, faisant même appel au chanteur de Deep Purple Ian Gillan pour un album en demi-teinte (*Born Again*, 1982) ou en 1995, enregistrant avec le rappeur Ice-T ! À la joie des fans de la première heure, la « Bête » a ressuscité en 1997 dans sa formation originelle pour une ultime tournée – et un album live, trente ans après leurs débuts, forts de deux nouveaux titres prometteurs qui laissent espérer un retour au sommet du groupe.

Les renforts américains

Si trois groupes anglais règnent sur le « metal », nombreux sont les groupes américains à avoir participé à la naissance de ce hard rock ; ils le sont encore plus à poursuivre le défrichage sonore des ambiances « hard » après eux, dans ce qui, avec un taux particulièrement élevé de groupes cultes au centimètre carré, est ni plus ni moins qu'un régal pour les amateurs de guitares électriques ! Alors, en attendant un *Hard rock pour les Nuls*, voici un tour d'horizon des fines gâchettes de la guitare électrique, côté américain cette fois-ci.

Autour de la « Ville des moteurs »

On commence par une ville industrielle du Nord des États-Unis, dans le Michigan exactement : Detroit, surnommée « la Ville des moteurs » ! Cette ville va se révéler, avec ses voisines Ann Arbor et Flint, un des réservoirs les plus importants de groupes de hard rock dès la fin des années soixante.

Le MC5, le rock révolutionnaire, le vrai

Ce MC5, vous avez déjà croisé sa route dans ce chapitre puisqu'il est tout simplement considéré comme l'un des précurseurs du hard rock ! Dès l'introduction de leur premier album *Kick Out the Jams*, un enregistrement en public explosif d'une série de concerts au Grande Ballroom de Detroit en octobre 1968, le groupe (dont le nom même est un hommage à sa ville, la « Motor City ») donne effectivement le ton, et volume à fond qui plus est : le chanteur Rob Tyner appelle à la révolution d'un cri terrifiant, « *Kick out the jams, motherfuckers!!!* », que la décence nous interdit de traduire (et qui a d'ailleurs été censuré sur certaines copies). Au menu, des grosses guitares tranchantes, servies par une paire de guitaristes détonante, Fred « Sonic » Smith et Wayne Kramer, un peu de rock psychédélique et même une touche de jazz… Managé par l'activiste John Sinclair, fondateur du White Panther Party – un parti radical prônant la révolution immédiate qui se voulait le pendant « blanc » des Black Panthers d'Elridge Cleaver –, le MC5 substituait à l'idéalisme hippie sa propre utopie : renverser la société… par le rock ! Revenue rapidement à la raison, la formation américaine a produit deux autres albums,

Back in the USA (1970) où elle revisitait le rock originel américain et, plus élaboré, *High Time* avant de céder la place au hard rock triomphant et, bientôt, au punk dont, avec dix ans d'avance, elle semblait avoir adopté la menaçante intransigeance.

Les Stooges, le hard rock reptilien

Probablement le groupe le plus marquant de Detroit, les Stooges sont formés en 1968 par le chanteur James Osterberg dit Iggy Pop avec les frères Asheton (Ron à la guitare et Scott à la batterie) et le bassiste Dave Alexander. Dès le premier album (*Stooges*), leur rock violent, primitif, tranchant, vulgaire – et, ils y tiennent, amateur – est une gifle balancée à la face de tous les rocks de l'époque, garage, psychédélique ou blues dont les quatre petites frappes s'inspirent sans finesse. Ne le répétez pas, mais le punk est née avec dix ans d'avance !

De ce rock « cradingue » au possible, que seuls les New-Yorkais du Velvet Underground, dans un autre genre, proposent alors, Iggy Pop est le roi : d'une culture et d'une intelligence démoniaque, d'un charisme rare, le chanteur, autodestructeur et drogué, fait de chacune de ses prestations un *happening* choquant et radical, n'hésitant pas à se taillader, se dévêtir complètement (ou déféquer…) sur scène, se jeter dans le public et chercher le coup de poing… Le deuxième album du groupe, *Fun House* (1970), est un chef-d'œuvre absolu du groupe : les riffs de Ron Asheton, qui semble avoir réappris la guitare entre-temps, sont cinglants, et la voix de Pop, une des plus belles du rock, tour à tour caverneuse comme celle d'un Frank Sinatra ou aiguë comme celle d'un primate devenu fou, est pour le moins impressionnante. Le rock industriel n'est pas loin (voir Chapitre 20) !

Un nouveau guitariste, James Williamson, vient renforcer un groupe complètement désorienté – ou plutôt le recomposer, Ron Asheton passant honteusement à la basse pour l'enregistrement d'un troisième album auquel plus personne ne croyait, *Raw Power* (1973). Produit – rugueusement – par David Bowie, c'est un succès mais le groupe se désintègre. Pop, lui, guidé par Bowie, fait un come-back remarqué en 1977 avec deux albums solo imprégnés de pop électronique, acclamés par la critique

(*The Idiot* ; *Lust for Life*). Celui qu'on surnomme « Mick Morrison » (un mélange de Mick Jagger et Jim Morrison) s'enfonce pourtant, à nouveau, dans une de ses « nuits de l'iguane » (toxiques) dont il a malheureusement le secret pour réapparaître, désaccoutumé, à la fin des années quatre-vingt et obtenir un de ses plus grands succès, avec l'album *Brick by Brick* (1990). Contre toute attente, les Stooges se reforment en 2007, sortent un album honorable, *The Weirdness*, et, la soixantaine « au compteur », repartent en tournée mondiale. Ron Asheton décède dans des circonstances confuses au début de l'année 2009.

La scène de Detroit

La scène de Detroit, c'est aussi, à l'ombre des Stooges, les Amboy Dukes du guitariste Ted Nugent qui se lance en 1970 dans une carrière solo tout à la gloire de son jeu de guitare hystérique (*Cat Scratch Fever*, 1977), Bob Seger et son Silver Bullet Band qui se font connaître par un rock musclé qui fera, un temps, de l'ombre à Bruce Springsteen (*Night Moves*, 1975) ou encore le J. Geils Band, Frost et Mitch Ryder et ses Detroit Wheels.

Originaire de Flint, le trio Grand Funk Railroad se taille quant à lui rapidement la douteuse réputation de plus mauvais groupe du monde : rustiques, ses albums contiennent pourtant des classiques du rock avec la voix soul de Mark Farner et la section rythmique musculeuse de Mel Schacher et Don Brewer (*Closer to Home*, 1970) : raillés par la critique, il comptera parmi les groupes de hard rock les plus vendeurs de ce début des années soixante-dix !

De New York à Jacksonville, l'Amérique toutes guitares dehors

Le hard rock est partout aux États-Unis : chez Cactus, un groupe bâti sur les cendres de Vanilla Fudge, qui est présenté comme un Led Zeppelin américain malgré un goût très personnel pour les *boogies* survitaminés (*Restrictions*, 1971) ; mais aussi chez de futurs titans du genre, Aerosmith et Blue

Öyster Cult ; quant aux joutes de guitares électriques, il suffit de plonger au plus profond du rock sudiste, celui de Lynyrd Skynyrd ou des Allman Brothers, pour en profiter généreusement – certains, comme le guitariste Billy Gibbons de ZZ Top assurant d'ailleurs tout seul comme un grand le déluge de décibels grésillants. En bref, hard rock ou pas, les guitares sont de sortie, tous aux abris !

Aerosmith, le swing du hard rock

Formé en 1971 à Boston, Aerosmith publie un premier album excitant, catalogué un peu vite comme du garage rock simplement mis au goût du jour ; s'y font pourtant déjà entendre l'exceptionnelle cohésion du groupe et des compositions musclées (« Mama Kin ») ou distinguées (« Dream On »). Éreinté, accueilli railleusement comme des Rolling Stones au petit pied – en raison de la similarité du duo formé par son chanteur lippu et extraverti Steven Tyler et son discret guitariste Joe Perry avec le couple Jagger-Richards –, le groupe renverse la tendance avec un excellent second album, mieux produit (*Get Your Wings*, 1974), qui contient lui aussi son lot de classiques (comme le superbe « Lord of the Thighs ») et surtout avec deux albums fantastiques, *Toys in the Attic* (1975) et *Rocks* (1976), dont la perfection réussit même à diviser les fans ! Si le premier privilégie effectivement des compositions plus ouvertement mélodiques et que le second est pétri d'une noirceur subtile et de tonalités hard rock un peu plus prononcées, on aurait tort de faire la fine bouche tant, les deux albums confondus, c'est une série de classiques rock tout simplement jubilatoires que délivrent les « Bad Boys from Boston » (comme on a pu les surnommer parfois), de « Sweet Emotion » à « Back in the Saddle » en passant par « Adam's Apple », « Sick as a Dog » ou « Walk This Way » (que le groupe reprendra avec le groupe de rap RUN-DMC en 1987).

Les influences sont certes sensibles ; le groupe semble assembler le rock crasseux des Rolling Stones, celui, décadent, des New York Dolls et celui, puissant, de Led Zeppelin, mais il ne se réduit pas à ces comparaisons croisées : la section rythmique efficace du guitariste rythmique Brad Whitford, du bassiste Tom Hamilton et du batteur Joey Kramer donne un swing inhabituel au hard rock, et le jeu de Perry est l'un des plus racés du rock avec celui de Jeff Beck, à l'image d'un groupe qui a d'ailleurs toujours su éviter la grandiloquence de ses pairs ; quant à Tyler, outre son talent rare de compositeur (textes spirituels compris), c'est un chanteur à l'énergie exceptionnelle portant littéralement chacun des titres du groupe à la force de son larynx !

Les comparaisons avec les « Stones » progressivement oubliées, Tyler et Perry héritent bientôt d'un ultime rapprochement avec le groupe de Mick Jagger en se faisant ironiquement baptiser les « Toxic Twins » (soit « les jumeaux toxiques »… pour ne pas dire « toxicos »), sur le modèle des « Glimmer Twins » (« les jumeaux scintillants »), le surnom de Jagger et Richards. La fin des années soixante-dix est en effet placée sous le signe de la drogue dont la consommation effrénée au sein du groupe menace celui-ci d'éclatement ; Aerosmith évite d'ailleurs de justesse la dissolution mais voit toutefois sa créativité décliner et son indispensable guitariste Joe Perry en partir à la fin des années soixante-dix.

Contre toute attente, Perry revenu, le groupe revint au premier plan en 1984 avec l'album *Done with Mirrors* et, plus encore, trois ans plus tard, avec l'album *Permanent Vacation* où la patte mélodique et l'énergie du groupe, qui s'est désaccoutumé de la drogue, se teintent efficacement des dernières sonorités radio. La recette est d'une efficacité indéniable et, en 1989, l'excellent album *Pump* montre que les concessions commerciales n'ont pas entamé la vigueur ni même la personnalité du groupe. Pourtant, passé ce chef-d'œuvre, Aerosmith bascule progressivement dans une certaine facilité que son talent et son professionnalisme distinguent *in extremis* du tout-venant. Extrêmement populaire, peut-être plus qu'à l'époque de ses premiers classiques, révéré par la nouvelle génération (dont une partie, comme Guns N' Roses, s'en inspire ouvertement), le groupe est devenu au début des années 2000, un poids lourd du rock, aux côtés des… Rolling Stones (désolé, les gars !)

Blue Öyster Cult, les intellos du hard rock

Du hard rock… intellectuel ? C'est en tout cas la réputation, exagérée comme souvent, que traîne le groupe Blue Öyster Cult que ses textes littéraires, souvent teintés de science-fiction et d'horreur (avec parfois même la collaboration d'écrivains comme Michael Moorcock ou Stephen King) ont couvert d'un voile ésotérique un peu déroutant pour le nouvel auditeur. Et pourtant quel groupe ! Formé à Long Island en 1967, autour de deux futurs critiques rock, Sandy Pearlman et Richard Meltzer, Blue Öyster Cult (« le culte de l'huître bleue ! ») prend tôt les allures d'une véritable machine de guerre avec des guitares (jusqu'à cinq sur scène !) décapantes en première ligne. Après un premier album prometteur, le groupe signe deux classiques coup sur coup, *Tyranny & Mutation*, en 1973 et *Secret Treaties* l'année suivante, sur lesquels la guitare majestueuse de Buck Dharma, soutenue par le clavier d'Allen Lanier et la rythmique des frères Bouchard (Joe à la basse et Albert à la batterie), fait des merveilles ; subtil et complexe, tendu du chant souvent inquiétant d'Eric Bloom, le rock du groupe peut faire preuve d'une violence inouïe comme sur le morceau « Dominance and Submission ».

Soucieux de séduire davantage le grand public, le groupe assagit un peu son univers sonore et parvient à simplifier ses compositions sans se renier. La démarche est payante : dès 1976, le single « (Don't Fear) The Reaper » sur l'album *Agents of Fortune* devient un hit et, au grand bonheur des fans, est même inclus dans le célèbre film d'horreur de John Carpenter, *Halloween*. L'année suivante, c'est le titre « Godzilla » sur l'album *Spectres* qui donne au groupe son nouveau hit. Après deux live impressionnants (*On Your Feet or on Your Knees* ; *Some Enchanted Evening*), le groupe aborde les années quatre-vingt avec un succès critique et commercial non démenti, notamment avec les albums *Cultosaurus Erectus* et *Fire of Unknown Origin*. Un peu éclipsé par la génération montante, il effectue un come-back réussi en 2001 avec *Curse of the Hidden Mirror*.

Les splendeurs du rock sudiste

Vous êtes amateur de longs solos de guitare électrique, lyriques, ardents et affilés ? Ne cherchez pas plus loin, le rock « sudiste » est fait pour vous…

Le terme renvoie, logiquement, au rock produit dans le Sud des États-Unis pendant son âge d'or des années soixante-dix. Cette distinction géographique lui assure d'ailleurs sa seule véritable homogénéité, les trois groupes les plus connus de cette région, les Allman Brothers, Lynyrd Skynyrd et ZZ Top, ayant finalement peu en commun.

Le premier d'entre eux, les Allman Brothers s'est fait remarquer en concert au début des années soixante-dix par de longues improvisations gorgées de blues et de country électriques où brillaient les guitares de Duane Allman et Dickey Betts et le clavier du frère Greg Allman (*At Fillmore East*) avant que la tragédie ne frappe le groupe qui perd coup sur coup son guitariste vedette, Duane Allman, et son bassiste Berry Oakley dans des accidents de moto (à un an d'intervalle, quasiment au même endroit !).

Originaire de Jacksonville en Floride, Lynyrd Skynyrd durcit le ton et, ses trois talentueux guitaristes en avant (Ed King, Allen Collins et Gary Rossington), s'impose comme le groupe totémique du rock sudiste avec, entre 1973 et 1977 une série d'albums superbes (*Pronounced 'leh-'nerd'skin-'nerd* ; *Second Helping* ; *Nuthin' Fancy* ; *Street Survivors*) dominée par le talent de chanteur et de compositeur de Ronnie Van Zant. En 1977, comme si les grandes sagas sudistes, rock compris, ne pouvaient trouver d'issue autre que tragique, une partie du groupe périt dans un accident d'avion. Auréolés de sa légende, les survivants du groupe continuent aujourd'hui encore à tourner sous son prestigieux nom, avec comme incontournable cheval de bataille le titre-fleuve « Free Bird », un tour de force rock à ranger aux côtés du « Stairway to Heaven » de Led Zeppelin et du « Child in Time » de Deep Purple.

À sa suite, d'autres groupes comme Molly Hatchet (*Molly Hatchet*, 1978), Blackfoot (*Marauder*, 1981), .38 Special (*.38 Special*, 1977), le Marshall Tucker Band (*Marshall Tucker Band*, 1973) ou Point Blank (*Point Blank*, 1976) dispenseront un rock sudiste plus ou moins modelé sur le sien, non sans courtiser en passant les radios. Enfin, dans les années quatre-vingt-dix, les groupes sudistes Gov't Mule et Raging Slab attireront à nouveau les projecteurs sur un rock sudiste dont les guitares grésillantes avaient presque fini par se faire oublier.

Dernière formation de cette trinité sudiste, ZZ Top s'écarte à bien des égards du rock sudiste de ses deux illustres pairs. Trio inaltérable depuis sa formation à Houston en 1969, le groupe évolue tout d'abord autour d'un boogie rock crépitant aux senteurs tex-mex dans une suite d'albums parfaits (*ZZ Top's*

First Album, 1971 ; *Rio Mud Grande*, 1972 ; *Tres Hombres*, 1973 ; *Fandango!* , 1975) où le jeu précis et vibrant du guitariste Billy Gibbons s'épanouit sans jamais une seule once de complaisance, comme sur le fameux « La Grange » qui éclipse tous les *boogies* antérieurs et ultérieurs (même ceux des groupes spécialistes du genre comme Foghat, Status Quo ou Humble Pie !).

À la faveur d'une de ces reconversions radicales dont le rock a le secret, le groupe, un peu en perte de vitesse au début des années quatre-vingt, se tourne alors avec modération vers les synthétiseurs au moment même où la chaîne de télévision musicale MTV prend son envol ; inspiré, ZZ Top décroche la timbale en mariant les riffs blues acérés de Gibbons à des sonorités électroniques éparses, le tout sous le couvert de clips rigolards et racoleurs où filles ingénues et belles bagnoles sont réunies au nom d'une harmonie dont on nous suggère qu'elle est toute texane.

Notez, en passant, que le groupe de Berkeley (sur la côte ouest, donc) Creedence Clearwater Revival, souvent associé à tort à ce rock sudiste, a été l'un des plus gros vendeurs des années soixante-dix ; conduit par John Fogerty, dont le chant évoquait de manière troublante celui de Little Richard, il a ignoré quasiment toutes les modes ambiantes pour délivrer un rock fiévreux, inspiré des années cinquante, en alignant une série de hits imparables (*Cosmo's Factory*, 1970). Et, pour que vous sachiez tout, c'est l'un des préférés de l'auteur !

Les guitares électriques autour du monde

Ne vous y trompez pas : dominé par les formations anglaises et américaines, tout au long des années soixante-dix, le hard rock est partout, en Australie, en Allemagne, en Irlande… et même en France (voir Chapitre 15), le tout le plus souvent en langue anglaise, bien sûr. Quant aux guitares électriques désinhibées, le blues électrique survitaminé qui éclôt au début des années soixante-dix se charge d'y apporter son écot, brouillant parfois les frontières avec le hard rock dont il emprunte bien des techniques. Voici quelques exemples de ces fêtes de la guitare, d'un bout à l'autre de la planète.

AC/DC, made in Australia

Probablement l'un des groupes de hard rock les plus connus, même des profanes, AC/DC est surtout l'une des formations les plus attachantes du rock. Formé à Sydney par deux frères d'origine écossaise, le jeune Angus Young à la guitare solo et Malcolm à la guitare rythmique, AC/DC n'a jamais dévié de son objectif initial : se faire les porte-drapeaux d'un rock brut, jovial et dynamique, dont Chuck Berry serait l'ancêtre pas si lointain. Dans sa première incarnation, aujourd'hui nimbée d'une aura légendaire, le groupe vaut pour la combinaison inespérée de trois talents : celui du chanteur Bon Scott, au chant écorché tout en gouaille complice, celui du jeune Angus Young, tout en solos nerveux, et celui de son frère Malcolm, l'un des grands guitaristes rythmiques du rock. Sous-estimée parce que peu portée sur les démonstrations, la section rythmique du bassiste Cliff Williams et du batteur Phil Rudd polit quant à elle à longueur d'album une même pulsation, monolithique à souhait, mais dont les innombrables imitateurs n'ont jamais réussi à reproduire la savante alchimie.

Sur scène, les facéties d'Angus, vêtu d'un uniforme d'écolier, et les confidences truculentes de Scott, de neuf ans son aîné, sont irrésistibles. Sur disque, entre 1976 et 1979, la formation assemble une succession de classiques instantanés du rock – « It's a Long Way to the Top », « Whole Lotta Rosie », « Let There Be Rock », « Highway to Hell » et une bonne dizaine d'autres – au fil d'albums survoltés (*High Voltage* ; *Dirty Deeds Done Dirt Cheap* ; *Let There Be Rock* ; *Highway to Hell*).

C'est, comme souvent en rock, une tragédie qui décide du sort du groupe : en 1980, Scott, est retrouvé mort dans sa voiture à Londres, des suites d'un coma éthylique. Dans un sursaut remarquable, les frères Young surmontent l'épreuve et accueillent une nouvelle recrue, le chanteur Brian Johnson, pour l'enregistrement de l'album *Back in Black* (1980) qui paraît sous une pochette au noir funèbre de circonstance. Accueilli comme un chef-d'œuvre par la critique (et le public !), l'album s'ouvre au son d'un tocsin mais, cet hommage rendu, dispense sans complaisance un rock puissant, gorgé de vie, qui intronise Johnson devant les millions de fans du groupe pleurant encore la mort du populaire Scott. La suite de la carrière sera moins spectaculaire mais exceptionnellement longue et ponctuée d'albums efficaces (*The Razor's Edge*, 1990 ; *Stiff Upper Lip*, 2000 ; *Black Ice*, 2008).

Scorpions, made in Germany

Près de quarante ans après ses débuts, la popularité de ce groupe allemand ne laisse pas d'impressionner. À l'origine de cette célébrité mais aussi de cette longévité, peut-être cette explication : comme d'autres avant et après lui – Aerosmith, Genesis, Yes, Fleetwood Mac ou ZZ Top –, il a su se réinventer complètement au moment opportun, au point qu'on peut parler de « deux » Scorpions.

Le premier d'entre eux, formé en 1969 à Hanovre autour du chanteur Klaus Meine et du guitariste rythmique Rudolf Schenker, commence à attirer l'attention avec l'album *Fly to the Rainbow* en 1974 et son hard rock mélodique, où la voix haut perchée de Meine, les rythmiques implacables de Schenker – pour les amateurs de ce poste peu prisé, précisons qu'il est l'un des grands guitaristes rythmiques du rock, aux côtés de Malcolm Young de AC/DC et Pete Townshend des Who ! – et surtout la guitare flamboyante, fortement calquée sur le jeu de Jimi Hendrix, du prodigieux Ulrich Roth. Le talent énorme de ce dernier investit tous les titres des premiers albums classiques du groupe, *In Trance* (1975), *Virgin Killer* (1976) et le live *Tokyo Tapes* (1978). Son jeu tourné vers la décennie précédente (sa culture, fortement hippie, aussi !) aliène pourtant Roth du reste du groupe que ses propres ambitions renouvelées portent vers un rock plus formaté. Roth parti épancher ses solos stratosphériques dans l'excellent trio Electric Sun, c'est un Scorpions de transition, avec le nouveau guitariste Matthias Jabs et, en renfort, Michael Schenker (le frère de Rudolf, oui !), qui enregistrent l'excellent album *Lovedrive* (1979).

Le prodige (un peu tourmenté) Michael Schenker reparti, la seconde carrière du tout nouveau Scorpions, au « son » désormais plus américain qu'allemand, est lancée avec trois albums impeccables, où le jeu lyrique de Jabs trouve facilement sa place, *Animal Magnetism* (1980), *Blackout* (1982) et, surtout, *Love at First Sting* (1984) dont la fameuse ballade électrique « Still Loving You » fait le tour du monde. Installé sur le trône (déjà bien occupé !) du rock mondial, le groupe écume les stades d'un bout à l'autre de la planète, avec une énergie impressionnante (*World Wide Live*, 1985). Toujours porté sur les mélodies accrocheuses, Scorpions parvient à tromper la monotonie d'une carrière désormais prévisible en publiant çà et là quelques albums plus audacieux, comme *Crazy World* (1990) ou *Humanity Hour, Vol.1* (2007).

Thin Lizzy, made in Ireland

Ce groupe dublinois a dispensé l'un des hard rocks les plus mélodiques et, osons le mot, touchants des années soixante-dix. Tout ou presque le distingue de ses pairs : un bassiste chanteur – noir, d'un père brésilien ! – en guise de leader, Phil Lynott ; des inclinations soul, particulièrement dans la voix de Lynott qui a le moelleux de celle de Jimi Hendrix, mais aussi dans ses compositions qui, entre deux duels de guitares électriques furieuses, installent des rythmes syncopés, un peu étouffés ; des textes, sous-estimés, qui puisent chez Bob Dylan et Bruce Springsteen leur qualité folk-rock et s'essaient à une poésie rare dans le hard rock ; un romantisme ambiant, enfin, ourlé d'une mélancolie diffuse.

Ces distinctions précisées, ne vous y trompez pas : Thin Lizzy est un groupe de hard rock, solos enragés compris, et les nombreux guitaristes qui y ont défilé pas vraiment des manchots ni des enfants de chœur ! C'est d'ailleurs la paire Brian Robertson et Scott Gorham qui a popularisé la première les joutes de guitares électriques qui ont rendu le groupe fameux dans une série d'albums parus en 1975 et 1978 – *Fighting* ; *Jailbreak* (dont le titre « The Boys Are Back in Town » a été leur plus grand succès) ; *Johnny the Fox* ; *Bad Reputation* – une association consacrée par un enregistrement public enflammé, certes un peu remaquillé en studio, *Live and Dangerous*. D'autres guitaristes, comme Gary Moore dont le talent imprègne l'album *Black Rose: A Rock Legend*, Snowy White et John Sykes sont venus grossir les rangs du groupe, au départ de Robertson, à grand renfort d'électricité. Lynott avait cependant une faiblesse de taille, par trop répandue en rock : la dépendance aux drogues. Il en est mort en 1986 à l'âge de trente-cinq ans.

Vous reprendrez bien un peu de guitare ?

Puisqu'on vous le dit : pas besoin de se tourner exclusivement vers le hard rock pour entendre des guitares électriques furieuses ! Les années soixante-dix sont en effet aussi le règne du blues électrique – un blues électrique crépitant souvent délivré dans une version considérablement survitaminée par rapport à celui des groupes anglais de la décennie précédente qui l'avaient popularisé auprès du public blanc comme les Bluesbreakers de John Mayall ou Fleetwood Mac (voir Chapitre 6).

Très vite en effet, en complément du blues puissant et psychédélique d'Eric Clapton (dans son groupe Cream), de Jeff Beck ou de Jimi Hendrix, un blues électrique aux guitares particulièrement démonstratives se développe avec, aux avant-postes, des guitaristes à la technique impressionnante, comme les Américains Michael Bloomfield (au sein du Paul Butterfield Blues Band et de l'Electric Flag), Henry Vestine (dans le groupe Canned Heat), Roy Buchanan et Johnny Winter. Son trio Taste dissous, l'Irlandais Rory Gallagher apporte quant à lui à ce blues virtuose une sensibilité unique – doublée d'une déférence érudite envers le blues acoustique des années trente – qui en fait un des guitaristes électriques les plus attachants de cette « famille blues » (*Irish Tour 74'*, 1974). Dans les années quatre-vingt, enfin, ce sont Stevie Ray Vaughan (*Texas Flood*, 1983), le guitariste aveugle Jeff Healey, le vétéran Gary Moore et même (cocorico !) le Français Paul Personne qui reprennent le flambeau. Juste retour des choses, à ce blues « blanc » s'ajoute fort heureusement un blues électrique « noir », tout aussi exubérant, dont Freddie King, Albert King, Albert Collins et Buddy Guy sont les principaux représentants.

Chapitre 11

Le glam rock : le rock au théâtre

Dans ce chapitre :

- La vague glam rock anglaise
- Le précurseur du genre, Marc Bolan et son groupe T. Rex
- Les stars du genre, de David Bowie à Queen
- Les groupes américains

Au tout début des années soixante-dix, un rock théâtral, exubérant et travesti surgit de nulle part ou presque et va, quatre années durant, passionner la jeunesse anglaise et dans une moindre mesure celle des États-Unis. Sous ses paillettes multicolores, ses tenues extravagantes et ses maquillages outrés, ce *glam rock* – contraction de l'adjectif anglais *glamorous* qui signifie « éblouissant », « splendide », « fascinant » – va révéler quelques-uns des artistes et groupes majeurs du rock : Marc Bolan, David Bowie, Lou Reed, Queen, Kiss, Alice Cooper, Elton John, Roxy Music, Mott The Hoople... pas vraiment des inconnus ! Si tous, tôt ou tard, iront explorer d'autres ambiances sonores, l'impact du « glam » reste sans bornes. Des Sex Pistols à Marilyn Manson, de Guns N' Roses à Placebo, les générations suivantes de musiciens rock se montreront durablement marquées par ce rock scintillant et décadent dont la simplicité séduira jusqu'aux punks : son histoire et ses principaux artistes (hauts en couleur, comme vous pouvez l'imaginer) vous sont présentés dans ce chapitre.

Grosses guitares, fard à paupières et bottes surélevées

Un des genres les plus fortement typés du rock, le glam rock est vraiment à nul autre pareil : impossible de confondre ! Ses principaux traits distinctifs sont les suivants :

- **Un âge d'or (1970-1975)** : comme toujours, quelques rares références antérieures et une postérité intarissable (même au début du XXIe siècle) peuvent faire conclure à une espèce d'atemporalité du glam rock mais, sachez-le, celui-ci reste viscéralement attaché aux cinq premières années du début des années soixante-dix.
- **Des tenues de scène rutilantes** : le glam rock, c'est avant toute chose une garde-robe délibérément kitsch : chapeau, boa à plumes, vestes en lamé argenté, corsets de velours, collants colorés, bottes à talons exagérément compensés – ces fameuses *platform boots* au nom éloquent, même pour les non-anglophones. Saupoudrez de paillettes et ajoutez une couche généreuse de maquillage (fard, khôl, rouge à lèvres) avant de servir !
- **Une androgynie assumée** : le glam rock étant, à de très rares exceptions près, l'affaire exclusive d'hommes, les tenues décrites plus haut véhiculent, vous vous en doutez, une certaine ambiguïté sexuelle. Époque de libération des mœurs oblige, le glam rock jouera ainsi pleinement d'une androgynie de façade alors en vogue ; certains, comme David Bowie, Lou Reed ou Freddie Mercury (et même Mick Jagger des Rolling Stones !), révélant sans détour leur homosexualité, réelle ou… calculée.
- **Une théâtralité poussée** : le glam rock, c'est aussi la mise en scène permanente. Sur scène, précisément, les concerts sont imprégnés d'une dramaturgie tour à tour grave et légère et d'une grandiloquence un brin tragique. Sur disque, les grandes envolées tragiques de divas de cabaret le disputent aux ballades hypersensibles, le tout dans une ambiance décadente et nostalgique.
- **Grosses guitares** : musicalement, le glam rock, avec ses guitares lourdes aux riffs appuyés, ses solos mélodiques brefs, ses rythmiques basse-batterie agiles mais jamais

démonstratives, se veut aussi un retour à l'urgence et (malgré la surcharge cosmétique) à la pureté du rock originel alors mise à mal par les « grosses machines » hard rock (voir Chapitre 10). Il accueille par ailleurs souvent un piano de cabaret. Quand on vous disait que c'était un genre vraiment marqué !

Les précurseurs : le dinosaure contre le caméléon

À l'origine du glam rock, on trouve un jeune chanteur anglais, Marc Bolan, qui, en un album, *Electric Warrior*, et quelques singles pose les fondations d'un genre dont il devient la figure culte ; un statut que sa mort précoce, en 1977, a achevé de consacrer, même si, entre-temps, des disciples moins novateurs mais plus doués comme David Bowie ou Lou Reed lui avaient littéralement volé la vedette.

Marc Bolan, le dandy guerrier électrique

Mannequin, acteur, dandy *mod*, poète, chanteur et guitariste folk fan d'Eddie Cochran et de Gene Vincent : Marc Bolan, de toute évidence, se cherche encore quand il forme en 1967, avec le percussionniste Steve Peregrine Took, un duo folk-rock hippie sous le nom improbable de Tyrannosaurus Rex.

L'érotisme latent du chant de Bolan est déjà perceptible dans les premiers albums du duo, aux titres amples comme, en 1968, *My People Were Fair and Had Sky in Their Hair... But Now They're Content to Wear Stars on Their Brows* (non, on ne vous traduit pas !). On y trouve aussi des textes à l'ésotérisme juvénile inspirés de l'œuvre de J.R.R. Tolkien (l'auteur du *Seigneur des anneaux*) dont Bolan ne se débarrassera jamais tout à fait de la curieuse influence.

C'est l'électricité qui imprime un tournant radical aux ambitions de Bolan : réduisant le nom de sa petite formation à un « T. Rex » plus accrocheur, recrutant un bassiste, Steve Currie, et un batteur, Bill Legend, et – inspiration géniale – délaissant sa guitare acoustique au profit d'une guitare électrique, Bolan entre en studio en 1970 et en sort avec un titre irrésistible, « Ride a White Swan », un boogie ralenti gorgé de sensualité et d'électricité saturée. À l'été 1971, un autre single de rock lascif, aux chœurs efféminés (« Hot Love »), confirme l'efficacité de la formule ; mais c'est avec le titre « Get It On », où la voix langoureuse de Bolan, soutenue par des cuivres festifs, des cordes voluptueuses et des chœurs malicieux, se pose sur une guitare électrique syncopée envoûtante, que T. Rex emporte définitivement le jeune public anglais. Celui-ci découvre d'ailleurs Bolan, étrange dandy pailleté portant haut-de-forme, boa à plumes et bottes à plates-formes, lors d'une fameuse apparition télévisée sur la BBC. Fort de ce premier classique du glam rock – qui, pour les « vrais » rockers de l'époque, touchait au rock pour midinettes (qui constituaient alors, il est vrai, l'essentiel du public de Bolan) –, T. Rex enregistre l'album *Electric Warrior* (1971), chef-d'œuvre du genre.

Sur des rythmiques irrésistibles, Bolan pose un chant suave, tout en petits cris félins et hoquets à la Gene Vincent (son idole) et distribue des riffs de grosse guitare simples et accrocheurs sur une base boogie (« Mambo Sun », « Jeepster »). Des ballades acoustiques témoignent encore du passé folk de Bolan (« Cosmic Dancer »), compositeur de tous les titres d'un album dansant, candide et spontané, qui chavire le cœur des adolescentes anglaises.

La folie T. Rex est alors à son comble en Angleterre et, aussi incroyable que cela puisse paraître, évoque la Beatlemania (voir Chapitre 4). Deux albums, tout aussi bons, l'effet de surprise en moins (*The Slider*, 1972 ; *Tanx*, 1973) et des titres imparables (« Telegram Sam », « Metal Guru », « Children of the Revolution ») confortent un temps l'extraordinaire succès de T. Rex. Bientôt pourtant, Bolan, dont le glam rock a toujours laissé les États-Unis froids, est sommé de se renouveler et, idole déboulonnée des charts mais révérée des punks, tente de poursuivre une discographie déjà un peu datée. Le 16 septembre 1977, Gloria Jones, chanteuse américaine et compagne de Bolan, perd le contrôle de la voiture qui s'écrase contre un arbre. Son passager, Marc Bolan, est tué sur le coup.

David Bowie, le glam rock starifié

Artiste complet – mime, peintre, acteur, chanteur, guitariste, pianiste, saxophoniste, compositeur – insaisissable, opportuniste et exceptionnellement talentueux, David Bowie investit sans prévenir le glam rock créé par Marc Bolan de ses compositions inspirées, donnant au genre son album le plus fort et un personnage mythique, Ziggy Stardust, au risque de le laisser exsangue ; quelques mois après, Bowie, déjà en route vers d'autres révolutions rock, poursuivait ailleurs son but : être une star. Il y gagnera vite son surnom de « caméléon du rock »…

Conquête spatiale, folk-rock et hard rock

Jeune *mod* londonien ambitieux converti au folk, Bowie doit le lancement de sa prodigieuse carrière à… la conquête spatiale ; la sortie de son titre « Space Oddity » en juillet 1969, au thème spatial alors en vogue, coïncide avec bonheur avec l'alunissage historique de Neil Armstrong et, repris en générique de télévision par la BBC, fait un malheur en Angleterre. Pourtant, dès l'année suivante, à la faveur d'un de ces retournements spectaculaires qui font l'audacieuse diversité de sa discographie, Bowie enregistre un album de rock lourd, *The Man Who Sold the World* (1970) aux guitares épaisses et aux rythmiques pesantes qui lorgnent vers le hard rock ambiant (voir Chapitre 10) – Bowie, à la bisexualité revendiquée, prend toutefois soin de poser en travesti sur la pochette – puis, en 1971, revient à un folk-rock mâtiné de pop avec *Hunky Dory* aux compositions étincelantes (« Life on Mars », « Changes », « Queen Bitch »).

La révolution Ziggy Stardust

Doué, charismatique, provocateur, Bowie attire alors tous les regards et fascine les journalistes. Rien ne laissait pourtant présager la destinée unique de son album suivant, *The Rise and Fall of Ziggy Stardust & The Spiders from Mars* qui paraît en juin 1972 avec le soutien des « Araignées de Mars » – le guitariste Mick Ronson, le bassiste Trevor Bolder et le batteur Woody Woodmansey.

Y composant, sous les traits de ce Ziggy Stardust, un personnage de rock star androgyne venu d'une lointaine planète, Bowie y dévoie le glam rock jubilatoire et sensuel de Bolan en lui donnant des compositions inoubliables et une dramaturgie autrement puissante. Sur le thème de l'ascension et la déchéance de Ziggy, inspiré du destin du rocker Vince Taylor, Bowie, voix angoissée haut perchée, distille des textes nostalgiques, paranoïaques, apocalyptiques en convoquant piano de cabaret, violons, saxophones et guitare électrique criarde ou acoustique poignante.

International, le succès de l'album dépasse toutes les attentes – celles de Bowie le premier dont le personnage de Ziggy, qu'il incarne sur scène grimé, costumé et avec une gestuelle inspirée de son travail avec le disciple du mime Marceau, Lindsay Kemp, se révèle bientôt une créature monstrueuse qui menace d'échapper à son créateur voire de l'étouffer. À tel point que le 3 juillet 1973 à l'Hammersmith Odeon, à l'issue d'un ultime concert qui laissera en pleurs des milliers de fans hystériques, Bowie se résout à faire mourir sur scène son personnage…

Les enregistrements suivants de Bowie – *Aladdin Sane* (1973), dédié à Iggy Pop et à Jean Genet ; *Diamond Dogs* (1974), une variation sur le *1984* de George Orwell avec une nouvelle création, le personnage Halloween Jack – continuent toutefois à se rattacher à un glam rock que Bowie, astucieux, exploite jusqu'à la toute fin du genre, s'improvisant producteur de génie et lançant dans le feu de l'action la seconde carrière de Lou Reed et du groupe Mott The Hoople ! Après une incursion, superbe, dans la soul américaine (*Young Americans*, 1975) et un album de pop-rock funky glacée sous le nouvel alias de « Thin White Duke » (*Station to Station*, 1976), on le retrouve à Berlin, préparant la déferlante new wave (voir Chapitre 14).

Lou Reed, un poète punk américain

De son premier groupe révolutionnaire, le Velvet Underground, à son album concept inspiré de l'œuvre d'Edgar Allan Poe en passant par son incursion expresse dans le glam rock, Lou Reed n'a suivi qu'une seule ligne de conduite : utiliser coûte que coûte le rock comme moyen d'expression poétique, littéraire et artistique, en bannissant toute prétention intellectuelle. Artiste « total » (poète, peintre, acteur) comme Bowie dont il est le modèle avoué, passionné de la littérature « beat » (Ginsberg, Burroughs et Kerouac), Reed promène sur le rock, depuis la fin des années soixante, un détachement poétique unique.

Le laboratoire Velvet Underground

Reed a connu une première (toute petite) gloire au sein d'un groupe de rock expérimental devenu mythique, le Velvet Underground. Ne vous y trompez pas, l'influence de ce groupe est incommensurable et parcourt *tous* les chapitres suivants du livre que vous tenez entre les mains ! Avec le Velvet Underground, c'est en effet la crasse urbaine new-yorkaise – et sa faune dépressive de drogués et de travestis – qui entre pour la première fois de plain-pied dans le rock, dès leur premier album *The Velvet Underground & Nico* qui sort en 1967. Entre deux histoires sordides – extrêmement choquantes pour l'époque – sur l'héroïne ou son dealer, Reed y explore en outre tous les territoires sonores, au mépris de toutes les conventions, avec sa seule guitare comme machette ; punk, new wave, rock « bruitiste », tout semble, avec dix ou quinze ans d'avance, être déjà à sa portée ! Et pour faire bonne mesure, dans cet album cornaqué par Andy Warhol (la pochette, fameuse, représentant une banane, est de lui) avec la chanteuse allemande Nico et le multi-instrumentiste John Cale en renfort, Reed se montre capable de composer de petites perles de pop immaculée… Vous avez dit « génie » ?

Sur les albums suivants (*White Light/White Heat*, 1968 ; *The Velvet Underground*, 1969 ; *Loaded*, 1970), Reed confirmera qu'il peut avec la même aisance insolente offrir un titre de dix-sept minutes tout en défrichage sonore et cacophonie maîtrisée ou un single pop promis à des ventes massives. « Promis » seulement – car le grand problème du Velvet Underground a été d'être si culte… qu'il n'a vendu qu'une poignée d'albums ! Mais, pour reprendre une des citations les plus fameuses du rock, si le groupe n'a pas vendu beaucoup d'albums, chaque acheteur a fondé ensuite son propre groupe…

À la dissolution du Velvet Underground, Reed sort un premier disque solo qui ne reçoit qu'un accueil poli (*Lou Reed*, 1972). Si le rock de Reed semble bien loin des paillettes du glam rock britannique, c'est autour d'une même célébration d'une certaine décadence que la rencontre improbable entre l'Américain Reed et l'Anglais Bowie va s'opérer. Grand admirateur de Reed, Bowie offre en effet alors ses services de producteur (improvisé) et propose au chanteur américain de prendre en main son enregistrement suivant en l'ouvrant au glam rock anglais.

Avec Bowie aux manettes et son guitariste Mick Ronson en renfort, Reed peut épancher pleinement sa poésie de la marginalité urbaine dans des ambiances musicales plus commercialement accessibles. Si quelques concessions pop sont ainsi sensibles dans ce *Transformer* (1972), l'association des textes lyriques, crus et désabusés de Reed et des sonorités chaleureuses du glam rock est un coup de génie. Ainsi pailletées, les angoisses de Reed prennent la forme de petites pépites (« Satellite of Love », « Vicious », « Perfect Day ») dont le plus fameux, « Walk on the Wild Side », devient un classique des passages radio malgré des paroles salaces difficiles à ignorer !

Le poète punk

Éclectique, intransigeante ou résolument commerciale, la discographie ultérieure de Reed n'évoquera plus que rarement cette heureuse incartade. Et si l'apparence de Reed (vernis à ongles noir, collier de chien, lunettes noires et cheveux peroxydés) les années suivantes rappelle encore le strass du glam rock, c'est moins par affinités avec le genre qu'en raison de la personnalité même du chanteur, autodestructrice et punk avant l'heure.

Après un album maudit, dépressif et splendide (*Berlin*, 1973), deux live mêlant hard rock, jazz et funk dans une virtuosité jubilatoire mais un peu incongrue (*Rock'n'Roll Animal*, 1974 ; *Live*, 1975), Reed, pour faire la nique à sa maison de disques, enregistre un double album de guitares saturées littéralement inaudible (*Metal Machine Music*, 1975) qui donnera beaucoup d'idées au rock industriel quelques années plus tard ! Le nihilisme punk de cet album est aussi le signe d'une descente aux enfers pour le chanteur qui, enferré dans un rôle de junkie qu'il singe sur scène (quand il n'insulte pas son public !), réussit toutefois à produire de bons albums aux évidentes visées commerciales (*Coney Island Baby*, 1976 ; *Street Hassle*, 1978 ; *The Blue Mask*, 1982).

Au début des années quatre-vingt, plus détendu (il ponctue même ses concerts de monologues inspirés du comique américain Lenny Bruce), Reed entame une traversée du désert inévitable qui s'achève en 1989 avec un splendide album, sobrement intitulé *New York* (1989). L'année suivante, il collabore avec John Cale sur un hommage à son mentor Andy Warhol (*Songs for Drella*, 1990) et en 2003, jetant un nouveau pont entre rock et littérature, met en musique les contes et poèmes d'Edgar Allan Poe (*The Raven*).

Le plus grand cabaret du monde : la scène glam rock

Dans le sillage de Bolan, Bowie et Reed, dont l'influence reste écrasante, des groupes anglais mais aussi américains vont se rallier plus ou moins franchement au glam rock. Ne partez pas, vous louperiez au passage quelques-unes des plus grandes figures du rock, Freddie Mercury, Bryan Ferry et Elton John, par exemple !

Mott The Hoople, le glam rock avec du hard rock dedans

Mené par le chanteur Ian Hunter et le guitariste Mick Ralphs, ce groupe anglais reste l'un des plus sous-estimés. Mott The Hoople connaît une première partie de carrière placée sous le signe du hard rock le plus percutant (*Mott The Hoople*, 1969 ; *Brain Capers*, 1971 ; *Wildlife*, 1971) mais, peinant à trouver son public, est au bord de la séparation quand David Bowie, éternel sauveur, se propose en 1972 de produire leur album suivant *All the Young Dudes*.

Bowie prend alors entièrement en main la destinée de ses poulains, les rattachant du jour au lendemain à la mouvance glam rock, garde-robe comprise, leur composant un hit immédiat, « All the Young Dudes », à l'ambiguïté sexuelle pourtant peu goûtée des intéressés, et produisant leur album, auquel il prête quelques chœurs. S'ouvrant sur une reprise du « Sweet Jane » de Lou Reed, l'album, porté par les riffs énergiques de Ralphs et les textes spirituels, désabusés et cyniques de Hunter (grand admirateur de Dylan) est moins sensuel et moins équivoque que ceux de ses modèles Bolan, Reed et Bowie, mais, en retour, fait preuve d'une authenticité touchante, rare en glam rock... et même en rock tout court !

Après ce succès inattendu, le groupe enregistre deux autres excellents albums d'un glam rock plus agressif musicalement (*Mott*, 1973 ; *The Hoople*, 1974) avant de se séparer, non sans être célébré, quelques années plus tard, par le mouvement punk.

Roxy Music, l'art ou le kitsch

Avec Roxy Music, assemblage hétéroclite de fortes personnalités partageant un même attrait pour le pop art, le kitsch, l'avant-garde et les tenues délirantes stylisées (cuirs, falbalas et boa à plumes), le glam rock se fait intellectuel – et *vraiment* extravagant.

Tiraillé entre les aspirations de son chanteur Brian Ferry, un jeune dandy qui a suivi les enseignements du pionnier du pop art Richard Hamilton et qui se rêve crooner, et celles de Brian Eno, un non-musicien (de son propre aveu) bidouilleur avant-gardiste d'instruments électroniques, Roxy Music intègre sans façons des ambiances rockabilly, hard rock, pop, électroniques, bientôt funk et disco et même new wave avant l'heure pour en restituer un rock arrogant, ironique, iconoclaste et, contre toute attente, souvent dansant. Vous vous attendez au pire avec toutes ces étiquettes ? Détrompez-vous, la recette est miraculeusement savoureuse !

Après un premier album effronté (*Roxy Music*, 1972) aux compositions fortes (« Re-Make/Re-Model », « Virginia Plain »), le groupe enregistre en 1973 son chef-d'œuvre, *For Your Pleasure*. Sous sa fameuse pochette – Amanda Lear, dans une robe ébène, y promène une panthère en laisse ! –, l'album est une fête artistique sur laquelle règne l'esprit glam rock, une certaine excentricité chic en plus. Ferry promène sa voix de crooner sarcastique et désenchanté le long de compositions spectaculaires (« Do the Strand », « Editions of You ») où, soutenus par la section rythmique musculeuse de John Porter et Paul Thompson, la guitare virtuose de Phil Manzanera, les curieux festons électroniques d'Eno et le saxophone de Andy Mackay ferraillent sans concession. S'aventurant même dans une longue complainte, mélancolique et terrifiante (« In Every Dream Home a Heartache ») et une mini-suite glam rock de plus de neuf minutes (« The Bogus Man »), Roxy Music propose un rock avant-gardiste et intellectuel qui sait trouver l'émotion et se dispenser de l'élitisme.

Après le départ prévisible du fantasque Eno en route vers d'autres innovations (voir Chapitre 12), Roxy Music met ses tendances expérimentales sous le boisseau et, fort de l'arrivée du violoniste électrique Eddie Jobson, propose un rock exigeant mais autrement accessible, sous des pochettes astucieuses représentant invariablement… des mannequins dénudés (*Stranded*, 1973 ; *Country Life*, 1974). De quoi regretter le passage au MP3 ! Le groupe s'ouvre aussi à des sonorités plus commerciales comme le disco et la soul ; Ferry devient sensiblement le centre d'attraction du groupe qui dès lors se porte avec succès vers une pop sophistiquée (*Manifesto*, 1979 ; *Flesh + Blood*, 1980 ; *Avalon*, 1982) qui sert de tremplin à la carrière solo de Ferry, au début des années quatre-vingt.

Queen, les somptuosités du mauvais goût

Convoquant glam rock, hard rock, pop et rock progressif (oui, tout ça), Queen a inventé un rock grandiloquent, festif et parodique qui lui a permis de remplir des stades, mais lui a aussi aliéné une partie de la critique qui a préféré snober son exceptionnelle popularité. « La Reine » – allusion à peine voilée à l'homosexualité de son chanteur Freddie Mercury – a pourtant produit, de « Bohemian Rhapsody » à « We Are the Champions », une poignée de classiques intemporels du rock dont Mercury, compositeur inspiré et « bête de scène » au charisme stupéfiant, est pour beaucoup.

Sur les premiers albums du groupe, la dette envers Led Zeppelin est évidente, jusque dans la sobriété des titres d'albums (*Queen*, 1973 ; *Queen II*, 1974) ; se piquant d'authenticité, le groupe, bravache, proclame même sur les notes de pochettes que « aucun synthétiseur n'[y] a été utilisé », laissant le soin à son guitariste Brian May d'en récréer sur son instrument les sonorités les plus improbables. Une profession de foi pourtant abandonnée dès l'album suivant (*Sheer Heart Attack*, 1974), dans lequel le groupe, s'inspirant tardivement du glam rock, laisse s'épanouir la personnalité irrésistible de son chanteur. Jouant d'une homosexualité de cabaret, celui-ci compose des petites perles de rock baroque (« Killer Queen »), contrebalancées par les incursions hard rock du guitariste Brian May (« Brighton Rock »).

Avec *A Night at the Opera* (1975), Queen enregistre son œuvre la plus ambitieuse, rassemblant, à force d'interminables heures en studio, toutes ses influences dans ce qui sonne comme « son » *Sgt. Pepper's Lonely Hearts Club Band*, le fameux album psychédélique des Beatles (voir Chapitre 4). L'album est alors le plus cher de l'histoire du rock et bénéficie même d'un clip promotionnel, le premier du genre. Au faîte d'une créativité fanfaronne, le quatuor anglais se partage entre pop sucrée (« You're My Best Friend »), hard rock (« Death on Two Legs »), rock progressif (« The Prophet's Song ») ou rock cabaret nostalgique (« Lazing on a Sunday Afternoon »). L'album reste toutefois écrasé par la plus flamboyante des compositions du groupe, le mini-opéra-rock « Bohemian Rhapsody », pastiche virtuose à la structure ambitieuse – piano poignant, chœurs opératiques aériens et guitares furieuses s'y côtoient savamment – tout à la gloire du fantastique Mercury.

Sacré superstar du rock, Queen enchaîne alors les succès (*A Day at the Races*, 1976 ; *Jazz*, 1978) et, après d'ultimes titres à l'ambiguïté outrée (« Bicyle Race », « Fat Bottomed Girl ») se dépouille progressivement de ses influences glam rock pour verser dans un rock populaire adressé au plus large public, dont son double titre « We Will Rock You »/« We Are the Champions » est le symbole.

Au début des années quatre-vingt, le groupe, dont tous les membres sont par ailleurs compositeurs, s'investit dans la bande originale du film *Flash Gordon*, propose des hits imparables comme le rockabilly « Crazy Little Thing Called Love », le titre disco « Another One Bites the Dust », « Under Pressure » (avec David Bowie, la boucle « glam » est bouclée !), « Radio Gaga », « I Want to Break Free » ou « A Kind of Magic » présent sur la bande originale du film *Highlander*.

Leur prestation survoltée au concert caritatif « Live Aid » en juillet 1985 les consacre rois du « rock des stades ». En 1991, l'album *Innuendo*, un retour en forme du groupe, est acclamé – enfin – par la critique. Freddie Mercury fait alors annoncer officiellement qu'il est atteint du sida et meurt le lendemain, le 24 novembre 1991. Appliquant à la lettre l'esprit d'un des derniers titres enregistrés par leur chanteur disparu (« The Show Must Go On » – « le spectacle doit continuer »), les trois membres restants du groupe organisent un concert en hommage au chanteur disparu au stade de Wembley, suivi par des millions de personnes dans le monde entier, et continuent par la suite à se produire avec des chanteurs d'appoint.

Un peu de rab' ? De Gary Glitter à Elton John

Vous en voulez encore un peu plus, de ce gros rock scintillant et tape-à-l'œil ? Pas de panique, il en reste, et du bon ! Ses travestissements vulgaires, ses mélodies accrocheuses et son kitsch souriant ont, en effet, fait aussi du glam rock un formidable vecteur de rock commercial qui, une fois formaté pour les plus jeunes (au risque du flirt avec la variété), est devenu l'un des rocks les plus consensuels et les plus rentables de l'époque en Angleterre, attirant jusqu'aux plus talentueux des rockers.

Gary Glitter, le glam variétés

Peu connu en France, le chanteur Gary Glitter est, en Angleterre, l'icône de ce glam rock populaire. Non qu'il ait conçu des titres de la trempe d'un « Ziggy Stardust » ou d'un « Get It On » ; mais, invariablement vêtu de costumes de scène délirants et juché, comme il se doit, sur d'immenses bottes argentées, Glitter enflamme à partir de 1972 la jeunesse anglaise, tout d'abord avec un long morceau étiré sur deux faces « Rock and Roll (Parts One and Two) » puis, dans la foulée de ce hit, avec des titres inoffensifs, un brin racoleurs, à destination des plus jeunes (« I'm the Leader of the Gang [I Am] », « I Love You Love Me Love », « Do You Wanna Touch Me? [Oh Yeah] »).

En novembre 1973, au plus fort de sa gloire, il est littéralement intronisé roi du genre sur la scène du London Rainbow où son rock kitsch, capturé pour l'éternité dans un documentaire guetté par le ridicule (*Remember Me This Way*), éclate dans toute sa démesure. Après 1975, avec la fin du mouvement glam rock, la carrière de Glitter tourne court, se perd dans des redites commerciales et s'assombrit définitivement de scabreux démêlés avec la justice.

Slade, le glam populiste

Un look de « skinhead » (crânes rasés et bottes à coque métallique) et du hard rock tranchant : à ses débuts à la fin des années soixante, le groupe Slade paraît loin du glam rock auquel il finit lui aussi par se rallier (ses membres de nouveau chevelus pour faire bonne mesure). Le titre « Get Down and Get with It » donne le coup de départ d'une série impressionnante de singles à l'orthographe phonétique approximative (les fans en raffolent) comme « Coz I Luv You », « Look Wot You Dun », « Take Me Bak 'Ome », « Mama Weer All Crazee Now », « Gudbuy t'Jane », « Cum on Feel the Noize » ou « Skweeze Me, Pleeze Me ». Chouchou des pubs anglais, Slade publie deux très bons albums (*Slade Alive!* , 1972 – et son inoubliable rot sur scène… – et *Slayed?*, 1972) et touche le jackpot en 1973 avec… une chanson de Noël « Merry Xmas Everybody » ! La vague glam rock passée, le groupe voit son succès décliner mais poursuit vaillamment une carrière honorable et sans surprise qui en fait une véritable institution en Angleterre.

Sweet, le glam pop

Plus commercial, considérablement moins « rock » d'esprit, Sweet connaît lui aussi, à la même époque, un succès phénoménal avec son glam rock stéréotypé qui allie grosses guitares inoffensives et pop un peu idiote (on ne vous cache rien !) à destination des radios. Connu pour une poignée de titres (« Block Buster », « Hell Raiser », « The Ballroom Blitz », « Teenage Rampage » et « The Six Teens »), le groupe parvient à se réinventer *in extremis* avec deux albums sous-estimés, *Sweet Fanny Adams* et *Desolation Boulevard* en 1974.

Elton John, le glam diva

« Glam », Elton John ? Eh oui ! Pour bien comprendre, il faut revenir à ses tout débuts, à la fin des années soixante, quand le jeune pianiste et chanteur anglais trouve en la personne du parolier Bernie Taupin un alter ego inespéré avec qui il grave bientôt une suite très impressionnante de titres délicieusement mélodieux ou énergiques : « Your Song » (son premier succès en 1971), « Rocket Man », « Daniel », « Crocodile Rock », « Benny & The Jets », « Saturday's Night Alright for Fighting », « Sorry Seems to Be the Hardest Word », « Song for Guy »…

Si tout au long de ses albums des années soixante-dix (*Honky Château* ; *Don't Shoot Me, I'm Only the Piano Player* ; *Goodbye, Yellow Brickroad* ; *Captain Fantastic and the Brown Dirt Cowboy*), John fait preuve d'une mélodicité et d'une sensibilité rares, sur scène c'est un tout autre personnage qui s'anime, dans la pure tradition « glam », costumes délirants et jeu de scène excentrique compris bien sûr (jetez un coup d'œil à sa prestation en bottes vertigineusement surélevées dans le film *Tommy* de Ken Russel – sensations visuelles garanties !).

Se séparant de Bernie Taupin au début des années quatre-vingt, Elton John amorce un déclin artistique que semble démentir le succès commercial de singles comme « Blue Eyes », « Nikita », « I Don't Wanna Go On with You like That » ou « Sacrifice ». Devenu l'un des plus gros vendeurs d'albums du monde (et l'une des plus grosses fortunes d'Angleterre), il semble alors prisonnier de sa propre caricature d'ex-icône rock en croisade caritative contre le sida.

Vendue à des millions d'exemplaires à travers le monde, sa nouvelle interprétation de « Candle in the Wind » à l'abbaye de Westminster en septembre 1997, en hommage à la princesse de Galles décédée, fait connaître à toute une nouvelle génération ce titre enregistré vingt-trois ans plus tôt en hommage à… Marilyn Monroe ! En 2006, l'album *The Captain & The Kid* qui réunit John et son complice Taupin est accueilli comme un retour inespéré au sommet par la critique.

La riposte américaine : du poisseux, du sanglant, du professionnel

Les États-Unis ne pouvaient ignorer une telle frénésie. La réponse américaine à la déferlante glam rock anglaise prend la forme de trois groupes bien différenciés, les New York Dolls, Alice Cooper et Kiss.

Les New York Dolls, les « poupées » gonflées

Avec les New York Dolls, on quitte l'Angleterre pour les États-Unis et, si le travestissement est aussi de mise, le glam rock devient plus dur et se réclame davantage des provocations des Rolling Stones que des sucreries de Marc Bolan. Les « poupées » de New York viennent de la rue et entendent le faire savoir ; le temps d'enregistrer deux albums vénérés par les punks quelques années plus tard et le groupe aura disparu !

New York, début 1972 : les guitaristes Johnny Thunders et Rick Rivets (ce dernier bientôt remplacé par Syl Sylvian), le bassiste Arthur Kane et le batteur Billy Murcia se produisent à SoHo, dans le quartier de Manhattan et s'attirent déjà une petite réputation de scandale par leur arrogance, leur vulgarité et leurs tenues. Au micro, on trouve le chanteur David Johansen, moue lippue et gestuelle empruntée à Mick Jagger qui trouve en Thunders « son » Keith Richards. Tout va très vite pour le groupe : une première tournée anglaise, le décès d'overdose de leur batteur, remplacé par Jerry Nolan, et bientôt un premier album explosif et choquant, *The New York Dolls*.

Insolents et méprisants, affalés sur un canapé, les cinq New-Yorkais posent travestis en drag-queens toxicomanes sur ce qui est alors, de loin, la pochette la plus scabreuse du rock ! Courageusement cornaqués par le producteur Todd Rundgren, les « Dolls » y font un rock'n'roll basique, louche et malsain, à base de riffs qu'on jurerait empruntés aux Stones, dont Johansen, gouailleur et arrogant, semblent vomir les paroles (« Personality Crisis », « Looking for a Kiss », « Trash », « Frankenstein »). Le punk saura se souvenir d'une telle énergie et d'un tel dédain...

L'album est historique mais les ventes piétinent ; pour leur deuxième album, les New York Dolls, désavouant Rundgren, s'octroient les services d'un autre producteur – un choix désastreux pour un album raté au titre prémonitoire : « Trop, trop tôt » (*Too Much Too Soon*, 1973). Décidément peu lucide, le groupe choisit ensuite de remettre son destin entre les mains du manager anglais, Malcolm McLaren, qui, en attendant de s'occuper des Sex Pistols (voir Chapitre 13), se fait la main avec les New-Yorkais. Familier des coups publicitaires, McLaren habille le groupe en cuir rouge, le met en scène devant un immense drapeau rouge de l'URSS, dans une évocation dérisoire d'un communisme de pacotille. Le groupe finit par se séparer – vous retrouverez son guitariste Johnny Thunders à la tête d'un groupe punk au chapitre 13.

Alice Cooper, le grand-guignol génial

Bienvenue dans son cauchemar ! *Welcome to My Nightmare*, c'est en effet le titre d'un des albums les plus fameux (et les plus vendus) d'Alice Cooper quand le chanteur, de son vrai nom Vincent Furnier, était à son apogée artistique. C'est aussi son premier album solo, « Alice Cooper » étant jusqu'alors le nom du groupe dans son entier !

Avant d'en arriver à cette carrière solo, le chanteur avait été à la tête d'un des groupes les plus redoutables du circuit, avec les deux guitaristes Michael Bruce et Glen Buxton, le bassiste Dennis Dunaway et le batteur Neal Smith. Les albums de la formation, née à Los Angeles en 1970, sont devenus des classiques (*Love It to Death*, 1971 ; *Killer*, 1971 ; *School's Out*, 1972 – sa pochette figurant un pupitre d'écolier recouvert de graffitis et la (fausse) petite culotte à l'intérieur sont inoubliables – ; *Billion Dollar Babies*, 1973), tout comme les titres « Eighteen », « School's Out », « Elected » ou « No More Mr. Nice Guy » et sont donc à ne louper sous aucun prétexte si vous aimez les compositions fortes sur lit de guitares saignantes ! Et si l'on vous dit qu'en plus, les textes sont souvent hilarants et illustrés de parodies instrumentales, de *West Side Story* à *James Bond*, vous aurez compris ce qu'il vous reste à faire…

Inspiré, le rock d'Alice Cooper était aussi ingénieux : il transposait la théâtralité outrancière du glam rock dans l'univers hard rock avec des mises en scène grand-guignolesques, les guitares électriques incisives bien en avant. Fausse décapitation à la guillotine, fausse pendaison, fausse exécution à la chaise électrique, mais vraies mutilations de poupées et vrai boa constrictor autour du cou du chanteur grimé comme dans un vieux *Dracula*… le groupe se faisait son film (d'horreur, bien sûr) sans se prendre au sérieux mais en réussissant quand même à en choquer quelques-uns. La rencontre entre Marc Bolan et Black Sabbath, si vous voulez !

Après l'album *Welcome to My Nightmare* (1975), renforcé de la paire d'excellents guitaristes Dick Wagner et Steve Hunter qui jouaient avec Lou Reed, Alice Cooper et Vincent Furnier se confondent en un même personnage ; son hard rock générique perd alors beaucoup de son tranchant et repose pour l'essentiel sur des concerts impeccablement mis en scène, même si, çà et là, le talent de compositeur du chanteur renaît de ses cendres (*Trash*, 1989 ; *Along Came a Spider*, 2006).

Kiss, la boutique glam 24h/24, 7j/7

Kiss, vous les avez forcément vus au moins une fois en photo : costumes de scène noirs agrémentés de motifs étoilés argentés ou de piques métalliques, tignasse d'ébène et surtout le visage entièrement recouvert d'un maquillage noir sur fond blanc, entre super-héros et Augustes de cirque… Des quatre musiciens new-yorkais, qui, chacun, prennent ainsi le rôle d'un personnage (« l'enfant étoile », « le démon », « l'homme espace », « l'homme chat »), l'un tire invariablement une langue démesurée sur les photos : le bassiste Gene Simmons, porte-parole (et stratège marketing) du groupe ; à ses côtés, le chanteur et guitariste Paul Stanley, le guitariste Ace Frehley et le batteur Peter Criss. Tous les quatre maquillés, donc sans que jamais ne soit aperçu leur vrai visage… Des millions de teenagers n'en dormiront plus !

Mais le procédé aurait tourné court si le groupe n'avait pas été capable de composer des hymnes pour stades, d'un rock simple et efficace, partagé entre ballades et gros riffs glam, qui trotte dans la tête dès la première écoute, comme « Rock'n'Roll All Nite », le hit disco-rock « I Was Made for Lovin' You » ou le délicat « Beth ». Sur scène, toute la panoplie glam (costumes futuristes, bottes surélevées et effets spéciaux) est déployée pour servir un « gros rock » renversant d'efficacité.

La consécration vient avec l'album live *Alive!* (1975) et *Destroyer* (1976). La popularité du groupe est telle que celui-ci ressemble de plus en plus à une entreprise rock ; le *merchandising* qui lui est associé (dont le concept date certes d'Elvis Presley même) est en effet, de loin, le plus fourni de toute la profession : figurines, flippers, cartes de crédit, puzzles, cartes à jouer, jeux vidéo, masques d'Halloween, Frisbee, sucettes, lampes, timbres, calendriers, médiators, ceinturons, chewing-gums, briquets, café, thermos, mugs, déodorant, shampoing, savon liquide, crème à raser, gel douche… et même préservatifs et cercueils ! Et pour vous, qu'est-ce que ce sera ?

Les membres du groupe, eux, font l'objet d'adaptations en bandes dessinées ou même en film et sont soutenus par une armée de fans, littéralement regroupés en une « Kiss Army » !

Après quatre albums solo de chacun des musiciens, le groupe se délite, connaît la sempiternelle valse des départs et arrivées et effectue avec l'album *Kiss Unmasked* en 1983 un come-back fracassant : bas les masques, les musiciens s'y affichent enfin à visage découvert ! La stratégie est payante et les ventes décollent à nouveau ; en 2008, après des hauts et des bas, le groupe effectue une tournée mondiale triomphale, trente-cinq ans après ses débuts !

Le rock déguisé

Avec le glam rock, le rock s'invente une nouvelle passion : le travestissement. Maquillage, robes et talons hauts s'immiscent rapidement dans l'imaginaire rock et, aux dernières nouvelles, sont bien décidés à y rester. On retrouve d'ailleurs tout l'attirail glam, ambiguïté sexuelle comprise, dès la décennie suivante avec les groupes de hard rock « chevelus » (comprendre « permanentés ») qui, de Mötley Crüe à Poison, badigeonnent leur rock mâle d'une épaisse couche de fond de teint et l'attifent de falbalas et colifichets en tout genre. Avec Alice Cooper et, plus encore, le groupe Kiss dont le vrai visage des musiciens a été pendant de longues années caché sous un maquillage facial intégral, le rock se découvre un autre jeu encore : le déguisement. Le concept, commercialement ingénieux, fait mouche auprès des plus jeunes et, bon an mal an, n'a jamais péri : John Cale, Genesis, Gwar, Slipknot, les Residents, Genesis, Buckethead et même les rigolos Lordi (Eurovision 2008 !) ont tous joué la carte d'un rock masqué, parfois plus intriguant que leur musique même !

Chapitre 12

Du rock « progressif » au jazz-rock : le tour de force permanent

Dans ce chapitre :

- Le rock progressif
- Le jazz-rock

Que le rock ait des prétentions à une certaine respectabilité artistique, on le savait au moins depuis Bob Dylan (voir Chapitre 9) et l'album *Sgt. Pepper's Lonely Hearts Club Band* des Beatles (voir Chapitre 4). Mais à partir de 1967, le rock, dont les ambitions sont déjà rehaussées par le *psychédélisme* et le hard rock naissant, décide de se prendre *vraiment* au sérieux, peut-être un peu trop même ! C'est ainsi qu'à la fin des années soixante un rock dit « progressif » et un « jazz-rock » aux noms peu engageants font entendre quasi simultanément leurs premières compositions, longues, complexes et parfois un peu hermétiques.

Si, on le verra, les deux genres présentent des différences, ils ont aussi beaucoup en commun, à commencer par leurs visées : se coupant de toutes racines blues, ils se positionnent résolument à rebours du rock en substituant à sa simplicité, sa spontanéité et son urgence une emphase et une complexité reposant sur des sonorités singulières, des rythmes complexes et une virtuosité étourdissante. Les sources ? La musique classique ou le jazz… Bref, pour un peu, c'est la première fois qu'on peut entendre un rock… sans rock dedans !

Autre point commun : tous deux ont compté parmi les genres de rocks les plus populaires des années soixante-dix et, tout au long de cette faste décennie, de loin leur plus glorieuse, ont passionné des millions de fans enivrés de la complexité croissante des compositions. Enfin, éreintés, vilipendés, raillés par les deux communautés qu'ils cherchaient à courtiser (celle de la musique classique et du jazz), tous deux ont, en retour, rarement eu bonne presse et se sont retrouvés en première ligne quand en 1976, la révolution punk aux portes du rock, il a fallu trouver des cibles « pour l'exemple ». Certains, pourtant, au prix d'un renouvellement complet de leur identité (comme Genesis), réussiront à passer au travers du crible punk et domineront commercialement les années quatre-vingt.

Ce chapitre vous montre les origines, les points communs et les distinctions de ces deux genres dont l'exceptionnel succès n'est pas dû qu'à la seule indulgence coupable de leur public. Et, si certaines discographies peuvent effectivement être aujourd'hui recouvertes d'un voile pudique, celles, monumentales, des « pontes » du genre (King Crimson, Yes ou Genesis pour le rock progressif, Frank Zappa ou Jeff Beck pour le jazz-rock) sont à découvrir d'urgence, comme vous invitent à le faire les présentations qui suivent.

Le « progressif » ou le rock qui se rêve « grande musique »

Grandiloquent, expérimental, défricheur, le rock progressif se développe tout d'abord en cherchant à reproduire la complexité des compositions de la musique classique et symphonique avec les instruments rock traditionnels. Chemin faisant, sans toujours éviter les envolées boursouflées et les solos excessifs, il réussira à se forger sa propre identité.

Mémo rock : le rock progressif

Écoutez un album de Pink Floyd et un album de King Crimson, deux groupes phares du rock progressif, et cherchez les points communs… Peu de chances que vous en trouviez beaucoup tant le « prog rock » (comme on l'appelle aussi) est un genre hétérogène ! Quelques traits spécifiques se dégagent, l'exception confirmant, comme toujours, la règle :

- **Un âge d'or (1967-1980)** : en 1967, paraît le premier album du genre, le *Days of Future Passed* des Moody Blues. Treize ans plus tard, c'est celui d'Asia, une formation d'ex-stars du rock progressif, qui sort dans les bacs et confirme la mutation du genre, désormais tout entier tourné vers la radio. C'est entre ces deux dates symboliques que vous trouverez le meilleur du rock progressif !
- **Un pays** : l'Angleterre. Eh oui, le rock progressif est essentiellement anglais, les groupes américains se montrant d'une discrétion exemplaire en la matière. Comme par contradiction, on trouve toutefois beaucoup de groupes « progressifs » dans toute l'Europe, France, Pays-Bas, Italie, Espagne, Grèce… et l'Allemagne, qui verra éclore une scène « progressive » spécifique exceptionnelle.
- **Des albums « concepts »… et de longs morceaux** : plus ou moins unis par une même thématique, développée tout au long de morceaux présentés comme des « suites » (sur le modèle « classique »), les albums de rock progressif vont faire voler en éclats le carcan du traditionnel single rock de trois minutes : dix-sept minutes pour le « In Held Twas in I » de Procol Harum (*Shine on Brightly*, 1968), vingt minutes pour le « Tarkus » de Emerson, Lake & Palmer (*Tarkus*, 1971) et le « The Revealing Science of God – Dance of the Dawn » de Yes (*Tales from Topographic Oceans*, 1974), vingt-trois minutes pour le « Atom Heart Mother » de Pink Floyd (*Atom Heart Mother*, 1970), pour le « Plague of Lighthouse Keepers » de Van Der Graaf Generator (*Pawn Hearts*, 1971) et le « Supper's Ready » de Genesis (*Foxtrot*, 1972), vingt-quatre minutes pour le « Song of Scheherazade » de Renaissance (*Scheherazade & Other Stories*, 1975) et… quarante-trois minutes pour le « Thick as a Brick » de Jethro Tull (*Thick as a Brick*, 1972) !
- **Virtuosité et complexité** : bien plus que le hard rock encore, le rock progressif est le genre de la virtuosité. Ses musiciens sont des techniciens époustouflants – les guitaristes, bien sûr, mais aussi les bassistes comme Chris Squire et Greg Lake ou les batteurs comme Phil Collins et Bill Bruford. Peu de chanteurs, en revanche,

parviendront à se hisser à un niveau égal à celui de leurs collègues musiciens, à l'exception notable de Jon Anderson du groupe Yes. Enfin, les compositions sont souvent excessivement tortueuses, harmoniquement et rythmiquement.

- **Un rejet du blues** : si le hard rock peut passer pour du blues joué vite et fort, le rock progressif, lui, s'affranchit totalement de cette matrice originelle : piochant dans des gammes jazz, exotiques ou médiévales, il se rend perméable à toute musique, avec en fond, l'influence fondamentale de la musique classique et symphonique.
- **Un nouvel instrument-roi** : à une époque où tous les instruments traditionnels du rock (guitare, basse, batterie et même voix) sont débridés par le hard rock, le rock progressif amène un nouvel instrument-roi : le « clavier ». Par ce nom générique, on entend le piano électrique mais aussi les premières formes de synthétiseurs comme le Moog et le mellotron qui deviennent, sous la patte de prodiges comme Ian McDonald, Rick Wakeman, Keith Emerson ou Tony Banks, les instruments les plus représentatifs du genre. Les premières sonorités électroniques pointent également le bout de leurs touches, surtout en Allemagne…
- **Littérature et poésie** : maturité oblige, le rock progressif balaye d'un revers de claviers l'imaginaire rock (filles, Coca, voitures et surtout sexe, le grand absent !) et se pique de littérature, souvent de la science-fiction, mais aussi d'un ésotérisme diffus avec parfois le concours de paroliers externes comme Pete Sinfield ou Richard Palmer-James. La réussite (littéraire) est çà et là au rendez-vous, les textes souvent confus aussi, mais c'est l'intention qui compte !

Bref, vous l'avez compris : on frise la haute trahison avec ce rock sans morceaux de rock dedans ! Le conseil de guerre en est encore tenu aujourd'hui par la presse rock, d'ailleurs… En tout cas, le rock y perd certes un peu de son identité, en cherchant une crédibilité « bourgeoise », mais bénéficie aussi en retour d'un peu plus d'attention de la part des autres communautés musicales.

Préludes à un rock ambitieux...

Le rock « progressif » naît en Angleterre en 1967 d'une fusion du rock et de la musique classique : cette année-là, le premier véritable album du genre, *Days of Future Passed* est enregistré par le groupe les Moody Blues avec le London Festival Orchestra... pour vanter les mérites de la stéréo naissante ! Des incursions classiques avaient certes déjà été notées chez les Beatles (« Eleanor Rigby » par exemple) ou les Beach Boys (« Caroline, No ») mais dans un format qui restait fondamentalement pop, la couche « classique » étant le fait de musiciens extérieurs et du producteur. Certains groupes, comme les Allemands de German Bonds qui reprennent dès 1966 le « Sonata Facile » de Mozart, s'étaient plus directement frottés à la « grande musique » sans toutefois susciter de grandes réactions publiques ni critiques.

Plus fondamentalement, le rock psychédélique et ses longues improvisations expérimentales, comme celles du Grateful Dead ou de Jefferson Airplane, mais aussi le rôle grandissant des drogues dans le processus créatif (et l'indulgence du public !) créent, à la même époque, les conditions d'un rock au format plus ambitieux.

Le coin enfoncé, on découvre d'autres groupes aux visées similaires, comme les Nice du claviériste prodige Keith Emerson (de formation classique) qui n'hésitent pas à faire des clins d'œil musicaux appuyés à des passages du « Troisième Concerto brandebourgeois » de Bach, à l'intermezzo de la « Suite Karelia » de Jean Sibelius ou à la « Pathétique » de Tchaïkovski (*The Thoughts of Emerlist Davjack*, 1967 ; *Ars Longa Vita Brevis*, 1968). Dans une même veine, le groupe Procol Harum se hisse en haut des charts en mai 1967 avec son hit « A Whiter Shade of Pale » qui revisite une aria de la « Suite pour orchestre n° 3 » de Bach. L'année suivante, le groupe Love Sculpture adapte « La Danse du sabre » de Khatchatourian.

Intrigué, le hard rock lui-même courtise bientôt ce rock classique comme le groupe Deep Purple qui enregistre, dès 1969, un *Concerto for Group and Orchestra* avec le Royal Philharmonic Orchestra ou Uriah Heep avec sa suite « Salisbury » (*Salisbury*, 1971). À partir de 1973, le genre jouit aussi d'une plus grande renommée grâce au succès massif de l'album instrumental *Tubular Bells* du jeune Anglais Mike Oldfield – l'inclusion d'un de ses thèmes dans le film d'horreur *L'Exorciste* de William Friedkin n'y est pas étrangère !

Progressivement – vous nous passerez le jeu de mots… –, le rock progressif se dépouille de son encombrant héritage psychédélique en même temps qu'il écarte les allusions trop directes à la musique classique pour se constituer en genre à part entière. Plus tard, dans les années quatre-vingt et même quatre-vingt-dix, des groupes comme Marillion, Dream Theater ou Tool attesteront de la vivacité de l'héritage « progressif », un genre pourtant plus vraiment à la mode ! Alors, à vos écouteurs, c'est là que le meilleur commence !

Les poids lourds du rock progressif

Le glam rock avait remaquillé le rock ? En quelques années, le rock progressif lui donne un tout nouveau visage ! Pour bien commencer votre exploration de ce genre luxuriant, en voici une présentation des six porte-drapeaux anglais les plus monumentaux.

King Crimson, Mr. Fripp et ses musiciens

Et si c'était King Crimson, le véritable père du rock progressif ? Célèbre pour sa pochette criarde, le premier album du groupe, *In the Court of the Crimson King: An Observation by King Crimson*, ne sort, certes, qu'en 1969, soit deux ans après celui des Moody Blues, mais il est autrement influent : brassant psychédélisme, free jazz et musique symphonique au sein de compositions d'une originalité sidérante, il est cette fois-ci bien le fait des musiciens du groupe – le guitariste Robert Fripp, le chanteur et bassiste Greg Lake, le multi-instrumentiste Ian McDonald (mellotron, vibraphone, saxophone et flûte !), le batteur Michael Giles et le parolier Peter Sinfield – et seulement d'eux, sans recours à des musiciens extérieurs.

Après ce coup de tonnerre dans le monde du rock, King Crimson, qui fait ses débuts sur scène devant plus de 650 000 personnes à Hyde Park, à Londres, en première partie du concert gratuit donné par les Rolling Stones en hommage à leur guitariste Brian Jones (voir Chapitre 5), s'engage dans une longue exploration ésotérique des arcanes du rock, aux confins du jazz et du classique, au prix de multiples changements de personnel. Fondateur et âme du groupe, le guitariste pince-sans-rire Robert Fripp (qui joue aussi du mellotron, ancêtre du synthétiseur) dispense des solos dissonants, tour à tour sinueux et angulaires, qui semblent défier le rock ; en concert, dans un pied de nez à la vulgarité (hard) rock, il joue assis et surveille sa formation du coin de l'œil avec de faux airs de professeur révisant ses racines carrées.

D'une même coulée que son prédécesseur, *In the Wake of Poseidon* (1970) confirme l'excellence des musiciens d'un groupe toujours au bord de l'éclatement ; reconfiguré après *Lizard* (1970) qui pousse plus loin encore les motifs jazz, le groupe se réinvente à nouveau en 1972 avec une trilogie splendide et insurpassée (*Larks' Tongues in Aspic*, 1973 ; *Starless and Bible Black* et *Red*, 1974) qui exploite l'exceptionnelle entente musicale du bassiste et chanteur John Wetton, du batteur Bill Bruford, du percussionniste Jamie Muir et du violoniste David Cross, sur des textes du nouveau parolier du groupe, Richard Palmer-James. L'origine improvisée de la plupart des titres présents sur ces trois albums atteste d'une inventivité et d'une instinctivité inouïes, poursuivies sans complexe sur scène. Enfin, avec le titre « Starless », d'une noire splendeur, le groupe atteint à ce qui peut passer pour une apothéose du genre.

Contre toute attente, Fripp saborde alors son groupe et se consacre à divers projets solo. En avril 1981, ce sont le chanteur et guitariste Adrian Belew, le bassiste Tony Levin et à nouveau Bruford qui sont réunis par Fripp pour composer le nouveau King Crimson : la surprise est de taille pour les fans du groupe qui découvrent les sonorités new wave glacées soutenues par la batterie électronique de Bruford de l'album *Discipline* (1981). *Beat* (1982) et *Three of a Perfect Pair* (1984) complètent cette seconde trilogie d'un King Crimson renouvelé. Onze ans de silence s'écoulent avant que le groupe de Fripp, sous la forme d'un double trio (deux batteurs, deux bassistes !), ne revienne au sommet avec *THRAK* (1995) et reprenne régulièrement le chemin des studios (*The Power to Believe*, 2003).

Fripp et Eno, les précurseurs magnifiques

Ce sont les projets croisés de trois artistes anglais, le chanteur David Bowie, le guitariste Robert Fripp (du groupe King Crimson) et le « bidouilleur électronique » Brian Eno, qui vont redessiner une grande partie du paysage rock de la fin des années soixante-dix et marquer fortement celui des années quatre-vingt de leurs ambiances « synthétiques » glacées. Eno s'était déjà distingué en 1973 sur le premier album de Roxy Music en insufflant les prémices d'un rock électronique expérimental, sans d'ailleurs être véritablement musicien lui-même, qu'il développe ensuite dans une carrière solo originale (*Here Come the Warm Jets*). Associé au guitariste Robert Fripp, il compose un album hypnotique de boucles sonores répétitives, d'une beauté obsessionnelle, baptisées du nom de « frippertronics » (*No Pussyfooting*, 1973). De son côté, reclus à Berlin et pétri de l'influence du rock progressif allemand de Kraftwerk et Can, David Bowie opère une fusion de ce rock expérimental « planant » et d'une sensibilité pop altière dans une splendide trilogie d'albums, dite « berlinoise » (*Low*, *Lodger*, *"Heroes"*) où se fait entendre çà et là, sous la direction artistique « conceptuelle » d'Eno, la guitare tortueuse de Fripp. Ensemble ou séparément, Bowie, Eno et Fripp font ainsi entrer les climats électroniques nuancés dans le rock et ouvrent la voie à la new wave.

Emerson, Lake & Palmer, les superstars

À l'inverse de King Crimson, dont l'œuvre exigeante n'a jamais eu l'occasion de séduire le grand public, le trio Emerson, Lake & Palmer fait figure de superstar du rock progressif. Grâce à eux, en tout cas, ce genre élitiste s'immisce dans toutes les discothèques de rockers qui se respectent (du moins, à l'époque !). Créé de toutes pièces comme un « supergroupe », sur le modèle de Cream, du Jimi Hendrix Experience ou de Crosby, Stills, Nash & Young, il se compose de Keith Emerson, le claviériste prodige des Nice rencontrés plus haut, de Greg Lake, bassiste transfuge de King Crimson et d'un batteur exceptionnel, Carl Palmer.

Les influences sont nettement classiques : Ravel, Debussy, Janáček, Bartók ou Moussorgsky dont le trio reprend les

Tableaux d'une exposition en concert en 1971 (*Pictures at an Exhibition*, 1972) ; elles s'élargissent à des compositeurs moins évidents comme Aaron Copland ou le pianiste Alberto Ginastera qui donnera lui-même sa bénédiction pour le moins inattendue au groupe !

Lancé en 1970, le groupe connaît un très grand succès dès son premier album mais c'est avec l'album concept *Tarkus* en 1971 (et son morceau-titre improbable de vingt minutes) qu'il déclenche une véritable « ELP-mania ». *Trilogy* (1972), *Brain Salad Surgery* et un triple (!) album live arrogant *Welcome Back My Friends to the Show That Never Ends* en 1974 confirment que « ELP » est le groupe de rock progressif le plus populaire du circuit.

Les tournées sont triomphales mais, comme souvent, les ego entrent en conflit et, bientôt, les albums se font assemblages artificiels d'ambitions solo, sur le modèle de l'« album blanc » des Beatles (voir Chapitre 4). Après le double album *Works* et l'arrivée du punk, ELP a, de toute évidence, tout dit. On le retrouve pourtant en 1992, à la faveur des inévitables reformations, avec l'album *Black Moon*.

Yes, le rock grandiose, complexe et mystique

Sa discographie aussi imposante que sa longévité exemplaire, le groupe est toujours (plus ou moins) actif plus de quarante ans après sa formation, en 1968 !

Le rock progressif de Yes est cosmique, mystique, un peu psychédélique et, curieusement, rarement hermétique – il est surtout, distinctivement, très mélodique. Son chanteur Jon Anderson, seul du genre à pouvoir se hisser au niveau technique de ses collègues avec sa voix fragile et aérienne, y est pour beaucoup ; son bassiste Chris Squire aussi qui, en plus de générer des parties spectaculaires de basse vrombissante, le rejoint souvent dans des chœurs qui doivent beaucoup aux Beatles et aux Byrds.

Outre Anderson et Squire, la formation la plus classique du groupe comprend un guitariste fan de flamenco et de folk,

Steve Howe, aux solos électriques veloutés ; un organiste prodige et apprenti sorcier, Rick Wakeman ; et le batteur flamboyant Bill Bruford, que vous avez déjà croisé chez King Crimson. Et si le « classique » est une influence (comme *Le Sacre du printemps* de Stravinski dans « Siberian Khatru »), c'est un rock « spatial » aux qualités pop à nul autre pareil qui définit le mieux la musique de Yes.

Le groupe met un peu de temps à trouver ses marques mais, à partir de 1972, assène une suite d'albums splendides, sous des pochettes futuristes réalisées par Roger Dean ; *Fragile* – où chacun des musiciens s'essaie à une composition personnelle – ouvre le bal puis *Close to the Edge* (1972), dont la suite-titre divisée sur le modèle classique en quatre mouvements est une splendeur habitée d'une virtuosité sereine. Bruford parti rejoindre la concurrence avec King Crimson, le groupe enregistre en 1973 son grand œuvre *Tales of Topographic Oceans*, un double album ciselé splendide mais qui laisse déjà entrevoir les limites d'un genre condamné à la surenchère.

Bousculé, comme ses confrères, par le punk, Yes se replie sur un rock simplifié (*Going for the One*) avant de se réinventer au début des années quatre-vingt avec le single « Owner of a Lonely Heart », sous la férule du chanteur, guitariste et producteur (!) Trevor Horn. L'album correspondant, *90125*, confirme la mutation spectaculaire du groupe qui courtise les radios voire les pistes de danse. Depuis, en dépit de séparations chroniques, Yes parvient à conserver la faveur d'un public fidèle qui, en 2001, a chaleureusement accueilli son nouvel album *Magnification*.

Genesis, les dramaturgies progressives

Un avertissement aux fans les plus récents de Genesis qui n'auraient pas encore eu la curiosité de se plonger dans les premiers albums du groupe : avant d'être un groupe remplissant les stades de toute la planète sous la conduite du chanteur Phil Collins (dont la carrière solo est aussi une réussite commerciale), Genesis a été l'un des plus imposants mastodontes du rock progressif – et si Phil Collins y chantait déjà, il était surtout célébré pour son jeu de batterie puissant et précis, nourri de sa passion pour le jazz ! Le « vrai » chanteur du groupe, c'était Peter Gabriel qui, lui aussi au prix d'une métamorphose radicale avec les radios comme objectif, connaîtra un impressionnant succès en solo.

La genèse du groupe – vous nous excuserez pour ce nouveau jeu de mots facile – remonte au milieu des années soixante avec la rencontre, dans la petite ville de Goldaming, de Peter Gabriel et du claviériste Tony Banks. Comme pour Yes, les débuts du groupe sont prometteurs, maladroits et indistincts, et, en l'occurrence, encore redevables au folk-rock ambiant, aux Beatles et même aux Bee Gees (pas encore stars du disco !). Mais dès le deuxième album en 1970, *Trespass*, c'est un groupe régénéré qui se fait entendre ; Phil Collins et le guitariste Steve Hackett viennent compléter la formation aux côtés du bassiste Michael Rutherford. Sur *Nursery Cryme* (un jeu de mots sur « nursery rhyme », ces petites comptines anglaises pétries de non-sens qui influencent aussi le premier Pink Floyd) et, plus encore, sur *Foxtrot* qui propose un « Supper's Ready » de vingt-trois minutes, Genesis élargit ses ambitions et délivre un rock sophistiqué et intellectuel.

En 1973, *Selling England by the Pound* s'impose comme la pièce maîtresse du groupe qui y consigne ses meilleures compositions – Gabriel, lui, n'a jamais aussi bien chanté. La qualité très théâtrale des compositions est d'autant plus prenante que, sur scène, Gabriel renforce un chant déjà fortement « interprété » en endossant les costumes (masques compris) de personnages improbables : du rock multimédia avant l'heure ! Fin 1974, le groupe sacrifie au double album avec *The Lamb Lies Down on Broadway*, une suite de compositions dramaturgiques qui porte le groupe vers de nouvelles hauteurs mais crée aussi un point de non-retour créatif.

Repu, Gabriel quitte le groupe – peu, alors, donnent cher de la peau de l'un ou de l'autre. À la surprise générale, c'est le batteur Phil Collins qui reprend les rênes du groupe et réussit avec l'album *Trick of the Tail* (1976) à lui conserver toute sa crédibilité, en assumant qui plus est le rôle de nouveau chanteur. Un glissement vers des sonorités pop est alors de plus en plus sensible, de *Wind & Wuthering* (1976) à *And Then There Were Three* (1978), mais c'est l'album *Duke* en 1980 qui met au jour les nouvelles ambitions commerciales du « nouveau » Genesis. *Abacab* (1981) et son succès « Mama » laissent entendre un groupe de pop-rock qui s'assume enfin comme tel et qui devient dès lors un géant des stades (*We Can't Dance*, 1991).

Pink Floyd (seconde partie) : les vrais-faux rockers progressifs

Pink Floyd est probablement le groupe le plus largement associé par le grand public au genre progressif mais, paradoxalement, il en est aussi le moins représentatif et pas seulement parce qu'il était, à ses débuts, la plus talentueuse des formations psychédéliques anglaises (voir Chapitre 7). Son goût pour l'expérimentation, l'électronique, les longues compositions, la musique classique aussi (il enregistre en 1970 un *Atom Heart Mother* de vingt-trois minutes avec le compositeur Ron Geesin) le placent certes en bonne position dans le genre, mais sa base blues et la relative sobriété technique de ses musiciens dont aucun n'est un virtuose l'en distinguent.

Le groupe reste l'un des plus populaires du rock (dans son entier). Recomposé après le départ de son chanteur-guitariste et compositeur vedette Syd Barrett, petit génie qui sombre dans la démence (voir Chapitre 7), il se réinvente sous la double impulsion du bassiste Roger Waters et de son nouveau guitariste, David Gilmour, tous deux chanteurs.

Après l'album *A Saucerful of Secrets* (1968), encore marqué des sombres visions de Barrett, des bandes originales de films (*More* et *La Vallée* de Barbet Schroeder, *Zabriskie Point* de Michelangelo Antonioni), un double album moitié live, moitié studio très expérimental (*Ummagumma*, 1969) et une collaboration avec un orchestre classique (*Atom Heart Mother*, 1970), Pink Floyd trouve une nouvelle identité dans un rock progressif « planant » qui le fera connaître dans le monde entier.

Paru en 1971, *Meddle* est représentatif de la double direction du groupe, tiraillé entre un rock pastoral acoustique et un rock « cosmique » dont le titre « Echo » montre, vingt-trois minutes durant, les ambitions. Le son du groupe s'y trouve en tout cas fixé : solos fluides et mélodiques d'inspiration blues de Gilmour, textures musicales subtiles de l'organiste Rick Wright, chœurs des deux musiciens inspirés de ceux de Crosby, Stills, Nash & Young et section rythmique simple et efficace de Waters et du batteur Nick Mason.

Une consécration internationale : c'est ce qui attend le groupe en 1973 avec l'album *Dark Side of the Moon*. Effets stéréo novateurs (l'album a longtemps servi à tester les chaînes hi-fi !), sonorités américaines (saxophone, chœurs gospels et expressions linguistiques) et compositions oniriques baignées de guitares onctueuses et de synthétiseurs planants : le mélange est détonant et fait de Pink Floyd les heureux auteurs d'un des albums de rock les plus vendus de tous les temps ! Superstars, les quatre musiciens deviennent aussi des « dinosaures », de ceux que les punks mettront dans leur ligne de mire quatre ans plus tard !

Avec le succès, les premières tensions surgissent, notamment entre Waters dont les compositions sont de plus en plus tissées de sombres concepts et Gilmour dont les motivations restent plus strictement musicales. En 1975, *Wish You Were Here* prouve que le groupe, qui y signe un hommage poignant à Barrett avec le titre « Shine on You Crazy Diamond », peut encore se surpasser.

Conçu principalement par Waters, *Animals* (1977) s'inspire de *La Ferme des animaux* de George Orwell ; Waters y reprend le thème symbolique d'une division animale du monde (cochons, moutons et chiens) dans de longs morceaux électroacoustiques obsédants qui pâtissent toutefois un peu de l'absence des mélodies de Gilmour.

La misanthropie de Waters, dont la mégalomanie prend par ailleurs un tour inquiétant aux yeux de ses camarades, s'y révèle aussi plus clairement et s'exprime pleinement dans un double album conceptuel monumental, *The Wall* (1979), produit par l'Américain Bob Ezrin. Amer et pessimiste, l'album donne au groupe un de ses plus grands hits avec le titre « Another Brick in the Wall » et fait bientôt l'objet d'une tournée colossale et d'une adaptation cinématographique, en pleine offensive punk ! À l'évidence, les dinosaures ont la vie dure mais la peau aussi…

Le groupe ne survit pas à la monstruosité de ce projet pharaonique et s'enferre alors dans une guerre de succession autour de l'entreprise « Pink Floyd ». Les reformations, boudées par Waters, donnent lieu à des albums agréables, bien que sans surprise (*Momentary Lapse of Reason*, 1987).

Jethro Tull (seconde partie), du blues électrique... au folk progressif

Vous vous souvenez de Jethro Tull et son blues électrique à tendance hard rock (voir Chapitre 6) ? Eh bien, oubliez tout ou presque ! Le Jethro Tull du début des années soixante-dix a en effet peu à voir avec celui de ses débuts. Le blues laissé sur le bord du chemin, le groupe du flûtiste Ian Anderson assemble un folk-rock fouillé et original, traversé de brèves décharges électriques hard rock et d'ambiances jazz, qui connaît une première consécration avec l'album *Aqualung*, en 1971. Prenant note des nouveaux formats du rock progressif, le groupe poursuit un même morceau sur deux faces pour créer l'illusion d'un unique titre de plus de quarante minutes sur son album suivant *Thick as a Brick* (1972). Dans les albums suivants (*A Passion Play*, 1973), Anderson se découvre des talents de parolier qu'il emploie, entre deux charges un peu confuses sur la religion, à célébrer une Angleterre disparue, dans un passéisme tout anglais (qui évoque un peu celui des Kinks). L'arrangeur « classique » David Palmer apporte alors une contribution essentielle au développement musical du groupe qui sait décider d'arrêter la surenchère à temps ; en se repliant sur un folk anglais élaboré, il signe d'excellents albums comme *Minstrel in the Gallery* (1975) et *Songs from the Wood* (1977).

De la complexité en rock : de l'élitisme au jackpot commercial

Le rock ne sait pas rester en place : à peine ses possibilités de sophistication et de complexification étaient-elles explorées par les groupes de rock progressif que certains, dès le milieu des années soixante-dix, prenaient la tangente et choisissaient d'expurger l'élitisme, l'ennui et la pomposité de ce rock ambitieux en en gardant les prouesses techniques mais en lorgnant directement vers le grand public. Le résultat, commercial du moins, a été détonant. Si la pop « progressive » de Roxy Music qui fait figure de précurseur du genre, restait trop avant-gardiste pour prétendre séduire une large audience, les compositions subtiles mais immédiates de groupes comme Supertramp (*Crime of the Century* ; *Breakfast in America*), Electric Light Orchestra (*Eldorado, a Symphony*) ou Barclay James Harvest montrent alors qu'un rock complexe peut avancer sous le masque de la simplicité et de l'évidence et plaire au plus grand nombre.

Restait, pour achever cette mue commerciale, à formater ce rock exigeant directement pour les radios : les groupes Boston (« More Than a Feeling »), REO Speedwagon (« Keep On Loving You »), Foreigner (« Feels like the First Time »), Bachman-Turner Overdrive (« You Ain't Seen Nothing Yet »), Toto (« Hold the Line » et « Africa »), Journey (« Don't Stop Believing »), le Alan Parsons Project (« Eye in the Sky »), Kansas (« Carry On Wayward Son »), Asia (« Heat of the Moment ») et Genesis (« Mama »), fraîchement convertis aux sonorités génériques des radios, s'offriront tous un hit mondial, parfois plus, au grand dam des tenants d'un rock progressif exigeant, mais pour le plus grand bonheur de millions d'acheteurs de leurs singles.

L'heure était d'ailleurs au rock « FM » mélodique et léché, dans d'autres sphères du rock, que ce fût le jazz-rock acide et lumineux de Steely Dan ou la pop californienne du groupe de blues-rock anglais Fleetwood Mac, transmuté lui aussi en groupe « de radios » – son album *Rumours*, pris en main par la chanteuse américaine Stevie Nicks et son compatriote chanteur et guitariste Lindsey Buckingham, devient en 1977 l'une des plus grosses ventes de l'histoire du rock. Bref, avec ou sans sucre ? Cette question centrale du rock continue à diviser les fans…

L'Allemagne, l'autre pays du rock progressif

Originellement restreint à la Grande-Bretagne, le rock progressif se développe un peu partout en Europe mais c'est en Allemagne que se dessine la seule scène « progressive » véritablement capable de rivaliser avec celle des ténors anglais du genre.

Rock choucroute et saucisses électroniques

Ce rock progressif allemand, que l'on a appelé pas très élégamment *krautrock* (« rock choucroute » !), est d'une importance extrême. Il possède aussi des caractéristiques très spécifiques : les influences classiques et jazz y sont beaucoup moins nettement sensibles que dans le rock progressif et laissent place à des textures sonores originales, basées sur des boucles de sons hypnotiques créées sur des prototypes de synthétiseurs – en bref, les premiers cris du rock électronique ! Seule l'utilisation de ses instruments traditionnels (guitare, basse, batterie, claviers) semble, en fait, rattacher ce genre au rock mais autant vous dire qu'on est très loin de Chuck Berry… Les ambiances, électroniques et bruitistes, souvent glaciales, composent en effet des espèces de bandes-son cinématographiques d'un rock « cosmique », un peu psychédélique et plutôt angoissé.

Aux avant-postes de ce « krautrock », on trouve toute une génération de groupes allemands devenus cultes (parmi les connaisseurs, du moins !) malgré des noms défiant souvent toutes les astuces de mnémotechnie : Popol Vuh (*In den Gärten Pharaos*, 1970), Amon Düül II (*Tanz der Lemminge*, 1971), Can (*Tago Mago*, 1971), Faust (*Faust so Far*, 1972), Neu! (*Neu!*, 1972), Ash Ra Tempel (*Schwingungen*, 1972), Tangerine Dream (*Phaedra*, 1974) et Kraftwerk (*Autobahn*, 1974).

L'impact des recherches sonores avant-gardistes de ces groupes est incommensurable puisque, de David Bowie à Vangelis en passant par Brian Eno, Air, les Talking Heads ou Joy Division, ce sont la new wave, le trip-hop, la techno, la musique dite « ambiante », le rock industriel et autres genres électroniques qui en seront l'incontestable prolongement. Quant au multi-instrumentiste allemand Klaus Schulze, dès 1972 avec son album *Irrlicht*, il indiquait déjà aux synthétiseurs ses évolutions pour les dix années suivantes !

Alors, convaincu ? Vous voulez partir à la découverte de ces terres lointaines du rock ? Voici donc trois des plus emblématiques de ces groupes allemands, pour vous fixer un peu le contexte : Tangerine, Can et Kraftwerk.

Tangerine Dream, le progressif cinématographique

La formation la plus réputée du groupe berlinois Tangerine Dream, créé en 1967 par un étudiant en sculpture, Edgar Froese, réunit le claviériste Peter Baumann et le batteur Christopher Franke. Ainsi épaulé, Froese, qui joue du clavier, de la guitare et de la basse, enregistre entre 1970 et 1974 les albums *Electronic Meditation*, *Alpha Centauri*, *Zeit*, *Atem*, *Phaedra* (probablement la pièce maîtresse de la discographie du groupe) et *Rubycon*. Il s'y inspire indifféremment du groupe anglais Pink Floyd, du peintre catalan Salvador Dalí et des écrivains américains Walt Whitman et Gertrude Stein pour composer, avec l'aide des tout nouveaux synthétiseurs (Moog, VSC3 et le mellotron), des panoramas sonores surprenants dans des titres souvent étendus, comme improvisés, et toujours un peu inquiétants.

À la fin des années soixante-dix, la qualité cinématographique manifeste des compositions du groupe l'oriente naturellement vers les musiques de films (essentiellement hollywoodiens) dans l'illustration sonore desquelles, après un premier essai sur *Le Convoi de la peur* de William Friedkin, il emploie une grande partie de son temps tout au long des années quatre-vingt, tout en restant exceptionnellement actif (*Choice*, 2008).

Can, le festival (électronique)

Jimi Hendrix, Frank Zappa, le Velvet Underground et Karlheinz Stockhausen : voilà pour les influences de Can ! Ne vous étonnez pas, donc, si on vous dit que le groupe allemand, né à Cologne en 1968, est un peu difficile d'accès ! L'électronique et le synthétiseur y sont rois, un peu despotes même, et se font les vaisseaux (spatiaux, bien sûr !) d'une longue et lente exploration d'atmosphères sonores incertaines...

Le premier album du groupe *Monster Movie* (1969) emprunte curieusement son agressivité psychédélique au garage rock ; le niveau musical du guitariste Michael Karoli, du claviériste Irmin Schmidt, du bassiste Holger Czukay et du prodigieux batteur Jaki Leibezeit y est déjà impressionnant et tranche avec la spontanéité brouilllonne de son chanteur Malcolm Mooney, un peintre new-yorkais sans aucune expérience musicale !

Un chanteur japonais, Kenji « Damo » Suzuki, remplace d'ailleurs ce dernier peu après et imprime sa marque unique (son chant, hurlé ou chuchoté, mélange anglais et japonais !) au groupe dont le son hypnotique, austère et minimaliste se fixe dans des compositions subtiles (*Soundtracks*, 1970). Avec le double album *Tago Mago* (1971), Can publie son premier chef-d'œuvre et devient dès lors (relativement) plus accessible, au prix d'un renoncement presque total au rock et de quelques incursions dans le jazz-rock de Miles Davis. Il décroche même au passage un petit hit avec le titre « I Want More ». À partir de l'album *Saw Delight* en 1977, le groupe effectue une mue radicale qui trahit surtout son instabilité : le reggae ou le disco trouvent désormais leur place dans le catalogue sonore un peu fourre-tout du groupe qui, un peu désorienté, décide de se séparer peu après.

Kraftwerk, la centrale électronique du rock

Le groupe, fondé en 1970 à Düsseldorf autour de deux étudiants de formation classique, Florian Schneider et Ralf Hütter, est probablement le plus méconnu... des groupes de rock les plus influents ! Le rayonnement de cette « centrale électrique » (c'est la traduction de son nom) qui tient d'ailleurs davantage de la « centrale électronique » est sans bornes :

en confectionnant une pop électronique minimaliste, à base de climats froids des premiers synthétiseurs, de rythmes hypnotiques et de chants ponctuels robotiques, Kraftwerk a ouvert la voie à rien moins que la new wave, la techno, l'*ambient* ou le *hip-hop*.

Sans ce duo novateur, dont le pic créatif, entre 1974 et 1981, a produit des albums d'une beauté tétanisante (*Autobahn* ; *Radio-Activity* ; *Trans-Europe Express* ; *The Man-Machine* ; *Computer World*), les discographies d'artistes aussi divers que David Bowie, Jean-Michel Jarre, Duran Duran, Suicide, Orchestral Manœuvre in the Dark ou Afrika Bambaataa n'auraient en effet pas été les mêmes – et, pour certaines, n'auraient peut-être même pas vu le jour… Le succès du groupe, un peu oublié aujourd'hui, a d'ailleurs été mondial dès *Autobahn* dont la pop synthétique et déshumanisée, tendue de concepts parmi les plus cohérents du genre, démontrait que l'esprit rock, toujours aussi insubordonné, pouvait s'immiscer jusque dans les dernières technologies.

Le rock progressif, au-delà des frontières

Essentiellement instrumental, avare en idoles, le rock progressif s'exporta avec facilité et bonheur au-delà de son Angleterre natale (sans atteindre à une notoriété approchante, toutefois) : en Allemagne, tout d'abord, où, vous l'avez vu, il a été entièrement redéfini et a influencé des générations entières de musiciens ; en Italie aussi avec les groupes P.F.M. et Banco Del Mutuo Soccorso ; aux Pays-Bas avec l'excellent Focus ; au Canada avec Rush (*A Farewell to Kings*) ; et même en Grèce avec Aphrodite's Child (*666*) dans lequel on retrouve les tout jeunes Vangelis et… Demis Roussos.

La France était loin d'être indigne puisqu'elle a produit quelques-uns des plus grands groupes du genre, comme Ange (*Au-delà du délire*, 1975), surnommé de façon un peu réductrice le « Genesis français » et Magma, un groupe hautement expérimental de l'explosif batteur Christian Vander placé sous l'influence directe du saxophoniste jazz John Coltrane, qui prend un malin plaisir à épaissir l'hermétisme de ses compositions en utilisant un langage de son invention, le *kobaïen*, au grand ravissement des initiés (*Mekanïk Destruktïw Kommandöh*, 1973).

Le jazz-rock : le rock des prouesses

Avec le jazz-rock, on quitte la musique progressive pour franchir une frontière brumeuse et toucher à un genre qui est, par définition, autant rock que jazz – au grand malheur des amateurs des deux genres d'ailleurs, souvent irrités par le mélange de leur genre musical préféré avec son infréquentable « cousin »…

Une petite histoire du jazz-rock

C'est en 1969 que naît officiellement le jazz-rock ; deux beaux bébés arrivent dans les bacs des disquaires à la fin de l'été : l'album *Bitches Brew* du trompettiste jazz Miles Davis, composé de suites d'improvisations psychédéliques, qui mélange les sonorités du jazz, du rock et du funk avec… le guitariste électrique John McLaughlin, les claviéristes Joe Zawinul, Chick Corea et Larry Young, le saxophoniste Wayne Shorter, le clarinettiste Bennie Maupin, les bassistes électriques et contrebassistes Harvey Brooks et Dave Holland, les batteurs Lenny White et Jack DeJohnette ! L'autre album historique, c'est *Hot Rats* du guitariste Frank Zappa, qui y invite les violonistes « Sugar Cane » Harris et Jean-Luc Ponty en leur proposant d'électrifier leur instrument, et dévoile lui aussi un mélange de rock électrique et de jazz complexe.

Les spécialistes ont certes pu identifier quelques exemples antérieurs de ce « jazz-rock » (le nom s'impose logiquement) chez le guitariste Larry Coryell, le flûtiste Jeremy Steig, le vibraphoniste Gary Burton et d'autres groupes comme le Grateful Dead, Blood, Sweat & Tears ou Soft Machine (ou même encore chez Miles Davis qui, avant *Bitches Brew*, jouait déjà à associer jazz et rock). Mais ce sont bien ces deux albums de Davis et Zappa qui déclenchent le mouvement. Le principe en était, finalement, très simple : remplacer les instruments traditionnellement acoustiques du jazz (contrebasse et piano, par exemple) par leur version électrique (basse électrique et claviers, donc !).

Le genre connaît un long apogée tout au long de ces années soixante-dix qui n'en étaient plus à une surcharge près. Miles Davis, le premier, prend un plaisir évident à corser davantage son jazz de rock énergique et de funk dansant (*On the Corner*, 1972) ; les musiciens de *Bitches Brew* lui emboîtent le pas, dans des formations « monstrueuses » réunissant la crème du jazz-rock, comme le Mahavishnu Orchestra (*Birds of Fire*, 1973), Return To Forever (*Romantic Warrior*, 1976) ou Weather Report (*Heavy Weather*, 1977), ou en solo, avec tout autant de succès, comme le batteur Billy Cobham (*Spectrum*, 1973) ou le claviériste Herbie Hancock (*Head Hunters*, 1973). Que des batteurs, des claviéristes ou des bassistes (Stanley Clarke ou Jaco Pastorius) puissent se lancer avec autant de facilité (et de réussite) en solo, en dit long sur la créativité de l'époque (et probablement les ego mais c'est un autre débat !).

Pour un genre moitié jazz, moitié rock, vous aurez peut-être remarqué que la balance penche surtout du côté du premier... Le jazz-rock est effectivement bien plus souvent le fait de musiciens jazz qui mettent un peu de rock dans leur style que le contraire. Il faut dire que le chemin est probablement plus facile à faire du jazz vers le rock, la technicité limitée de celui-ci étant à la portée immédiate des jazzmen...

N'OUBLIEZ PAS !

Pourtant, émoustillés par la surenchère ambiante, certains rockers se frottent bientôt aux climats jazz : le guitariste Carlos Santana s'associe ainsi à John McLaughlin pour un album de joutes de guitares électriques époustouflantes (*Love Devotion Surrender*, 1973) ; Jeff Beck, guitariste rock héros du psychédélisme et du hard rock anglais, plonge lui aussi tête la première dans ce jazz-rock qui semble être le seul à pouvoir étancher sa soif d'expérimentations, et le fait encore une fois avec une réussite insolente (*Blow by Blow*, 1975 ; *Wired*, 1976). À l'inverse, le guitariste jazz Al Dimeola, issu de Return To Forever, enregistre à partir de 1975 des albums solo électriques étourdissants, sous l'influence du flamenco et des rythmes latino-américains chers à Santana, et devient une référence pour les guitaristes de... hard rock !

Le genre atteint un palier au début des années quatre-vingt mais reste toujours vivace aujourd'hui, loin des foules ; il s'est fait dans l'intervalle moins directement démonstratif, un peu plus élitiste aussi.

Voici donc, pour un premier aperçu, trois univers jazz-rock nettement différenciés : celui d'un collectif anglais dit « groupe de Canterbury », celui de l'Américain Frank Zappa et celui de Jeff Beck.

Le groupe de Canterbury

À partir de la fin des années soixante, autour de la ville anglaise de Canterbury, se développe de manière inattendue une scène jazz-rock représentée par des groupes aux noms plus ou moins loufoques : Soft Machine, Egg, Caravan, Hatfield & The North, National Health, Gong, Matching Mole… Une telle concentration de musiciens passionnés aussi bien de jazz que de rock dans cette petite ville du Kent n'est pas sans étonner mais ne doit pas, à l'inverse, laisser croire à une scène musicalement homogène.

C'est, en effet, plus qu'une approche musicale commune, un « esprit » qui souffle sur l'ensemble de ces groupes : un esprit tout à fait anglais d'ailleurs, fait de dadaïsme, de *nonsense*, de pataphysique et de surréalisme, comme pour contrebalancer l'extrême technicité de la musique. Plutôt agréable dans un genre qui a tendance à se prendre au sérieux !

Le groupe Soft Machine fait figure de chef de file de cette scène de Canterbury : après avoir été l'un des tout premiers groupes psychédéliques anglais aux côtés de la première incarnation de Pink Floyd (voir Chapitre 7), il a ainsi posé les bases du rock progressif et du jazz-rock ! Entre 1968 et 1971, ses meilleurs albums (*Soft Machine* ; *Volume Two* ; *Third* ; *Fourth*) insèrent des improvisations jazz sur des rythmes plus ou moins rock, en y mettant çà et là quelques textures pop. L'identité du groupe repose beaucoup sur le claviériste Kevin Ayers et le puissant batteur Robert Wyatt qui se charge d'y glisser des parties vocales un peu absurdes. Applaudi par la critique (une partie en tout cas), Soft Machine, comme d'ailleurs tous les groupes de Canterbury, ne se bercera jamais d'illusions sur son potentiel commercial : du jazz-rock gentiment « siphonné », c'est, même en ce début des années soixante-dix, beaucoup demander au grand public !

Les discographies de la galaxie « Canterbury », celles de Matching Mole (*Matching Mole*, 1972), Egg (*Egg*, 1970) ou Caravan (*In the Land of Grey and Pink*, 1971) restent toutefois sources d'agréables surprises. Le groupe franco-anglais Gong, par exemple, était l'un des plus prisés en France : pourtant, lui aussi, avec les albums *Camembert électrique* (1971) et la trilogie *Flying Teapot*, *Angel's Egg* et *You* (de 1973 à 1975) et leurs personnages mythologiques comme Radio Gnomes, Octave Doctors ou Pothead Pixies (de la planète Gong, bien sûr...) exigeaient beaucoup de leurs fans !

Frank Zappa, le jazz-rock scato-marxiste (tendance Groucho)

Une fausse girafe poursuivie sur scène par un balai phalloïde menaçant ? Un pet gras imité au trombone ? Un opéra parodique pour raconter l'histoire de « Bwana Dik » au légendaire sexe « monstrueux » ? Une pièce de piano rivalisant avec Erik Satie ? Un strip-tease improvisé sur scène par une spectatrice sur un fond de tango perverti ? Une citation musicale du compositeur « contemporain » Edgar Varèse ou des *Trois Petits Cochons* au milieu d'un doo-wop ? Une parodie virtuose et railleuse des superstars boursouflées Emerson, Lake & Palmer ? Un album « concept » organisé autour des aventures de Nanouk l'esquimau (à qui on défend de manger de la neige « jaunie » par un chien) ? Aucun doute : vous êtes chez Frank Zappa !

Mais ne vous y trompez pas : malgré un goût immodéré pour le... mauvais goût, le chanteur et guitariste californien passe, derrière sa grosse moustache à la Groucho Marx, pour rien moins qu'un des compositeurs les plus importants du XXe siècle, bien au-delà du rock. Avec un sens de la dérision qui peut, l'humour potache en plus, évoquer celui du groupe de Canterbury, Zappa a conduit la plus prolifique des œuvres rock, sous l'influence des compositeurs Igor Stravinski, Alban Berg et Edgar Varèse mais aussi du doo-wop et du jazz. De 1966 à 1993, date de sa mort, ce sont ainsi plus de cinquante albums au compteur !

Une telle productivité et de telles influences rendent tout portrait injurieusement réducteur : critique sociale et charge rigolarde contre les hippies (*Freak out*, 1966 ; *We're Only in It for the Money*, 1968, et sa pochette calquée sur celle du *Sgt. Pepper's Lonely Hearts Club Band* des Beatles), compositions orchestrales (*Lumpy Gravy*, 1968), hommage tendre au doo-wop (*Cruising with Ruben & The Jets*, 1968), bande originale d'un film maison brassant blues, rock, jazz et doo-wop (*Uncle*

Meat, 1969), album de naissance du jazz-rock célèbre pour son solo de guitare électrique wah-wah d'une complexité décourageante pour les guitaristes rock les plus chevronnés (*Hot Rats*, 1969), rock teinté de musique contemporaine (*Burnt Weeny Sandwich*, 1970), jazz-rock dissonant à l'humour gras (*Weasels Ripped My Flesh*, 1970 ; *Chunga's Revenge*, 1970)… et ce ne sont que les quatre premières années de la carrière de celui qui, selon la légende, a maîtrisé la guitare électrique seul et sans aide, à dix-huit ans, à raison de dix-huit heures de pratique quotidienne après s'être essayé aux bandes-son de films pornographiques !

Avec ou sans son groupe les Mothers of Invention (le nom originel était autrement vulgaire), Zappa distillera tout au long des années soixante-dix des albums hilarants et virtuoses, de plus en plus accessibles et (ceci expliquant probablement cela) d'une vulgarité comique de plus en plus appuyée. Entre deux œuvres « importantes », toujours émaillées de quelques allusions graveleuses comme autant de gestes obscènes à une respectabilité menaçante (*Waka/Jawaka*, 1972 ; *The Grand Wazoo*, 1972), il compose des albums à l'humour adolescent, souvent illustré par sa propre « voix off » en *mezzo voce* goguenard et complice, qui contiennent des tours de force techniques (*Over-Nite Sensation*, 1973, *Apostrophe [']*, 1974 ; *Zoot Allures*, 1976 ; *Sheik Yerbouti*, 1979). Sur scène, Zappa se fait maître de cérémonies avec une aisance déconcertante, se partageant entre apartés comiques à la Lenny Bruce, conduite de son orchestre (sommé de réagir aux signes cabalistiques du Maître… comme un doigt dans le nez) et solos tortueux de guitare électrique. Il amorce le tournant des années soixante-dix et quatre-vingt avec deux albums majeurs, un opéra-rock parodique désopilant (*Joe's Garage*, 1979) et un triple (!) album compilant ses solos de guitare électrique (*Shut Up 'N Play Yer Guitar*, 1980) où il se paie le luxe de ridiculiser toute la carrière de Carlos Santana en un instrumental au titre féroce (« Variations on the Carlos Santana Secret Chord Progression »).

Loin d'être tarie, son inspiration le poussera même à embaucher des guitaristes « cascadeurs » comme le petit prodige Steve Vai, seul capable de jouer les solos de guitares complexes écrits par Zappa (vous le retrouverez en meilleure forme encore au chapitre 16). Mais les années quatre-vingt, moins favorables au jazz-rock même parodique, le voient se faire un peu plus rare sur la nouvelle scène rock, malgré la qualité constante de sa production (*The Best Band You Never Heard in Your Life*, 1991, sur lequel le solo mythique de Jimmy Page qui conclut le « Stairway to Heaven » est joué pour rire à la trompette) et de ses longues tournées. En décembre 1993, Zappa s'éteint, des suites d'un cancer. Contre toute attente, c'est un groupe français, Raoul Petite qui, seul, a su s'inspirer avec bonheur de l'œuvre inimitable du « Maître ».

Jeff Beck, la surprenante reconversion

Vous aviez quitté Jeff Beck au chapitre 6, sa redoutable guitare électrique en fer de lance du rock psychédélique (avec les Yardbirds) puis du hard rock (avec le Jeff Beck Group), avec le sentiment que le guitariste avait déjà œuvré plutôt efficacement pour le rock en cette fin des années soixante ? Eh bien, l'ombrageux Beck n'avait pas tout dit !

Un accident de dragster l'immobilise pendant dix-huit mois ; remis sur pied, il glisse sans prévenir vers un jazz-rock mâtiné de soul avec une nouvelle incarnation de son Jeff Beck Group, qui comprend notamment le claviériste Max Middleton et le batteur Cozy Powell (*Rough and Ready*, 1971 ; *Jeff Beck Group*, 1972). Un retour instinctif autant qu'inexpliqué à un hard rock exubérant, au sein du trio Beck, Bogert & Appice (*Live in Japan*, 1973), surprend à nouveau les fans du guitariste mais, malgré ses acrobaties sidérantes (et celles, tout aussi époustouflantes de ses deux compères), Beck décide de revenir au… jazz-rock. Un peu compliqué, le petit prodige !

Ce énième revirement sera toutefois spectaculaire : vous l'avez vu, deux albums splendides, *Blow by Blow* (1974) et *Wired* (1976) témoignent de l'état de grâce du guitariste, aiguillonné par l'excellence des musiciens, de sensibilité jazz, qui l'accompagnent. Il effectue un nouveau come-back en 1980, après trois ans de silence, avec l'album *There and Back* puis *Flash* (1984) qui s'ouvrent à des sonorités pop et funk, avec le concours ponctuel de son vieux comparse Rod Stewart.

En 1989, c'est encore une surprise qui attend les fans du guitariste, célébré par ailleurs dans le monde entier comme l'un des plus fins instrumentistes du rock. Son album *Guitar Shop*, enregistré avec le claviériste Tony Hymas et le batteur Terry Bozzio, s'abreuve des sonorités les plus modernes et ramène le guitariste, âgé de quarante-cinq ans, au premier plan de la guitare rock. Il ne le quittera plus, s'engouffrant sans effort dans une nouvelle étape de sa brillante carrière où sa guitare, d'une créativité prodigieuse, investit tous les genres sur sa route, de la *techno* à la *jungle* (*Who Else!*, 1999 ; *You Had It Coming*, 2001).

Cinquième partie

« I wanna be… anarchy » : les révolutions punk

Dans cette partie...

1976 : une poignée de jeunes rockers rebelles fait une entrée fracassante sur la scène rock avec un rock simple, direct et agressif qu'on appelle bientôt « punk ». C'est tout l'édifice rock de l'époque, massif et excessif, qui en est ébranlé et se lézarde dangereusement ! Cette partie vous détaille toute l'histoire de cette révolution, l'une des plus importantes du rock, de ses foyers anglais et américains, mais aussi de son évolution rapide en nouveaux genres, « post-punk », « new wave » et « hardcore », qui, tous auront une influence fondamentale sur les générations suivantes. En complément, le renouveau de la guitare électrique, portée à des niveaux de virtuosité insoupçonnée par un hard rock britannique devenu « moderne », le courant « thrash » et les innovations du guitariste américain Edward Van Halen y sont également présentés.

Chapitre 13

Le punk anglais et américain : la grande purge rock

Dans ce chapitre :

- La révolte punk
- La naissance conjointe aux États-Unis et en Angleterre
- Les groupes historiques

1976 : boursouflé de toutes parts, le rock ne semble pas encore tout à fait repu de sa nouvelle virtuosité : les « dinosaures » du rock progressif – Genesis, Yes, Pink Floyd et les autres – et du hard rock – Led Zeppelin, Deep Purple et consorts – continuent à étaler impunément leurs ambitieuses compositions dans des (doubles) albums souvent excessifs et de (très) longs concerts… Fêtes du rock pour les uns, désolants fourvoiements pour les autres, ce rock gargantuesque semble bien guetté par l'indigestion ; il est en tout cas à mille lieues de son esprit originel, celui des Elvis Presley, Chuck Berry ou Little Richard.

Deux groupes, l'un américain, l'autre anglais – les Ramones et les Sex Pistols, pour ne pas les nommer – vont alors se faire les ardents promoteurs d'un rock primaire, hargneux et rebelle, à l'irrévérence absolue, qui se veut évidemment une réponse au rock complaisant et un peu ampoulé des formations stars de l'époque. Leur insolence se porte jusque dans la technique, violemment méprisée, pour donner un rock simple, très fort, pas très mélodieux, plus rapide, plus approximatif aussi… C'est ainsi que le « punk-rock » naît dans un fracas assourdissant… un pied en Amérique, l'autre en Angleterre !

Subversif et iconoclaste, ce punk est pourtant une fausse révolution : avec ses trois accords de base et ses mélodies simples (pour rester charitable !), c'est ni plus ni moins qu'un retour au *rock and roll* basique des origines, l'arrogance en plus. La vraie révolution du punk aura peut-être été ailleurs : en lui administrant une gifle violente et salvatrice, il aura fait revenir le rock à la raison – même si, ailleurs, presque à la même époque, de nouvelles guitares feront bientôt résonner leur virtuosité décuplée, comme un pied de nez à l'amateurisme punk, avec des groupes comme Iron Maiden ou Judas Priest (voir Chapitre 16) !

Vous le verrez aussi, si le punk a changé la face du rock, c'est peut-être davantage en ouvrant la voie au post-punk (voir Chapitre 14), ses exigences artistiques et ses expérimentations électroniques ainsi qu'à tout le rock alternatif (voir Chapitre 17). Plutôt pas mal pour une bande de petits teigneux sans éducation musicale, non ?

Ce chapitre vous retrace l'histoire de cette « vraie-fausse » révolution, coup de tonnerre dans le ciel rock qui semble résonner aujourd'hui encore, chez les Green Day, les Hives, les Strokes et tellement d'autres… « No future », le punk ? Bien au contraire, l'avenir du rock !

Le punk, de Shakespeare à Sid le Vicieux…

Comme pour la naissance du rock'n'roll, on évitera de sacrifier à la théorie d'un « big bang » punk : si le premier disque des Ramones et celui des Sex Pistols donnent au mouvement punk ses deux manifestes historiques, l'explosion punk qui fait voler en éclats la scène rock à partir de 1976 est le résultat d'influences croisées, dont certaines remontent… à la décennie précédente !

Mémo rock : le punk

D'où vient le mot « punk » d'ailleurs ? En français, il désigne un peu confusément aussi bien le courant musical que le musicien (ou l'amateur du genre) lui-même. Les « punks » écoutent du « punk », si vous voulez…

En anglais, on trouve sa trace un peu partout… dès Shakespeare même ! Dans *Measure for Measure*, on peut lire en effet « *she may be a punk* » où le mot désigne une… prostituée. Un certain décor est planté et l'évolution linguistique du mot, dont nous vous ferons grâce, naviguera toujours dans les eaux troubles du *slang*, l'argot anglo-saxon. Une poignée de siècles plus tard, on retrouve le mot dans les polars hollywoodiens des années trente et… jusqu'à *L'Inspecteur Harry* en 1971 – année où le journaliste musical Dave Marsh évoque par ailleurs un mystérieux « punk-rock » à propos de l'œuvre de ? & The Mysterians, un groupe de… garage rock. Vous suivez ?

En tout état de cause, comme pour le hard rock (voir Chapitre 10), le glam rock (voir Chapitre 9) ou le rock progressif (voir Chapitre 12), on a affaire à un mouvement loin d'être homogène, plus diversifié qu'on ne le croit, mais avec quelques particularités incontournables :

- **Un âge d'or (1976-1982)** : ces dates symboliques embrassent une période qui part du premier album des Ramones jusqu'au dernier album de la formation originale du Clash. Dès janvier 1978 pourtant, les Sex Pistols sont séparés et, bien vite, on est déjà dans le post-punk, une tout autre histoire (voir Chapitre 14)…
- **Deux pays… et les autres** : parti des États-Unis puis développé conjointement en Grande-Bretagne, le punk, comme le rock, est anglais… dans le sens le plus général du terme. Probablement du fait même de son accessibilité technique (deux accords, une guitare et un micro et c'est parti !), le punk a toutefois rapidement essaimé dans quelques capitales européennes ; la scène française, dont l'impact international a été très limité pour des raisons linguistiques évidentes, était l'une des plus vivaces (voir Chapitre 15).
- **Une attitude** : impertinent, provocant, arrogant, méprisant, agressif et injurieux, le punk est une musique de révolté(e)s avec une bonne dose de nihilisme et de haine (de soi et des autres) par-dessus. Le tableau serait certes à nuancer mais, pour le charger davantage, rappelons qu'une des plus curieuses manies des concerts punk, bastons mises à part, consistait à cracher sur le public ou sur… son groupe préféré. Joe Strummer, chanteur du Clash, soutenait ainsi avoir attrapé une hépatite suite à un généreux mollard envoyé au fond de sa gorge par un « fan »…

- **Un look** : le punk est aussi affaire de « fringues ». L'attirail punk, spontanément inventé par Richard Hell (vous en découvrirez les détails plus bas), relève aujourd'hui de l'image d'Épinal ou presque : cheveux roses ou verts hérissés en pointes vaselinées, lunettes noires bon marché, tee-shirts troués piqués de grosses épingles à nourrice, jeans ultra-serrés déchirés, godillots Doc Martens… Quant à la présence désolante de swastikas, elle s'explique, à défaut de se justifier, par la volonté de choquer plus que par des convictions politiques.
- **À gauche (ou à droite) toute** : anarchiste en diable, lancé à l'assaut de l'Autorité, le punk reste, il faut bien l'avouer, un grand foutoir idéologique. Le gauchisme un peu utopique du Clash y côtoie ainsi, pour ainsi dire sous une même bannière, l'idéologie nazillonne de la frange Oï ou l'anarchisme radical du groupe-phalanstère Crass. On peut aussi penser que, à l'image d'un Johnny Rotten anarchiste qui vitupère son époque (mais avoue ne même pas savoir qui est le Premier Ministre anglais !), le punk se préoccupe moins de politique que de rébellion, ce qui n'est déjà pas si mal.
- **Girls, girls, girls** : on n'a jamais vu (et entendu) autant de « nanas » dans le rock ! Avant le punk, Grace Slick et Janis Joplin se disputaient seules ou presque les fantasmes du public rock masculin ; le punk éclos, ce sont Blondie, Patti Smith et, certes résolument moins *glamour*, des groupes féminins comme les Slits ou X-Ray Specs qui investissent enfin le rock.
- **Un amateurisme désinvolte** : l'esprit du punk, c'est la bricole (en anglais, le « Do It Yourself »). Un micro (bon marché), une guitare et une basse (en sous-marques, accordées ou pas), quelques fûts, une console de mixage maison et vogue la galère ! Quant à la technique, elle suivra (ou pas)… Radicale et influente, cette redécouverte de la simplicité rock originelle, poussée à l'extrême, bat en brèche toutes les sophistications des « dinosaures », en studio (les albums surproduits pour les chaînes hi-fi « bourgeoises ») ou en concert (les tonnes de matériel). Et puis la musique punk correspond à l'ère de la cassette (ré)-enregistrable qui n'était pas vraiment un support pour mélomanes !

- **Un assaut sonore** : guitares abrasives au son distordu, feedback et larsen incontrôlés, grands accords vengeurs approximatifs, paroles braillées, hurlées, crachées, vomies… voilà pour un aperçu de l'ambiance sonore punk !
- **Interdits de solos** : symbole des dérives du hard rock et du rock progressif, les solos sont purement et simplement bannis en punk : place aux accords, si possible toujours les mêmes ! Bien sûr, les limites de la chose seront vite atteintes et, rapidement, les Ramones eux-mêmes inviteront des musiciens de sessions pour glisser quelques brefs solos pour redynamiser leur univers sonore… et l'enrichir un peu.

À la recherche du punk perdu : les précurseurs

Comment a-t-on bien pu en arriver là ? Au jeu des origines, la surenchère rétrospective est séduisante : rebelle, subversif, primitif… le punk ne remonte-t-il pas tout simplement au rock d'Elvis Presley ou de Gene Vincent ? Le rapprochement est un peu forcé mais c'est bien cet esprit « rock » que le punk se fait foi de retrouver dès 1976, en y ajoutant un amateurisme triomphant et une arrogance corrosive.

Plus tardifs, certains précédents sont évidents : avec son rock sale, graisseux et métallique, loin des sophistications pop britanniques de l'époque, le garage rock qui se développe en Amérique en 1965 (voir Chapitre 6) ne fait-il pas lui aussi figure de précurseur du punk ?

Ce sont deux groupes américains de la fin des années soixante qui s'imposent toutefois comme les plus incontestables influences du mouvement : le Velvet Underground et son rock urbain, bruitiste et vénéneux, porté par la personnalité de Lou Reed (voir Chapitre 11) et les Stooges d'Iggy Pop et leur rock nihiliste et autodestructeur (voir Chapitre 10). À la même époque, la violence politisée du MC5 évoque, elle aussi, un esprit « punk » avant la lettre.

Mais ce n'est pas tout : au début des années soixante-dix, la vague glam rock britannique lancée par Marc Bolan se fait le porte-étendard d'un retour inattendu à un rock basique, à base d'accords simples, qui, poussé plus avant de l'autre côté de l'Atlantique par les New York Dolls, tracera les contours d'un autre rock, tout aussi décadent mais plus agressif et plus dédaigneux (voir Chapitre 11). Les premiers groupes punk s'en inspireront en en décuplant les outrages scéniques – mais aussi en se coupant du côté « fun » du glam. Les punks ne s'amusent en effet pas beaucoup...

La bataille engagée contre les « dinosaures » se joue aussi sur d'autres fronts. Outre quelques francs-tireurs isolés comme les Modern Lovers (*Modern Lovers*, enregistré entre 1971 et 1973) ou les Pink Fairies (*Kings of Oblivion*, 1973) dont l'influence sera reconnue trop tardivement pour les intéressés, la colère (contre les abus du rock en tout cas) gronde aussi au fond des *pubs* anglais. Renouant avec une simplicité et un enthousiasme perdus, le « pub rock » affiche dès 1973 une sincérité et une fraîcheur revigorantes qui tranchent dans le paysage rock d'alors même si sa portée reste, logiquement, réduite au petit circuit des clubs dans lesquels il se donne à entendre.

La mort des Rolling Stones ?

Dès 1974, à New York, la chanteuse Patti Smith et le groupe Television élaguent le terrain de singles audacieux, mais c'est en 1976 que tout se joue : quatre zonards new-yorkais, les Ramones, mettent – enfin – le feu aux poudres en prenant d'assaut la scène rock avec un premier album coup-de-poing de vingt-huit minutes, composé de quatorze titres dont la moitié de moins de deux minutes ! Le tout évoque alors davantage la blague potache mais, à une époque où les solos de batterie pouvaient atteindre jusqu'à trente minutes en concert, le message sera reçu cinq sur cinq par une nouvelle génération piaffant d'impatience.

N'OUBLIEZ PAS !

L'offensive lancée par les Ramones, une nouvelle scène se déploie alors dans quelques clubs new-yorkais, notamment le CBGB et le Max's Kansas City dans le quartier du Lower East Side à Manhattan. Sa diversité est saisissante : Talking Heads, Blondie, Patti Smith, Television, Richard Hell, Johnny Thunders... c'est tout un pan du rock et, déjà, de la new wave, qui éclôt spontanément sur les cendres encore chaudes du rock *seventies*. On y croise aussi Andy Warhol, Lou Reed et John Cale, signe que cette agitation doit quand même faire un peu sens...

Né aux États-Unis, le punk y restera pourtant *underground*, indépendamment du prestige ou du succès ultérieur de ses « stars ». Inversement, c'est en Angleterre que le punk se fait vraiment phénomène – et culture. Après la parution en 1976 du tout premier single punk britannique, « New Rose » par les Damned (qui publient, sur leur lancée, le premier album punk, l'excellent *Damned Damned Damned*), un groupe, amené à devenir le plus emblématique du mouvement, s'y empare en effet rapidement du mouvement et crée un deuxième épicentre, londonien celui-là, qui en décuple la magnitude : les Sex Pistols. Leur arrivée goguenarde dans une Angleterre frappée par la récession, les émeutes raciales et, bientôt les excès du thatchérisme, imprime au mouvement punk une dimension sociale sans précédent, en faisant la caisse de résonance d'une jeunesse désœuvrée et d'une partie de la jeune classe ouvrière. Télé, radio, journaux : le punk investit ainsi la vie quotidienne des Anglais, certes souvent davantage pour ses faits divers que ses accomplissements musicaux.

De Londres à New York – en attendant l'éclosion d'une scène à Los Angeles –, le punk fait ainsi table rase du passé et laisse le rock groggy. Ce chapitre vous présente un large tour d'horizon des deux foyers, américain et anglais, de cette « insurrection rock ».

Du CBGB au Max's Kansas City : le punk américain

Le CBGB (pour « Country Blue Grass & Blues » – son autre petit nom était « OMFUG » soit « Other Music For Uplifting Gormandizers ! », expression quasi intraduisible !) et le Max's Kansas City : deux clubs mythiques new-yorkais dans lesquels se concentre l'essentiel du punk américain et qui lui assurent sa seule unité. Vous le verrez en effet, il n'y a pas « un » punk américain mais bel et bien « des » punks américains !

Les Ramones, le punk cartoon des Dalton du rock

Le premier « vrai » groupe de punk. Quatre petites frappes droguées du Queens, à New York, seraient donc, à elles seules, à l'origine de l'explosion punk… Leurs noms ? Joey Ramone (batterie puis chant), Johnny Ramone (guitare), Dee Dee Ramone (basse) et Tommy Ramone (manager puis batterie). Première arnaque : ces « Ramones » ne sont même pas frères – leur nom de scène vient du pseudonyme utilisé par Paul McCartney quand il descendait incognito dans les hôtels !

Dès 1974, les Ramones sévissent : cheveux longs et crasseux, Perfecto et jeans troués, les « Dalton du rock » se sont donné une mission, entre deux séjours en prison pour vol à main armée ou en hôpital psychiatrique : recapturer l'esprit du rock, sa simplicité et son « fun », celui des premiers enregistrements d'Elvis ou de Little Richard ! Pour répandre cette sainte parole, une marque de fabrique toute trouvée : des concerts d'une vingtaine de minutes montre en main, soit une dizaine de chansons de deux minutes expédiées en toute urgence, pied au plancher et sans regarder dans le rétroviseur…

Leur premier album, *Ramones* (1976) offre un condensé de ce qu'il faut bien appeler leur art : sous une pochette en noir et blanc, des titres ultracourts et bêtes à pleurer, tout en énergie brouillonne et mélodies grossières, comme autant de célébrations d'un rock basique, approximatif et jouissif qu'on croyait à jamais disparu. Et à ceux que les paroles simplistes du groupe – « *1-2-3-4 hey ho let's go !* » ou « *gabba gabba hey !* » – feraient ricaner, on rappellera qu'un autre groupe, anglais celui-là, avait apporté une même fraîcheur à l'Amérique, une quinzaine d'années plus tôt, avec des paroles jugées alors tout aussi superficielles (si vous n'identifiez pas ces mystérieux « quatre garçons dans le vent », rendez-vous au chapitre 4)… Les Ramones ne font d'ailleurs pas mystère de leurs influences : une louche de Beach Boys et de surf music, un peu de doo-wop, du Chuck Berry aussi, le tout régurgité en vrac mais passionnément…

Avec cette profession de foi débraillée, les Ramones donnent leur premier album à un mouvement « punk » qui s'ignore encore. Un concert, quelques mois plus tard, à la Round House de Londres, porte la bonne parole des quatre lascars jusqu'en la perfide Albion : dans le public, les futurs Sex Pistols, le Clash et Generation X qui ne ratent pas une (fausse) note des quatre énergumènes…

Les Ramones avaient tout dit en un album. Ignorant les évolutions concurrentes, notamment celles de la scène « punk intello » new-yorkaise des Patti Smith, Television ou Talking Heads, ils s'en tiendront par la suite, peu ou prou, à cette formule jusqu'à leur séparation. Dans l'intervalle, ils se seront imposés, à l'image de Kiss (eux aussi issus du Queens), comme de véritables personnages de bandes dessinées, délirants et attachants – mais, exception notable dans le punk, sans jamais se prendre trop au sérieux…

Notez que les amateurs (ou les curieux) auraient tort de se priver de la suite de la discographie du groupe, notamment celle des quelques années suivantes. Avec leurs titres irrésistibles comme « Carbona Not Glue », « Sheena Is a Punk Rocker », « Teenage Lobotomy », « I Wanna Be Sedated », les albums *Leave Home* (1977), *Rocket to Russia* (1977) et *Road to Ruin* (1978) enfoncent le clou d'un punk unique, qui se repaît de sa stupidité. Le groupe tente ensuite, dans la limite de ses moyens techniques, de se diversifier, insérant guitares acoustiques et rares solos, frayant même avec des sonorités pop ou country (!), s'attachant les services du fameux producteur Phil Spector (*End of the Century*, 1980) ou de l'ex-10cc Graham Gouldman (*Pleasant Dreams*, 1981). Probable consécration, les Ramones apparaissent, en 1979, dans un film, *Rock'n'Roll High School*, du réalisateur Roger Corman, maître ès nanars dont l'intervention s'imposait probablement. Un live énergique assoit leur discographie. L'instabilité au sein du groupe n'est d'ailleurs pas que musicale ; les changements de personnel se font ainsi fréquents, les nouveaux venus étant systématiquement rebaptisés du fameux patronyme à leur entrée dans le groupe (Marky « Ramone », Richie « Ramone », C.J. « Ramone »).

Vite éclipsés par leurs propres disciples, les Ramones traversent difficilement les années quatre-vingt, connaissant un regain de succès en 1985 avec le titre vitriolique « Bonzo Goes to Bitburg » (qui prend pour cible Reagan et sa visite d'un cimetière où étaient enterrés des SS) puis un album implacable, *Too Tough to Die* (1985), comme un rappel de l'importance historique du quatuor au mouvement *hardcore* alors en pleine effervescence (voir Chapitre 14). Une contribution à la bande originale du film *Pet Sematary* de Stephen King et une incursion de Dee Dee Ramone en territoire rap (sous le nom de Dee Dee King !) rappellent les Ramones au bon souvenir de la nouvelle génération punk (voir Chapitre 20) qui préfère saluer les premiers disques. En 2001, Joey Ramone meurt d'un lymphome à quarante-neuf ans ; un an plus tard, Dee Dee Ramone décède à son tour et en 2004, Johnny Ramone, succombe à un cancer.

Autour de Richard l'Enfer : la « génération vide »…

Héraut de la « génération vide », Richard Hell est la figure tutélaire du punk américain – mais aussi du punk anglais. Poète new-yorkais héroïnomane aux fausses allures de dandy *destroy*, l'homme passe en effet pour rien moins que l'inventeur de l'esthétique punk – dès 1974, trois ans avant les Sex Pistols, il arbore lunettes noires plastique et tee-shirt lacéré orné d'épingles à nourrice sous une « coiffure » hérissée, inspirée de celle d'Arthur Rimbaud. Il est aussi, excusez du peu, impliqué dans trois des plus influents groupes de punk américains : Television, Heartbreakers et les Voivoids !

L'histoire du jeune Richard Meyers (c'est son vrai nom), c'est tout d'abord, comme souvent en rock, celle d'une amitié, avec son pote Tom Miller. Rebaptisés respectivement « Hell » et « Verlaine » (noms de scène romantiques, s'il en est), les deux garçons montent leur premier groupe en 1974, les Neon Boys. Tom Verlaine est déjà un guitariste accompli, nourri au Velvet Underground, aux Stooges et au garage rock. Hell, lui, se tourne vers la basse, davantage par pragmatisme que par passion pour l'instrument, et imprime au groupe sa marque nihiliste, froide et désabusée.

Renforcé de l'excellent guitariste Richard Lloyd et du batteur Billy Ficca, le duo fait sensation au CBGB sous son nouveau nom, Television. Un premier single « Little Johnny Jewel » annonce fortement le punk. Des dissensions entre Verlaine le musicien et Hell « le showman » punk se font jour et c'est sans Hell, remplacé par Fred Smith, que le premier album du groupe, *Marquee Moon* (1977), est enregistré.

L'album est une splendeur. Composé intégralement par Verlaine, partagé entre les joutes de guitares complexes de Lloyd et Verlaine et les rythmiques angulaires de Smith et Ficca, il resplendit d'un éclat glacé frappant. La virtuosité punk – deux mots que vous verrez pourtant rarement ensemble ! – des deux guitaristes est unique, flirte avec le jazz de John Coltrane et s'autorise des épanchements de plusieurs minutes qui rappellent les meilleures heures du… rock progressif ! *Adventure* (1978) qui suit est moins aventureux mais impressionne toujours autant, ce qui n'empêche pas le groupe de se séparer.

Hell, pour sa part, s'est embarqué entre-temps pour une nouvelle collaboration. S'associant avec deux ex-New York Dolls, le guitariste Johnny Thunders, autre dandy décavé versé dans l'autodestruction (voir plus bas) et le batteur Jerry Nolan, il participe aux premiers pas de ces « Heartbreakers » mais, à nouveau, quitte le groupe avant même d'avoir enregistré – en y laissant toutefois quelques compositions marquantes comme le fameux « Chinese Rocks » composé avec l'aide généreuse de Dee Dee Ramone.

Le troisième essai sera le bon. Hell forme les Voivoids et publie un album-manifeste, *Blank Generation* (1977), enregistré, dans la plus pure tradition punk à la va-vite, avec les services de l'excellent guitariste Robert Quine. Salué comme un classique du punk, l'album donne enfin à entendre pleinement la poésie nihiliste de Hell. Dépressif, enferré dans les drogues, celui-ci semble alors se satisfaire de son destin de poète maudit du punk.

Maudit… mais actif : on le retrouve dans les années quatre-vingt au cinéma – c'est le copain de Madonna dans *Recherche Susan désespérément* ! – au sein d'un nouveau groupe, les Dim Stars, avec Thurston Moore et Steve Shelley de Sonic Youth et même, à nouveau avec son vieux complice Tom Verlaine pour des reformations régulières, sinon fréquentes, de Television ou une collection de poèmes « à deux mains » (*Wanna Go out?*). En 2000, il publie une nouvelle composition des Voivoids, « Oh » directement sur le Web en téléchargement gratuit…

Johnny Thunders, l'ex-poupée qui fait non

Auréolé de sa gloire passée au sein des défunts New York Dolls, Johnny Thunders est, en 1976, une icône punk. Gouailleur, drôle, bavard mais désespérément drogué, son personnage tient autant du Keith Richards que du Marc Bolan, une indéfectible poisse en plus. Quand son nouveau groupe, les Heartbreakers, avec son pote Jerry Nolan et Richard Hell, investit le 100 Club à Londres devant les futurs Sex Pistols, Thunders fait figure sinon de vétéran, du moins de grand frère…

Avec Nolan, le guitariste Walter Lure et le bassiste Billy Rath, Thunders enregistre en 1977 un album, *LAMF*, acronyme inspiré signifiant « *Like A Mother Fucker* » qu'on vous laisse le soin de traduire en français ! Énergique, crasseux, bordélique et rageur, traversé de riffs « stoniens », l'album sera reconnu, un peu tardivement, comme un autre classique du genre. L'esprit punk y avait d'ailleurs été appliqué à un tel point que le mixage originel du disque était une abomination aux yeux (et oreilles) mêmes des intéressés, ce qui en dit long sur la qualité de l'objet ! Les *mixes* originaux ressurgiront fort heureusement plus tard, au grand bénéfice du disque.

Les Heartbreakers dissous, Thunders appelle à la rescousse quelques amis – Phil Lynott de Thin Lizzy, Steve Jones et Paul Cook des Sex Pistols – et enregistre l'année suivante un album solo franc et libéré qui sonne comme un testament musical. Une collaboration avortée avec l'ex-MC5 Wayne Kramer donne le ton d'une décennie 1980 dépressive, marquée par les excès : en 1991, Thunders est retrouvé mort, probablement d'une overdose, dans une chambre d'hôtel de La Nouvelle-Orléans.

Patti Smith, la punkette rimbaldienne

La « poétesse du punk », échappée de l'ennui de son New Jersey natal, est l'une des grandes figures féminines du rock américain avec Janis Joplin, Grace Slick et, dans un tout autre genre comme on le verra plus bas, Debbie Harry. Une personnalité unique aussi : androgyne, presque asexuée – malgré ses nombreuses conquêtes –, charismatique, la chanteuse a porté un rock intellectuel, littéraire et poétique sur la scène punk new-yorkaise naissante avec la morgue d'un Dylan et une audace toute personnelle.

Ses modèles sont à chercher, vous l'aurez deviné, d'abord du côté de la littérature : Arthur Rimbaud, Charles Baudelaire, Gérard de Nerval, Paul Verlaine et, plus près de nous, William Burroughs, Jean Genet ou Albert Camus. Les influences musicales ? James Brown, les Rolling Stones, les Who, Hendrix, les Doors et, bien sûr, Bob Dylan : en somme, des « classiques » plutôt sacrilèges à l'esprit punk iconoclaste…

Punk, Smith l'est pourtant incontestablement par son mode de vie : à peine sortie de l'adolescence, abandonnant son jeune enfant à l'Assistance publique, travaillant sur une chaîne de montage, montant des « performances » dans les rues de Paris, frayant du côté de la Factory de Warhol, elle interprète et coécrit avec Sam Shepard une pièce de théâtre (*Cowboy Mouth*) et aligne ses premiers vers – elle n'a pas encore vingt-cinq ans… Ses liaisons sont fameuses, du futur photographe Robert Mapplethorpe au claviériste du Blue Öyster Cult Allen Lanier, mais c'est avec le guitariste Lenny Kaye que la symbiose artistique jouera à plein. Critique rock, celui-ci a publié la bible musicale du garage rock (la fameuse compilation *Nuggets* – voir Chapitre 6) et se passionne, lui aussi, pour le rock originel. Il accompagne bientôt à la guitare électrique les poèmes plus ou moins improvisés de Smith.

Dès 1974, un premier single « Hey Joe » (un monologue sur Patty Hearst, la fille de milliardaire enlevée… qui se rangea finalement du côté de ses ravisseurs !) avec, en face B, un retour sur son expérience d'ouvrière (« Piss Factory ») donne, avec le concours du guitariste Tom Verlaine, les premiers signes d'un genre punk qui se cherche.

Smith entre ensuite en studio avec Kaye, le pianiste-claviériste Richard Sohl, le guitariste et bassiste Ivan Kral et le batteur Jay Dee Daugherty pour son premier album, *Horses* (1975). Si l'ensemble se range résolument dans l'expérimentation artistique un peu élitiste, mêlant rock et littérature sous la houlette du producteur (et ex-Velvet Underground) John Cale, l'interprétation rageuse et tendue de Smith notamment dans le titre phare « Gloria », annonce maintenant clairement le punk.

L'expérimentation est poussée plus avant sur *Radio Ethiopia* (1976), titre en forme de double clin d'œil, l'un au reggae avec lequel flirte Smith, l'autre à la patrie de perdition de Rimbaud… Smith y impose sa personnalité dure : si certains se sont offusqués du duvet de moustache crânement porté par l'artiste sur la pochette de *Horses* (photographiée par Mapplethorpe), l'émotion a été à son comble en découvrant celle de *Radio Ethiopia* qui montrait les aisselles non épilées de la chanteuse… Le rock en était en effet à de tels traumatismes capillaires !

Victime d'une chute de scène qui lui rompt le cou, Smith connaît une espèce d'épiphanie artistique à Pâques, dont elle rend compte dans son album suivant, *Easter* (1978) (« Pâques », en français), plus accessible et presque commercial. Deux titres en sont fameux, « Rock'n'Roll Nigger » et surtout « Because the Night », grand succès coécrit avec un autre chantre de la vie ouvrière du New Jersey, Bruce Springsteen.

Après *Wave* (1979), album aux visées fortement commerciales produit par Todd Rundgren, Smith, désormais mariée au guitariste Fred « Sonic » Smith du MC5, se retire pour goûter les joies de la vie domestique – clouant le bec, au passage, à ceux qui la taxaient de féminisme. C'est littéralement d'entre les morts – celles de Mapplethorpe, de Fred Smith, de son frère et de Sohl, tous d'une crise cardiaque ! – qu'elle reviendra pour effectuer sa propre résurrection artistique avec l'album *Gone Again* en 1996.

Les Talking Heads, le punk en polo

Drôles de punks que les Talking Heads, même à l'aune de la scène new-yorkaise si contrastée… Du punk intellectuel, minimaliste et vaguement dérangé de leurs débuts, il ne reste d'ailleurs à peu près plus aucune trace dans leurs derniers enregistrements, à la fin des années quatre-vingt ! Défricheurs audacieux, les « Têtes qui parlent » ont en effet rapidement instillé des sonorités funk, pop mais aussi africaines, caribéennes et sud-américaines à leur musique qui, progressivement gagnée à l'électronique expérimentale, balisera ce qui sera bientôt connu comme la *world music* – tout en étant sacrés rois de la new wave ! Vous avez dit insaisissables ?

Trois des membres du groupe – David Byrne (chant, guitare), Tina Weymouth (basse) et son mari Chris Frantz (batteur) – sont issus de la même école de design, à Rhode Island. Bientôt rejoints par le guitariste-claviériste Jerry Harrison (ex-Modern Lovers), les Talking Heads se définissent alors plus comme des artistes que des musiciens, privilégient, en bons punks, l'attitude plus que la technique et, bien sûr, se font connaître sur la scène de l'incontournable CBGB.

Leur premier album, *Talking Heads: 77*, est une réussite qui repose pour beaucoup sur la personnalité unique du chanteur David Byrne. Froid, distant, inquiétant, Byrne se glisse dans la peau de personnages comme sur « Psycho Killer », titre pour lequel il endosse le rôle d'un tueur en entonnant un refrain sautillant et glaçant, moitié anglais, moitié français (« Psycho Killer mais qu'est-ce que c'est ? ») qu'il ponctue d'un « fa fa fa fa, fa fa fa fa fa » emprunté sans grâce à Otis Redding… Entre pop légère et funk robotique, l'album propose un punk déjà porté vers la new wave (voir Chapitre 14), aussi coincé et inconfortable que le personnage de Byrne.

Les albums suivants, *More Songs about Buildings and Food* (1978) ; *Fear of Music* (1979) et *Remain in Light* (1980) témoignent de l'élargissement de la palette sonore du groupe. Ils confirment aussi la prééminence de Byrne, qui compose l'essentiel des titres et, vêtu d'un polo ou d'une chemisette de gendre idéal mais toujours parcouru de tics nerveux, développe son personnage d'aliéné sur scène. Non que Byrne soit l'unique leader du groupe : Brian Eno, l'éminence grise de l'électronique anglaise (déjà croisé au sein de Roxy Music au chapitre 11), s'invite bientôt dans les enregistrements du groupe et en partage progressivement la direction artistique avec Byrne.

Sous l'impulsion d'Eno, le groupe s'ouvre ainsi à l'électronique et aux musiques du monde et accueille pêle-mêle congas, cuivres et synthétiseurs. Un live spectaculaire, filmé par la caméra du réalisateur Jonathan Demme, les consacrera (*Stop Making Senses*, 1984). Les étudiants en design sont alors des stars de la new wave mais, captifs de leurs expérimentations « arty », se séparent après des incursions en solo. Byrne, logiquement, connaît depuis la carrière solo la plus réussie (*Rei Momo*, 1989).

Blondie, le punk sans culotte

Est-on encore dans le punk avec Blondie ? En tout cas, pour beaucoup, le groupe fondé par le guitariste Chris Stein et la délicieuse Debbie Harry, ex-barmaid au Max's Kansas City, ne vaut que pour cette dernière, superbe chanteuse aux tenues outrageuses et au sex-appeal ravageur. Issu du milieu punk new-yorkais, Blondie s'en éloigne bientôt pour partir à l'assaut des charts, à coups de reprises des années soixante (« Dennis ») ou d'hymnes disco comme « Atomic » ou le célèbre « Call Me », enregistré avec le concours du producteur Giorgio Moroder, qu'on retrouve sur la bande originale du film *American Gigolo*. Le destin commercial exceptionnel du groupe est intimement lié à l'essor de la vidéo (chaque titre de son album *Eat to the Brat* (1978) bénéficiant d'un « vidéoclip » !) et à la plastique irréprochable et opportunément dénudée de sa chanteuse. En bref, rien ne résiste à Debbie Harry jusqu'au début des années quatre-vingt, c'est-à-dire jusqu'à l'arrivée d'une certaine Louise Ciccone, peu partageuse, et bientôt connue dans le monde entier sous le nom de Madonna…

Les filles du punk

Au crédit du punk, déboulonneur d'idoles violemment iconoclaste, il faut aussi ajouter cette louable caractéristique : il a permis à la gent féminine de pouvoir enfin s'exprimer pleinement par le rock. Non qu'il n'y ait eu des précédents, de Janis Joplin à Grace Slick en passant par toutes les *pasionarias* du folk (Joan Baez, Carole King, Joni Mitchell) – mais le rock restait, bon an mal an, affaire d'hommes. Ses portes enfoncées à coups de Doc Martens par les punks, on assiste à la fin des années soixante-dix à la formation d'une espèce de petite génération de rockeuses, agressives et revendicatives comme il se doit (avec une dose de féminisme, çà et là), les Slits et X-Ray Specs en tête – sans parler de l'Allemande Nina Hagen. Plus qu'un bon coup marketing, ces groupes féminins ont montré, excellents albums à l'appui, que seuls des principes sociétaux archaïques avaient empêché jusque-là un rock féminin de s'épanouir. Au risque de conforter certains clichés, c'est aussi à cette époque que, vous l'avez vu, deux nouvelles icônes du rock féminin font leur entrée, le « garçon manqué » Pattie Smith et la sex-symbol Debbie Harry du groupe Blondie.

Autour du 100 Club et du Roxy : le punk anglais

Démarré à New York, l'incendie punk se propage vers l'est et embrase bientôt Londres. Une poignée de musiciens (très) amateurs se réapproprient le mouvement et en font une véritable contre-culture. Là aussi, c'est autour de deux clubs, le 100 Club et le Roxy, que s'agrège la scène punk locale.

Les Sex Pistols, la grande arnaque du rock

« Vous n'avez jamais eu l'impression de vous être fait arnaquer ? » : c'est par ces mots désabusés que le chanteur Johnny Rotten clôt le dernier (et navrant) concert, à San Francisco, du plus emblématique des groupes punk anglais, les fameux Sex Pistols… Séditieuse, sordide et obscène, la courte aventure des « Pistols » est un des mythes les plus forts du rock, pour le meilleur et pour le pire ! Musicalement en tout cas, le punk nihiliste et particulièrement brut du groupe a fait l'effet d'une claque – la joue du rock en brûle d'ailleurs encore à ce jour…

Les Sex Pistols sont l'œuvre d'un manager roué, avec plus d'un tour dans son sac, dont on a déjà croisé la route avec les New York Dolls (voir Chapitre 11), Malcom McLaren. Propriétaire d'un magasin de vêtements à Londres (baptisé « Sex » puis « Let It Rock »), qu'il partage avec la styliste Vivienne Westwood et le futur manager du Clash Bernie Rhodes, McLaren rêve d'un groupe qui l'aiderait à vendre ses jeans… Par un heureux (?) concours de circonstances, c'est dans cette boutique que se rencontrent le guitariste Steve Jones, le batteur Paul Cook, le bassiste Glen Matlock et le chanteur John Lydon fin 1975. Comme les Ramones, les quatre jeunes garçons sont des marginaux qui n'ont rien à perdre et dont les seuls titres de gloire sont leurs fréquents démêlés avec la police et la justice.

Lydon, dont un tee-shirt proclame crânement « *I hate Pink Floyd* » (« Je hais Pink Floyd »), en devient le leader : enfant de la rue arrogant et provocateur, il porte une crête verte de cheveux à pointes et des vêtements soigneusement lacérés ; il est vite rebaptisé Johnny Rotten (« Johnny le Pourri ») par McLaren.

Les premières prestations publiques des Sex Pistols, notamment au 100 Club, une salle londonienne d'Oxford Street (ou au Chalet du Lac dans notre bon vieux bois de Boulogne), leur valent leurs premiers fans (le « Bromley Contingent » comme on les appellera) et une première réputation de scandale.

En novembre 1976, un single « Anarchy in the U.K. » sonne comme un premier coup de semonce… : si la musique est violente et abrasive à souhait, c'est bien le chant vipérin de Rotten qui y crache sa haine d'une Angleterre bourgeoise embaumée et appelle à l'anarchie qui choque. Un passage chaotique dans une émission de la vénérable chaîne de télévision Thames, dont Jones insulte en direct le présentateur Bill Grundy (qui y incarne sans trop d'effort une bourgeoisie avinée et salace) devant des milliers, sinon des millions, de téléspectateurs, propulse le groupe de l'obscurité des clubs à la « une » des tabloïds anglais. L'Angleterre est sous le choc et l'insolence des Rolling Stones paraît rétrospectivement bien inoffensive…

Matlock laisse vite sa place à un jeune voyou sans aucune expérience de la basse, John Simon Ritchie qui, comme Rotten, écope d'un nom de scène subtil, Sid Vicious (« Sid le Vicieux »). Au printemps 1977, un deuxième single, « God Save the Queen », foudroie l'Angleterre : en plein jubilé de la reine Élisabeth dont on célèbre les vingt-cinq ans de règne, les Sex Pistols y parodient l'hymne national, comparent l'Angleterre à un régime fasciste et lui prédisent, dans une formule fameuse, « *no future* » – la Reine elle-même n'échappe pas aux sarcasmes de Rotten qui décoche qu'« elle n'est pas humaine » ! Le single est banni par la BBC mais s'arrache dans toute l'Angleterre, ce que les « Pistols » s'empressent de fêter en donnant un concert à bord d'une péniche sur la Tamise, vite prise d'assaut par la police (voir Chapitre 22). Une danse agressive fait alors fureur parmi les punks, le « pogo », dont Vicious s'attribue la paternité.

Lâchés par les maisons de disques (mais suffisamment malins pour en empocher au passage les grasses avances), leurs concerts annulés et leurs disques retirés de la vente, les Sex Pistols financent eux-mêmes leur premier album, *Never Mind the Bollocks* (1977), qui couronne leur insolente insoumission. De « Holidays in the Sun » à « E.M.I. », Rotten y règle ses comptes par des textes au vitriol, littéralement vomis dans le micro. Toute une esthétique « punk » de la débrouillardise – pochette « arty » littéralement iconoclaste faite de lettres découpées dans les journaux, budget de petit label indépendant – y est aussi fixée.

À des milliers de kilomètres de New York, le punk est ainsi devenu phénomène de société. L'Angleterre, comme terrorisée, assiste impuissante à la montée de quatre petites crapules rebelles. Fort heureusement pour elle, la destruction viendra de l'intérieur : Rotten, à force de jouer la démence, manque y sombrer et Vicious s'enfonce dans la drogue en compagnie de sa petite amie Nancy Spungen – le groupe, lui, en roue libre et à la merci des journaux, se sépare calamiteusement.

McLaren tente un temps de le réanimer artificiellement en emmenant Cook, Jones, et Vicious… au Brésil enregistrer avec Ronald Biggs, le cerveau de la célèbre attaque du train postal qui avait défrayé la chronique seize ans plus tôt ! Sid Vicious est même convaincu d'enregistrer une désolante reprise de « My Way » en solo avant de succomber à une overdose d'héroïne en février 1979. Quelques mois avant, il avait été inculpé du meurtre de son amie Nancy Spungen, retrouvée poignardée dans leur chambre d'hôtel. Avec ce couple douteux et ce meurtre sordide, le punk, en tout cas, a ses premiers martyrs.

En 1996, à l'aube de son vingtième anniversaire, le groupe se réunit avec Glen Matlock à la basse, entame une tournée internationale sanctionnée par un album, *The Filthy Lucre Live*, ultimes feux, un peu pâles, d'une révolution pas si manquée que ça, si l'on en croit la déclaration de Rotten à l'occasion de cette reformation : « Nous avons trouvé un accord : votre argent. »…

Le Clash : le combat rock utopiste

« No Elvis, Beatles or The Rolling Stones in 1977 » : pas de doute, le groupe Clash rallie le grand safari iconoclaste punk dès son premier single, avec cette face B intitulée « 1977 ». En face A ? « White Riot », un appel à la révolte, purement et simplement ! Les quatre Anglais – les chanteurs et guitaristes Joe Strummer et Mick Jones, le bassiste Paul Simonon, le batteur Terry Chimes – ne sont en fait pas vraiment méchants, idéalistes plus que nihilistes mais ont, à l'évidence, le sens de la formule… Comme les Talking Heads, au risque de la « trahison », ils laisseront derrière eux la révolte brouillonne de leurs premiers enregistrements pour mâtiner leur punk de reggae, gospel et pop et, comble du parjure, deviendront une espèce d'institution du punk anglais !

« Le » Clash – et non « les » Clash, ils y tiennent – naît sur les cendres de deux groupes, les 101ers, une formation de pub rock dont est issu Joe Strummer, et les London SS, groupe punk aux initiales malheureuses qui voit passer en ses rangs le futur gratin du punk anglais, et notamment Mick Jones. Compositeurs doués, un peu frères ennemis, Strummer et Jones en sont la force motrice. Simonon, pour sa part, apprend la basse à la va-vite et Chimes laisse bientôt sa place à Topper Headon.

Une apparition en première partie des Sex Pistols, un premier single incendiaire (« White Riot »/« 1977 ») et c'est le premier album, un classique du punk où percent déjà des sonorités reggae, sous l'impulsion de Simonon. Subversifs et idéalistes, Strummer et Jones y chroniquent férocement leur époque en bataillant déjà avec un gauchisme spontané à géométrie variable. Signé, au nom d'un entrisme peu convaincant, chez une « major » – comme les Sex Pistols à leurs débuts –, le Clash met en tout cas toutes ses forces à s'opposer à un certain système, proposant singles, albums et tickets de concerts aux prix les plus bas. Et quand leur maison de disques ose sortir leur titre « Remote Control » (« contrôle distant », « télécommande ») sans les en avertir, le Clash réplique en le rebaptisant ironiquement « Complete Control »… Jones, Simonon, Headon et même Strummer, pourtant issu d'un milieu aisé, ont encore, à l'époque, parfois maille à partir avec la police. Leur implication, enfin, se fait aussi sociale avec des singles comme « (White Man) In Hammersmith Palais » qui décoche des flèches à la scène punk anglaise « vendue » au système ou leur participation au festival « Rock against Racism ».

Après un second album au son un peu trop poli pour être honnête (*Give 'Em Enough Rope*, 1978), le Clash sort son chef-d'œuvre, le double album *London Calling* (1979), produit par le vétéran Guy Stevens. Dans ce qui sonne comme leur *Exile on Main Street* (1972), le Clash convoque toutes ses influences (rockabilly, hard rock, reggae ou rhythm and blues) et sort ses meilleures compositions, du titre éponyme à « The Guns of Brixton » en passant par la reprise de Vince Taylor, « Brand New Cadillac ». La pochette, elle, est une parodie de celle du premier album d'Elvis chez RCA. Un héritage rock « classique » plutôt présent pour nos punks, donc !

Sur sa lancée, le Clash sort un triple album, véritable somme et « mammouth » punk qui renoue curieusement avec les pires excès dénoncés chez les dinosaures du rock. Ce *Sandinista!* (1980) ajoute aux sonorités déjà nombreuses du groupe, celles du funk, de la country et du rap, créant un melting-pot qui donne la direction d'une *world music* organique dont un Manu Chao s'inspirera notamment.

C'est Glyn Johns, ingénieur son au CV rutilant (Beatles, Who, Rolling Stones, Led Zeppelin, etc.) qui est à la console de production pour *Combat Rock* (1982), avec Terry Chimes de retour à la batterie. Avec ses deux singles « Rock the Casbah » et « Should I Stay or Should I Go? », c'est la consécration commerciale à une échelle mondiale. Poids lourd du punk, le Clash ouvre même, à l'automne 1982, pour la tournée d'adieu des Who ! Bérets, treillis de parachutiste, battes de base-ball : la tenue et l'attirail du groupe, qui persiflait sur son premier album « *I'm so Bored with the USA* » (« Les États-Unis m'ennuient tellement ») ne manquent alors pas d'étonner…

À l'aube d'un succès planétaire, le Clash connaît alors la débandade. Mick Jones s'en va former Big Audio Dynamite, groupe méritant, deux nouveaux guitaristes Vince White et Nick Sheppard lui succèdent et le Clash s'éteint progressivement. Entre autres projets, Strummer fait l'acteur dans *Mystery Train* (1989) de Jim Jarmusch et sort un album solo, *Earthquake Weather* (1989). Il meurt en 2002.

Les Jam, les « mods » en territoire punk

Les Jam ont été l'un des groupes punk les plus populaires, sinon le plus populaire d'Angleterre. Difficile à croire aujourd'hui tant la renommée du groupe est difficilement parvenue au grand public : pourtant, le chanteur et guitariste Paul Weller (principal compositeur du groupe), le bassiste Bruce Foxton et le batteur Rick Buckler étaient à l'époque de vraies superstars du punk anglais !

L'identité musicale du groupe était, il faut le dire, ingénieuse et irrésistible. Opérant un retour vers la culture « mod » des Small

Faces et des Who (voir Chapitre 6) – passion pour le rhythm and blues américain, importance vitale de la « fringue », compositions à base d'accords rageurs joués sur des guitares Rickenbacker –, le groupe ajoutait un peu de viande à l'os punk un peu trop rongé. Sa force résidait aussi dans la qualité des compositions de Weller, qui évoquaient parfois celles des Who en plus rapide. Parolier inspiré, incisif ou romantique, Weller s'inscrivait en outre dans la tradition satirique et sociale de Ray Davies des Kinks.

Leur premier album, *In the City* (1977), est enregistré en onze jours et ne passe pas inaperçu, notamment grâce à son titre éponyme. Après *This Is the Modern World* (1977), c'est l'album *All Mod Cons* (1978) qui capture enfin tout le potentiel du groupe et de son compositeur. Les titres sont forts, bien écrits, et s'équilibrent dans une sorte de pop punk. L'année suivante, *Setting Sons* puis *Sound Affects* laissent entendre un groupe aux ambitions renouvelées. Pourtant, à la suite d'une dépression nerveuse, Weller saborde son groupe. Sa carrière solo se révèle tardivement une réussite artistique et commerciale au moment même où la nouvelle garde anglaise de la *Brit-pop* le célèbre comme une icône (voir Chapitre 18).

Les Buzzcocks, les petits Beatles du punk

Formés à Manchester en 1975, les Buzzcocks ont pu passer pour les Beatles du punk. La formule est un peu excessive mais, en tout cas, rend justice à la qualité pop de leurs compositions, emmenées par des chœurs frais et dynamiques et des guitares vives. À l'origine du groupe, on trouve le chanteur Howard Devoto et le chanteur et guitariste Pete Shelley ; leur premier mini-album, *Spiral Scratch* (1977), est autoproduit – une première en punk ! – et attire l'attention mais, avant même l'enregistrement de leur premier album, Devoto est déjà parti pour d'autres aventures – il formera l'excellent groupe Magazine (*Magazine*, 1978).

Ce premier album, *Another Music in a Different Kitchen*, fait sensation à sa sortie en 1978 : vendu dans un sac plastique barré de la mention « *Product* » (« Produit »), il renferme des compositions enjouées d'une mélodicité rare en punk. Marqués par les Sex Pistols, les Buzzcocks n'en ont certes résolument ni la rage ni les revendications : à la critique sociale ou politique, le groupe préfère des chroniques adolescentes tourmentées, dans la lignée des Kinks et des Who, nichées dans des compositions spirituelles, un peu acerbes, souvent rapides. L'efficacité pop des titres « Orgasm Addict » ou « What Do I Get? » montre aussi que le groupe était définitivement plus à l'aise dans le format des singles que dans celui des albums. Il se sépare en 1981 avant de se reformer huit ans plus tard.

Génération culte

Oui, c'est bien une génération culte que celle de cette période punk anglaise et américaine. À tel point que la place nous manque pour vous raconter en détail l'aventure de tous ces groupes mythiques qui, pour leurs fans, sont chacun « le » groupe punk ultime !

À ceux qui n'en auraient pas eu assez, mentionnons donc encore les Fall (*Hex Enduction Hour*, 1982), les Pretenders (*Pretenders*, 1980), les Dead Boys du terrible Stiv Bators (*Young, Loud and Snotty*, 1977) qui, croisant leur personnel avec celui des Damned donneront les Lords of the New Church (*Lords of the New Church*, 1982) et les Stranglers (*No More Heroes*, 1977).

Enfin, moins connues mais tout aussi intéressantes, d'Angleterre, des États-Unis, d'Australie et d'ailleurs, des formations donneront au punk quelques classiques absolus entre 1978 et 1982, à ne louper évidemment sous aucun prétexte : les Ruts (*The Crack*), Sham 69 (*Tell Us the Truth*), les Undertones (*The Undertones*), les Exploited (*Troops of Tomorrow*), les Anti-Nowhere League (*We Are… the League*), les Adverts (*Crossing the Red Sea with the Adverts*), les Only Ones (*The Only Ones*), Radio Birdman (*Radios Appear*), Generation X (*Generation X*), Violent Femmes (*Violent Femmes*)… On arrête là !

Chapitre 14

La galaxie post-punk : concepts, violence et synthétiseurs

Dans ce chapitre :

- L'« après-punk »
- Le post-punk
- Le hardcore
- La new wave

Que faire après le punk ? Du « post-punk » bien sûr ! Le punk, vous l'avez vu au chapitre 13, c'était un peu une fausse révolution en forme de flash-back : on revenait à la simplicité du rock originel des années cinquante, on ajoutait une bonne dose d'insolence par-dessus et c'est tout l'édifice rock qui menaçait de s'écrouler !

Pourtant, rapidement, le punk tourne court. Déstabilisés, les « dinosaures » comme Genesis, Yes ou Pink Floyd repartent de plus belle avec un succès commercial redoublé (au prix, certes, de concessions artistiques). Sur un autre front, ce sont les groupes de hard rock qui persistent et signent dans leur recherche d'une virtuosité démultipliée qui renvoie le punk à ses (importantes) limites musicales. Enfin, s'inspirant directement du punk qui, en quelques mois, semble déjà à bout de souffle, une scène « post-punk », d'une diversité rare, s'épanouit progressivement et fait main basse sur le paysage rock anglais et américain du début des années quatre-vingt.

Ce « post-punk », probablement l'une des périodes les moins connues du rock, en est aussi l'une des plus fécondes ; sa créativité, que certains égalent à celle du rock des années soixante, irrigue encore l'essentiel du rock du début du

XXIe siècle ; à l'exception notable de quelques-uns d'entre eux devenus superstars, la plupart n'ont eu qu'un impact commercial très limité, voire tout à fait nul (c'est d'ailleurs toujours le cas pour l'essentiel de ceux qui, aujourd'hui, sont encore actifs).

Derrière cette appellation de « post-punk », se cachent pourtant des groupes majeurs, certains connus (Cure, Joy Division), d'autres moins (Pere Ubu, Suicide, Wire), d'autres encore presque tout à fait cryptiques (Throbbing Gristle, Chrome). Tous, pourtant, ont durablement renouvelé le rock : en quelques brèves années, c'est en effet tout le terrain du rock indépendant anglais et américain – celui de R.E.M., de Sonic Youth, des Pixies, de Jesus & Mary Chain et des Smiths (voir Chapitre 17) – qui est ainsi préparé.

Ce chapitre vous donne toutes les clés pour appréhender cette galaxie « post-punk » et ses mille et une constellations, du rock gothique au hardcore en passant par la new wave et le rock industriel.

L'« après-punk » : le grand chamboulement

Se libérer des conventions et des contraintes (artistiques, culturelles, sociales, politiques), c'était le message du punk. Pour le faire passer, la première génération punk, celle des Ramones et des Sex Pistols, choisit la forme d'un rock rebelle, antisocial et délibérément vulgaire : en somme, un rock pour choquer le bourgeois.

La démarche ne convainc pas tout le monde : rapidement, une nouvelle génération se met en place en partant du principe que la rébellion peut être plus fondamentalement artistique. Expérimental, aventureux et exigeant, ce « post-punk » prend ainsi l'allure d'un punk « intelligent » – réfléchi, en tout cas – qui pose que le meilleur moyen de faire la révolution avec des instruments désaccordés comme seules armes, c'est peut-être encore d'être *artistiquement* radical et avant-gardiste là où le nihilisme punk se montrait fatalement stérile. De l'entrisme punk, en quelque sorte !

Musicalement, le rock en sort entièrement recomposé. Si, de l'esprit punk, le « post-punk » a retenu l'indispensable amateurisme et l'approche « bricolage », il ne craint pas pour sa part prospecter de nouveaux territoires sonores, souvent sombres et anxiogènes, avec un minimalisme caractéristique. Toute référence au blues est oubliée de longue date et le rock même est mis à distance, sans parodie ni plagiat, avec un avant-gardisme résolu en guise de baguette de sourcier ! Tout ça vous évoque une espèce de rock progressif à la sauce punk ? Il y a de ça, en effet !

Pour simplifier (beaucoup), on peut ramener cette galaxie « post-punk » à trois énormes constellations :

- **Le post-punk** (tout court) : sous cette appellation générique, vous trouverez tout le rock expérimental d'essence punk de l'époque anglais ou américain.
- **Le hardcore** : violent, rapide, décapant, le hardcore est une forme de punk radicale, sans volonté expérimentale. Son influence est très importante et inversement proportionnelle à son succès !
- **La new wave** : mélodique, reposant souvent sur des synthétiseurs, la new wave dissipe rapidement ses origines punk pour se tourner vers les radios et la télévision et devenir le rock le plus rentable du début des années quatre-vingt.

Bien sûr, comme toujours, cette scène n'est pas homogène, les différentes catégories très poreuses, et les noms mêmes des genres souvent confus : pour les pays anglo-saxons, la new wave par exemple s'étend aux punks eux-mêmes – mais ne vous faites pas de nœuds au cerveau, partez à la découverte de tous ces groupes de rock fondamentaux sans vous en soucier, l'oreille légère… et que valsent les étiquettes !

Prêt ? Alors, c'est parti, casque vissé sur la tête et lampe de poche en main, on descend dans une des mines les plus fertiles du rock !

L'insaisissable post-punk

Climats désolés, minimalisme défricheur, pulsation rock volontairement bancale : toutes ces généralités ne peuvent rendre compte qu'imparfaitement de l'extraordinaire diversité de cette scène « post-punk ». Les différences géographiques jouent une nouvelle fois à plein : le « post-punk » britannique se montre sombre, claustrophobe, morbide, d'un lyrisme dépressif qui se déploie dans des paysages sonores glacés et désolés ; son « cousin » américain, lui, fait preuve de moins de sensibilité et privilégie une recherche plus intellectuelle et plus conceptuelle. Tous deux semblent parcourus d'une rage contenue qui, différence notable avec le punk, n'explose jamais. On sait se tenir en « post-punk » !

En toile de fond, on trouve l'influence un peu sacrilège des travaux précurseurs de David Bowie – en particulier sa fameuse trilogie berlinoise entre 1977 et 1979, *Low*, *"Heroes"* et *Lodger* –, de Roxy Music, de Brian Eno et du « krautrock » (voir Chapitre 12) mais aussi une ouverture aux sonorités « autres » comme le funk, le reggae et même la disco. Le synthétiseur se révèle enfin un instrument à part entière et non pas un gadget pour explorateurs rock comme jusqu'ici.

Nous vous présentons ici quelques-uns des groupes les plus représentatifs ; tous, peu ou prou, ont posé les bases du rock indépendant des années quatre-vingt (voir Chapitre 17).

Pere Ubu, la poésie du chaos industriel

Formé à Cleveland dans l'Ohio, le groupe Pere Ubu était si précurseur qu'il était « post-punk »… avant même que le punk existe ! Dès 1975, avec son nom emprunté au dramaturge français Alfred Jarry, il se fait en effet connaître par une espèce de garage rock pataphysique et dadaïste – très original, vous vous en doutez !

Monté à New York, sur l'incontournable scène du club Max's Kansas City, Pere Ubu y présente des atmosphères insidieusement angoissées, rapportées de son Cleveland natal, à coups de décharges sonores distordues et criardes de guitare et de synthétiseurs posées sur des rythmes bancals et hypnotiques. À l'avant-poste de ces mélodies obliques et dissonantes, le chanteur David Thomas (qui se fait aussi appeler « Crocus Behemoth ») se partage entre plaintes nasales et cris stridents qui évoquent une douloureuse démence.

En 1978, *Modern Dance*, le premier album du groupe, puis *Dub Housing* capturent à merveille cette poésie industrielle, un peu surréaliste, d'une intensité déconcertante. Le groupe se sépare en 1979 avant de revenir sous des atours beaucoup plus pop (et plus accessibles !) à la fin des années quatre-vingt (*Cloudland*, 1989).

Devo, le punk robotique

Encore des excentriques ! La naissance du groupe américain Devo remonte à 1973 quand deux étudiants en art, Mark Mothersbaugh et Jerry Casale, décident de mettre en musique un concept très personnel de leur cru : la « devolution » (dont le groupe tire son nom).

Sous ce nom, les deux étudiants reprennent l'idée d'une humanité dont la régression serait irréversiblement favorisée par l'essor des technologies modernes – dans ce qui serait, vous l'avez compris, non pas une « évolution » mais bien une « dé-évolution »... La critique vise tout particulièrement la société américaine, jugée répressive et figée par les deux étudiants, et s'illustre aussi bien musicalement – des compositions épileptiques au son pop « synthétique » et « robotique » sur des rythmes syncopés – que visuellement, les musiciens apparaissant sur scène déguisés en robots clonés. Quant à Mothersbaugh, il porte même parfois un masque de bébé pour incarner un mystérieux « Booji Boy »... Devo, c'est un Kraftwerk dansant, si vous voulez (et si vous avez lu le chapitre 12) !

Recommandé par rien moins que David Bowie, Iggy Pop et Neil Young (qui collabore bientôt avec le groupe), Devo publie en 1978 un premier album au titre énigmatique, produit par Brian Eno, *Q: Are We Not Men? A: We Are Devo!* L'atmosphère futuriste, presque orwellienne, des titres est contrebalancée par des mélodies pop, délicieusement boiteuses mais d'une efficacité redoutable.

La chance de Devo a été de proposer une telle identité, musicale et surtout visuelle, au moment où la chaîne de télévision MTV et ses clips prenaient de l'importance ; sa malchance, d'avoir tout dit ou presque en un album, une reprise remarquée, celle du « (I Can't Get) No Satisfaction » des Rolling Stones (à écouter absolument !) et deux hits relatifs, « Whip It » et « Jocko Homo ». Original, le concept du groupe peine ainsi à séduire sur la longue durée ; on retrouve quelques années plus tard ses musiciens à des postes clés de l'industrie du disque...

Public Image Limited, l'anti-rock

Quoi de plus indiqué (et délicieusement ironique) pour l'un des ex-rois du punk que de faire un groupe de... post-punk ? En dépit d'une irrévérence obligée envers toutes les stars du rock, John Lydon, ex-Johnny Rotten, chanteur des Sex Pistols (voir Chapitre 13) n'avait pas fait longtemps mystère de ses vraies influences : le rock des années soixante-dix, celui des Who par exemple ! Pour un punk, on est en plein sacrilège !

C'est que Lydon, n'en déplaise à Malcolm McLaren, manager des Sex Pistols, qui voulait en faire sa marionnette, était plus rusé qu'il n'en avait l'air. Le « cirque » Sex Pistols calamiteusement fermé en 1977, Lydon assemble en 1978 un nouveau groupe, considérablement moins connu que les Sex Pistols mais autrement important : Public Image Ltd., aussi appelé PiL.

Avec à ses côtés un des tout premiers guitaristes du Clash, Keith Levene, un bassiste improvisé fan de reggae « Jah Wobble » (de son vrai nom John Wordle) et, quelque temps, le batteur Jim Walker, Lydon enregistre deux albums splendides et exigeants : *First Issue* (1978) puis *Metal Box* (aussi appelé *Second Edition*, 1979) publié dans une boîte métallique ronde... À ne pas mettre entre toutes les oreilles !

Si Lydon a gardé son chant vipérin caractéristique, il semble maintenant y frôler tout simplement la dépression et la folie. Les quelques titres à la mélodie relative ne font pas oublier les harangues démentielles du chanteur, littéralement possédé, qui sonnent comme des mantras. Ce punk expérimental, déconstruit, hypnotique est aussi marqué par les grosses boucles de basse de Jah Wooble, inspirées du reggae.

Radicale, la formation ne survit pas aux errements de Lydon qui finit par enregistrer seul ou presque un album au titre amer (*This Is What You Want... This Is What You Get* : « c'est ce que vous vouliez ? eh bien voilà... », 1984), tente la voie commerciale et dansante (« This Is Not a Love Song ») et enregistre même avec Afrika Bambaataa !

En trame de ce fascinant épilogue des Sex Pistols, on trouve la volonté de Lydon de casser le show « spectaculaire » du punk : « Image Publique S.A. », éloquent nom s'il en est, et même en 1986 un album appelé simplement... *Album* (ou, selon le format, *Cassette* ou *Compact Disc*) en clin d'œil au rock générique que l'industrie du disque souhaiterait l'entendre jouer. Ce solde de tout compte de l'expérience punk a été cyniquement démenti par la reformation purement commerciale des Sex Pistols survivants en 2007.

Gang of Four, le punk funky marxiste

Un spectre hante le Gang of Four : le spectre de… Karl Marx ! Le groupe anglais, formé en 1977 à Leeds, associe en effet un punk tranchant, claquant et sautillant à des théories politiques radicales inspirées du marxisme (et saupoudrées de quelques autres idéologies gauchistes diverses). Cette « Bande des Quatre » – référence à la triste coterie de la Chine maoïste – se compose du chanteur Jon King, du guitariste Andy Gill, du bassiste Dave Allen et du batteur Hugo Burnham.

Trois albums, dont le superbe *Entertainment* (1979) au titre situationniste, suffisent à imposer le punk sec, dépouillé et agressif du groupe qui marie messages politiques martelés, riffs angulaires et rythmique funk : les Red Hot Chili Peppers appliqueront religieusement la recette dix ans plus tard, la politique en moins ! Groupe phare du post-punk, le Gang of Four reste, vous l'avez compris, un groupe à la notoriété injustement faible.

Wire, les punks cubistes

L'aventure Wire était peu prometteuse : des étudiants issus du Watford Art College, « vieux » de vingt-quatre ans de surcroît, qui veulent faire du punk chez Harvest, le label de… Pink Floyd ! Ignorant ce contexte, le chanteur Colin Newman, le guitariste Bruce Gilbert, le bassiste Graham Lewis et le batteur Robert Gotobed jettent toutes leurs forces (et leur intellect) dans un premier album glacial, *Pink Flag* (1977), au minimalisme ravageur et au titre en forme de clin d'œil à leurs prestigieux collègues de label : vingt et un titres d'une minute et demie en moyenne… plus fort que les Ramones ! Les titres sont compliqués à souhait, distanciés, comme reconstruits et semblent hésiter entre la pop et l'avant-garde : une tendance à un punk « abstrait » poursuivie sur le second album, un clavier en plus, *Chairs Missing* (1978).

La suite est, à l'image des compositions du groupe, tortueuse à souhait mais séduira les fans : séparé, le groupe se reforme en 1986 avec des ambitions expérimentales renouvelées, improvisant à l'envi en concert, se payant même le luxe de se produire en trio sous le nom de Wir (sans « e »... puisqu'ils ne sont plus que trois !) et, au final, d'être au début du XXIe siècle l'un des groupes post-punk les plus vieux du circuit ! Les groupes de *Brit-pop* (voir Chapitre 18), de Blur à Elastica, se réclamant de son héritage seront légion.

Suicide, le punk électro-rockabilly morbide

Après Pere Ubu, encore du post-punk qui commence avant le punk, en l'occurrence dès 1970 ! Suicide, c'est l'association de deux fortes personnalités, celle d'Alan Vega, sculpteur à ses heures perdues, et de Martin Rev, fan de free jazz, avec le Velvet Underground et les Stooges en lourdes influences. Ensemble, ils vont former un duo radical – bien plus que tout ce que vous avez pu lire jusqu'ici ! – et laisser une empreinte indélébile dans le rock, de la new wave du début des années quatre-vingt à la techno de la fin du siècle... Attention, groupe fondamental !

Au départ du projet « Suicide », toujours la même question taraudante : après avoir détruit le rock avec le punk, comment le réinventer ? Vega, chanteur improvisé, tout de cuir vêtu et chaîne de vélo autour du cou, et Rev, qui joue sur un synthé primaire (y compris les rythmes de batterie !), apportent leur réponse en 1977 sous la forme d'un album stupéfiant : *Suicide*. Les titres semblent emprunter au rockabilly de Gene Vincent mais dans une version sous hallucinogènes : le chant de Vega, hoqueté, haletant, possédé et traversé de cris déchirants qui glacent le sang, est chargé d'une menace indistincte obsédante ; l'accompagnement rudimentaire de Rev est hypnotique, proche des boucles du « krautrock » ; bref, le tout est profondément malsain ! Et, comme par enchantement, les compositions sont inoubliables, notamment « Frankie Teardrop », l'odyssée intérieure d'un vétéran du Vietnam, que reprendra Bruce Springsteen.

Sur scène, le radicalisme du duo est choquant – Vega, notamment, verse dans l'autodestruction et cherche la confrontation (physique) avec son public, l'empêchant parfois même de sortir de la salle, créant des émeutes et se faisant à l'occasion dérouiller ! Chaque concert est une « performance » ; rarement, en tout cas, un groupe aura suscité autant d'hostilité de la part de son public : la légende veut qu'un certain soir, une hache ait même été jetée à la tête de Vega !

Leur second album, produit par Ric Ocasek du groupe les Cars est plus accessible et donc moins révolutionnaire. Mais l'impact du groupe est terrifiant… et lui échappe un peu : tous les duos de synth-pop des années quatre-vingt, de Soft Cell à Bronski Beat en passant par Erasure ou Yaz, reprendront la formule du duo chanteur-joueur de synthé… en prenant soin bien sûr d'en chasser toute la subversion. Plus proches de l'esprit de Vega et Rev, les groupes de rock industriel de première et deuxième génération, Throbbing Gristle, Cabaret Voltaire et Ministry, retiendront la portée destructrice d'un instrument jusque-là jugé inoffensif : le synthétiseur.

Elvis Costello, les ambitions du « pub rock » cynique

Avec un tel prénom, le jeune Costello affichait sans chichis son irrévérence pour le rock classique encroûté ! Issu de la scène pub rock, le chanteur et guitariste binoclard reste insaisissable depuis son premier album *My Aim Is True* en 1977 : antistar cynique, sarcastique et iconoclaste comme savaient l'être les vrais punks, Costello est un compositeur doué et prolifique qui puise indifféremment dans le folk, le reggae, le pub rock, la soul, la country ou la new wave pour ciseler des petits joyaux d'un rock inimitable qui lui ont valu d'être comparé à Bob Dylan.

Une série d'albums tout aussi impressionnants (*This Year's Model*, 1978 ; *Armed Forces*, 1979 ; *Get Happy*, 1980) confirme la versatilité heureuse du compositeur dont la « pop punk » s'exerce dans toutes les ambiances. À partir de 1981, avec les albums *Trust*, *Imperial Bedroom* et *King of America*, se dessine une veine plus sophistiquée, redevable aux subtilités jazz, dans les enregistrements de Costello qui, jusqu'à son *Momofuku* en 2008, continue à montrer, seul, que l'esprit punk peut se transmettre même au prix d'une crédibilité de compositeur.

Notez, en passant, qu'une espèce de génération d'auteurs-compositeurs d'origine punk se développe alors avec des artistes majeurs comme Joe Jackson (*Look Sharp*, 1979), Tom Petty (*Tom Petty & The Heartbreakers*, 1976) et Nick Cave & The Bad Seeds (*From Her to Eternity*, 1984). Comme Costello, tous déploieront progressivement leur talent bien loin de leur punk original, souvent d'ailleurs inconnu de leurs fans actuels.

Police, la jeunesse flamboyante de Sting

Son chanteur Sting devenu star planétaire au milieu des années quatre-vingt (et l'étant toujours plus de trente ans plus tard), la courte carrière de Police peut sembler bien anecdotique et se résumer à une poignée de hits comme « Roxanne », « So Lonely » et « Every Breath You Take », à écouter sur une compilation ou à piocher en MP3. Détrompez-vous ! Le rock du groupe Police, qui puise dans le punk, la pop, le reggae, la new wave et même le jazz, est d'une telle splendeur que quelques écoutes vous feront regretter que le groupe n'ait été en activité que cinq petites années, entre l'album *Outlandos d'Amour* (1978) et *Synchronicity* (1983).

Abusivement (ou publicitairement) rattaché à la vague punk londonienne, Police venait d'ailleurs – son premier album *Outlandos d'Amour* (1978) l'a montré bien assez tôt – et était promis à un tout autre destin que celui des Sex Pistols ou du Clash. Ses compositions pop, dont le fameux « Roxanne » mais aussi « Next to You » et « Can't Stand Losing You », étaient truffées de subtilités bien rares dans le rock de l'époque : le chanteur et bassiste Gordon Sumner dit « Sting » (soit « piqûre », en raison d'un fameux tee-shirt rayé qui le faisait ressembler à un bourdon !) avait une forte culture jazz, le guitariste Andy Summers tricotait des entrelacs d'arpèges et d'accords éthérés étourdissants et le batteur Stewart Copeland déployait un des jeux les plus impressionnants du rock, à faire pâlir les virtuoses du rock progressif !

En 1979, le groupe signe son chef-d'œuvre, *Reggatta de Blanc*, une merveille de pop-rock somptueuse aux accents jazzy, marquée par le talent débordant de compositeur de Sting qui donne au trio deux nouveaux hits « Message in a Bottle » et « Walking on the Moon » et la technicité sensationnelle de Summers et Copeland.

Les albums *Zenyatta Mondatta* (1980) et *Ghost in the Machine* (1981), qui contiennent eux aussi leur lot de hits (« Don't Stand so Close to Me », « De Do Do Do, De Da Da Da », « Every Little Thing She Does Is Magic », « Spirits in the Material World »), amorcent un virage vers des sonorités plus synthétiques, alors en vogue, en même temps qu'ils installent le groupe au sommet du rock mondial. D'inévitables tensions, probablement accrues par les talentueuses ambitions de Sting, font du dernier album du groupe, *Synchronicity* (1983), une épreuve pour les trois musiciens mais closent en beauté – et par un ultime hit « Every Breath You Take » – la discographie du groupe qui se sépare bientôt.

Dès son premier album en solo en 1985 (*The Dream of the Blue Turtles*), Sting connaît une consécration mondiale, régulièrement confortée par la suite par la composition de titres forts dont le chanteur a le secret, comme le fameux « Englishman in New York ». En 2007, sacrifiant à la reformation commerciale, les trois ex-membres de Police acceptent de taire leurs différends, le temps d'une tournée présentée comme l'une des plus lucratives de l'histoire du rock.

Contre la new wave ? La no wave, évidemment !

Le rouleau compresseur punk n'en était plus à une avant-garde près et, la new wave des Talking Heads ou Blondie lancée, c'est une « no wave » qui se présenta sous les atours d'une « avant-garde de l'avant-garde », un principe toujours un peu effrayant. Sous la bénédiction de l'incontournable Brian Eno, cette scène new-yorkaise très confidentielle a agité le punk entre 1978 et 1982 par son rock violent, agressif et dissonant qui tenait autant de la musique (cacophonique) que de la performance (exigeante) ; ses deux principales figures, la chanteuse et guitariste Lydia Lunch et le saxophoniste James Chance, se sont fait tout d'abord connaître au sein du groupe Teenage Jesus & The Jerks puis, chacun de leur côté, en solo. Si vous tentez l'aventure au casque, commencez par baisser un peu le son…

Le rock industriel : la fin de la civilisation ?

Du rock… « industriel » ? Oui, enfin, laissez-nous vous expliquer… Sous cette appellation aux consonances fortement métallurgiques se cache en fait un rock avant-gardiste (encore un, oui), plus mélodique qu'on ne peut le penser, qui va bousculer un rock déjà bien secoué par le punk…

Les deux révolutions industrielles

Le « rock industriel » ? C'est un rock anglais, puis américain, qui porte la révolution punk vers l'avant-garde, instruments électroniques tout récents en avant. Agressif, dépressif aussi, expérimental – les bandes d'enregistrements sont savamment bidouillées, les synthétiseurs explorés –, il se donne pour premier but de choquer artistiquement, concerts « performances » à l'appui.

Musicalement, ce sont des rythmes de plomb saturés sur des basses sourdes ou métalliques qui évoquent, plus efficacement qu'un Devo peut-être (voir plus haut), la déshumanisation et l'aliénation des cités industrielles de l'Angleterre thatchérienne… ou de villes américaines comme Detroit. L'aspect hypnotique des rythmiques rappelle, là encore, la dette de tout un pan du rock au « krautrock », ce rock progressif allemand de groupes comme Can ou Neu ! (voir Chapitre 12). En bref, on est à mi-chemin entre le rock et la musique électronique.

Deux générations vont clairement se succéder : une première phase est donnée sous l'impulsion de groupes novateurs, encore peu connus du grand public aujourd'hui : Cabaret Voltaire, Throbbing Gristle et Chrome, emblématiques d'une scène particulièrement vivace ; la seconde génération, celle de Skinny Puppy et Ministry, détaillée au chapitre 20, connaîtra une popularité autrement importante.

Throbbing Gristle, les fossoyeurs de la civilisation

« Les fossoyeurs de la civilisation » : ce titre racoleur dû à un tabloïd anglais effrayé en 1977 dit assez combien le groupe londonien Throbbing Gristle, formé en 1975, avait vite atteint son objectif… choquer le bourgeois ! Ces pionniers du rock industriel n'avaient certes pas lésiné sur les moyens, en brassant des thèmes obscènes et morbides qui trahissaient surtout une fascination coupable et navrante pour le fascisme, le nazisme et la pédophilie. Concevant sa musique comme une bombe artistique lancée à la gueule de l'industrie du disque, Throbbing Gristle, vous vous en doutez, ne cherche pas à vous plaire !

Issu d'une troupe spécialisée dans les performances d'inspiration dada, COUM Transmissions, Throbbing Gristle était constitué du chanteur Genesis P-Orridge – tête pensante et théoricien de ce « rock industriel » –, du guitariste Cosey Fanni Tutti *(sic)*, du joueur de synthétiseur Chris Carter et du bidouilleur de bandes enregistrées Peter « Sleazy » Christopherson. Leur meilleur album, *20 Jazz Funk Greats*, qui paraît en 1979, mêle mélodies pop et synthétiseur « industriel » et n'a évidemment rien à voir avec le jazz ni le funk.

Cabaret Voltaire, Dada industriel et techno frémissante

En prenant le nom de l'établissement fondé à Zurich en 1919 par le dadaïste Hugo Ball, Cabaret Voltaire se plaçait sous un prestigieux patronage, sensible notamment dans les concerts du groupe qui ressemblaient d'ailleurs fortement à des pièces de théâtre (et d'où la musique menaçait à tout moment d'être exclue !).

Formé à Sheffield, le groupe passe pour la formation culte du rock industriel, notamment grâce à son album *Red Mecca*, publié en 1981, qui revisite la bande originale du film *La Soif du mal* d'Orson Welles (due à Henry Mancini) en la brouillant d'assemblages de sonorités électroniques, d'effets de synthétiseurs et de bruits divers enfouis dans des rythmiques écrasantes et saturées. L'effet ? Menaçant et oppressant…

Après cet enregistrement novateur qui anticipe la *techno* et l'électro, la formation – le guitariste Richard H. Kirk, le bassiste Stephen Mallinder et le « manipulateur de bandes d'enregistrements » Chris Watson – saura s'orienter vers des rythmes plus dansants sans renier sa part expérimentale.

Chrome, la sci-fi industrielle licencieuse

Les précurseurs américains : Chrome se forme à San Francisco en 1977 autour du chanteur (et batteur !) Damon Edge, des guitaristes Helios Creed et John Lambdin et du bassiste Garry Spain. Placé sous le signe de la science-fiction et du sexe, leur album *Alien Soundtracks* réunit dans un même tourbillon de compositions chant de crooner hanté, guitares agressives au son distordu, bandes d'enregistrements trafiquées, extraits de sons télévisés, et pourquoi pas, un peu de violon électrique ! Sans succès, le groupe poursuivra pourtant l'une des discographies les plus fascinantes du genre.

Le « goth rock » : les fleurs de Transylvanie

Le « goth rock » ou « rock gothique » est probablement l'un des courants les plus connus et les plus incompris de « l'après-punk ». Il vous évoque des bandes d'adolescents qui traînent leurs fringues noires – mélange de la panoplie punk (fermetures éclair, cadenas, épingles, etc.) et d'un romantisme noir un peu sinistre (fond de teint blafard et khôl) – au son d'un rock lugubre ? C'est bien tout le malentendu de ce genre, essentiellement anglais à ses débuts, qui a pourtant fait éclore quelques-unes des plus belles mélodies du rock, grâce notamment à ses deux groupes phares aux destins opposés, Joy Division et Cure.

Mémo rock : le rock gothique

MÉMO ROCK

Le rock gothique est facile à caractériser (d'où les stéréotypes dans lesquels on l'enferme d'ailleurs) :

- **Un âge d'or (1978-1983)** : pour beaucoup, le rock gothique n'est jamais mort mais on peut dater son âge d'or entre 1978, année de la parution du premier single de *Bauhaus*, et 1983, celle de la parution de l'album *Pornography* de Cure. La suite sera plus discrète pour la plupart des groupes du genre ; elle sera commercialement réussie pour les rares d'entre eux, comme Cure justement, qui auront entrepris une reconversion.

- **Des paysages sonores glacés** : désespérées comme peuvent l'être certaines banlieues industrielles anglaises (en tout cas dans l'imaginaire collectif), les ambiances du rock gothique sont mélancoliques et dépressives, convoyées par des guitares souvent noyées d'effet et des couches discrètes de synthétiseurs sur des rythmiques de basse-batterie sourdes, froides et oppressantes.
- **Un chant du désespoir** : toute l'énergie brute du rock a disparu du rock gothique, jusqu'à son chant, las, abattu, parfois désespéré, mais toujours digne. La drogue n'est d'ailleurs sûrement pas étrangère à l'introspection parfois morbide qui caractérise les textes du genre. Et si la colère punk est oubliée et la révolte abandonnée, c'est au profit d'une poésie inédite en rock, celle d'une angoisse pudiquement diluée dans des compositions brèves, au souffle épique.

En parrain du genre, on trouve le groupe Bauhaus dont le titre « Bela Lugosi's Dead » lance le mouvement – la mention dans ce titre de l'interprète de Dracula dans les films des années trente du réalisateur Tod Browning en dit long sur les ambiances recherchées ! À sa suite, le rock blême et mélancolique de Joy Division et celui, progressivement plus épanoui jusqu'au succès mondial, du groupe Cure – de loin le plus fameux du genre – donneront ses lettres de noblesse au rock gothique.

D'autres, moins connus, restent chers aux yeux (et aux oreilles) des fans et ont acquis une dimension culte, comme Siouxsie & The Banshees (*The Scream*, 1978) et les Sisters of Mercy (*First and Last and Always*, 1985). D'autres encore, comme Adam & The Ants, The Mission UK, Fields of The Nephilim ou Psychedelic Furs, prendront appui sur le mouvement avant de se déporter vers d'autres ambiances, plus new wave, plus psychédéliques ou plus « métalliques ».

Le succès international, à partir du milieu des années quatre-vingt-dix, du chanteur androgyne Marilyn Manson qui recouvre son heavy metal de l'attirail gothique a contribué, au risque de la confusion, à attirer de nouveau l'attention sur un mouvement dont l'authenticité est jalousement défendue par ses fans de la première heure.

Bauhaus, les pères du gothique

Fort de son rock minimaliste et lugubre, tout en chant aliéné, synthétiseurs rigides et sons de guitare apocalyptiques, le groupe Bauhaus, qui tire son nom du fameux courant artistique allemand du début du XXe siècle, est considéré comme le fondateur du genre gothique. Pour ajouter à la dimension culte du groupe, sa « carrière » a été très brève mais il a eu le temps de graver un chef-d'œuvre, l'album *In the Flat Field* (1980) à la beauté perverse.

Le groupe devait beaucoup à la personnalité de son chanteur, aussi charismatique qu'inquiétant, qui reprenait du glam rock sa théâtralité puissante. Il a manqué connaître un grand succès avec un second album plus accessible, *Mask* (1981), avant de se séparer. Vingt-cinq ans après, en 2008, le groupe se reforme et enregistre un album acclamé, *Go Away White*.

Joy Division, le gothique sans retour

Même à l'aune du rock gothique, le post-punk de Joy Division est habité d'une terrible mélancolie. Le nom du groupe est inspiré d'un roman de Karol Cetinsky dans lequel cette « Division de la joie » désigne la section des prostituées dans les camps nazis. Brute, métallique, froide, la musique du groupe n'est, vous vous en doutez, pas une invitation à la fête ! Elle n'en reste pas moins d'une beauté terrassante : guitares tranchantes, basses rugueuses, frappe sèche de la batterie et synthétiseur blafard (sorti de l'oubli par le groupe) s'unissent dans un minimalisme envoûtant pour soutenir le chant troublé de Ian Curtis. Épileptique, sujet à des dépressions, celui-ci habite littéralement ses compositions d'une sensibilité unique.

Un splendide premier album, *Unknown Pleasures*, témoigne en 1979 de l'alchimie particulière du groupe. Sous une pochette intrigante, d'un noir sépulcral, le chant tétanisant de Curtis se pose sur des rythmiques d'une froideur mécanique : le tour de force de Joy Division est de composer dans un environnement aussi déshumanisé un album aussi viscéral. *Closer*, l'année suivante, est tout aussi fascinant.

En 1980, on retrouve le corps de Curtis pendu dans sa chambre. Le reste du groupe opérera peu après une métamorphose radicale, et sous le nom de New Order, deviendra l'un des fers de lance du premier rock électronique.

Cure, les contrées imaginaires de Robert Smith

De loin le plus populaire – ses singles, de « In Between Days » à « Why Can't I Be You? » sont connus du plus grand nombre – et le plus ancien des groupes de rock gothique, Cure, se confond plus que jamais, plus de trente ans après ses débuts, avec son fascinant fondateur, Robert Smith. Souvent réduit à son personnage de scène (cheveux ébouriffés, yeux bistrés et rouge à lèvres débordant), Smith est l'un des plus imposants représentants de cette tendance typiquement anglaise à créer de toutes pièces des espaces sonores originaux, alimentés par un imaginaire puissant. (De David Bowie à Robert Fripp en passant par Jimmy Page et Robert Smith justement, les rêves d'ailleurs d'une poignée de jeunes Anglais nous auront donné de bien beaux albums de rock « visionnaire »…) Il est aussi un excellent guitariste, influencé par Jimi Hendrix, et parmi les plus ignorés du rock.

Formé en 1976, Cure se fait tout d'abord connaître par un album à la pochette désillusionnée (un réfrigérateur, un aspirateur et une lampe en lieu et place des photos des musiciens), *Three Imaginary Boys*, et notamment un single inspiré de *L'Étranger* de Camus, dont le titre ambigu « Killing an Arab » contribuera à la réputation de scandale. Le groupe qui comprend le bassiste Michael Dempsey et le batteur Laurence « Lol » Tolhurst est alors un trio mais bien loin de la formule rock qu'avaient popularisée Cream, Jimi Hendrix ou ZZ Top !

Bientôt rejoint par le bassiste Simon Gallup et le joueur de synthétiseur Matthieu Hartley, Cure développe son univers sonore et, comme libéré, produit sous la plume de Smith, une succession d'albums et de singles – « Boys Don't Cry », « Jumping Someone Else's Train », « A Forest », « Charlotte Sometimes » – d'une force exceptionnelle. Les albums *Seventeen Seconds* (1980), *Faith* (1981) puis *Pornography* (1982), avec leurs guitares « traitées » aux effets et leurs parties de basse entêtantes, composent bientôt une trilogie paranoïaque, désespérée et morbide, à laquelle la drogue menace de donner un épilogue tragique. À vingt-trois ans, Smith avait déjà enfanté trois classiques du rock mais, à trop flirter avec la folie, avait en effet failli s'y abîmer complètement...

Dès 1982, il trouve une porte de sortie... qui n'est pas forcément du goût de ses premiers fans mais, en retour, fera le bonheur de millions de personnes (et celui de son compte en banque, diront les esprits chagrins) : avec le single entraînant « Let's Go to Bed » puis « The Lovecats » et, plus encore, « The Caterpillar », Smith montre que ses dons de compositeur peuvent s'exercer hors des thématiques lugubres du rock gothique. Les albums *The Top* (1984) et, en 1985, *The Head on the Door*, avec de nouveaux singles irrésistibles (« In Between Days » et « Close to Me ») achèvent la métamorphose du groupe : Cure est désormais un grand groupe de pop-rock. « Just like Heaven » et « Lullaby », respectivement sur le double album *Kiss Me, Kiss Me, Kiss Me* en 1987 et *Disintegration* deux ans plus tard font du groupe, cruelle ironie, un « dinosaure » du rock, au même titre que les Genesis, Pink Floyd ou Led Zeppelin combattus par les punks la décennie précédente. En 2008, le groupe publie *4:13 Dream*.

Hardcore (et à cris) : le rap rock des années quatre-vingt ?

Le punk était déjà au-dessus de vos forces ? Un conseil, alors : passez votre chemin parce qu'avec le « hardcore », c'est un punk plus rapide, plus fort, plus violent, résolument rigide et uniforme qui vous attend ! Quant à la mélodie, disons que le punk, en comparaison, passerait pour du Chopin... Partant ?

Mémo rock : le hardcore

Difficile de confondre le hardcore avec un autre genre, tant il est fortement marqué :

- **Un âge d'or (1978-1984)** : le genre atteint sa plénitude entre le premier single du groupe Black Flag « Nervous Breakdown », considéré comme son acte de naissance et l'album *Zen Arcade* du groupe Hüsker Dü qui marque l'évolution du hardcore vers le rock indépendant (voir Chapitre 17).
- **Court, rapide et uniforme** : le hardcore, c'est le punk porté à incandescence dans des titres agressifs et très courts, conduits pied au plancher, qui sont autant de décharges violentes de colère et de frustration. Les titres sont littéralement aboyés par la voix rauque d'un chanteur très remonté, le tout dans des ambiances saturées.
- **Politique** : si le punk se frottait à quelques revendications politiques plus ou moins cohérentes, le hardcore, lui, verse dans le radicalisme et la contestation violente, avec souvent le président américain de l'époque, Ronald Reagan, comme cible privilégiée. Tous les travers de la société sont ainsi passés au crible hardcore mais, comme pour le punk, les sensibilités d'extrême gauche du mouvement n'ont pas empêché des récupérations ponctuelles par des groupuscules d'extrême droite instinctivement attirés par sa radicalité.

La petite histoire du hardcore : du radicalisme punk au rock alternatif

Ce punk radical, essentiellement américain, apparaît au tout début des années quatre-vingt en réaction à l'essor des groupes post-punk anglais et, plus encore, à ceux de la new wave, tous accusés de délayer l'énergie punk. Bref, c'est toujours la même chanson en rock, une révolution chasse l'autre et si possible, l'alternance Grande-Bretagne/États-Unis est respectée…

Ce hardcore est donc un punk « activiste » d'extrême gauche dont la hargne en fait une espèce de rap à la sauce rock avec dix ans d'avance ! Contrairement au rap en revanche, son impact « sociologique » sera à peu près inexistant et la renommée des groupes restera locale – avant que les chefs de file du mouvement, Hüsker Dü et les Dead Kennedys notamment, ne soient révérés comme des formations cultes voire, pour le premier, accèdent à une notoriété mondiale inattendue.

Beaucoup de ces groupes viennent de la côte ouest américaine mais d'autres fronts, à New York ou Washington, apparaîtront bien vite (et, éternelle compétition oblige, même en Angleterre !). Black Flag, avec son single « Nervous Breakdown » (qui suit de peu le « I Hate the Rich » des Dils à l'importance historique égale), lance le mouvement et assure en complément son développement en fondant un label, SST, autour duquel s'agrégera une bonne partie de la communauté hardcore. Son chanteur Henry Rollins s'impose comme l'une des figures cultes du mouvement, tout comme le chanteur Jello Biafra qui avec son groupe les Dead Kennedys lance en 1980 une attaque virulente contre le gouverneur de Californie, Jerry Brown, avec le titre « California Über Alles ». Rollins et Biafra, qui deviendront d'ailleurs plus connus en solo la décennie suivante, se révèlent des esprits critiques spirituels et sarcastiques qui apportent au genre une subtilité insoupçonnée.

Leurs deux groupes enrichiront ce dernier de deux classiques saignants, *Damaged* pour Black Flag en 1981 et *Fresh Fruit for Rotting Vegetables* pour les Dead Kennedys en 1980. Un troisième groupe (de Washington, celui-là), Minor Threat, se montrera tout aussi influent, son radicalisme original s'exerçant, pour sa part, sur le mode de vie californien pour lequel il prône… l'interdiction de l'alcool, des relations sexuelles et des drogues ainsi qu'une alimentation végétarienne !

Condamné à confiner ses révoltes dans des salles de concerts minuscules, le hardcore évolue bien vite. Si des groupes restent attachés à une version « pure » du genre, la révolution viendra de l'introduction de la mélodie. En 1984, Hüsker

Dü avec son album *Zen Arcade* montre ainsi qu'on peut inscrire la violence du hardcore dans un cadre mélodique et accoucher d'un chef-d'œuvre qui contribue à lancer le rock indépendant américain, bientôt pris en main par R.E.M. avec un succès commercial sans précédent (voir Chapitre 17). La même année, les Replacements, sur leur album *Let It Be*, ont la même démarche et, dès lors les frontières entre scènes hardcore et la scène indépendante naissante deviennent floues : les albums des Minutemen (*Double Nickels on the Dime*, 1984), Meat Puppets (*Meat Puppets II*, 1983), Butthole Surfers, Mission of Burma, Bad Brains, Helmet, Dinosaur Jr., Fugazi, Quicksand, sous une même influence hardcore plus ou moins revendiquée vont de l'agressivité la plus violente à la sophistication la plus inattendue.

La frange plus radicale du genre évoluera quant à elle à l'opposé du rock indépendant et inspirera un pan entier du hard rock saturé à haute vitesse, ce thrash des Metallica, Slayer et Suicidal Tendencies qui y ajoutera la virtuosité et, tant qu'on y est, une plus grande vélocité !

Évolutif et confidentiel, le mouvement étend son influence sur toutes les années quatre-vingt et jusqu'à la décennie suivante (notamment avec le groupe expérimental The Dillinger Escape Plan), où il est révéré par des groupes comme Faith No More, Living Colour, Fishbone, Nirvana, Green Day, Offspring, considérablement plus heureux commercialement !

La new wave : pop synthétique et nouveaux romantiques

Un clip vidéo avec des blondinets qui se trémoussent au son des synthétiseurs au volant d'une grosse voiture rouge, quelques bimbos gloussantes à leurs côtés, tout ce beau monde qui boit des coupes de champagne… vous y êtes ? C'est effectivement, pour le meilleur et pour le pire, à cette imagerie kitsch et rutilante qu'est associée la new wave. Objet de railleries (plus ou moins justifiées, parfois, nous en convenons), elle vaut pourtant bien plus que ça, vous allez le découvrir.

Mémo rock : la new wave

Commençons par dissiper un malentendu : le mot *new wave* désigne tant de courants différents qu'on finit par s'y perdre, d'autant que l'ambiguïté est redoublée par les acceptions anglaise ou française du mot !

Côté anglophone, cette *new wave*, soit « nouvelle vague » (oui, c'est un clin d'œil à la génération du même nom de cinéastes français du début des années soixante), a tout d'abord désigné le punk lui-même, puis tout ce qui venait après (le post-punk, en somme) puis enfin le courant « pop », à base de synthétiseurs, qui au début des années quatre-vingt va se faire connaître dans le monde entier par des singles à destination du plus grand nombre. En bref, cette new wave, c'est un peu tout et son contraire !

Pour nous autres Français – et nous nous en tiendrons à ce sens ici –, la new wave se restreint à cette « pop synthétique » (parfois appelée « synth-pop » ou encore « techno-pop ») symbolisée par des groupes comme Duran Duran, Depeche Mode ou The Human League (et leurs clips tape-à-l'œil !). On y retrouve les caractéristiques suivantes :

- **Un âge d'or (1979-1984)** : deux années toutes symboliques (celle des parutions des albums *The Pleasure Principle* de Gary Numan et *Welcome to the Pleasuredome* de Frankie Goes To Hollywood) entre lesquelles le genre s'épanouit – même si, pour certains, la new wave n'est jamais vraiment morte... En 2009, Depeche Mode, fleuron du genre, sort un nouvel album !
- **Un son...** : victoire du synthétiseur sur la guitare par KO ! Utilisé depuis le début des années soixante-dix (notamment par le rock progressif), le synthétiseur est devenu plus léger, plus maniable – moins conquérant et moins phallique que la guitare électrique aussi ! – et, couplé aux toutes nouvelles batteries électroniques, définit le son « synthétique » de la new wave.
- **Des vidéoclips** : l'essor du genre est indissociable de l'arrivée d'un nouveau support de promotion des artistes (rock et autres) : le vidéoclip, que diffuse jour et nuit la nouvelle chaîne de télévision MTV. Dorénavant, le rock

se devra de contrôler son image jusqu'au moindre petit détail, au risque d'imposer un imaginaire préfabriqué (parfois avec talent) par des réalisateurs à ses fans – et de sombrer davantage encore dans le narcissisme !

La petite histoire de la new wave

Si de ses origines punk insoupçonnées (si, si, on vous assure), la new wave a gardé une (toute petite) irrévérence, c'est surtout du post-punk de Blondie, Television, des Talking Heads et des Cars qu'elle tire la recette d'un punk dilué dans la mélodie. Tout aussi important, des groupes de rock progressif allemand et de David Bowie, Brian Eno, Roxy Music et quelques autres artistes anglais d'avant-garde comme Gary Numan, elle retient la fascination pour l'électronique, la sophistication des sons, l'attention portée au style (vestimentaire, notamment) et la conceptualisation de la démarche artistique.

La new wave est aussi, dès l'origine, une affaire commerciale : l'objectif est bien de plaire aux masses, en s'appuyant sur les nouveaux relais de notoriété, aux premiers rangs desquels la chaîne de télévision MTV dont on découvre la puissance marketing des clips diffusés sans interruption (jour et nuit !) et qui deviennent de véritables mini-films promotionnels au service des artistes. Les punks se voulaient antihéros du rock ? La new wave veut des stars, internationales si possible, merci !

Ceci expliquant cela, le mouvement, à de rares exceptions près, s'appuyait sur un réservoir, apparemment inépuisable, de groupes « d'un jour » qui, leur single souvent consacré par des ventes massives sans surprise, disparaissaient aussi rapidement qu'ils étaient apparus. On n'avait pas connu une telle frénésie commerciale dans le rock depuis la fin des années cinquante avec les hits à la chaîne du Brill Building et des groupes vocaux (voir Chapitre 2) !

Même en se restreignant aux seuls groupes qui ont « duré » quelque peu, la liste reste impressionnante : The Human League (« The Sound of the Crowd »), Culture Club (« Do You Really Want to Hurt Me »), Eurythmics (« Sweet Dreams [Are Made of This] »), les Communards (« You Are My World »), Bronski Beat (« Why »), Kajagoogoo (« Too Shy »), Spandau

Ballet (« To Cut a Long Story Short »), mais aussi Level 42, Kim Wilde, Alphaville, Sigue Sigue Spoutnik, Ultravox, les Pet Shop Boys, Orchestral Manœuvre In The Dark ; Modern Talking, Wham, Soft Cell, Gary Numan, Visage, Japan, Spandau Ballet, Yazoo, Tears For Fears, A-Ha, Art Of Noise, ABC, les Cars, Bow Wow Wow, Dexys Midnight Runners, les Waterboys, les Nits, Frankie Goes To Hollywood... Même nous autres Français apporterons notre contribution avec les groupes Taxi Girl et Indochine (voir Chapitre 15).

Comme souvent, cette scène est très hétérogène : entre le mélange stylé des Sex Pistols et du groupe Chic des « Nouveaux Romantiques » comme on appelait les groupes comme Duran Duran qui semblaient sortis des pages glacées d'un magazine de mode, la pop léchée d'Eurythmics, les ambiances « progressives » d'Orchestral Manœuvre In The Dark ou de Talk Talk et la noirceur torturée de Depeche Mode, les différences, plus que les analogies, sont frappantes.

C'est en tout cas un nouveau son qui envahit, pour le meilleur et pour le pire, le rock ; la guitare est remisée au placard et le synthétiseur, soutenu par les progrès en techniques d'enregistrement, envahit l'espace sonore « rock ». Au même moment, des groupes de « gros » rock comme ZZ Top ou Def Leppard sauteront sur l'occasion et, en mélangeant sonorités synthétiques et grosses guitares, s'assureront un succès planétaire (voir Chapitre 16).

Il faudra attendre le retour de groupes à guitares comme les Smiths et R.E.M. pour que la guitare électrique, instrument fétiche du rock, revienne au premier plan...

Chapitre 15

Du punk à la new wave : le rock français réveillé

Dans ce chapitre :

- La scène punk française
- La new wave française
- Les deux groupes légendaires du renouveau rock français

Si les premiers rockers français avaient – osera-t-on l'écrire – un peu raté le coche en n'offrant essentiellement que des adaptations de succès américains (voir Chapitre 3), la génération suivante, secouée par les soubresauts de la révolution punk anglaise, se distingue par une créativité tout autre.

Entre-temps, une nouvelle lignée de chanteurs français avait certes assuré la survie sinon d'un rock français, du moins d'une chanson française à orchestration rock, avec guitares, basses électriques et batterie en soutien de textes ouvragés. Si, parmi ces grands noms de la chanson française – Jacques Higelin, Gérard Manset, Jacques Dutronc, Christophe, Bernard Lavilliers, Serge Gainsbourg, Hubert-Félix Thiéfaine, Yves Simon et tant d'autres – peu se définiraient probablement comme tout à fait « rock », l'alliance d'une tradition poétique, celle de l'« auteur-compositeur-interprète », et d'ambiances électriques a produit des albums que le fan de rock pourra ajouter sans hérésie à sa discographie idéale ! L'ambition du présent ouvrage ne lui permettant pas de s'étendre davantage sur ce sujet connexe, si vous souhaitez en savoir plus, consultez *La Chanson française pour les Nuls* de Bertrand Dicale.

En tout cas, à partir de la seconde moitié des années soixante-dix, c'est une véritable scène « punk » française qui se fait jour, avec ses salles – le Gibus, notamment –, ses festivals – celui de Mont-de-Marsan –, ses petits labels – Skydog, Bondage, Rough Trade –, tous bientôt mythiques. Largement ignoré de la presse et du grand public à de rares exceptions près, le punk français n'a pas produit beaucoup d'albums véritablement « classiques » mais s'est en revanche illustré, genre oblige, par une poignée de singles forts. Ses ramifications, nombreuses et variées, s'étendront jusqu'au rock alternatif et indépendant des années quatre-vingt.

Ce chapitre vous retrace l'histoire de cette période méconnue d'un punk et d'une new wave « à la française » ; en complément, il détaille le parcours exceptionnel de deux légendes d'un « vrai » rock français enfin épanoui, les groupes Trust et Téléphone.

Le punk français : une scène « culte »

En 1977, la déferlante punk londonienne à peine arrivée jusqu'en France, les premières vocations hexagonales apparaissent ; nos rockers du cru réagissent et, emboîtant le pas aux Sex Pistols, au Clash et à Suicide, proposent leur version d'un rock rebelle, antisocial et plus ou moins gauchiste, très prisé des soirées parisiennes « arty » de l'époque par ailleurs.

Beaucoup, comme Blessed Virgins, Guilty Razors, Electric Callas, Stalag, Marie et les Garçons ou Calamités, n'ont connu qu'un succès très éphémère (voire pas du tout) tandis que d'autres, comme Little Bob Story, ont frôlé le « grand soir » tout au long d'une carrière injustement confidentielle. Dix ans après cette première salve, les Orléanais de Burning Heads, les Angevins des Thugs ou les Parisiens des Rats perpétueront un même esprit punk *made in France*. Voici les plus mythiques de ces formations.

Gasoline, le glam punk militant

Radicaux, outranciers, nihilistes, les (très) éphémères Gasoline ont en quelques mois dynamité la scène punk naissante française. Rattaché au Front homosexuel d'action révolutionnaire (FHAR) – mouvement d'activistes homosexuels mené notamment par Guy Hocquenghem –, Gasoline (avec un « z » puis avec un « s ») se réclamait du glam rock de Bowie et Reed tout autant que du punk.

Autour d'un aréopage décadent à souhait de travestis et d'égéries fameuses comme « Marie-France » ou Hélène Hazera, on y croisait le chanteur Alain Kan, fondateur du groupe, le guitariste Fred Chichin (futur Rita Mitsouko) et beaucoup d'autres, de passage… Gasoline réussit même l'exploit de sortir un 45 tours, « Sally »/« Electric Injection » mais après quelques prestations approximatives se dissout sans que beaucoup plus qu'une poignée d'initiés n'en aient noté l'existence. Le groupe, aujourd'hui, fait naturellement figure de formation culte du punk français.

Asphalt Jungle, bande-son pour une ville insomniaque

Asphalt Jungle – référence au titre original du film *Quand la ville dort* de John Huston – se forme autour du critique rock Patrick Eudeline et du guitariste Rikki Darling sous l'influence des New York Dolls, des Stooges et du Velvet Underground. Une participation au second festival punk de Mont-de-Marsan en 1977 et trois singles – « Déconnexion », « Planté comme un privé » et le plus fameux « Polly Magoo » – assurent au groupe un petit succès d'estime.

Séparé en 1979, le groupe est considéré comme l'un des précurseurs les plus convaincants du punk français. Eudeline alternera ensuite ses activités de critique rock (*Best*, *Rock&Folk*, *Nova Magazine*) et de romancier (*Ce siècle aura ta peau*, *Dansons sous les bombes*) et, dandy décadent touche-à-tout, retournera même à la chanson en 2006 avec l'album *Mauvaise Étoile*.

Les punks à l'assaut de Mont-de-Marsan !

C'est sous l'audacieuse impulsion de Marc Zermati, fondateur du label indépendant Skydog, que se tient, en France, le samedi 21 août 1976 jusque tard dans la nuit, un concert inimaginable : le premier festival européen punk ! Le lieu, tout aussi surprenant : les arènes de Mont-de-Marsan, dans les Landes. Il faut dire que peu de municipalités s'étaient proposé de faire les hôtes pour un rassemblement de jeunes crasseux rebelles… Si les spectateurs étaient rares (un petit millier quand même, dit-on) et que beaucoup des groupes à l'affiche ont depuis sombré dans l'oubli, quelques invités de taille, Bijou, Little Bob Story, les Damned, Doctor Feelgood, Nick Lowe et Eddie & The Hot Rods, donnent à l'événement, aujourd'hui, une dimension culte.

Les 5 et 6 août 1977, la seconde édition du festival punk a connu beaucoup plus de succès, rassemblant près de 4 000 spectateurs venus applaudir – et gueuler pendant – les prestations des groupes, pour l'essentiel ceux de l'année précédente mais avec de nouveaux venus comme Asphalt Jungle, le Clash et Police. Un documentaire a même été réalisé pour l'occasion par Jean-François Roux (*Hot Cuts from Mont-de-Marsan*).

Métal Urbain, l'électro-punk à la française

Aux influences partagées par l'ensemble de la scène punk française (on révise : les Sex Pistols, les Stooges, les New York Dolls et le Velvet Underground), Métal Urbain, l'un des tout premiers groupes punk français, ajoute celle, plus rare, du groupe américain Suicide, dont le punk minimaliste à base de boucles de synthétiseurs et de chant hystérique régénérait, pour ainsi dire, le nihilisme du genre (voir Chapitre 13).

Avec des titres comme « Paris Maquis », « Panik », « Hystérie Connective » et « Crève salope » et un album poétiquement intitulé *J'irai chier dans ton vomi*, marqués par le clavier du fameux Éric Débris, le groupe se fait connaître contre toute attente jusqu'en Angleterre et éveille même l'intérêt du célèbre animateur radio londonien John Peel, avant de s'éteindre doucement avec le reste de la première vague du punk français.

Stinky Toys, la punk pop

Avec Françoise Hardy et France Gall comme influences revendiquées, Stinky Toys fait figure de bien improbable groupe punk. Révélé par le premier festival punk londonien au 100 Club et un single « Boozy Creed »/« Driver Blues » sur l'album du même nom, le groupe, composé de la chanteuse Elli Medeiros et du guitariste Jacno a un temps les faveurs de la presse rock anglaise (sa chanteuse fait même la une de l'influent *Melody Maker!*).

Son punk mâtiné de pop lettrée un peu froide, plus proche de Blondie que des Stooges, fera long feu mais renaîtra bientôt sous la forme d'un duo électro-pop, Elli et Jacno. Elli Medeiros, quant à elle, connaît quelques années plus tard un succès avec les fameux titres « Toi, mon toit » et « A bailar calypso ».

Starshooter, les punks rigolos

Formé à Lyon autour du chanteur et guitariste Kent Hutchinson et du guitariste Jello, Starshooter publie un premier 45 tours prometteur (« Quelle crise Baby »/« Pin-up blonde ») mais c'est le second, en 1978, qui leur attire une première notoriété un peu scandaleuse. Son titre ? « Get Baque », charge acide contre les Beatles (« On n'veut plus des Beatles et de leur musique de merde / juste bonne à faire danser les minets ») qui est vite interdite.

Leur premier album (*Starshooter*, 1978) contient une reprise inattendue du « Poinçonneur des Lilas » de Serge Gainsbourg mais se fait surtout connaître par son titre « Betsy Party » qui passe même à la radio ! Plus rock que véritablement punk, Starshooter accuse ensuite ses penchants un peu racoleurs (« Cette année la jeunesse sera intelligente et sexy » est le sous-titre de son 2e album…) et se sépare après le mal nommé *Pas fatigué* en 1981. Hutchinson, sous son seul prénom Kent, se lance ensuite dans une carrière solo qui, d'*Amours propres* (1982) à *L'Homme de Mars* (2008), témoigne d'une créativité renouvelée.

Le Gibus, le temple « punk »

Quelques centaines de personnes… et c'est plein ! Sa capacité plutôt réduite n'a pas empêché le Gibus, rue du Faubourg-du-Temple dans le 11e arrondissement de Paris, de devenir entre 1976 et 1979 « la » salle de concerts du mouvement punk français – et, dans une moindre mesure, anglais – où se pressaient Asphalt Jungle ou Police (avec Henri Padovani, leur premier guitariste… corse !) mais aussi Téléphone ou Bijou.

Toujours en activité, après avoir accueilli la nouvelle scène française dans les années quatre-vingt (Rita Mitsouko, Taxi Girl, Indochine, les Négresses Vertes) puis s'être mué en haut lieu « tendance » du *clubbing* parisien, le Gibus a connu un regain de notoriété en 2005 et 2006 avec les « Rock'n'Roll Friday », soirées concerts dédiées aux jeunes espoirs du rock français.

Il fallait d'ailleurs être passablement motivé pour jouer, écouter – en bref, « vivre » – son punk dans la France giscardienne de la fin des années soixante-dix : si l'Olympia, le Palais des Glaces ou le théâtre Dejazet daignèrent accueillir exceptionnellement les prestations des jeunes rebelles hexagonaux, ce sont deux magasins de disques situés au cœur des Halles de Paris, l'« Open Market » de Marc Zermati et « Harry Cover » (!) de Michel Esteban qui agrégèrent la petite communauté punk française de l'époque.

La new wave à la française : des jeunes gens modernes

Les répercussions de la new wave sont telles (voir Chapitre 14) que c'est jusqu'au paysage rock français qui s'en trouve affecté, pour une fois quasiment en temps réel et, tout aussi exceptionnellement, avec des groupes qui parviennent à égaler leurs glorieux cousins.

À Lyon, à Paris et, surtout, à Rennes, les œuvres du Velvet Underground, de Television, des Talking Heads et de la période berlinoise de David Bowie investissent l'imaginaire rock local et font fleurir les formations de ce qui constitue bientôt une véritable new wave à la française, et avec elles, la génération de ceux qu'on a appelés « les jeunes gens modernes ».

Marquis de Sade, les infortunes de la rue

Issu de la bourgeonnante scène rennaise, qui voit bientôt éclore Étienne Daho ou Niagara, Marquis de Sade est formé en 1977 par le chanteur Philippe Pascal et le guitariste Franck Darcel. Le groupe s'illustre par un premier album splendide, pétri d'une poésie décadente et sombre partagée entre l'anglais et le français, *Dantzig Twist* (1979) dont le titre « Conrad Veidt » capture toute la ténébreuse beauté. Bénéficiant d'une production plus sophistiquée, l'album suivant, *Rue de Siam* (1980), accuse les sonorités new wave et funk et fait perdre un peu d'éclat au rock romantique et dépressif du groupe. Celui-ci se sépare peu après ; le chanteur Philippe Pascal fonde Marc Seberg, un autre groupe fondamental (*Lumières et trahisons*, 1987).

Taxi Girl, les rockers maudits

Le succès de Taxi Girl, formé en 1978 autour du chanteur Daniel Darc et du guitariste Mirwais Stass, est fondé sur un malentendu : alors qu'il se nourrit de la new wave conceptuelle de Bowie, des ambiances hypnotiques et futuristes du rock progressif allemand de Kratfwerk et de la violence punk des Stooges, son premier succès, phénoménal, est le titre « Cherchez le garçon » dont les paroles, tirées des romans policiers de Raymond Chandler (!), et la petite ligne mélodique de synthétiseur font, selon les goûts, un classique du post-punk ou... de la pop pour midinettes ! Le destin du groupe, dont l'un des membres meurt d'une overdose, semble par ailleurs inscrit dans le sang : littéralement d'ailleurs puisque, habité de sa passion pour Iggy Pop et le duo Suicide, Darc, écorché vif (si l'on peut dire), se tranche les veines sur scène un soir, en première partie des Talking Heads !

Après le premier album *Mannequin* (1979), ni le désespéré *Seppuku* (1980), douloureusement produit par le Strangler Jean-Jacques Brunel, ni le single « Aussi belle qu'une balle » ne parviendront à dissiper l'ambiguïté qui pèse sur ce groupe insaisissable, par ailleurs encensé, pour ajouter à la confusion, par la faune branchée des nuits parisiennes.

À la séparation du groupe en 1986, Darc se lance dans une carrière solo erratique, croisant la route d'Étienne Daho, disparaissant quelques années avant de se réinventer, à partir de 2002, avec les albums *Crève-cœur* et *Amours suprêmes*. Mirwais, lui, se fait connaître comme grand sorcier de l'électronique... pour la star pop mondiale Madonna sur ses albums *American Life* (2003) et *Confessions on a Dance Floor* (2005) !

L'esprit de Taxi Girl ne s'éteint pas pour autant : fondé en 1981, le groupe Indochine devient une force majeure de la new wave française romantique en 1982 avec l'album *L'Aventurier* et connaît, vingt ans plus tard, une inespérée deuxième carrière avec l'album *Paradize*.

Naissance d'un rock musclé made in France

Gagné par l'effervescence de la scène punk nationale, le rock français semble enfin s'épanouir à la fin des années soixante-dix avec des groupes dynamiques, originaux et créatifs qui, en quelques années, lui donnent ses lettres de noblesse. Les remous provoqués par les incursions du groupe Martin Circus dans l'opéra-rock (*La Révolution française*) et sa reprise du « Barbara Ann » des Beach Boys (« Marylène » en version française) sont vite oubliés quand apparaissent, coup sur coup ou presque, Bijou, les Dogs et deux « poids lourds » du rock français, Téléphone et Trust.

Bijou, les éclaireurs de Juvisy-sur-Orge

Sans Bijou, pas de tonalité pour les superstars Téléphone ! L'image est peut-être tirée par les cheveux, mais avec ce trio – le guitariste et chanteur Vincent Palmer, le bassiste Philippe Dauga, le batteur Dynamite – formé à Juvisy-sur-Orge, l'idée d'un vrai groupe de rock qui chante ses textes en français revient à la mode, s'impose durablement et ouvre la voie à un rock français décomplexé.

Cornaqué par son manager et parolier Jean-William Thoury, Bijou va rapidement délaisser un rock dur proche de celui des Who qui lui vaut de participer aux deux festivals punk de

Mont-de-Marsan pour glisser vers un rock mélodique, plus inoffensif, celui de leur premier succès « Danse avec moi » ainsi que de leur collaboration avec Serge Gainsbourg sur *OK Carole*, « Les Papillons noirs » et « Betty Jane Rose ».

Désorienté, voulant trop embrasser, le groupe étreint mal et laisse même entendre quelques sonorités disco sur son album *Pas dormi*, enregistré à Los Angeles. Le succès énorme de Téléphone aura raison de celui, plus critique que public, du trio essonnien.

Dogs, trop de classe pour le quartier

Dans la gamelle des « Chiens », on trouve une bien copieuse pâtée rock : le Velvet Underground, les Rolling Stones, les Flamin' Groovies, les Kinks, les Byrds, le garage rock… n'en jetez plus ! En 1974, la prestation des Dogs fraîchement formés est remarquée par le magazine *Rock&Folk* qui donne le coup de départ de la carrière du groupe rouennais qui chante, avec un bonheur relatif, dans la langue de Shakespeare.

Un premier album en 1979, *Different*, fait allégeance au rock anglais de la décennie précédente ; un an plus tard, *Walking Shadows* flirte avec le punk mais c'est *Too Much Class for the Neighborhood*, avec le guitariste Antoine Massy-Perrier, qui convainc le plus. Le groupe est encore actif au début des années 2000 quand son leader, le chanteur Dominique Laboubée meurt à quarante-cinq ans, après s'être écroulé sur scène lors d'une tournée américaine.

Trust, le sang-froid antisocial

Du hard rock à la française ? Décidément, la fin des années soixante-dix est riche en surprises pour le rock hexagonal ! Certains se souviendront peut-être du blues électrique déjà passablement musclé (et en anglais !) des Variations en 1966 ou, en 1984, de Vulcain, le « Motörhead français » – mais, entre les deux, avec Trust, c'est un groupe de la trempe d'un AC/DC à qui la France, enfin, donne naissance !

Le groupe a deux âmes : le chanteur Bernard Bonvoisin, dit « Bernie », et le guitariste Norbert Krief, dit « Nono ».

Le premier est de tous les combats, dénonçant injustices et scandales, sociaux ou politiques avec une rage ahurissante ; le second est un petit prodige de la guitare, aussi effacé que ses riffs sont sanglants et ses solos acrobatiques. Ensemble, croisant au passage la route de deux futurs batteurs d'Iron Maiden, Nicko McBrain et Clive Burr, ils vont mettre en marche une machine de guerre qui, l'espace de quelques années, va gifler le rock français et lancer du poil à gratter alentour.

Le destin du groupe est lié à celui de ses « cousins » australiens AC/DC dont il assure la première partie et dont il enregistre une version du « Love at First Feel » sous le titre « Paris by Night ». Énergique, engagée, rebelle, la musique de Trust ne fera pas honte à ce prestigieux parrainage : avec l'album *Répression* en 1980, le groupe attire tous les regards (et toutes les oreilles). À l'intérieur, une bombe rock programmée pour éclater à la face de l'auditeur : le fameux titre « Antisocial » qui reste le titre emblématique du groupe. Il faudra attendre le rap pour retrouver une telle agressivité revendicative dans de la musique populaire en France. Le titre en tout cas aura même l'honneur d'une reprise par le groupe de thrash new-yorkais Anthrax, un fait suffisamment rare en rock pour le signaler !

Un excellent album, *Marche ou crève* (1981), suit mais le groupe, à défaut de se séparer, se disperse bientôt. Pendant que « Nono » officie aux côtés de... Johnny Hallyday, « Bernie » entame en 1997 une carrière remarquée de cinéaste avec *Les Démons de Jésus* (1997) entre deux « reformations ». Un nouvel album, *13 à table* (2008), suivi d'une tournée triomphale rappelle au rock français l'extraordinaire apport du plus grand de ses rares groupes de hard rock.

Téléphone, un autre monde dans le rock français

Et soudain Téléphone apparaît. Vous nous passerez une telle emphase, le groupe ayant acquis en moins de dix ans d'existence un statut culte sans aucun équivalent dans le rock français ! (Et, pour ajouter à la démesure, si l'expression n'était pas rebattue, on pourrait aussi vous dire que le groupe, d'une sincérité et d'une générosité rares, a été le porte-parole de toute une génération !)

Au crédit plus objectif de nos « Rolling Stones français », une série impressionnante de classiques : « Hygiaphone », « Métro, c'est trop », « Fait divers », « Argent, trop cher », « Ça, c'est vraiment toi », « New York avec toi », « Un autre monde », « Cendrillon », « La Bombe humaine »...

Les présentations faites, un retour en arrière s'impose : Téléphone s'extirpe de son anonymat – littéralement puisque son premier nom est « ! » – à la fin de l'année 1976. Ensuite, ça se précipite et on entre de plain-pied dans la légende rock : un concert des tout jeunes Jean-Louis Aubert (chanteur et guitariste), Louis Bertignac (guitariste, passé chez Jacques Higelin), Corine Marienneau (bassiste), Richard Kolinka (batteur) au Centre américain de Paris où s'invitent les influences du groupe, Who, Rolling Stones et punk anglais ; quelques mois plus tard, un concert gratuit au métro République qui crée une grande sensation (et pas seulement à cause de l'immense pagaille qu'il génère) ; enfin, la première partie, au pied levé, du groupe de punk new-yorkais Television à l'Olympia.

Signé, le groupe enregistre un premier album, *Téléphone*, qui devient disque d'or. *Crache ton venin*, en 1979, fait encore plus fort, comme le feront d'ailleurs chacun des disques suivants. Avec le titre « La Bombe humaine », Aubert y laisse éclater au grand jour un talent sûr pour l'hymne rock. Le groupe, lui, est un véritable phénomène de société et on le retrouve logiquement au cœur d'un gigantesque concert place de la République pour fêter la victoire de François Mitterrand à l'élection présidentielle de 1981.

La force du groupe est aussi de rester au plus près du « vrai » rock anglo-saxon, qu'il investisse quelques clubs new-yorkais, fasse appel à des pointures de la production comme Bob Ezrin ou Glyn Johns, ou – ultime consécration – assure la première partie des Rolling Stones à l'hippodrome d'Auteuil en 1982... devant 80 000 spectateurs !

Dans l'intervalle, les albums (*Au Cœur de la nuit*, 1980 ; *Dure limite*, 1982) ont hissé le groupe au rang de roi du rock français. Pourtant, éreinté, il glisse bientôt vers l'éclatement ; quand paraît son dernier single, « Le jour s'est levé », c'est presque sans surprise que les fans notent que Aubert y est seul au piano. Depuis, les membres de Téléphone, après s'être essayés à diverses combinaisons (Aubert et Kolinka avec le groupe Aubert N'Ko, Bertignac et Marienneau avec le groupe Bertignac et les Visiteurs) se sont lancés dans diverses collaborations, Aubert et Bertignac connaissant des carrières solo remarquables.

Chapitre 16

Le retour des guitares électriques arrogantes

Dans ce chapitre :

- Le renouveau de la guitare électrique
- La « New Wave Of British Heavy Metal »
- Le thrash
- La révolution Edward Van Halen
- Le retour des albums instrumentaux virtuoses
- Le « hard rock chevelu »

« Punk », « post-punk », « rock gothique », « new wave »… Ces nouveaux rocks manquent un peu de grosses guitares virtuoses à votre goût ? Rassurez-vous, nombreux sont ceux qui pensaient la même chose à la fin des années soixante-dix et qui, ignorant l'avertissement punk, redoublaient de solos experts et démonstratifs. Pendant que le punk anglais et américain exigeait un retour aux trois accords basiques du rock, sur un autre front, on persistait et signait en effet avec un rock précis, plus fort, plus rapide et… terriblement excitant.

C'est tout d'abord un nouveau style de hard rock, 100 % anglais, avec les guitares les plus rapides du circuit, qui dès 1975 régénère celui-ci en lui donnant une vélocité accrue. Cette « Nouvelle Vague du Heavy Metal Britannique » (c'est son nom) à peine éclose, un petit prodige américain, Edward Van Halen, fait voler en éclats toute la pratique de la guitare électrique et, en repoussant les limites de la virtuosité de cet instrument, s'impose comme le seul successeur de Jimi Hendrix.

Mais déjà, sur la côte ouest des États-Unis, un courant radical, le *thrash*, prend littéralement de vitesse la « Nouvelle Vague » anglaise en saturant à l'extrême ses guitares et en passant une improbable sixième vitesse ! Dès lors, considérablement moins rapides mais tranchantes et exubérantes à souhait, les guitares ont, tout au long des années quatre-vingt, la part belle grâce aux groupes de hard rock dit « à cheveux » (vous découvrirez plus bas qui ils sont) et, fait notable dans une époque principalement associée au synthétiseur, au retour des albums instrumentaux. Bref, à tous ceux qui en doutaient, le message était clair : Elvis était bien mort !

Ce chapitre passe en revue toutes ces nouvelles émanations d'un rock « dur » volubile, tapageur et surchauffé où la guitare électrique baigne à nouveau dans sa propre gloire.

La New Wave Of British Heavy Metal

Passant outre les coups de semonce du punk, une armée de fantassins britanniques, toutes guitares dehors, donne l'offensive : du hard rock, encore et toujours, coûte que coûte mais encore plus complexe et plus rapide !

Le mémo rock : la « NWOBHM »

Avec un tel nom, triomphant mais certes un peu long – « New Wave Of British Heavy Metal » c'est-à-dire « Nouvelle Vague du Heavy Metal Britannique », souvent réduit à ses simples initiales « NWOBHM » – les intéressés le claironnent : c'est à une régénération complète du heavy metal, celui un peu englué de Deep Purple, de Led Zeppelin et de Black Sabbath, qu'ils vont se livrer.

La démarche était d'autant plus audacieuse que, dans ce contexte punk plutôt castrateur (voir Chapitre 13), peu de maisons de disques étaient prêtes à donner leur chance, à l'époque, à ces hérauts d'une énième révolution instrumentale rock...

En voici la fiche signalétique :

MÉMO ROCK

- **Un âge d'or (1976-1984)** : ces deux dates symboliques encadrent la période la plus fertile du mouvement, de l'album fondateur de Judas Priest (*Sad Wings of Destiny*) à celui, triomphant, de Iron Maiden (*Powerslave*). Si ces deux groupes sont encore en activité aujourd'hui, ils restent à peu près les seuls représentants d'une NWOBHM oubliée, en tant que genre, depuis belle lurette !
- **Made in England** : incontestable, c'est marqué dessus : cette « nouvelle vague » est exclusivement anglaise ! L'exception confirmant la règle, le groupe allemand Accept, l'un des plus populaires du genre au début des années quatre-vingt, s'apparente fortement à ce mouvement.
- **Un chant aigu** : héritage du hard rock « traditionnel », le chanteur NWOBHM fait souvent usage d'une voix criarde et pénétrante. Vous êtes prévenu !
- **Les duels de guitares** : en rang par deux ! La NWOBHM fonde son « son » particulier sur la complémentarité de deux guitaristes qui se partagent solos et rythmiques, sur un modèle éprouvé dix ans auparavant par… les Rolling Stones (voir Chapitre 5), ici, en version nettement plus rapide et plus forte, bien sûr.
- **De la vitesse** : plus on avance dans la chronologie rock, plus ça va vite ! Quand les premiers albums de la NWOBHM paraissent, on n'a encore jamais entendu un rock aussi rapide et aussi puissant : les amplis sont poussés à fond et les manches de guitare dévalés par des doigts débridés, en rythmique et en solo ! Rapidement, pourtant, sans même lui laisser le temps de reprendre son souffle, le guitariste Edward Van Halen, ses suiveurs, puis le thrash feront encore plus rapide que la NWOBHM, vous le verrez plus loin…
- **Bye bye le blues** : comme le rock progressif avant lui (voir Chapitre 12), le fils renie le père : on ne trouve plus une once de blues dans la NWOBHM, que ce soit clair !

Les principaux groupes du mouvement vous sont présentés ci-dessous. D'autres encore, associés au mouvement pourront être écoutés avec profit, comme Venom, Diamond Head, Raven, Tygers of Pan Tang ou Girlschool.

Judas Priest, les éclaireurs en cuir et Harley-Davidson (et fouet)

Un chanteur à la voix haut perchée, tout de cuir (clouté) vêtu, faisant claquer son fouet et chevauchant sur scène une Harley-Davidson en marche (qui s'est écrasée, un certain soir, sur les premiers rangs !) : l'imagerie sadomasochiste troublante, délibérément malsaine, de Judas Priest est devenue un tel cliché de la panoplie « hard rock » qu'elle peut faire oublier que le groupe, formé dès 1970 à Birmingham (comme Black Sabbath !), est « le » précurseur de la NWOBHM.

Son nom, curieusement tiré d'une chanson de Bob Dylan, n'attire pas immédiatement les foules ; le premier album, qui laisse entendre des guitares piaffantes, n'a pas encore l'agressivité et l'ambiguïté caractéristiques qui feront le succès du groupe. Celles-ci deviennent sensibles dès 1976 sur *Sad Wings of Destiny*, puis *Sin after Sin* mais ce sont les albums *Stained Class* (1978) et *Hell Bent for Leather* (aussi appelé *Killing Machine*) (1979) qui imposent le heavy metal unique du groupe et propagent le son de la toute nouvelle NWOBHM.

Les duels des guitaristes Glenn Tipton et K.K. Downing y sont particulièrement enlevés et, n'en déplaise aux punks, charrient une dose de hargne à l'efficacité autrement redoutable. Aux guitares s'ajoute le chant oblique et perçant de Rob Halford, dont l'univers sadomasochiste transpire dans chaque titre, pour le plus grand malaise de l'auditeur. Le batteur Dave Holland rejoignant le bassiste Ian Hill pour former une section rythmique puissante et dépouillée, le groupe enregistre la pièce maîtresse de sa discographie, *British Steel* (1980), dont le titre (« Acier britannique ») et la pochette (un zoom sur une lame de rasoir menaçante) disent assez l'univers musical du groupe.

À l'aube des années quatre-vingt, Judas Priest jouit d'une popularité immense. Alerté des dernières évolutions du rock, le groupe intègre progressivement des sonorités plus avenantes, dont les albums *Screaming for Vengeance* (1982) et *Defenders of the Faith* (1984) rendent compte de la puissante efficacité, avant de subir le contrecoup de l'irrépressible essor des groupes de hard rock « à cheveux » comme Mötley Crüe ou Guns N' Roses. Il effectue un retour en force en 1990 avec un album sauvage, *Painkiller*, littéralement propulsé par le jeu colossal de leur nouveau batteur Scott Travis. Toujours populaire, mais d'un autre temps, Judas Priest traverse difficilement les années quatre-vingt-dix, se déchirant au passage, pour, tradition rock oblige, mieux se réunir en 2004 avec l'album *Angel of Retribution* et sortir, quatre ans plus tard, un concept album sur *Nostradamus*, mené par un Halford rayonnant du haut d'une soixantaine menaçante.

Iron Maiden, le roi Eddie

À défaut de les avoir déjà écoutés, vous en avez probablement au moins entendu parler : Iron Maiden est rien moins que le groupe superstar de la NWOBHM. Sa mascotte, une tête de momie (prénommée… « Eddie ») qui a fait le tour du monde, sur les pochettes des albums du groupe (dues au dessinateur Derek Riggs) mais aussi sous la forme d'écussons cousus sur des centaines de milliers de sacs de collégiens, est peut-être même encore plus connue que les membres du groupe !

La « Vierge de fer » (du nom d'un instrument de torture médiéval) est fondée par le bassiste Steve Harris en 1976 mais le premier album du groupe, simplement intitulé *Iron Maiden*, ne sort qu'en 1980. Sur celui-ci, comme sur le suivant *Killers*, on découvre alors un groupe axé, dans la lignée de Judas Priest, sur les riffs entrecroisés de deux guitaristes ; mais, malgré une panoplie de scène et des textes occasionnellement sinistres, Iron Maiden se distingue nettement de son « rival » : la technicité du groupe est encore plus poussée (Harris y a notamment déjà développé un jeu de basse aux doigts d'une précision et d'une rapidité inégalées), les paroles plus rédigées (ce qui, à la lecture de celles de Judas Priest, ne tient certes pas de l'exploit, nous dira-t-on) et son commerce avec le Diable, dans quelques titres, envisagé davantage pour sa dimension littéraire et scénique que par véritable conviction ou même intérêt.

Leur premier chanteur Paul Di'Anno parti, et avec lui une sensibilité punk présente sur les deux premiers albums, c'est Bruce Dickinson qui prend le micro ; avec la paire de guitaristes Adrian Smith et Dave Murray et, bientôt le batteur Nicko McBrain, la formation « classique » du groupe est stabilisée et prête à conquérir le monde. Dès l'album *The Number of the Beast* (1982), avec encore le batteur Clive Burr, Iron Maiden frappe un grand coup en accouchant d'un classique instantané ! Tout ce qui fait le groupe, au risque parfois de la formule, y est déjà fixé : chant opératique de Dickinson, textes fouillés, longs morceaux, alternance des solos rugueux de Smith et des solos veloutés de Murray, basse galopante de Harris sur jeu robuste de McBrain, changements de tempo percutants… et propension à écrire des classiques à la chaîne, repris en chœur par des milliers de fans en concert.

Le groupe acquiert dès lors une dimension internationale et développe bientôt un goût plus affirmé pour les longues compositions épiques qui le rapprochent du rock progressif de la décennie précédente (voir Chapitre 12), comme sur *Powerslave* (1984), un sommet de sa discographie qui propose notamment une époustouflante adaptation de « La Complainte du vieux marin », un poème d'un des plus fameux poètes romantiques anglais, Samuel Taylor Coleridge. Avec ce type de compositions ambitieuses mais jamais pompeuses, « Maiden » cloue le bec à une partie de la critique, prompte à les réduire à une bande de « gueuleurs en Spandex™ », qui accueille plus chaleureusement les albums suivants du groupe, *Somewhere in Time* (1986) (qui introduit des synthétiseurs discrets) et, en 1988, *Seventh Son of a Seventh Son*, et son morceau-fleuve « Alexander the Great ». Dans l'intervalle, le groupe, qui jouit d'une popularité sans précédent, avait effectué en 1985 une tournée mondiale sanctionnée par un double album live, *Live after Death*, aux allures de *best of.*

Comme pour Judas Priest, les années quatre-vingt-dix sont difficiles pour le groupe. Smith parti, un nouveau guitariste, Janick Gers, insuffle un nouveau dynamisme au groupe (*No Prayer for the Dying*, 1990) qui ne parvient toutefois pas à retenir son chanteur emblématique. Celui-ci revient finalement pour l'enregistrement de l'album *Matter of Life and Death* (2006) et, en 2008, une tournée triomphale rigoureusement calquée sur les fameux concerts de 1985, pour le plus grand plaisir de ses tout nouveaux fans… et de ses plus anciens (dont l'auteur, si ça vous intéresse !).

Saxon, l'aigle en jean et cuir

Formé à Barnsley en 1977, Saxon a été l'un des fers de lance de la NWOBHM mais aussi, peut-être, l'une de ses formations les plus malheureuses. Non pas qu'il n'ait pas connu le succès : ses albums *Wheels of Steel* (1980), *Strong Arm of the Law* (1980) et *Denim and Leather* (1981) figurent parmi les classiques incontestés du mouvement et l'ont fait remplir des salles dans le monde entier ; jusqu'à son album en public en 1982, *The Eagle Has Landed*, le groupe du chanteur Biff Byford, des guitaristes Paul Quinn et Graham Oliver, du bassiste Steve Dawson et du batteur Pete Gill pouvait même prétendre à une place dans le trio de tête de la NWOBHM, aux côtés de Judas Priest et d'Iron Maiden. Pourtant, inexplicablement, malgré un excellent *Power & the Glory* en 1983, il se fait distancer par ses pairs, s'égare un peu en cherchant à courtiser les publics les plus variés en ne renouant qu'épisodiquement avec leur fougue d'antan (*Into the Labyrinth*, 2009). Suivi par des fans de la première heure, Saxon tourne encore en ce début de XXIe siècle.

Def Leppard, un léopard sourd sur MTV

Après la « Vierge de fer »... le « Léopard sourd » (à l'orthographe approximative, qui plus est) ! Rattaché à la NWOBHM, Def Leppard s'en éloignera pourtant à grandes enjambées ; dès sa formation, en 1977 à Sheffield, le groupe, qui comprend le chanteur Joe Elliott, les guitaristes Pete Willis et Steve Clark, le bassiste Rick Savage et le batteur Rick Allen, se réclame d'influences surprenantes, d'AC/DC au glam rock de T. Rex, qui laissent présager une volonté d'ouverture à d'autres sonorités.

C'est d'ailleurs le mélange astucieux de deux sources de rock, « hard » et « mélodique », qui leur vaudra une popularité phénoménale : après un premier album remarqué en 1980 (*On through the Night*), c'est déjà le premier hit pour le groupe avec le titre « Bringin' On the Heartbreak », tiré de *High 'n' Dry*, qui passe en boucle sur la toute jeune chaîne de télévision MTV. Le groupe ne manque pas d'identifier sa chance – et tout le potentiel d'un hard rock mélodique mis en scène dans des vidéoclips qui séduisent la jeunesse d'un bout à l'autre de la planète. En ce sens, Def Leppard ne se distingue d'ailleurs pas tant de groupes de synth-pop comme Duran Duran (voir Chapitre 14) qui, eux aussi, ont joué tôt la carte du vidéoclip narcissique (mais surtout ne le dites jamais aux fans de l'un ou de l'autre groupe !).

Le hard « FM »

L'époque était à la mélodie accrocheuse, le succès du rock progressif aux mélodies simplifiées des Genesis, Yes, Journey, Boston, Styx ou Foreigner en attestant (voir Chapitre 12). Le hard rock en a pris bonne note et, dans une même démarche, a mis beaucoup d'eau mélodique dans son vin rock, avec un bonheur commercial époustouflant. Ici, comme en rock progressif, on est loin du rock dynamique, baroque et mélodique d'un Queen, par exemple ; à sa place, on cherche (et on l'assume) la recette miracle d'un rock aux mélodies instantanément mémorisables, avec de grosses guitares comme seules cautions d'un « danger » oublié de longue date. Def Leppard montre le chemin avec ses albums d'une efficacité chirurgicale, à la production léchée (et coûteuse) ; à sa suite, avec des nuances, Mötley Crüe, Bon Jovi (*Slippery When Wet*, 1986), Europe et d'autres enfonceront le clou et porteront le hard rock devant des millions de fans, tout autour du globe.

Ainsi lancé, Def Leppard ramasse la mise en conquérant un large public dont, quelques années avant, il aurait été impensable qu'il écoute du « hard rock ». Pour un peu, le succès d'Iron Maiden, qui vend des millions d'albums, paraîtrait même confidentiel à côté de celui de Def Leppard ! En 1983, l'album *Pyromania* et ses hits « Rock of Ages » et « Photograph » consacrent le hard rock léché et inoffensif du groupe, redevable au légendaire perfectionnisme du producteur Robert « Mutt » Lange.

À la fin de l'année suivante, une tragédie le ramène à de plus dures réalités : son batteur Rick Allen, victime d'un accident de voiture, perd un bras. Par un astucieux dispositif, une batterie spéciale est conçue pour lui permettre de continuer à assurer ses parties. La résurrection du groupe est aussi impressionnante qu'inespérée puisque, en 1987, leur album *Hysteria* bat tous les records de vente du groupe. Ce sommet atteint, le groupe, que n'épargnent pas de nouveaux coups du sort (leur guitariste Steve Clark décède d'une overdose), ne survit que difficilement dans le nouveau paysage rock des années quatre-vingt-dix.

Motörhead, la bande à Lemmy

Le hard rock anglais a ses légendes mais aussi ses institutions – et Motörhead en est assurément l'une des plus imposantes, avec plus de vingt albums studio au compteur et des milliers de concerts donnés sans relâche depuis 1975 ! Le groupe londonien, chouchou des *bikers*, ne se rattache que grossièrement à la NWOBHM mais question gros son et solos fiévreux reste une référence, notamment pour la génération thrash qui s'est inspirée de ses colossales déflagrations. À ses commandes, le bassiste Lemmy Kilminster un fils de pasteur qui, après un passage dans le groupe de rock progressif Hawkwind, fonde ce Motörhead (vous l'avez sans doute noté, les « deux points », vaguement calqués sur des « *umlauts* » allemands, ont toujours eu une grande faveur chez les plus musclés de nos rockers, Mötley Crüe, Blue Öyster Cult, Queensrÿche ou Hüsker Dü).

C'est sous la forme d'un trio rentré dans la légende rock – outre « Lemmy » (comme on a coutume de l'appeler plus simplement), le guitariste « Fast » Eddie Clarke et le batteur Philip « Philthy Animal » Taylor – que la formation grave entre 1977 et 1980 trois albums explosifs, *Overkill*, *Bomber* et leur chef-d'œuvre, *Ace of Spades*, en larguant au passage des obus rock comme les titres « Stay Clean », « Overkill », « Ace of Spades », « No Class » ou « Capricorn ». Restait à capturer la prodigieuse énergie du groupe en concert : c'est chose faite en 1981 avec le live *No Sleep 'Til Hammersmith*, l'un des meilleurs de tout le rock, qui restitue superbement le mur de son sismique que le chant rauque et la basse saturée de Lemmy couplés au jeu titanesque de Taylor, assemble, titre après titre, pour que Clarke y dépose ses solos fébriles.

Avec le départ de Clarke en 1982, une page est tournée. Différents guitaristes lui succèdent – Brian Robertson de

Thin Lizzy sur *Another Perfect Day* (1983), la paire Phillip Campbell et « Wurzel » sur *Orgasmatron* et *Rock 'N' Roll* (1986 et 1987) – sans parvenir tout à fait à faire oublier la formation classique du groupe. L'infatigable Lemmy aux commandes de son « bulldozer », le groupe arpente inlassablement la planète, entre deux albums sans surprise mais rarement décevants (*Overnight Sensation*, 1996 ; *Motörizer*, 2008).

Comme AC/DC, Motörhead n'a jamais dévié d'un pouce de sa trajectoire et dispense, peu ou prou, le même hard rock simple, direct et sincère ; comme pour AC/DC, des imitateurs du groupe ont été régulièrement identifiés – aucun n'a jamais su susciter un intérêt durable.

Le thrash : le rock déchiqueté

Aussi improbable que cela puisse paraître, la New Wave Of British Heavy Metal n'avait pas tout dit en termes de guitares furieuses, d'amplis poussés à fond, de rythmiques véloces et de solos effrénés.

Très vite en effet, tout s'accélère à nouveau : le hardcore (voir Chapitre 14) ou le *speed* (« vitesse »), avec leurs rythmiques surexcitées, s'immiscent de plus en plus dans le rock du début des années quatre-vingt avec ce qui sonne comme du punk en version ultrarapide : bienvenue dans le monde ultrarapide du thrash !

Mémo rock : le thrash

Si le genre a connu de fortes évolutions, il reste l'un des plus faciles à identifier :

- **Un âge d'or (1983 à nos jours)** : eh oui, le thrash existe encore et il se porte bien, merci ! On a coutume de dater l'acte de naissance « officielle » du genre à 1983, année de parution de deux albums « massues », celui de Metallica (*Kill 'em All*) et de Slayer (*Show No Mercy*). Plus de vingt-cinq ans plus tard, ces groupes sont encore en activité et toujours au sommet !

- **100 % américain...** : ou presque. Le mouvement naît sur la côte ouest des États-Unis et ses groupes les plus fameux sont tous originaires des États-Unis. Mais les fans savent qu'ailleurs, en Suisse, en Allemagne et même au Brésil, se trouvent aussi des formations majeures du genre...
- **Un chant rauque** : techniquement limité, culture punk oblige, le chanteur de thrash semble grogner en voix basse et calque son chant sur la rythmique, au risque de se confondre avec elle. Le succès venant, les progrès seront manifestes et le placement aussi bien que la mélodie feront l'objet de douloureuses mais gratifiantes mises à niveau pour plaire au plus grand nombre.
- **Deux guitares** : le thrash reprend la configuration de la NWOBHM (voir plus haut) avec partage des rythmiques et des solos entre les deux guitaristes, mais privilégie souvent un jeu rythmique à l'unisson des deux guitares, pour accentuer davantage l'effet de déflagration associé à ses rythmiques. Par ailleurs, l'un des deux guitaristes est souvent dédié uniquement à la rythmique, sans effectuer de solo.
- **La saturation** : le son caractéristique du genre, c'est la saturation qui donne aux rythmiques un effet abrasif, percussif et oppressant de basses étouffées.
- **La vitesse** : systématique au tout début du genre, la vitesse sidérante des rythmiques et des solos a su laisser progressivement la place à des tempos moins rapides et moins techniques, en alternance avec des pointes de vitesse caractéristiques.
- **Les gammes exotiques** : le blues oublié, le guitariste thrash s'engage souvent, en solo, dans des gammes exotiques ou inhabituelles (dorien, phrygien, mixolydien, si vous voulez épater vos amis !).

Que ce descriptif ne vous fasse pas fuir ! Si l'énergie des premiers albums s'apparente à la rage punk – et est donc à réserver aux lecteurs les plus enragés (surtout ne faites pas votre jogging ou ne prenez pas la route avec un album de ce genre dans les oreilles !) –, la suite est souvent proche d'un rock progressif à guitares saturées avec un chant de plus en plus acceptable, et même nuancé. Metallica, le groupe phare du genre, finira même par se fendre d'une ballade sacrilège ! Et, si vous êtes amateur de virtuosité agressive, ne passez pas à côté : on fait difficilement mieux que ce thrash.

Nous vous présentons ici les cinq groupes incontournables – Metallica, Megadeth, Slayer, Anthrax et Suicidal Tendencies – qui recouvrent le genre d'une chape (de plomb, naturellement). Toutefois, d'autres formations continuent à ravir en parallèle les foules d'initiés, comme Machine Head, Pantera, Sepultura, Testament, Voivod, Flotsam & Jetsam, Exodus, King Diamond, Mercyful Fate, Meshuggah, System of a Down ou même, moins connus encore en raison de leur radicalité, Coroner, Sodom, Overkill, Forbidden, Nuclear Assault, Dark Angel, Metal Church, Death Angel, Carnivore et le très méconnu Love & Flower... (OK, ce dernier nom est inventé par l'auteur – vous l'avez probablement compris, même sans dictionnaire franco-anglais, côté noms de groupes, on ne fait pas dans le lyrique en thrash !).

Metallica, les empereurs du thrash

À tout « saigneur », tout honneur : Metallica règne sur le thrash depuis plus de vingt-cinq ans. Il n'en est certes pas le plus féroce représentant : mais il reste le plus « mythique », une espèce de Led Zeppelin des années quatre-vingt dont chaque album, toujours plus surprenant que le précédent (au moins les premières années) est attendu avec ferveur.

Incontestablement, il est aussi le plus heureux commercialement puisqu'il connaît depuis 1990 un succès international qui dépasse de loin les frontières du thrash seul dont il a su garder les caractéristiques les plus séduisantes pour le grand public. À tel point qu'aujourd'hui, comme Led Zeppelin trente ans avant lui, il fait lui aussi figure de « dinosaure » du rock.

Les premiers pas du groupe, fondé à San Francisco, remontent à 1981 : le chanteur et guitariste James Hetfield et le batteur Lars Ulrich débauchent le guitariste Dave Mustaine et un bassiste exceptionnel, Cliff Burton. L'aventure Metallica est née ! Mustaine vite écarté (on le retrouvera en fondateur d'un groupe concurrent, Megadeth) et remplacé par le guitariste

Kirk Hammett, un premier album à l'énergie punk mais à la précision, la vitesse et la technicité inédites est mis en boîte en 1983 : *Kill 'em All*... « Tuez-les tous ! », avec, sur la pochette, un marteau ensanglanté pour préciser le message... Le thrash a son premier classique !

Supérieur, l'album suivant *Ride the Lightning* (1984) témoigne d'une maturité impressionnante, les compositions s'épanouissant davantage encore, ralentissant parfois ou introduisant des ambiances acoustiques ; elles annoncent aussi les ambitions progressives du groupe, comme sur le splendide titre de près de neuf minutes « The Call of Ktulu », inspiré de l'œuvre de l'écrivain fantastique américain H.P. Lovecraft, où Burton déploie toute l'originalité de son jeu.

Le destin du groupe reste lié à l'année 1986 : son album *Master of Puppets*, moins novateur mais plus abouti, l'impose comme l'une des grandes formations du rock « tout court » dans le monde entier – et sans l'aide d'un single et encore moins d'une vidéo ! C'est aussi l'année où leur exceptionnel bassiste périt dans l'accident de car du groupe, lors d'une tournée en Scandinavie.

Il s'en faut de trois ans pour que Metallica revienne au premier plan, avec un nouveau bassiste, Jason Newsted, au jeu efficace et un nouvel album... *And Justice for All* (1989) dont la complexité vertigineuse pousse le groupe dans ses derniers retranchements, comme sur le spectaculaire titre « One ». Par contrecoup, l'album suivant, simplement intitulé *Metallica* (1991), se fonde sur une simplicité relative des compositions, des refrains accrocheurs et la patte d'un producteur pragmatique, Bob Rock, qui parvient même à convaincre le groupe d'accueillir des violons (!) : la réussite commerciale de cet album à la pochette noire, qui se fait connaître d'un bout à l'autre de la planète, dépasse toutes les attentes.

Revigoré, Metallica continue sur sa lancée, non sans quelques concessions qui lui attirent un nombre croissant de nouveaux fans, au risque de décevoir les plus fidèles (*Load*, 1996). En 2003, un nouveau bassiste, Robert Trujillo, intègre le groupe empêtré dans une discographie confuse dont l'album *St. Anger*, qui ne comporte aucune ballade ni aucun solo (!) et dont la basse est tenue par le producteur (!!!), semblait près de signer la fin. En 2008, la sortie de *Death Magnetic* témoigne d'une vitalité retrouvée : Metallica n'a pas dit son dernier mot.

Megadeth, la revanche du vilain petit canard

En matière de guerre « rock », vous en êtes resté à l'opposition Beatles/Rolling Stones malgré nos explications (voir Chapitres 4 et 5) ? Laissez-nous vous présenter « la » guerre des clans rock, celle qui a longtemps opposé (et encore aujourd'hui un petit peu) Megadeth et Metallica...

Les destins des deux groupes sont historiquement liés, ceci expliquant cela d'ailleurs. Le chanteur et guitariste Dave Mustaine, fondateur de Megadeth a été le premier guitariste de Metallica (vous suivez ?) avant de s'en faire expulser par ses camarades et, pire encore, de louper l'enregistrement du fameux premier album du groupe, *Kill 'em All.* Solos et compositions de Metallica, crédités ou non, garderont longtemps la trace de la patte de Mustaine dont le légendaire caractère difficile venait de lui barrer la route du succès.

En 1983, fraîchement évincé, c'est tout naturellement que Mustaine décide de fonder son propre groupe. Les débuts de Megadeth – « Mégamort » (avec une faute intentionnelle), encore un nom riant ! – sont plus difficiles que ceux de son frère ennemi. Talentueux, doté d'une technicité à la précision chirurgicale, Mustaine ne doit d'abord qu'à ses démons intérieurs de ne pas accéder à la reconnaissance qui lui est due. Le premier album du groupe, *Killing Is My Business... And Business Is Good!* (1985), est pourtant un classique du thrash.

Encore meilleur et salué – tardivement – comme l'égal du *Master of Puppets* de Metallica, *Peace Sells... But Who's Buying?* (1986) bénéficie d'une production plus avenante et, distribué par un vrai label, donne une dimension plus importante à la formation de Mustaine. Les traits distinctifs de son thrash (accords en distorsion qu'on laisse « mourir » de longues secondes, pointes de vitesse rythmiques complexes, compositions plus agressives et textes politisés) s'y font aussi plus nets.

Si la production entache à nouveau quelque peu l'album suivant (*So Far, So Good... So What!*, 1988), le potentiel du groupe semble sur le point de se concrétiser – malgré de récurrents problèmes d'alcool et de drogue de Mustaine. Son fidèle bassiste David Ellefson excepté, les différentes formations du groupe sont d'une instabilité éloquente, guitaristes (Chris Poland, Jeff Young) et batteurs (Gar Samuelson, Chuck Behler) se succédant au gré des humeurs de Mustaine.

1990 est une année charnière pour Megadeth : avec l'arrivée du batteur Nick Menza et d'un guitariste fabuleux, Marty Friedman, Mustaine, débarrassé de ses démons, enregistre l'album *Rust in Peace*, un sommet insurpassé du genre, servi par une production énergique. L'aisance et la créativité du guitariste Friedman, dont les sonorités de solo évoquent le lyrisme du guitariste de Scorpions Uli Jon Roth, sont terrassantes et renvoient tous les guitaristes du genre à leurs « plans » usés ou leurs démonstrations techniques complaisantes. *Countdown to Extinction* (1992) poursuit dans cette voie, avec des compositions fortes, l'effet de surprise en moins. Mustaine est « enfin » vengé : sa formation est devenue, comme Metallica, une institution et une force commerciale.

Elle reproduira, peu ou prou, les mêmes travers, prévisibles, que sa concurrente : avec *Youthanasia* (1994), et plus encore *Cryptic Writings* (1997), Megadeth donne l'impression d'avoir ralenti la machine pour toucher le jackpot. Blessé au bras gauche, Mustaine est contraint de saborder son propre groupe. Quelques années plus tard, il effectue un come-back sans concession avec une série d'albums violents (*The System Has Failed*, 2004) ; *United Abominations*, 2007) où s'épanchent ses préoccupations politiques et notamment écologiques.

Slayer, les terroristes du rock

Le plus radical et le plus controversé des groupes de thrash, Slayer est à Metallica et Megadeth ce qu'une bombe H est à une grenade : vous voilà prévenu ! Pour faire bonne mesure, les quatre musiciens de Huntington Beach (en Californie) – le chanteur et bassiste Tom Araya, les guitaristes Kerry King et Jeff Hanneman et le batteur Dave Lombardo – ont dès leurs débuts en 1982 choisi de jouer la carte du satanisme et du morbide, quitte à frayer, entre deux textes sur l'enfer, la nécrophilie ou le suicide, avec des thématiques « nazillonnes » détestables. Et si les intéressés eux-mêmes avouent à demi-mot que ces choix ne sont pas tout à fait dénués d'objectifs commerciaux, le résultat reste traumatisant : une brutalité choquante, sans répit, dispensée par des rythmiques étouffantes tailladées de solos agonisants et de cris terrifiants, qui ne révèle sa beauté sombre qu'à l'auditeur assidu (et courageux). Un vrai *Jardin des délices* à la Jérôme Bosch mais à la sauce rock !

C'est d'ailleurs l'univers torturé du peintre néerlandais qu'évoque la pochette du classique du groupe, *Reign in Blood* (1986) qui décuple l'agressivité de son premier album, *Show No Mercy*, publié trois ans plus tôt. Une déflagration assourdissante de vingt-neuf minutes en dix titres, brillamment mise en valeur par le producteur Rick Rubin, des solos incisifs qui se vrillent dans les oreilles, un batteur stupéfiant de rapidité (bras et jambes !) qui semble concasser les temps en micro-unités : Slayer inventait l'usine d'équarrissage rock !

Implacable, le groupe, contrairement à ses pairs Metallica ou Megadeth, ne consentira jamais à altérer son agressivité : tout au plus ralentira-t-il la charge, le temps de quelques (très) brefs passages, comme sur *South of Heaven* (1988) et *Seasons in the Abyss* (1990) où il sonne comme un Black Sabbath surpuissant. Pour le reste, même en l'absence de son prodigieux batteur, si essentiel, le groupe reste pied au plancher tout au long des années quatre-vingt-dix et continue son entreprise de terrorisme rock, en réussissant, au passage, à intéresser la critique et à élargir son public (*Divine Intervention*, 1994). En 2006, la bande de « quadras » publie *Christ Illusion*, un album d'une sauvagerie suffocante.

Plus fort que la mort...

Le thrash peut passer sans trop d'argumentation pour la version la plus radicale du rock. Pourtant, comme toujours, il existe encore plus extrême que ce rock extrême – un rock qui fait éclater les tympans, éventuellement tourner les tables et saigner les crucifix dans une ambiance de Jugement dernier à convaincre le plus indécrottable des athées ! Le *death metal*, sous son nom prometteur (« métal de la mort »), ne chante ainsi que très rarement les virées entre potes sous le soleil californien et radicalise le thrash en systématisant la thématique de la mort (et de la douleur, de la souffrance) aboyée par un chanteur à la voix rauque sur fond de musique lourde et angoissante. Déjà explorées par Black Sabbath au début des années soixante-dix, ces ambiances mortifères subissent ici un traitement aux électrochocs et prennent la forme d'une agression difficilement soutenable, volontairement uniformisée, malgré des complexités rythmiques souvent insoupçonnées comme sur les albums *Dusk and Her Embrace* de Cradle of Filth. Proche du « death metal », parfois confondu avec lui, le « grindcore » éclate jusqu'aux structures mélodiques des titres pour épancher un rock proche de l'équarrissage apocalyptique, dont Napalm Death (*Scum*, 1987) et Carcass (*Symphonies of Sickness*, 1989) sont les champions. Les thèmes de la mort, de l'occultisme et du satanisme, tôt associés à un certain hard rock cultivant son ésotérisme, se retrouvent aussi pêle-mêle dans le « métal gothique » de Christian Death, le *doom metal* (le « métal du jugement » !) de Trouble et Cathedral ou la scène « metal » scandinave, particulièrement passionnée par cet univers morbide sur lequel plane l'ombre splendide de Black Sabbath. Pour les curieux (ou les plus croyants, un peu secoués par ce tour d'horizon rapide du rock occulte), signalons qu'en réaction s'est constituée une frange de hard rock... chrétien, investi d'une mission évidemment évangélisatrice.

Anthrax, le thrash (un peu) rigolo

Rigolos et new-yorkais : ça vous fait penser aux Ramones (voir Chapitre 13) ? Certes, on vous mentirait en disant que le thrash du groupe Anthrax est à se plier en deux de rire, mais, dans un genre enclin à se prendre au sérieux, le groupe de New York fait plutôt bonne figure avec son humour et sa bonne humeur contagieuse.

Cette légèreté ne l'empêche pas de se placer dans la « quinte flush royale » du thrash aux côtés de Metallica, Megadeth, Slayer et Suicidal Tendencies. Formé en 1981, le groupe se distinguera également de ses pairs en accueillant la voix haut perchée du chanteur Joey Belladonna qui imprime sa marque aux meilleurs albums de la formation entre 1985 et 1988 (*Spreading the Disease*, *Among the Living* et *State of Euphoria*), avec les guitaristes Scott Ian et Dan Spitz, le bassiste Frank Bello et le batteur Charlie Benante. Leurs prestations scéniques en shorts de skateurs font aussi beaucoup la différence !

La suite sera plus erratique mais non sans intérêt, Anthrax s'aventurant même à enregistrer et à faire une tournée avec le groupe de *hip-hop* Public Enemy ! Le départ de Belladonna en 1992 entame l'originalité du groupe dont les albums suivants, sans démériter, peinent à capturer l'irrésistible énergie de ses premiers enregistrements.

Suicidal Tendencies, le gangsta-thrash des skateurs

Du… « gangsta-thrash de skateurs » ? Oui, « gangsta-thrash », comme on parle du « gangsta-rap » à propos de ces chanteurs de rap issus des gangs de la côte est et ouest américaine – car l'univers de Suicidal Tendencies, c'est bien celui des gangs de Venice Beach en Californie. « Skateurs » ? Oui, car le groupe fait partie de la communauté des dingues de skate-board !

Malgré un nom curieusement morbide (« Tendances suicidaires »), les préoccupations du groupe (violence urbaine et skate, pour résumer) sont bien loin de celles traditionnellement associées au thrash. Mené par Mike Muir, un chanteur colossal à l'éternel bandana lui recouvrant partiellement les yeux, le groupe est très controversé à ses débuts et se fait même bannir, à cause de sa violence, de certaines salles de Los Angeles.

Son premier album, en 1983, se ressent d'influences hardcore qui n'empêchent pas son titre « Institutionalized » de se hisser jusqu'à la chaîne de télévision MTV, pourtant spécialisée dans des vidéoclips plus fédérateurs… pas mal pour un groupe inconnu, d'un genre rock plutôt difficile ! La suite est plus ardue pour le groupe qui patiente quatre ans avant d'enregistrer un nouvel album, *Join the Army* mais se paye le luxe de connaître à nouveau un petit succès avec le titre « Possessed to Skate » dédié à sa communauté d'adorateurs de planches à roulettes.

La formation se stabilise en 1988 avec le bassiste Bob Heathcote, le batteur R.J. Herrera, et les guitaristes Mike Clark et Rocky George pour l'album *How Will I Laugh Tomorrow When I Can't Even Smile Today* qui capture enfin toute la subtilité du groupe. La puissance du thrash appliquée à l'univers du skate et des gangs fait mouche – on y découvre au passage un guitariste inspiré, Rocky George, dont les solos éthérés (sur une guitare à sept cordes !) emmènent chaque titre dans des hauteurs célestes et achèvent de faire de l'album le premier classique du groupe.

Avec *Lights, Camera, Revolution* (1990) et *The Art of Rebellion* (1992), Suicidal Tendencies accède à la « cour des grands » du rock et ajoute une dimension funky à son univers sonore avec l'arrivée du bassiste Robert Trujillo, aussi à l'aise dans un jeu rapide et percussif que dans des ambiances jazzy ralenties. La créativité du groupe, qui, fait rare en thrash, ne craint pas se frotter à d'autres ambiances, est unique. La suite, de qualité, réserve un peu moins de surprise (*Free Your Soul and Save My Mind*, 2000) ; dès 1989, on retrouve Muir et Trujillo dans une formation annexe, entièrement dédiée à un hard rock fortement teinté de funk, Infectious Grooves, dont les excellents albums sont pétris d'un humour potache difficilement résistible (*The Plague That Makes Your Booty Move*).

La guitare supersonique : la révolution Van Halen et ses « effets »

Attention, génie ! Considérablement moins connu que Jimi Hendrix, Edward Van Halen mériterait pourtant bien un chapitre à lui tout seul (et, nous diront les fans, probablement même un livre entier !). Mille fois copié, jamais égalé, selon la formule, le jeune guitariste américain, en bricolant sa guitare électrique au milieu des années soixante-dix, a décuplé toutes les innovations sonores de Jimi Hendrix et, en un album, a entièrement redéfini la pratique de l'instrument fétiche du rock. Et si la période la plus créative de son groupe s'inscrit entre 1977 et 1984, et que, depuis, d'autres guitaristes ont (comme toujours) fait encore plus fort et/ou plus rapide, Edward Van Halen règne bien sans partage sur la guitare électrique moderne.

Van Halen, l'artificier électrique

Ses seules innovations techniques auraient suffi à assurer à Edward Van Halen une postérité rock incontestée : poussant encore plus loin les sonorités « spatiales » de Hendrix, Van Halen a inventé (et maîtrisé) notamment une technique dite du *tapping* qui consiste à taper les notes du manche de la guitare électrique simultanément des doigts de la main gauche et de la main droite. N'hésitez pas à essayer à la maison, vous apprécierez bien assez vite la difficulté de la chose ! Résultat ? Des ambiances polyphoniques, des sons se démultipliant comme dans un kaléidoscope sonore, avec, électricité, distorsion et vibrato en plus, des sons accidentels maîtrisés faisant grogner, gémir et hurler la guitare électrique comme jamais. Certains guitaristes comme Steve Hackett et Allan Holdsworth avaient pu s'approcher d'une telle technique mais Edward Van Halen l'a propulsée dans une stratosphère rock fréquentée jusque-là par le seul Hendrix.

Il était dit que la révolution serait complète : dès 1974, à Pasadena en Californie, le jeune guitariste a aussi le génie de savoir bien s'entourer – de son frère batteur, Alex Van Halen, et du bassiste Michael Antony, une section rythmique d'une efficacité imposante, et, surtout, d'un extraordinaire chanteur, mi-crooner, mi-chanteur de hard, le rusé David Roth qui apporte au groupe une insouciance (feinte et réfléchie) et une ironie bienvenues. Avec des textes macho évoquant filles, alcool et virées en bagnole sous le soleil californien, Roth et Van Halen renouent, l'air de rien, avec les thématiques rock traditionnelles, celles de Chuck Berry et du rock originel, qu'on croyait perdues à jamais.

... et ce n'est pas tout ! À la maîtrise technique et à ses fortes personnalités, le groupe, appelé simplement « Van Halen », a ajouté ses talents de compositeur et signé quelques-uns des classiques instantanés du rock.

En pleine vague punk, le premier album, intitulé simplement *Van Halen* (1978), fait aussi l'effet d'une claque adressée aux « petits morveux anglais » (vous aurez reconnu les punks du chapitre 13 !) : une cohésion qui ne peut évoquer que celle de Led Zeppelin – on a l'impression que les musiciens jouent ensemble depuis dix ans –, une assurance mâle, des compositions fortes investies du jeu spectaculaire de Edward Van Halen et même une reprise du « You Really Got Me » des Kinks adoubée par Ray Davies lui-même ! Le morceau phare, c'est un court instrumental, le bien nommé « Eruption », où la guitare de Van Halen produit un solo stupéfiant, évoquant les polyphonies de Jean-Sébastien Bach, qui construit une cathédrale rock étincelante. Quant à David Lee Roth, il s'impose du jour au lendemain comme l'un des grands chanteurs de rock et une bête de scène qui n'hésite pas à commencer les concerts du groupe par un saut en grand écart !

Dès lors, le groupe, pendant sept ans, va tout emporter sur son passage ; si le premier album avait tout dit, il aurait été malvenu de bouder son plaisir quand les albums suivants (*Van Halen II*, 1979 ; *Women and Children First*, 1980 ; *Fair Warning*, 1981) permettent de découvrir l'inépuisable talent du guitariste et de son chanteur dans des compositions nouvelles. Sur *Diver Down* (1982), le groupe effectue même une reprise du fameux « (Oh) Pretty Woman » de Roy Orbison qui témoigne combien l'évolution du rock, en seulement vingt ans, est phénoménale.

En 1983, Edward Van Halen prête son talent au titre « Beat It » de Michael Jackson qui révèle aux dizaines de millions de ses acheteurs les prouesses du jeune Américain. Conscient de l'évolution des sonorités à l'œuvre en cette période (et notamment de la popularité des sons new wave), le groupe intègre un synthétiseur pour l'enregistrement de son album *1984* : bien lui en prend, l'album et ses titres « Panama » et « Hot for a Teacher » (une des dix plus célèbres introductions de batterie) consacrant son rock acrobatique auprès d'un large public.

Victime de son succès, le groupe se déchire bientôt. David Lee Roth s'embarque dans une carrière solo de qualité, en s'entourant d'un nouveau prodige, le guitariste Steve Vai (*Eat 'Em and Smile*, 1986). Van Halen trouve quant à lui, en la personne du chanteur Sammy Hagar, vétéran de la scène rock, une nouvelle configuration plus à même d'installer son groupe dans une respectabilité nouvelle, loin de la légèreté de Roth, au risque toutefois de l'académisme (*5150*, 1986 ; *OU812*, 1988). Les fans du groupe ne s'y trompent pas qui, tout en réservant un bon accueil à chaque nouvel album du groupe, guettent avec ferveur une reformation hypothétique de la formation originelle.

Le retour des « guitar heroes », de Joe Satriani à Steve Vai

Malmenée par le punk, détournée du droit chemin par le post-punk et mise au placard par la new wave en faveur du synthétiseur, la guitare électrique avait perdu de sa superbe au tournant des années soixante-dix et quatre-vingt. Après Van Halen et avec le développement du thrash et de la NWOBHM, l'instrument a de nouveau voix au chapitre et rattrape le temps perdu ; avec elle, c'est aussi le retour du *guitar hero*, ce guitariste star adulé des foules dans les années soixante et soixante-dix (comme l'avaient été Eric Clapton, Jimmy Page ou Jimi Hendrix). À tel point qu'on assiste même au retour de cet objet oublié depuis Jeff Beck dans les années soixante-dix : l'album instrumental de guitare électrique !

La nouvelle grammaire de la guitare rock promulguée par Edward Van Halen fut « potassée » par des milliers de guitaristes. Beaucoup se contentèrent, avec une technique impressionnante mais peu d'originalité, d'en reproduire les exploits tout au long des années quatre-vingt. Quelques-uns, au contraire, se distinguèrent par un jeu personnel et inspiré qui dépassaient la simple prouesse technique.

L'un des plus connus est le guitariste Joe Satriani, professeur de guitare à ses heures perdues (notamment de Kirk Hammett du groupe Metallica) qui, à partir de 1987, a audacieusement remis au goût du jour les albums entièrement instrumentaux à la gloire de la guitare électrique (*Surfing with the Alien*, *Flying in a Blue Dream*). Son jeu teinté d'une étonnante sensibilité blues en a fait l'un des plus envoûtants guitaristes apparus depuis le punk et sa discographie, plus de vingt ans après ses débuts, continue de s'enrichir de ses expérimentations (*Professor Satchafunkilus & The Musterion of Rock*, 2008).

Un de ses élèves, Steve Vai, s'est révélé lui aussi un virtuose de la « six cordes » (ou plutôt de la sept cordes puisqu'il en a ajouté une pour plus d'aisance !). Révélé par Frank Zappa, dont il retranscrit d'oreille les solos complexes à dix-sept ans (!), il est, depuis son association avec le chanteur David Lee Roth en 1986, sa courte collaboration avec le groupe de hard rock Whitesnake (*Slip of the Tongue*) l'année suivante et surtout son flamboyant album solo, *Passion And Warfare*, en 1989, l'une des pointures de la guitare électrique mondiale.

Pas encore rassasié ? D'autres guitaristes pousseront l'instrument dans ses derniers retranchements, avec plus ou moins de goût, comme le Suédois Yngwie Malmsteem (c'est bien son nom) à la technicité et la vitesse stupéfiantes. Beaucoup lui emboîteront le pas, en se spécialisant dans des solos d'inspiration « néoclassique » (Bach, Beethoven et Paganini). Parmi ces *shredders* (ou « déchiqueteurs de manche » !), on trouve ainsi Paul Gilbert, Steve Morse, Jason Becker, John Petrucci, Buckethead (impossible à louper avec son chapeau – un seau volé à un fast-food de poulet !) et même le Français Patrick Rondat.

Les mêmes causes produisant les mêmes conséquences, comme les *guitar heroes* des années soixante-dix avaient été violemment pris à partie par le punk, cette nouvelle génération le sera au début des années quatre-vingt-dix par le *grunge* (voir Chapitre 20).

Le « métal à cheveux » : le gros rock festif, destroy et permanenté

Le « métal à cheveux » ? Aucune allusion, même pour le lecteur fan de surréalisme, au fameux « revolver à cheveux blancs » d'André Breton… Ce terme un peu moqueur, mais rentré dans les mœurs (et accepté de bonne grâce par les intéressés), renvoie à un hard rock calibré pour la radio, joué par des musiciens un peu voyous, aux longs cheveux peroxydés (ou d'un noir corbeau d'ailleurs : l'important étant qu'ils forment une touffe énorme sur leur crâne et puissent être agités en rythme en concert).

L'aspect visuel étant particulièrement important pour les vaines années quatre-vingt (et leurs vidéoclips), les vêtements sont savamment négligés, le maquillage généreusement appliqué, les colifichets de toute sorte crânement arborés... Cette androgynie vous rappelle quelque chose ? C'est effectivement encore une fois le glam rock des années soixante-dix qui impose son esthétique à ce nouveau rock (voir Chapitre 11)... Dans les années quatre-vingt, toute une génération de groupes de hard rock, Quiet Riot (*Metal Health*), Hanoï Rocks (*Two Steps from the Move*), Ratt (*Out of the Cellar*), Twisted Sister (*Stay Hungry*), Dokken (*Under Lock and Key*), Europe (*The Final Countdown*), Poison (*Look What the Cat Dragged In*), Cinderella (*Night Songs*), Whitesnake (*Whitesnake*), Tesla (*The Great Radio Controversy*), Warrant (*Dirty Rotten Filthy Stinking Rich*) et Skid Row (*Skid Row*), investit ainsi ce rock qui se veut festif et *destroy* – et dont les ventes, phénoménales, se comptent souvent en millions d'albums.

Nous vous présentons ici deux des plus réprésentatifs d'entre eux, Mötley Crüe et Guns N' Roses – et des plus méchants : attention, sous le fard à paupières, vous trouverez de vraies têtes brûlées du rock !

Mötley Crüe, les irrécupérables « bad boys » du rock

Groupies violentées, nez, mâchoire ou bras cassés, télés fracassées... le quotidien des groupes rock en tournée n'est souvent pas des plus reluisants, même pour les plus fameux d'entre eux comme les Rolling Stones, Led Zeppelin ou les Who... Au début des années quatre-vingt, un groupe de Los Angeles, Mötley Crüe, va faire voler en éclats cette douteuse tradition rock de la « vie sur la route »... en la portant à un niveau de sordidité ahurissant !

Le destin de ces quatre musiciens – le chanteur « Vince Neil », le guitariste « Mick Mars », le bassiste « Nikki Sixx », le batteur « Tommy Lee », tous affublés d'un nom de scène – est à peine croyable : sortis de leurs taudis de toxicomanes à la seule force du poignet, ils ont continué, le succès atteint, à succomber à leurs forts penchants autodestructeurs (en vrac : overdoses, alcoolisme, mort, emprisonnement) tout au long d'une carrière vécue comme une immense « fête rock ».

Le groupe se forme en 1981 ; leur premier album, *Too Fast for Love*, est remarqué mais c'est *Shout at the Devil* en 1983, avec son vidéoclip « Looks That Kill » qui fait connaître leur rock musclé, macho et festif à des millions d'adolescents. La mort du bassiste du groupe Hanoi Rocks dans un accident de voiture, conduite, ivre, par Vince Neil (qui est condamné) porte un coup au groupe dont l'album *Theatre of Pain* (1985) est pourtant un succès. Sixx, quant à lui, échappe de peu à une overdose mortelle après l'album *Girls Girls Girls* (1987) dont le titre résume assez finement les préoccupations du groupe.

Entré en désintoxication collective, le groupe réapparaît régénéré en 1989 avec le bien nommé *Dr. Feelgood*, un succès énorme qui fait de Mötley Crüe l'un des groupes les mieux payés du monde. Il ne résistera pourtant pas à la déferlante grunge (voir Chapitre 20) qui ne fait qu'une bouchée des groupes de « métal chevelu ». Les années quatre-vingt-dix montrent ainsi une formation à la peine, qui intéresse davantage les médias par ses frasques, emprisonnements divers ou relations tumultueuses du batteur Tommy Lee avec sa nouvelle femme Pamela Anderson. La séparation est inévitable mais en 2005, le groupe se reforme et, en 2008, publie *Saints of Los Angeles.*

Guns N' Roses, les sauveurs du rock « seventies »

La plus prometteuse et la plus décevante histoire du hard rock des années quatre-vingt ? Quand l'album *Appetite for Destruction* sort en 1987, c'est tout le rock qui retient son souffle. Il y avait certes eu plus fort, plus rapide, plus méchant, plus sombre, plus doué, plus original avant, mais

Guns N' Roses – le chanteur Axl Rose, les guitaristes Slash et Izzy Stradlin, le bassiste Duff McKagan, le batteur Steven Adler – avait un talent et une personnalité si distincts qu'il a conquis en un album toute la planète rock. À y écouter de plus près, rien de nouveau effectivement, le groupe se partageant entre duels de guitares à la Aerosmith (donc à la Rolling Stones) et solos très « années soixante-dix » avec une pointe de modernité dans le son ; mais, en retour, des compositions puissantes et inspirées, un chanteur possédé, rageur, frustré et schizophrénique, et une section rythmique souple. Si Mötley Crüe était un groupe de « bad boys », leur rock restait lisse et fêtard ; avec Guns N' Roses, le rock lui-même se fait voyou, cru, sombre et crasseux avec, çà et là, quelques ballades sensibles.

Difficile d'être à la hauteur d'un premier album si explosif : en 1988, l'album *G N' R Lies* rassure tous les fans par sa qualité mais la première moitié est un enregistrement en public déjà publié ; l'autre moitié est essentiellement acoustique et montre un groupe capable de subtilités inattendues (comme sur le superbe titre « Patience ») mais aussi rongé par les délires paranoïaques de son chanteur. Ceux-ci auront bientôt raison du groupe qui, après le complaisant double album *Use Your Illusion I* et *Use Your Illusion II* en 1991 et un album de reprise deux ans plus tard, ne donne plus signe de vie (créative) pendant… quinze ans ! En 2008, Axl Rose seul à la barre depuis longtemps, les quatorze titres du nouvel album du groupe, le plus attendu de l'histoire du rock, qui aura coûté 14 millions de dollars, sont reçus sans passion par la critique et le public (*Chinese Democracy*).

Sixième partie

« Smells like teen spirit » : les rocks alternatifs

Dans cette partie...

À partir du début des années quatre-vingt, le rock subit des transformations radicales – musicales mais aussi culturelles et économiques – qui l'installent dans une singulière modernité : « indépendant », « alternatif », il conquiert bientôt la planète entière, à la faveur des tout nouveaux vidéoclips et de concerts « monstres », en jouant la carte de l'avant-garde ou celle de la nostalgie. Rivalité marketing aidant, le nombre de nouveaux genres, du *Madchester* à la *lo-fi*, en passant par la *Brit-pop* et le *grunge*, qui éclosent ensuite donne le tournis. C'est toute l'histoire de ce rock moderne aux mille et une facettes qui vous est expliquée ici.

Chapitre 17

Rock indépendant et rock des stades

Dans ce chapitre :

- La naissance du rock indépendant et alternatif
- Les deux groupes historiques
- Le rock des stades

Au début des années quatre-vingt, le rock, qui n'en est plus à une métamorphose ni à une crise d'adolescence près, se met en tête de devenir « indépendant » ou « alternatif ». Par ces appellations un peu fourre-tout on désigne tout un pan, nouveau, du rock qui s'oppose à celui, résolument commercial, des groupes soutenus par des « grandes » maisons de disques et promus par des clips sur la chaîne MTV qui visent (et obtiennent) le succès planétaire. En bref, le mot d'ordre est simple : sus au capitalisme castrateur, vive l'indépendance créative !

Cette honorable profession de foi sera toutefois rapidement mise à mal puisque, par une ironie marchande grinçante, beaucoup de ces groupes « indépendants » finiront par accéder à une reconnaissance internationale… Et, après le succès phénoménal de Nirvana qui consacre pleinement sa viabilité commerciale au début des années quatre-vingt-dix (voir Chapitre 20), ce rock retombera dans l'escarcelle des *majors*, achevant de perdre son indépendance originelle (mais pas nécessairement sa créativité). Même en rock, les révolutions finissent toujours par être récupérées !

Ce rock « indépendant » est d'ailleurs davantage une « approche » du rock, plutôt qu'un genre, et ses ramifications sont infinies. Il doit son premier essor à deux groupes emblématiques, l'un américain, R.E.M., l'autre anglais, les Smiths, dont les œuvres articuleront la transition avec la new wave déclinante (voir Chapitre 14). Une formation écossaise, Jesus & Mary Chain, et deux américaines, les Pixies et Sonic Youth, redimensionneront à leur tour ce rock véritablement « alternatif », loin des sentiers battus.

Enfin, dans le même temps, des groupes aux débuts souvent discrets, issus de scènes confidentielles (punk, pub rock, folk), se retrouvent catapultés superstars des années quatre-vingt, remplissant des stades d'un bout à l'autre de la planète. C'est aussi l'histoire de ces artistes et groupes « monstrueux », comme U2, Bruce Springsteen, Simple Minds ou Dire Straits que ce chapitre vous invite à découvrir.

Aux sources du rock indépendant

Rock « indépendant », « alternatif », « indie »... Là encore, ne vous faites pas de nœuds au cerveau, on continue à se déchirer sur les appellations et les réalités musicales qu'elles recouvrent ! Une chose est sûre, ce nouveau rock, que nous appellerons « indépendant » dans les pages qui suivent, est tout sauf une communauté homogène et veut dire un peu tout et son contraire. Pour vous aider à vous y retrouver dans cette jungle du rock des années quatre-vingt, en voici les traits les plus caractéristiques.

Ce rock indépendant est, pour résumer :

- **Indépendant** : oui, c'est le mot d'ordre, vous l'avez compris. Anticommercial, signé sur des petits labels, sans support marketing, le rock indépendant doit son développement, souvent confidentiel, au bouche-à-oreille des fans et au soutien des radios locales... En tout cas, à ses débuts : à la fin des années quatre-vingt, R.E.M., son groupe le plus emblématique, remplit des stades entiers.
- **Post-punk** : de la très fertile scène post-punk (voir Chapitre 14), le rock indépendant a hérité d'une certaine attitude artistique fondée sur l'amateurisme rebelle, le bidouillage studio (avec les moyens du bord) et l'ouverture aux musiques « autres » (reggae, électronique, par exemple).
- **Postmoderne** : le rock indépendant est conscient du passé sur lequel il s'adosse – ou, le plus souvent, auquel

il s'oppose – et s'y réfère, musicalement, avec une distanciation un peu cynique. Entre citations et mise à distance, on appelle ça du rock « postmoderne » !

Les enfants des « Oyseaux »

En fers de lance bien involontaires de ce rock indépendant, on trouve donc deux groupes, R.E.M. et les Smiths, dont les premiers pas, au début des années quatre-vingt, coïncident avec le triomphe de l'ensorcelante superficialité de la new wave des Duran Duran, Depeche Mode, Eurythmics et consorts (Chapitre 14). Vous vous en doutez, les ambitions de ces deux courants d'un rock décidément de plus en plus écartelé entre expérimentation élitiste et commercialisme décomplexé diffèrent violemment ; agrégées, elles produiront un rock nouveau et imparable.

Côté américain, les premiers feux seront allumés en 1984 par la « jangle pop » qui se fait fort de remettre au goût du jour les guitares carillonnantes des années soixante – c'est-à-dire celles des Byrds (voir Chapitre 9) – en les intégrant dans un rock sombre et mélodique, folk et électrique, affranchi des envahissants synthétiseurs ambiants, avec une dose d'avant-garde par-dessus pour faire bonne mesure. Le groupe R.E.M. en est le champion mais, considérablement moins connues, des formations comme les Housemartins (*London 0 Hull 4*, 1986) puis les La's (*The La's*, 1990) mais aussi Uncle Green, Let's Active et Miracle Legion prendront eux aussi plus ou moins appui sur ce mouvement informel. À Los Angeles, un autre courant, plus résolument passéiste, le « Paisley », s'attachera à recréer plus scrupuleusement les ambiances musicales des années soixante, notamment psychédéliques, à grand renfort d'harmonies vocales qu'on jurerait d'époque.

De l'autre côté de l'Atlantique, à Manchester, les Smiths s'illustrent à la même période par une pop-rock torturée et piquante, grandement redevable elle aussi aux Byrds, et réhabilitent le single rock mélodique de trois minutes qu'on avait fini par oublier. Au passage, avec ses guitares affranchies, le groupe se fait le fossoyeur le plus sûr de la new wave en Angleterre (mais les synthétiseurs et l'électronique sauront bientôt prendre leur revanche !).

Ces deux formations se différenciaient aussi sur un point non négligeable : le succès de R.E.M., international, est sans commune mesure avec celui des Smiths qui tient plus du groupe maudit, dans la grande tradition romantique rock.

R.E.M., le rock murmuré

La popularité de R.E.M. était telle, à la fin des années quatre-vingt, qu'elle peut paraître difficilement concevable à l'auditeur du début du XXIe siècle. Il y avait pourtant à cette époque, incontestablement, une espèce de « mystique R.E.M. », essentiellement attachée à son énigmatique chanteur, Michael Stipe, icône nouvelle manière d'un rock « alternatif » qui écoulait des millions d'albums.

Le chemin du premier single, « Radio Free Europa », jusqu'aux stades bondés a été certes long. Formé à Athens (Georgie) en 1980 autour de Stipe et du guitariste Peter Buck, R.E.M. trahit tout d'abord quelques inclinations pour le garage rock et le post-punk mais se tourne rapidement vers les sonorités cristallines des guitares folk-rock des années soixante. Se construit surtout, progressivement, l'identité unique d'un groupe nébuleux et insaisissable, à l'intensité parfois déroutante, à l'image de son leader, fan de Bob Dylan et Patti Smith. Stipe ne ménage pas en effet l'auditeur : maussade, comme mal à l'aise, il marmonne des textes méditatifs, parcourus d'une morbidité souterraine, qui inquiètent autant qu'ils séduisent.

Une fois enclenché par leur album *Document* (1987) et le titre « The One I Love », le succès devient exponentiel : avec *Out of Time* (1991) et son jovial « Shiny Happy People » partagé avec Kate Pierson la chanteuse des B 52's, tout d'abord puis *Automatic for the People* (1992), nettement plus mélancolique, considéré comme leur chef-d'œuvre dans lequel la mystérieuse alchimie R.E.M., rehaussée d'arrangements de cordes dus à l'ex-bassiste de Led Zeppelin John Paul Jones, fonctionne à plein. Le chant de Stipe y développe une acuité tétanisante et se pose sur un *no man's land* musical dont on distingue progressivement, à force d'écoutes « religieuses », toutes les nuances.

L'attachement des fans au groupe, qui enregistre toujours (*Accelerate*, 2008), semble aujourd'hui plus apaisé ; à son actif, R.E.M. a réussi cette gageure rock d'être mondialement connu sans avoir à renier son esthétique originelle.

Les Smiths, d'Oscar Wilde aux New York Dolls

Près de trente ans après les Rolling Stones, c'est à nouveau l'association un peu contre nature d'un chanteur exubérant et d'un guitariste perdu dans ses cordes qui donne une nouvelle impulsion au rock. C'est bien là la seule analogie, forcée on en convient, qu'on pourrait faire entre les deux groupes : dans les traces de groupes écossais post-punk du tout début des années quatre-vingt comme Aztec Camera et Orange Juice (du guitariste Edwyn Collins qui connaît un succès mondial avec « A Girl like You » en 1994), les Smiths opèrent un retour à un folk-rock électrique original redynamisé par les textes railleurs et assassins du chanteur Morrissey et par le jeu raffiné du guitariste Johnny Marr qui évoque un croisement entre les Kinks et les Byrds.

Astucieuse, cette seule combinaison n'aurait pas suffi à faire du groupe de Manchester, qui n'a été actif que quatre toutes petites années entre 1983 et 1987, une référence incontournable pour la génération suivante du rock britannique, des *shoegazers* à la *Brit-pop* (voir Chapitre 18). C'est aussi la personnalité torturée et provocatrice de Morrissey qui fait, un peu comme celle de Stipe chez R.E.M., la différence. Chez ce fan de James Dean, d'Oscar Wilde et des New York Dolls (dont il était le président du fan-club !), homosexuel tour à tour timide et extraverti, les textes sont exutoires, confessions et mises à mort : ciselés, pétris d'un dégoût de soi qui verse parfois dans l'apitoiement narcissique, ils font penser à de petits encensoirs au vitriol, négligemment balancés au visage de l'auditeur par un chanteur désabusé. En Marr, enfin, Morrissey trouve l'alter ego parfait, frère ennemi, ami et rival.

Avec Andy Rourke à la basse et Mike Joyce à la batterie, un premier album prometteur, mais à la production bâclée, alerte – un peu – la critique en 1984 (*The Smiths*). Morrissey y donne un avant-goût de son humour noir avec « Suffer Little Children », titre délicieusement ambigu sur un quintuple infanticide qui avait secoué l'Angleterre en 1965 ou « Reel around the Fountain » qui prend douteusement pour sujet la pédophilie. Quand *Meat Is Murder* sort en 1985, la formule est installée : entre deux lamentations, Morrissey y tire à boulets rouges sur les instituteurs sadiques, les pédophiles (à nouveau) et même, comme le titre le laissait prévoir, les carnivores ! Sur scène, « Moz », comme on le surnomme bientôt, parfait son personnage de crooner aliéné, lunettes de la Sécurité sociale anglaise sur le nez, Sonotone à l'oreille et poignée de glaïeuls dans la poche arrière du jean…

Le point de perfection est atteint avec *The Queen Is Dead* : dix ans après la vicieuse réécriture de l'hymne national anglais par les Sex Pistols (voir Chapitre 13), c'est encore la pauvre reine Élisabeth II qui fait les frais de la vindicte rock ! Morrissey y est ambigu à souhait, Marr dispense des entrelacs d'arpèges subtils et les compositions n'ont jamais été aussi fortes.

Les drogues et la signature sacrilège avec une *major* précipitent la fin d'un groupe qu'on dit trop doué, et probablement trop intègre, pour durer. Marr, dont les ambitions musicales sont étouffées par le classicisme de son chanteur, s'égaille dans des collaborations externes, contraignant bientôt le groupe à se dissoudre et Morrissey à entreprendre une carrière solo, saluée pour sa qualité (*Your Arsenal*, 1992).

À la recherche du bruit perdu

De la distorsion plus ou moins maîtrisée, des accordages fluctuants, des guitares agonisantes entre feedback et larsen, des compositions avant-gardistes éclairées de mélodies pures… tout ça vous dit quelque chose ? Le Velvet Underground ? Les Stooges ? Perdu ! Enfin, gagné aussi puisque ce sont bien les groupes de Lou Reed et d'Iggy Pop et leurs expérimentations soniques qu'on trouve – comme souvent tout au long des évolutions du rock moderne – à la source d'une autre branche majeure du rock alternatif représentée, chacun à leur manière, par Jesus & Mary Chain, Sonic Youth et les Pixies.

Le point commun de ces trois groupes ? Le bruit… Révéré comme une espèce de nouvelle divinité, ce bruit, issu de guitares rugissantes engagées dans des assauts soniques baroques, se contraste d'harmonies pop légères pour former ce qu'on a pu appeler de la « noise pop » ou du « noise rock » – comprenez, de la pop ou du rock savamment brouillés de bruit !

Cette offensive « mélodico-bruitiste » ne tombera pas, si l'on ose dire, dans l'oreille de sourds puisqu'à leur tour, des groupes comme Dinosaur Jr., Yo La Tengo, They Might Be Giants, Camper Van Beethoven, Throwing Muses (*The Real Ramona*, 1991), Big Black ou les Butthole Surfers cacheront, eux aussi, leurs compositions sous des laves de distorsion pudiques. Elle sera encore sensible, peu ou prou, tout au long des années 1990 et 2000, du grunge de Nirvana au rock expérimental de Radiohead en passant même par le nouveau punk des Strokes. Et tant pis si cela apporte des arguments à tous ceux qui répètent que le rock n'est que du « bruit » !

Jesus & Mary Chain, la pop à l'étouffée

Au risque de la formule, Jesus & Mary Chain, c'est le mélange des Beach Boys et du Velvet Underground. Telle est bien en tout cas l'ambition des frères Reid, William et Jim, tous deux chanteurs et guitaristes (et fortes têtes), quand ils forment le groupe en 1984, à East Kilbride, près de Glasgow : renouveler le rock en entrelaçant mélodies célestes et saturations oppressantes.

Un premier single « Upside Down » en 1984 attire l'attention et, deux ans plus tard, un album arrogant et ambitieux explose à la face du rock, *Psychocandy* (1986). Une pop vaporeuse, nourrie de Brian Wilson, y est engloutie sous une chape sonore à base d'échos et de feedback torrentiels d'une densité mélancolique unique.

La portée de l'album, qui doit aussi au groupe Suicide, sera incommensurable – et pas seulement parce que les frères Reid se font une curieuse spécialité d'abréger leurs concerts en les transformant en émeutes pour s'assurer une publicité facile. *Psychocandy* a tout du coup de maître, y compris la plénitude castratrice de sa perfection : les frères Reid y avaient tout dit et, malgré un album apaisé, aux surprenantes sonorités acoustiques deux ans plus tard (*Darklands*), l'essentiel de la discographie de Jesus & Mary Chain semble être condamné à se réduire à leur imposant premier album.

Sonic Youth, la subversion du bruit

Les Sonic Youth ? Du bruit, encore du bruit – mais, cette fois-ci, sans le soutien de mélodies pop et avec si possible des guitares curieusement accordées et des accords dissonants… Ne partez pas tout de suite, on vous raconte !

Les guitaristes Thurston Moore et Lee Ranaldo forment Sonic Youth à Manhattan, en 1981. Rejoints par la bassiste Kim Gordon, les Pixies s'immergent dans la bouillonnante scène post-punk américaine de l'époque, celle de la « no wave » (voir Chapitre 14) et du hardcore de Black Flag et Minor Threat. Leur penchant pour la musique expérimentale est déjà manifeste et, au contact du guitariste Glenn Branca, figure de la « no wave » dont les pièces de « rock contemporain » (comme on dit « musique contemporaine ») explorent les dimensions du bruit, le groupe radicalise son univers sonore.

Ses objectifs sont ambitieux : dépouiller le rock de ses structures et ses mélodies, y insuffler une liberté totale héritée du free jazz et du minimalisme du compositeur John Cage, imprimer une dimension cinématographique aux atmosphères sonores ainsi créées… On le voit, on touche à la « performance », dans le sens le plus artistique du terme…

À nuls autres pareils, les deux premiers albums du groupe (*Confusion Is Sex*, 1983 ; *Bad Moon Rising*, 1985) ne sont pas encore tout à fait représentatifs de cette approche ? Avec *EVOL* (1986) puis *Sister* (1987), on frôle la pop – en tout cas des structures de chanson et des rythmes plus avenants se font entendre sous le magma des guitares en fusion.

En 1988, le groupe frappe un grand coup avec le double album *Daydream Nation* qui rassemble harmonieusement toutes leurs expérimentations. Toujours aussi peu facile d'accès, il compose en quatorze titres plus de soixante-dix minutes d'un fracas saisissant.

Virage à 180 degrés au début des années quatre-vingt-dix : Sonic Youth signe chez une *major* ! Vendus au diable ? Revendiquant, un peu captieusement, le droit d'avoir accès à un « quart d'heure » de gloire warholienne, le groupe se fait fort de préserver sa crédibilité artistique ; et, effectivement, si *Goo*, leur premier album dans ce contexte, est plus sophistiqué (et accueille même le rappeur Chuck D de Public Enemy !), il semble bien que Sonic Youth garde bien en main son destin artistique. Sur sa lancée, le groupe se produit sur scène aux côtés de Neil Young pendant la tournée « Ragged Glory » de ce dernier et renvoie la balle en se faisant les promoteurs d'inconnus comme Nirvana. Après une incursion dans le grunge ambiant (*Dirty*), Sonic Youth continue à proposer un rock intègre et mature qui, dans la plus pure tradition « indépendante » se laisse guider par sa seule créativité (*Washing Machine*, 1995 ; *The Eternal*, 2009).

Les Pixies, la surf-pop bruitiste (de l'espace)

Souvent citée, la petite histoire veut que les Pixies, formés à Boston en 1986 par le chanteur-guitariste Charles Thompson et le guitariste Joey Santiago, aient placé l'annonce suivante pour recruter leur bassiste : « cherche bassiste aimant Hüsker Dü et Peter, Paul & Mary ». Entre hardcore (voir Chapitre 14) et folk-rock (voir Chapitre 9) donc, la distance était grande et, pour faire bonne mesure, c'est une jeune femme, Kim Deal, qui a répondu. Sous ces auspices bienveillants, la saga des Pixies pouvait commencer…

En simplifiant, les Pixies se situent dans un improbable entre-deux délimité par la pop étouffante de Jesus & Mary Chain et le radicalisme bruitiste de Sonic Youth. On y retrouve en tout cas un travail inventif sur le bruit mais aussi une bonne dose de surf rock du début des années soixante, des mélodies pop presque classiques et des paroles un peu farfelues dont l'univers tourne autour de l'obsession de leur chanteur, la science-fiction (et son cortège d'extraterrestres) !

En 1988, le premier album du groupe, *Surfer Rosa*, fait mouche avec ses compositions musclées, ses faux solos hurlants qui déchirent les enceintes et ses singulières dynamiques vocales réparties entre Thompson, rebaptisé Black Francis, et Deal. Le son du groupe doit aussi beaucoup à la production abrasive de Steve Albini, transfuge du groupe Big Black.

Avec *Doolittle*, l'année suivante, les Pixies décrochent le jackpot. À une exception près, Francis y signe toutes les compositions, quitte à contenir un peu despotiquement le talent de compositrice de Deal. Celle-ci forme d'ailleurs bientôt, en parallèle des Pixies, un groupe majoritairement féminin, les Breeders, dont le premier album est accueilli chaleureusement (*Pod*, 1990). En retour, Francis investit l'album suivant des Pixies, *Bossanova*, de sa passion pour la science-fiction et la surf music.

L'arrivée de Nirvana en 1992 marginalise l'œuvre du groupe qui, pourtant, lui aussi remplit à présent des stades, surtout en Europe, au prix de quelques concessions comme le laisse entendre leur album *Trompe le monde* qui flirte avec le heavy metal. Le groupe dissous, mais bien entendu toujours prêt à se reformer comme en 2004, Black Francis devient… Francis Black et se lance dans une carrière solo remarquée.

Les nouveaux dieux des stades : le rock des gradins

C'est entendu, les années quatre-vingt sont celles de la montée en puissance du rock alternatif. Pourtant, en marge de ce courant qui se drape fièrement dans une indépendance artistique et marchande, une autre tendance est perceptible, celle d'un rock au succès planétaire relayé, comme pour la new wave, par la chaîne de télévision MTV mais avec cette fois-ci les guitares de retour, à la place des synthétiseurs. Les tournées sont internationales et le rock, une économie mondiale florissante sans commune mesure avec les décennies précédentes.

Simple Minds, U2, Dire Straits, Bruce Springsteen, les Australiens Midnight Oil et INXS mais aussi, plus surprenant, les anciens chanteurs des groupes « dinosaures » des années soixante-dix (voir Chapitre 12 notamment) comme Peter Gabriel ou Phil Collins, ou encore un ex-faux punk transfuge de Police, Sting, accèdent ainsi à une reconnaissance mondiale et, en se faisant les promoteurs d'un rock aux prises de risques artistiques et financiers limitées, font figure de véritables entreprises rock. « *Money for nothing and the chicks for free* » (« argent à gogo et nanas faciles ») chante alors Mark Knopfler de Dire Straits... Voici quatre de ces groupes, très différents, symboles de ce rock « des gradins ».

Simple Minds, la pop écossaise triomphale

Formé à Glasgow en 1978, Simple Minds a été, un temps, l'un des grands groupes du « rock mondial », ne le disputant qu'à U2, son concurrent (irlandais) direct qui, on le verra, a fini par l'emporter haut la main.

Sur ses premiers albums, la formation écossaise, menée par le chanteur Jim Kerr, se partage entre un post-rock expérimental qui lorgne du côté de David Bowie, Roxy Music et Magazine sans s'interdire des incursions dans la new wave synthétique qui fait alors fureur ; elle s'oriente progressivement vers des sonorités plus accessibles, à destination des radios, non sans hésitation comme le montrent leurs albums *Sons and Fascination* (1981) et *Sister Feelings Call* (1981) publiés tout d'abord sous la forme d'un unique album puis, le constat de leurs trop grandes différences effectué, de deux !

ATTENTION CLASSIQUE !

C'est l'album *New Gold Dream (81-82-83-84)* qui, en 1982, fixe la formule du « nouveau » Simple Minds : un rock mélodique et commercial, parcouru d'un souffle épique, origines un peu celtiques obligent, emmené par le dynamique Jim Kerr.

La notoriété du groupe prend un tour planétaire en 1985 avec le titre « Don't You (Forget about Me) » qui apparaît dans la bande originale du film *The Breakfast Club* et tourne bientôt en boucle sur MTV. La presse a tôt fait de mettre Kerr et Bono, le chanteur de U2, en rivalité, même si les ambitions du groupe irlandais apparaissent déjà beaucoup plus importantes que celles de son alter ego écossais. Avec *Once upon a Time* (1985), le groupe courtise résolument les radios puis, après un live fatigué, s'investit sans crier gare dans un rock activiste, peut-être inspiré par la concurrence. En tout cas, l'album *Street Fighting Years* (1989) et les titres « Mandela Day », « Biko » (une reprise de Peter Gabriel) et « Belfast Child » disent assez que Simple Minds est désormais groupe à message.

Mais la scène rock change – et vite : en 1991, distancé, le groupe répond toujours présent (*Real Life*) mais, trop associé aux années quatre-vingt, ne doit son retour qu'à la nostalgie ambiante avec l'album *Black and White 050505* en 2005.

U2, le rock messianique de la bande à Bono

Plus fort que R.E.M. : deux petites lettres seulement qui ont fait le tour du monde ! U2 – ou comment quatre jeunes Irlandais, dont l'aventure commence au lycée en 1976, se retrouvent, une décennie plus tard, au sein d'une véritable institution du rock anglais. Le groupe n'est certes pas sans détracteurs, comme souvent dans le cas de succès démesuré : il a pu paraître prétentieux, grandiloquent, moralisateur, à l'image de son leader le chanteur Bono (né Paul Hewson) ; les fans, eux, ne jurent que par son authenticité et sa cohésion.

Les racines de U2 – Bono, le guitariste « The Edge », le bassiste Adam Clayton et le batteur Larry Mullen, Jr. – sont à chercher, là encore, du côté du post-punk, notamment celui d'Echo & The Bunnymen et de Television mais aussi… de la religion. Si le rock de la formation irlandaise ne s'écoute pas Bible en poche, la foi chrétienne y reste en effet centrale.

En 1980, un premier album, *Boy*, produit par Steve Lillywhite, tranche dans le paysage rock de l'époque : ni post-punk, ni rock à synthés, ni rock à guitares virtuoses, la « patte » U2 est un retour à une certaine simplicité perdue du rock qui n'est peut-être que de la sincérité. The Edge donne un avant-goût de son jeu de guitare si caractéristique, dont les sonorités cristallines sont généreusement rehaussées d'effets, écho, *reverb* et chorus. Un an plus tard, *October* les propulse sur la scène internationale, MTV en appui stratégique.

ATTENTION CLASSIQUE !

Avec *War* (1983), U2 grave son premier classique. Deux titres font surtout connaître l'album, « New Year's Day » et le fameux « Sunday Bloody Sunday » sur le massacre de manifestants irlandais catholiques par l'armée britannique à Londonderry en 1972.

Après le live *Under a Blood Red Sky*, enregistré sur disque et vidéo qui trahit déjà la fascination du groupe pour les expérimentations du son et des images, U2 se fait fort de se réinventer, à chaque nouvel album ou presque, avec plus ou moins de réussite, tout au long de périodes de gestation étendues.

Pour l'album *The Unforgettable Fire* (1984), U2 s'attache ainsi les services des producteurs Brian Eno et Daniel Lanois. Les ambiances en sont fragmentées et subtiles et marquent un intérêt pour la culture américaine. La carrière du groupe prend un envol inattendu avec une performance historique au concert caritatif du Live Aid à Wembley, en 1985, où U2 vole littéralement la vedette à ses confrères.

Superstars, U2 livre ce qui est probablement son meilleur album, *The Joshua Tree* (1987) dont le titre « With or without You » se fait le classieux ambassadeur sur toutes les radios. Le groupe devient une sensation et, après les Beatles, les Stones et les Who, fait même la une du magazine américain *Time* ! De tous les combats et de toutes les causes, Bono se fait l'apôtre d'un rock activiste qui peut changer le monde – non sans flirter, il est vrai, avec ce qui s'apparente parfois à un complexe du Messie.

Musicalement, le groupe a atteint un plateau ; *Rattle & Hum* (1988), à nouveau film et disque, déçoit un peu : U2 réagit et devient, dès lors, postmoderne avec un rock réfléchi et conceptualisé, à mille lieues de la simplicité de ses débuts.

C'est à Berlin qu'il se réfugie, avec les fidèles Eno et Lanois, pour enregistrer *Achtung Baby* (1991). Album du renouveau, inspiré par la résurrection artistique de Bowie en cette même ville à la fin des années soixante-dix, il surprend et séduit avec ses sonorités électroniques et *dance* en provenance de la scène Madchester (voir Chapitre 18). La tournée qui suit, « Zoo TV », montre un groupe totalement régénéré, évoluant dans un environnement scénique multimédia novateur sous l'œil amusé de Bono qui prend pour l'occasion les traits d'un curieux avatar, « The Fly ». La tendance techno est accusée sur l'album suivant, *Zooropa* (1993), qu'accompagne une tournée gigantesque (Bono, cette fois-ci, s'appelle « MacPhisto ») ainsi que sur *Pop* (1997), qui se mêle d'influences *hip-hop*.

Rois du monde, U2 ? Un peu égarés tout de même et, à l'évidence, loin, très loin, du rock simple et direct des premiers albums : le groupe est partout, sur les bandes originales des films de Wim Wenders (*Jusqu'au bout du monde* ; *Si loin, si proche !*), de *Batman III*, de *Goldeneye*, de *Mission impossible* et, sous le nom de The Passengers, enregistre même un album, *Original Soundtracks 1* (1995), avec la contribution… du ténor italien Luciano Pavarotti !

En tout cas, le succès de la formation irlandaise ne se dément pas : que ce soit avec la paire magique Eno-Lanois (*All That You Can't Leave Behind*, 2000) ou le producteur des débuts Steve Lillywhite (*How To Dismantle an Atomic Bomb*, 2004), le règne de U2 semble infini.

Dire Straits, le pub s'invite dans les stades

La démonstration se fait presque trop éclatante : en 1977, le groupe londonien Dire Straits joue un pub rock brillant, panaché d'influences country, dans les petits clubs londoniens ; trois ans plus tard, la formation remplit les stades de la planète, sans même avoir eu à se renier ou se compromettre dans des choix artistiques douteux.

Deux frères, Mark et David Knopfler, tous deux guitaristes, un bassiste John Illsley et un batteur Pick Withers se rassemblent et l'aventure Dire Straits est lancée sans fracas. Le nom du groupe signifie « dans la dèche » mais, dès son premier album en 1978, simplement intitulé *Dire Straits*, et son titre splendide « Sultans of Swing », il ne fait aucun doute que la formation est appelée à jouer dans la cour des grands. Introvertie, la voix traînante, les vêtements fripés, sa star (ou plutôt son antistar) Mark Knopfler possède un jeu de guitare élégant et coloré qui, sans esbroufe, est tout simplement époustouflant. En cette période de surenchère (le « nouveau hard rock » du chapitre 16) ou de simplification technique (les punks du chapitre 13), Knopfler va puiser directement dans le blues et la country, ceux des guitaristes Chet Atkins, de J.J. Cale et Ry Cooder, avec Bob Dylan comme figure tutélaire.

Les albums *Communiqué* (1979) et *Making Movies* (1980) montrent que le talent de Knopfler ne faisait que commencer à s'exprimer ; les titres « Where Do You Think You're Going », « Tunnel of Love », « Romeo and Juliet » sont accueillis comme des classiques d'un rock racé, sensible, aux subtiles tonalités jazzy. Avec *Love over Gold* (1982), Knopfler, en confiance, s'aventure même dans des territoires proches du rock progressif avec un « Telegraph Road » d'anthologie de plus de quatorze minutes.

Extrêmement populaire, le « petit » groupe devient en 1985 un « monstre des stades » avec l'album *Brothers in Arms* et ses singles « Money for Nothing » (écrit et chanté avec Sting) et l'acide « Walk of Life », promus par des vidéos remarquées sur MTV (pourtant cible du deuxième titre). Entre deux tournées planétaires, Knopfler est alors de toutes les sessions, de Dylan à Randy Newman, compose des musiques de films, comme *Princess Bride* et a même le temps de former un autre groupe, plus country-rock celui-là, les Notting Hillbillies. En 1991, le nouvel album de Dire Straits, *On Every Street*, est un énorme succès. Knopfler saborde finalement son groupe pour s'atteler à une carrière solo plus paisible.

Bruce Springsteen, la bosse du rock

Attention, monument (du rock) ! Bruce Springsteen, dit « le Boss », est une institution du « gros » rock américain, qui lui sert, depuis 1974, à peindre la vie de l'autre Amérique, celle des ouvriers, des agriculteurs, des camionneurs et des chômeurs, dans la plus pure tradition du folk-rock. Pas étonnant qu'on le tienne pour un « Bob Dylan » rock !

Du rock, il est d'ailleurs présenté, à ses débuts en 1975, comme l'« avenir » par un journaliste peut-être un peu trop exalté (qui devient d'ailleurs son manager). Après deux albums passés inaperçus, c'est son *Born to Run* (1975) qui est salué comme un classique instantané du rock – un rock éclatant, rugueux, massif, porté par des textes sincères, teintés de nostalgie, vigoureusement entonnés et une production emphatique puisée chez le producteur Phil Spector. Le groupe qui l'accompagne, le E Street Band – le guitariste Steve Van Zandt, le saxophoniste Clarence Clemons, le claviériste Danny Federici, le pianiste Roy Bittan, le bassiste Garry Tallent et le batteur Max Weinberg –, devient partie prenante du mythe « Springsteen », qui, lentement, prend forme, par-delà les modes musicales.

Quand l'album suivant, *Darkness on the Edge of Town*, paraît trois longues années plus tard, c'est un Springsteen aux humeurs un peu noires qui se fait entendre mais avec, intacte, une fidélité à l'enthousiasme du rock originel. Les comparaisons avec Dylan s'y estompent, les textes du « Boss » valant moins pour leur qualité littéraire que pour la sincérité, la nostalgie mais aussi la frustration diffuse qui les pétrit.

Ni le double album *The River*, ni le superbe album, entièrement acoustique, aux ambiances dépressives qu'il enregistre seul chez lui (*Nebraska*, 1982), ne laissent prévoir l'extraordinaire succès, en 1984, de l'album *Born in the USA* dont le titre éponyme, lourd et mâle, fait de Springsteen une icône du rock américain des années quatre-vingt – et, pas toujours pour les bonnes raisons, son titre viril aux résonances militaires devenant, bien contre son gré, l'hymne des États-Unis conquérants de Ronald Reagan ! Sacré superstar, Springsteen est aussi roi des stades – ses performances, mâchoires crispées et guitare Telecaster au poing, qui atteignent souvent les trois ou quatre heures, font partie de la légende du rock – et, la quarantaine un peu turbulente approchant, aborde une seconde carrière, davantage préoccupée par l'intime que par le social. En 2009, son nouvel album *Working on a Dream*, comme d'ailleurs celui de son idole Bob Dylan sorti quelques mois plus tard (*Together through Life*), montre que les prétentions du rock à un vieillissement digne et mature ne sont peut-être pas si déraisonnables qu'on le croit.

Chapitre 18

La Grande-Bretagne à la proue du rock

Dans ce chapitre :

- La scène Madchester
- Le « shoegaze »
- La « Brit-pop »
- Le retour du glam rock

Depuis ses années « punk », la Grande-Bretagne n'a jamais déserté le rock. Portées par la chaîne de télévision MTV, des formations issues de la fertile scène post-punk anglaise comme Cure, Police, Depeche Mode, U2 ou les Smiths ont, vous l'avez vu, imposé le rock britannique dans le monde entier tout au long des années quatre-vingt (voir Chapitres 14 et 17). À la même époque, d'autres groupes comme Asia, Motörhead ou Iron Maiden ont confirmé que, pour un rock virtuose, rapide ou violent, il fallait encore compter sur Londres (voir Chapitre 16).

C'est pourtant bien à un véritable retour en force du rock anglais qu'on assiste à la fin de ces années quatre-vingt. Une première salve est lancée alors même que le rock indépendant américain redouble d'inventivité sous la forme d'une toute nouvelle scène rock qui se développe autour de Manchester et unit sous le nom de « Madchester » les destinées du rock et de la « dance music ».

Cette bordée anglaise est bientôt suivie d'une autre qui s'oppose frontalement à la ruée grunge américaine (voir Chapitre 20) en revenant aux éternelles valeurs sûres de la pop et du rock des Beatles, des Rolling Stones et des Kinks.

Le temps de quelques albums roboratifs, cette « Brit-pop » révèle une nouvelle garde – Oasis, Blur, Pulp – arrogante et douée, à défaut peut-être d'être tout à fait originale, qui secoue davantage encore un rock anglais qui glissera ensuite vers une nouvelle forme de classicisme, parfois teinté d'audace, avec des groupes comme Radiohead ou Coldplay.

Ce chapitre passe en revue les trois scènes rock anglaises de la fin des années quatre-vingt jusqu'au milieu des années quatre-vingt-dix : « Madchester », « shoegaze » et « Brit-pop ».

« Madchester » : le rock en pleine « ecstase »

Une idée de génie et un choc des cultures : voilà à quoi tient le principal sursaut rock anglais, près de dix ans après le début du post-punk (voir Chapitre 14). Le principe ? Célébrer les noces du rock et de la musique « dance » alors en vogue dans les clubs anglais... Le nom ? « Madchester », en référence à la ville de Manchester au sein de laquelle se développe cette nouvelle scène, dont le quartier général se fixera plus précisément autour du club « The Hacienda ».

Deux formations, Happy Mondays (dont le titre « Madchester » donne son nom au mouvement) et les Stones Roses, se font les chefs de file de ce nouveau genre qui prolonge les expérimentations du groupe New Order en offrant un rock psychédélique pétri des riffs des Rolling Stones et des mélodies des Beatles et posé sur les boucles rythmiques hypnotiques caractéristiques de la « acid-house ». On y trouve aussi, en vedette non créditée, l'*ecstasy*, ce stupéfiant particulièrement prisé des « DJ » et des « clubbers », qui imprime à la musique son caractère hallucinatoire.

Musicalement, l'effet est détonant – les amateurs de grosses guitares rock et de pop mélodieuse découvrent la culture « house » sans trop se renier tandis que les « clubs » ouvrent enfin leurs portes au rock – et emporte la jeunesse anglaise comme seule la vague « 2-Tone » avait pu le faire dans cette décennie (voir Chapitre 14) ; mais il ne dure qu'un temps, les drogues se chargeant comme souvent de mettre un terme aux carrières prometteuses de ses deux groupes emblématiques. À l'exception des Charlatans UK (et leur hit « The Only One I Know »), des Inspiral Carpets, de James & 808 State, peu de groupes seront alors parvenus à se distinguer durablement des Happy Mondays et des Stones Roses. Brève mais puissante, la mouvance Madchester aura ouvert la voie à la génération suivante, celle de la Brit-pop des Oasis, Pulp et Blur.

De l'électronique en rock...

À la fin des années quatre-vingt, l'électronique s'était déjà fait de longue date une place au sein du rock. Dès les premiers synthétiseurs au début de la décennie précédente, les possibilités d'expansion et de diversification du son qu'offraient les instruments « électroniques » avaient séduit les groupes de rock progressif, notamment allemands, et quelques « bidouilleurs » de génie comme Brian Eno dans des environnements musicaux (très) expérimentaux réservés à un public de connaisseurs. Vulgarisées pour la disco et la new wave, ces sonorités s'installent progressivement dans le paysage sonore au point de constituer ce qui ressemble à un vrai « rock électronique ».

Dansante, mécanique et répétitive, la *house* naît ainsi à Chicago, New York et Londres sur les bases du disco et envahit les pistes de danse de la planète ; à Detroit, c'est la *techno*, qui s'inspire du rock progressif de Kraftwerk et du funk qui déploie ses rythmes caractéristiques, si rapides qu'ils interdisaient d'ailleurs la danse. Les sous-genres ne tardent pas à se multiplier, notamment en Angleterre, avec le *drum'n'bass*, essentiellement instrumental (aussi appelé *jungle*) et le *trip-hop*, qui brasse des ambiances soul et jazz vaguement psychédéliques. Comme il l'avait fait avec la soul, le funk ou le reggae, le rock s'abreuvera de ces nouveaux sons qu'on retrouve chez des formations comme les Propellerheads, les Chemical Brothers, Aphex Twin, The Prodigy, Massive Attack, Tricky et Portishead, toutes formations au carrefour de l'électronique et du rock.

Les Stone Roses, les clubbers hippies

C'est un single irrésistible, « Elephant Stone » qui lance les Stone Roses en 1988. S'y croisent déjà une pop psychédélique puisée dans le meilleur des années soixante, de lointains échos à la disco, des rythmes « dance » modernes, et des guitares folk et électriques franches et enjouées. En bref, un coup de sirocco bienvenu après les climats un peu glacés des Smiths ou de Cure !

Le succès est immédiat pour le groupe, bientôt adoubé par Mick Jagger lui-même. Il est redoublé, un an plus tard, avec la sortie de l'album *The Stone Roses* (1989), dont la pochette bariolée due au guitariste du groupe John Squire (souvent comparée à du « Jackson Pollock psychédélique »), est, littéralement, la meilleure illustration du rock pour clubs dispensé par les Stone Roses. À leur tête, le chanteur Ian Brown, fanfaron à souhait, y proclame crânement « I Wanna Be Adored » ou « I Am the Resurrection » sur les guitares noyées d'effets de Squire et les ensorcelants rythmes « dance ».

Le groupe ne se remettra pas de ce coup de maître ; il s'en faudra de cinq ans avant qu'un nouvel album, curieusement inspiré de Led Zeppelin, arrive dans les bacs – mais, à l'évidence, l'heure de gloire des Stones Roses est bel et bien passée.

Happy Mondays, les canailles hallucinées

Si les Stone Roses font figure de néo-hippies se frottant à la « house », les Happy Mondays, conduits par le chanteur Shaun Ryder, sont, eux, des « clubbers » purs et durs, un peu vulgaires, un peu voyous (et fiers de l'être), avec un rapport aux drogues peu conflictuel.

Savant cocktail musical que le leur : du rock psychédélique bien sûr, les Beatles (encore et toujours…) mais aussi, au gré de leur inspiration, de la soul, du hip-hop ou du funk, assemblés un peu artificiellement en un kaléidoscope hallucinogène qui, vous vous en doutez, fait vite fureur dans les clubs.

Un premier album, au titre à rallonge (*Squirrel & G-Man Twenty Four Hour Party People Plastic Face Carnt Smile*, 1987), produit par John Cale, indique déjà la direction du groupe

– mais aussi son talon d'Achille, les références, notamment aux Beatles, flirtant dangereusement avec le plagiat.

Leur album *Bummed*, en 1988, en fait des stars mais c'est le suivant, *Pills 'n' Thrills and Bellyaches* (1990), brillamment produit par Paul Oakenfold et Steve Osborne, qui impose leur musique comme un gigantesque collage sonore d'influences croisées, au risque de l'emprunt éhonté. Toujours aussi accrocheuse aujourd'hui, cette bande-son des années « club », qui en tait aussi la sordidité, doit beaucoup au personnage excessif de Ryder, dont l'univers croustillant mêle, non sans humour, sexe et drogues.

Là encore, la formation ne survit pas à ce succès ; pendant quelques trop longues années, Ryder se fait connaître davantage par ses frasques que par sa musique mais, toujours flanqué de son acolyte le batteur Bez, effectue un retour remarqué en 1995 avec l'excellent album *It's Great When You're Straight... Yeah* au sein d'une nouvelle formation, Black Grape.

Après Madchester : Primal Scream, en route vers la techno

Ce sont des Écossais qui se chargent, en 1991, de pousser plus avant et, pour ainsi dire, de parfaire l'expérience « Madchester ». Autour de Bobby Gillespie, ex-batteur amateur de Jesus & Mary Chain, Primal Scream fait date en publiant *Screamadalica*, un album qui scelle l'union du rock indépendant et des musiques électroniques avec une audace inédite. Au passage, l'album paraît en 1991, une année décidément charnière puisque c'est aussi celle de la sortie du *Nevermind* de Nirvana (voir Chapitre 20).

Rien ne laissait présager une telle approche chez ce groupe dont le premier album se ressentait des influences pas très bien digérées des Rolling Stones, du MC5, des Stooges et de Johnny Thunders. Le déclic a lieu avec le *remix* d'un de leurs titres, « I'm Losing More Than I'll Ever Have » (sur leur album *Primal Scream*, 1989), par le producteur DJ Andrew Weatherall qui, retravaillant complètement les bandes originales et y ajoutant même un extrait de dialogue de Peter Fonda tiré du film *Les Anges sauvages*, fait entrer le groupe de plain-pied dans la culture des clubs. Comme pour les Happy Mondays, les mélanges de rock, reggae, gospel et sons électroniques « dance » sont parfois artificiels mais les paysages sonores, entre techno et rock, enregistrés par Weatherall et Hugo Nicholson sur *Screamadalica* sont inédits.

Après cet album applaudi par la critique et qui met au jour la culture techno pour un plus large public, le groupe s'assagit en se tournant vers la soul et le rhythm and blues et collabore même avec George Clinton, leader des formations funk Parliament et Funkadelic. En 2000, leur album *XTRMNTR*, violent et toujours aussi créatif, fait l'effet d'un solde de tout compte particulièrement brillant des années « ecstasy ».

Le « shoegaze » : le rock se mire les pompes

N'OUBLIEZ PAS !

Le rock anglais est décidément bien agité en ce tournant des années quatre-vingt et quatre-vingt-dix. Ignorant totalement l'élargissement des sonorités du rock à celles de la « house » ou de la techno, une nouvelle mouvance se fait jour, autour de guitares fortes feulant leurs distorsions, larsen et feedback dans un déluge bruitiste torrentiel qui engloutit jusqu'aux mélodies. Prometteur, non ? Ce *shoegaze* – soit « regarder ses chaussures », en référence à ses chanteurs qui fixent le sol, comme pétrifiés, quand ils chantent – s'inscrit dans la continuité des univers soniques « noise pop » de Jesus & Mary Chain, Sonic Youth, Cocteau Twins ou Dinosaur Jr. mais s'enferme davantage dans l'introspection assourdissante, les vrombissements nauséeux et les ondulations oniriques. Quelques mauvais esprits ont d'ailleurs tôt fait d'avancer que c'est peut-être, plus que leurs chaussures, leurs pédales d'effets que les *shoegazers* fixent ainsi de leurs regards !

Représenté pour l'essentiel par des groupes anglais comme Boo Radleys, Lush (*Split*, 1994), Ride (*Nowhere*, 1990), Chapterhouse ou Slowdive, le mouvement doit pourtant sa naissance à un groupe dublinois, My Bloody Valentine, qui en fixe intuitivement les codes. Ce *shoegaze* sera presque entièrement balayé par le raz-de-marée grunge et, ironiquement, par la vague Brit-pop qu'il avait contribué à lancer.

My Bloody Valentine, les turbulences émotionnelles

Trente ans après le Velvet Underground, le groupe irlandais My Bloody Valentine choisit de s'attaquer, à nouveau, au bruit. Mais pas n'importe quel bruit : celui qui, généré par une armée de guitares agonisantes, dévoile à l'auditeur exigeant ses mélodies propres pour s'épanouir en un univers sonore inédit, teinté de psychédélisme. Cette quête a un prix… notamment celui du studio : après leur album novateur *Isn't Anything* (1988), il faut ainsi au groupe pas moins de dix-huit ingénieurs du son (!) et de longs mois d'enregistrements perfectionnistes, pour accoucher en 1991 de son chef-d'œuvre, *Loveless*.

L'album semble fait d'un unique titre dont l'onde de choc se propagerait près de cinquante minutes durant sous les relances des chanteurs-guitaristes Kevin Shields et Bilinda Butcher. Sous les guitares volcaniques, un chant plaintif et spectral se fait porteur d'ambiances étonnamment sensuelles et hallucinogènes qu'il appartient à l'auditeur de prendre le temps d'apprécier.

Prisonnier d'une œuvre si absolue, My Bloody Valentine s'enferme ensuite dans un silence presque complet – l'unique réponse possible au perfectionnisme tétanisant de son album ?

Les Boo Radleys, la pop avec (encore) du bruit dedans

Sensiblement moins radicaux que leur modèle My Bloody Valentine, les Boo Radleys, formés à Liverpool en 1988, choisissent eux aussi de s'abîmer dans des univers bruitistes psychédéliques mais en y insufflant des sonorités pop bienvenues, héritées des Beatles, des Beach Boys et même de la new wave plus récente. L'album *Giant Steps*, en 1993, dont le titre reprend celui d'un fameux album de John Coltrane de 1959 dans une référence à peine cryptée, témoigne de cette approche ambitieuse qui doit beaucoup aux compositions inspirées du guitariste Martin Carr.

Sous l'impulsion de celui-ci mais aussi de la « Brit-pop », les Boo Radleys reviennent d'ailleurs vite à leur sensibilité première, celle d'un groupe à guitares pop que leur excellent album *Wake up!*, en 1995, dépouillé des expérimentations soniques antérieures, capture avec bonheur. Jamais satisfait et soucieux de surprendre, le groupe prend un malin plaisir à faire volte-face sur son album suivant, *C'Mon Kids* (1996) en revenant à des ambiances plus torturées et plus exigeantes.

La « Brit-pop » : la nostalgie part en guerre

Et une autre conflagration en la perfide Albion ! Nous sommes en 1994 et le rock a bien changé : si les scènes « Madchester » et « shoegaze » jettent leurs derniers feux, le grunge américain, lui, pète la forme (et la baraque) avec, aux avant-postes, Nirvana, Pearl Jam et Soundgarden (voir Chapitre 20).

Piquée au vif, une nouvelle frange de musiciens anglais décide de réagir avec un rock typiquement anglais qui prend les allures d'une véritable croisade contre l'Amérique et son grunge brouillon. Leurs armes fourbies au son des Beatles, des Kinks, de Traffic, du glam rock de T. Rex et Bowie (Chapitre 9) et du punk mélodique des Buzzcocks et de Jam (Chapitre 13), ces rockers méprisants rejettent en bloc les bidouillages électroniques, les saturations chaotiques du grunge, le repli maladif et les textes vaguement dépressifs des « shoegazers » pour un rock mélodique, enjoué et dynamique à gros riffs accrocheurs dont l'esprit doit beaucoup à la mouvance « Madchester ».

Au départ de ce mouvement qu'on appelle bientôt « Brit-pop » (contraction de « pop britannique »), on trouve le groupe Suede dont l'album éponyme en 1993 célèbre un retour fracassant des guitares rock radieuses. Un an plus tard, la scène « Brit-pop » appartient pourtant pour l'essentiel à deux groupes à la rivalité vicieuse, Oasis et Blur ; s'y distinguent aussi Pulp, Supergrass (*I Should Coco*, 1995) et quelques autres comme Elastica, Echobelly, Menswear, Ocean Colour Scene, Kula Shaker et Manic Street Preachers. Même un « vieux de la vieille » comme Paul Weller des Jam s'y rattache plus ou moins contre son gré avec son *Wild Wood* (1993).

Peu d'entre eux cachent leur objectif : décrocher la timbale commerciale et, au passage, imposer de vraies stars, loin de l'obscurité où se morfondent les rockers « alternatifs ». Insolentes et persifleuses, ces stars autoproclamées font en tout cas les choux gras de la presse à scandale nationale.

La force – et la chance – de la « Brit-pop », c'est aussi de s'adosser à une tendance forte de l'époque : celle de la renaissance de la jeunesse anglaise qui semble bien décidée en ces premières années de « l'après-Thatcher » à relever la tête et à (re)prendre la place qui lui revient dans un pays dont elle redécouvre les valeurs. Viscéralement antiaméricaine (musicalement, s'entend !), la « Brit-pop » surfe ainsi sur un anglocentrisme un peu caricatural – accent cockney et classe ouvrière idéalisée – qui, juste retour de bâton, lui barrera la route de l'Amérique.

Suede, les piqûres de rappel pop et glam

Entre autres titres de gloire, Suede peut se targuer d'avoir été l'objet de toutes les convoitises médiatiques (ou presque)… avant même d'avoir enregistré un seul disque ! Si le groupe doit ainsi sa première notoriété au jeu des modes artificielles de la presse musicale, il montre bien vite qu'il est à la hauteur des attentes placées en lui.

Le chanteur Brett Anderson et le guitariste Bernard Butler, reconnu comme l'un des plus brillants de sa génération, débutent tout d'abord seuls… avec une boîte à rythmes. Leurs compositions puisent dans le glam rock, avec l'oreille parfois tendue du côté des Smiths ; le chanteur de ces derniers, Morrissey, ne s'y trompe pas d'ailleurs et reprend bientôt leur titre « My Insatiable One ».

Avec ses titres pop-rock décomplexés, servis par les guitares tour à tour croustillantes et subtiles de Butler, le premier album du groupe, *Suede* (1993), fait l'effet d'un « best of » immédiat ; jouant des coudes, il fait table rase des « Madchester » et « shoegaze » et ouvre la voie à la « Brit-pop » ; en bon disciple de Marc Bolan, Anderson y joue d'une certaine ambiguïté sexuelle, non sans affect, et investit pleinement des compositions sombres et dramatiques. Le single rock, direct, efficace, de trois minutes, est de retour

– tant il est vrai qu'en rock, une mode chasse l'autre, avant d'être remplacée à son tour par une nouvelle qui ressemble furieusement à l'avant-dernière (vous suivez ?)...

Dès le deuxième album, Butler quitte le groupe ; fragilisé par ce départ, Suede revient pourtant avec un excellent album en 1996, *Coming Up*, avec le nouveau guitariste Richard Oakes.

Oasis, la pop prolo de Manchester

Classe ouvrière, violence, chômage, alcool, drogue, pub et football : le décor est planté. Caricatural ? C'est pourtant bien dans ce milieu que les deux frères Gallagher, Noel et Liam, grandissent au sein de cette bonne vieille ville de Manchester, décidément incontournable en rock (Joy Division, les Fall et les Smiths en sont également originaires). Quelques années plus tard, stars de la presse musicale et des tabloïds, Noel et Liam sont propulsés à la tête d'un des groupes les plus célèbres des années quatre-vingt-dix, Oasis.

La direction musicale est en assurée par l'aîné, Noel, guitariste dont les compositions mélodiques semblent échappées d'un mystérieux album inconnu des Beatles ou de T. Rex. Liam, lui, campe un chanteur sarcastique, agacé, méprisant, dans la lignée de Shaun Ryder des Happy Mondays et de John Lydon des Sex Pistols que son chant évoque aussi parfois. Les deux frangins sont des durs qui partagent une passion pour le coup de poing, de préférence l'un sur l'autre mais sans rechigner à partager avec des inconnus.

La carrière d'Oasis est fulgurante : en 1994, leur premier album, *Definitely Maybe*, marque, tout simplement, le renouveau du rock anglais. La force du groupe, c'est d'offrir des compositions irrésistibles, immédiatement mémorisables, en puisant parfois directement dans les fonds de tiroirs du patrimoine pop anglais des années soixante, tout en sonnant originaux. La formule peut sembler simple mais on attendait son application depuis des années !

Dès 1995, Oasis trouve chez le groupe Blur un rival de taille, sur le modèle de l'opposition classique Beatles/Stones, au grand ravissement de la presse peut-être pas tout à fait étrangère à ce duel. Engagées dans une bataille médiatique rarement glorieuse, les deux formations vont même jusqu'à sortir un single le même jour, « Roll with It » pour Oasis, « Country House » pour Blur. En 1996, le coude à coude tourne toutefois au net avantage d'Oasis, commercialement du moins, grâce à l'album *(What's the Story) Morning Glory?* et son single « Wonderwall » qui hissent la formation des frères Gallagher à un niveau international. Ce pic atteint, Oasis poursuit, depuis, une discographie sans surprise mais au passéisme toujours aussi séduisant.

Blur, la pop artistique de Londres

Blur et Oasis, les frères ennemis de la Brit-pop, donc, si l'on en croit la presse musicale de l'époque. Les points communs sont finalement peu nombreux : le chanteur Damon Albarn et le guitariste Graham Coxon ont certes, eux aussi, pioché abondamment dans la discothèque des aînés, en s'attardant du côté des *mods* (les Kinks, les Who, les Small Faces) et du punk mélodique des Buzzocks ; mais, là où les frères Gallagher, issus de la classe ouvrière du Nord, donnent dans une pop-rock raffinée mais directe, Blur, dont certains des membres ont fréquenté des écoles d'art londoniennes, se laisse conduire par des approches plus conceptuelles, tout aussi tournées vers le rock des années soixante, mais avec moins de révérence et plus d'ouverture.

Formé à Londres en 1989, Blur sacrifie tout d'abord avec succès aux ambiances musicales de l'époque, notamment celles du Madchester et du « shoegaze », sur leur premier single « She's so High » et leur premier album (*Leisure*, 1991). Cherchant de nouvelles directions, le groupe fait volte-face en 1993 avec l'album *Modern Life Is Rubbish* qui convoque le meilleur de la pop anglaise des *sixties*.

ATTENTION CLASSIQUE !

Parklife, l'année suivante, est encore meilleur et les installe en haut des charts anglais. D'un titre à l'autre, l'album se réapproprie tout l'héritage pop-rock anglais, du psychédélisme au punk, sans hésiter à prendre des chemins de traverse comme la disco, la synth-pop ou… la chanson de cabaret anglais. En fil conducteur de ce catalogue musical un peu fourre-tout, des mélodies imparables et, trait distinctif, les paroles amères, piquantes et souvent satiriques de Damon Albarn qui évoque un Ray Davies des années quatre-vingt-dix.

Après ce sommet qui en fait « l'autre » groupe Brit-pop avec Oasis, le groupe change à nouveau de trajectoire et s'aventure dans des territoires musicaux plus sombres, proches du rock indépendant de Pavement ou de Sonic Youth, qui, sans les tributs pop un peu appuyés de son précédent album, rendent peut-être davantage justice aux talents de compositeur de Damon Albarn (*Blur*, 1997).

Pulp, les jeunes vétérans de la Brit-pop

Quand Pulp devient l'une des formations stars de l'Angleterre en 1994 avec son album *His 'n' Hers*, peu se doutent pourtant que le groupe, formé à Sheffield, entame sa treizième année d'existence ! Si sa carrière, conduite par le chanteur Jarvis Cocker, tient, il est vrai, un peu du parcours du combattant (en forme de montagne russe artistique et commerciale), elle trouve un heureux aboutissement en 1995 avec *Different Class*.

Sentant peut-être que son heure était venue, Pulp a frappé fort : avec Roxy Music et David Bowie en cautions artistiques et une poignée de mélodies bien senties, le groupe se lance sur tous les fronts (new wave, glam rock, disco, acid rock, pop ou rock indépendant) pour servir les textes souvent gaillards de Cocker qui, dans des saynètes très personnelles, croque brillamment une certaine société anglaise, un peu marginale.

Ce Cocker est d'ailleurs, dans ce qui est déjà la pure tradition Brit-pop, un « client » de choix et pas seulement pour la presse à scandale anglaise. Celui qui, avant que Pulp n'accède à une notoriété nationale, s'était déjà distingué en chantant sur scène en fauteuil roulant – il s'était jeté par la fenêtre d'un premier étage pour impressionner une fille – et interrompra plus tard la prestation de Michael Jackson lors de la cérémonie des Brit Awards, est un vrai personnage, entier, parfois caricatural et un compositeur de premier plan.

Son chanteur un peu apaisé, Pulp délivre en 1998 un album plus mature, *This Is Hardcore*, qui, un peu sur le modèle du Blur tardif, dévoile plus clairement les qualités d'un groupe et de son grinçant leader.

Chapitre 19

Les métamorphoses du rock hexagonal

Dans ce chapitre :

- La scène rock alternative
- Les deux formations cultes des années 1980-2000
- La French Touch
- La nouvelle garde du rock français

Où finit le rock et où commence la chanson française ? La question, déjà abordée au chapitre 15, reste tout aussi pertinente au début des années quatre-vingt quand coexistent, sans jamais communiquer ou presque, deux univers : celui d'une scène rock bouillonnante, où se distinguent des formations bientôt cultes, Bérurier Noir, les Garçons Bouchers, la Mano Negra, Rita Mitsouko, Noir Désir ou Air ; et celui des « auteurs-compositeurs-interprètes » et des chanteurs « à texte » qui forment une scène tout autre, que vous trouverez détaillée dans *La Chanson française pour les Nuls.*

En tout cas, irrigué par la créativité du punk français, le « vrai » rock hexagonal s'épanouit avec bonheur depuis les années quatre-vingt. Ce chapitre vous en retrace les grandes lignes d'évolution, de la scène « alternative » au renouveau garage rock de ce début de troisième millénaire.

Les effervescences de la scène rock alternative française

Au début des années quatre-vingt, au moment même où il commence à être connu en France, le punk se réinvente déjà et glisse vers d'autres formes comme le post-punk et le rock indépendant ou alternatif (voir Chapitres 14 et 17). Les frontières entre les différents genres ne sont pas toujours nettes mais on y retrouve, peu ou prou, cette énergie plus ou moins brouillonne et spontanée, cet esprit libertaire et ces petits labels artisanaux qui font, dans les grandes lignes, l'essence « punk ».

En France, des précurseurs aujourd'hui presque oubliés (Oberkampf, OTH, les Cadavres, la Souris Déglinguée) jusqu'aux « stars » du genre comme Bérurier Noir ou les Wampas, c'est une toute nouvelle scène rock française, à l'effervescence communicative, qui se développe et dont on retrouvera l'esprit jusque dans des formations bien éloignées du rock comme les Garçons Bouchers, les Négresses Vertes ou même la Mano Negra. Voici les plus fameuses d'entre elles.

Gogol Premier, le pape punk français

Quand Jacques Dezandre décide de devenir chanteur de punk français, il prend soin de se trouver un nom de scène à la mesure de sa loufoquerie : Gogol Premier ! En septembre 1982, son titre autoproduit, ingénieusement intitulé « Vite avant la saisie » devient disque d'or et fait de Gogol Premier la figure tutélaire du mouvement alternatif français.

Avec ses différents groupes, dont la Horde, le « Papunk », comme on le surnomme, distille dès lors son punk militant, sans concession et sans détour – ah ce « J'enc…e » dont le lecteur complétera les lettres manquantes ! – et fait régulièrement parler de lui à la faveur de come-back retentissants comme en 2005 avec son album *Chansons dangereuses*.

Parabellum, le punk poulbot

« Parabellum est au rock'n'roll ce que la braguette coincée est à une envie de pisser » : la formule, due au groupe lui-même selon la légende, est toujours aussi efficace. Sous leur nom belliqueux, Parabellum a injecté une note un peu gouailleuse dans le punk français, n'hésitant pas à reprendre en concert « Cayenne », la chanson des forçats d'Aristide Bruant ou « Amsterdam » de Brel. Les textes spirituels du parolier Fabrice dit « Géant Vert » n'empêchaient pas le groupe, dans la pure tradition punk, de dézinguer à vue, avec des titres savoureux comme « On est gouverné par des imbéciles » ou « Anarchie en Chiraquie ».

Bérurier Noir, le rock militant festif

Groupe emblématique du rock alternatif français, Bérurier Noir naît, après bien des péripéties et un clin d'œil au célèbre personnage de Frédéric Dard, de la rencontre du chanteur François Guillemot dit « Fanfan », du guitariste Loran et d'une boîte à rythmes prénommée… Dédé (si, si). L'influence du groupe punk français Métal Urbain (voir Chapitre 15) est incontestable mais « les Bérus », comme on les appelle, vont vite s'en débarrasser. Des débuts difficiles leur font donner prématurément un concert d'adieu, en 1983, dans un squat parisien du 10e arrondissement de Paris : la prestation obtient un succès inespéré !

Remis en selle, les Bérus opèrent un virage à 180 degrés et inventent alors un rock militant festif, convoquant même des acrobates sur scène, et désormais troupe autant que groupe, se produisent partout, dénonçant sans ambages dans une bonne humeur communicative (*Concertos pour détraqués*, 1985). En 1986, leur titre « Empereur Tomato Ketchup » passe en boucle sur… NRJ, la « radio des jeunes » et leur permet de donner des concerts au Zénith devant près de 7 000 personnes deux ans plus tard ! Plutôt impressionnant pour un groupe « obscur », non ?

Après l'enregistrement de l'album *Abracadaboum* (1987), le mieux accueilli du groupe, les « Béruriers » comme on les appelle aussi se voient décerner en 1988 le Bus d'acier (un grand prix du rock français) par des médias qui semblent découvrir au passage l'existence de cette scène alternative nationale. Cohérent, le groupe réagit en faisant un doigt d'honneur au jury... Cerné par les exigences commerciales, le groupe se saborde pour renaître épisodiquement, en prenant soin de filer entre les doigts des grandes maisons de disques.

Ludwig Von 88, le poil à gratter alternatif

Un peu à l'ombre de Bérurier Noir, Ludwig Von 88 partage avec son illustre modèle un goût pour le punk festif gentiment bordélique, avec une louche de reggae en plus. Tout aussi militant, le groupe tire sur tout ce qui bouge et dénonce sans relâche – famine en Éthiopie (« LSD for Éthiopie ») ou carnage nucléaire (« Hiroshima ») – entre deux faux hommages délirants comme « Louison Bobet for Ever » (!).

Les textes sont corrosifs à souhait ; parfois trop même, comme lorsqu'en 1986, le groupe entonne, sur l'air des *Trois Petits Cochons*, « Qui a peur du méchant Pasqua ? c'est p'têt'vous, c'est pas nous » ou sort un titre pendant les Jeux olympiques de 1986 en Corée, avec ce passage caustique « Si tu vas à Séoul, n'oublie pas ton gilet pare-balles ». Des dent(ier)s en grincent encore ! Bruno Garcia, le chanteur et guitariste de la formation, s'est fait connaître depuis en solo sous l'étiquette de Sergent Garcia.

Les Garçons Bouchers, le punk barbaque musette

Une fois vu sur scène ou dans l'un de ses trop rares passages télévisés, impossible d'oublier François Hadji-Lazaro, fondateur des Garçons Bouchers : en plus de chanter, de jouer indifféremment de la guitare, de la cornemuse, de la guimbarde ou du violon et de faire l'acteur (*La Cité des enfants perdus* de Jean-Pierre Jeunet et Marc Caro), l'homme possède un physique massif impressionnant qui rend le nom de sa formation beaucoup moins éngimatique !

Si les bases musicales du groupe sont à chercher du côté du punk, l'influence de la chanson française réaliste, souvent filtrée par un humour rafraîchissant, fait des Garçons Bouchers une des formations du rock alternatif français les plus créatives. C'est en tout cas, entre sa création en 1985 et sa dissolution dix ans plus tard, l'une des formations les plus populaires du genre en France (*Vacarmélite ou la Nonne bruyante*, 1992). Hadji-Lazaro poursuit ensuite dans la même veine avec le groupe Pigalle, qu'il avait formé en parallèle en 1982 (*Regards affligés sur la morne et pitoyable existence de Benjamin Tremblay, personnage falot mais ô combien attachant*, 1990).

Les Wampas, le yéyé-punk

Connaissez-vous le yéyé-punk ? Peu de chances, à moins d'être fan des Wampas... et vice versa, les deux se confondant. Les Wampas, formés en 1983, c'est avant tout son chanteur, Didier Chappedelaine, nom de scène Didier Wampas, petit bonhomme inépuisable qui chante (faux) des textes marrants, un peu corrosifs, pour la plus grande joie de son public.

Révélé tardivement au grand public en 2003 avec son single « Manu Chao », le groupe est même nommé dans la catégorie « Groupe/Artiste révélation scène de l'année » lors des Victoires de la musique 2004. Un autre single, « Chirac en prison » – après Pasqua, chacun son tour ! –, a permis au groupe et à son chanteur de secouer un temps, sans illusions mais avec jubilation, la torpeur musicale télévisée.

Les Négresses Vertes, l'orchestre ethnique alternatif

De la chanson française, de la musique populaire, française, est-européenne ou sud-américaine, et même un peu de sonorités électroniques : les Négresses Vertes, formées en 1987, proposent un rock vraiment « alternatif », proche de la « world music », comme on appelle alors ces brassages de folklores musicaux… Des titres décomplexés comme « Zobi la mouche » ou l'épanoui « Voilà l'été », deux albums acclamés (*Mlah*, 1988 ; *Famille nombreuse*, 1991), un succès aux dimensions bientôt internationales : rien ne semble résister au groupe qui connaît pourtant, en 1993, un tragique revers de fortune avec le décès par overdose de son chanteur Helno.

La Mano Negra, le « world » punk-rock

Avec la Mano Negra, la France a tenu pendant quelques années son « Clash » – la comparaison avec le fameux groupe punk londonien s'impose tant la Mano Negra a su mêler rock, reggae, ska et divers folklores (du flamenco au tex-mex) comme son illustre modèle et courtiser les foules du monde entier. Formé en 1987 autour du chanteur Manu Chao, le groupe prend le nom d'un obscur groupe anarchiste espagnol et se fait connaître par l'album *Puta's Fever*, n'hésitant pas à chanter, en plus du français, en anglais et en espagnol pour une plus grande communion avec ses fans du monde entier !

Devenu un « poids lourd » du rock alternatif français, le groupe se fait fort de préserver sa sincérité en multipliant les projets originaux, comme des tournées d'Amérique latine en… bateau ou en train. À la dissolution du groupe, Manu Chao s'embarque dans une carrière solo au succès retentissant.

Le rock français à fortes personnalités

Le rock est partout en France et se mêle de tout, même de ce qui ne le regarde pas ! Chanson réaliste (Têtes Raides, Louise Attaque), « fusion » (No One Is Innocent, Treponem Pal, FFF), new wave (Étienne Daho, Niagara), tout ou presque s'y abreuve de rock, avec plus ou moins de distance. Une scène rock française, tout sauf homogène, s'est ainsi dessinée, mêlant auteurs-compositeurs-interprètes comme Alain Bashung, Jean-Louis Murat, Miossec, Rodolphe Burger ou Dominique A. à des formations comme Dionysos, Tanger, Mickey 3D, Aston Villa, Superbus, Diabologum, Sloy, les Married Monk ou AS Dragon. Voici deux des plus populaires – et des plus mythiques.

Rita Mitsouko, les histoires de Catherine et Fred

Quel point commun entre Alice Cooper (voir Chapitre 11) et Rita Mitsouko ? Dans les deux cas, on a longtemps cru que ces noms des groupes étaient celui du chanteur, pour le premier, et de la chanteuse, pour le second ! La confusion était facile : Catherine Ringer, la chanteuse des Rita Mitsouko, s'est révélée, sur scène comme sur disque, une artiste extraordinaire, d'une sincérité bouleversante qui semble porter le groupe à bout de bras. Avec l'indispensable guitariste Frédéric Chichin, c'est pourtant bel et bien un duo, à nul autre pareil, qu'elle forme – un ovni dans le paysage rock français qui impose ses compositions décalées et irrésistibles tout au long des années quatre-vingt comme « Marcia Baila », « Andy », « C'est comme ça » ou « Les Histoires d'A. » sans se soucier des chapelles (*No Comprendo*, 1987). Extrêmement populaire, le duo sort un dernier album en 2007 – le guitariste Frédéric Chichin meurt d'un cancer foudroyant à cinquante-trois ans, plongeant les fans dans la stupeur. Quelques mois plus tard, Catherine Ringer reprend courageusement la route des tournées.

Noir Désir, les « Portes » françaises

Formé à Bordeaux, Noir Désir est peut-être le seul groupe de rock français à avoir réussi à reprendre le flambeau vacillant du « vrai » rock français qui menaçait de s'éteindre après la séparation de Téléphone (voir Chapitre 15). Non que la formation bordelaise, composée du guitariste Serge Teyssot-Gay, du bassiste Frédéric Vidalenc (remplacé, depuis, par Jean-Paul Roy) et du batteur Denis Barthe, pratique le même rock que leur illustre prédécesseur : son chanteur Bertrand Cantat y a insufflé une poésie et un romantisme noir qui évoquent ouvertement ceux des Doors et de son chanteur Jim Morrison.

Un mini-album, *Où veux-tu qu'je r'garde ?*, attire l'attention en 1987 ; dès l'album suivant, *Veuillez rendre l'âme (à qui elle appartient)*, c'est la consécration avec même, à la clé, un hit « Aux sombres héros de l'amer ». Farouchement indépendant, le groupe connaît une popularité croissante, au fil d'albums exigeants, dont l'authenticité frappe (*Du ciment sous les plaines* ; *Tostaky* ; *666.667 Club*). Sa carrière, déjà longue, est stoppée net par l'emprisonnement de son chanteur en 2004. Fervents et patients, les nombreux fans du groupe se préparent déjà à son retour.

La « French Touch »

Si on vous dit qu'il va être question de rock français électronique au succès mondial, deux noms vous viendront probablement à l'esprit : Daft Punk et Air. Contre toute attente, les deux duos versaillais, respectivement celui de Thomas Bangalter et Guy-Manuel de Homem-Christo (*Discovery*, 2001) et de Jean-Benoît Dunckel et Nicolas Godin (*Moon Safari*, 1998), vont réussir chacun à insuffler un renouveau si radical dans le rock français qu'il sera même applaudi par la presse anglo-saxonne. Cette *French Touch* (« touche française ») se situe d'ailleurs plutôt en marge du rock et touche davantage à la musique électronique, mêlée de funk, pop, disco ou rock psychédélique, mais son succès mondial, suffisamment rare pour des formations françaises, mérite d'être salué avec un chauvinisme tout à fait assumé !

L'avenir préparé ?

Loin de nous l'envie de nous livrer au jeu des pronostics, mais précisons pour finir ce rapide survol qu'une nouvelle génération de rockers – et rockeuses – français(es) a investi ces dernières années les salles de Paris mais aussi de province, pour le plus grand plaisir des fans les plus jeunes… mais aussi des anciens, bluffés par tant d'énergie brute. Les Naast, les BB Brunes, Second Sex, les Shades, les Brats – et même les Plasticines, groupe composé uniquement de filles ! – sont autant de formations qui composent cette « Nouvelle scène rock française » à surveiller d'une oreille attentive ces prochaines années…

Chapitre 20

Du grunge au néopunk : vers un rock centenaire ?

Dans ce chapitre :

- Le grunge
- Le nouveau rock industriel
- Le rock artisanal
- La nouvelle vague punk et garage rock
- Le rock métissé
- Les mille et un visages du rock moderne

Les métamorphoses du rock depuis 1990 sont passionnantes : en passe d'être éclipsé par le rap, qui s'en est approprié toute la hargne et la rébellion, le rock parvient à déjouer les pronostics les plus pessimistes en se partageant entre avant-garde (un peu), modernisation jubilatoire du rock des années soixante et soixante-dix (beaucoup), commercialisme décomplexé (un peu trop ?) et même maturité (si, si, juré !).

Ce rock « moderne » date d'ailleurs déjà de… 1992, année du phénomène grunge porté par le groupe américain Nirvana d'un bout à l'autre de la planète. Comme le punk seize ans avant lui, le grunge fait voler en éclats le rock en remettant tous ses compteurs à zéro : désormais le rock sera « indépendant » (mais ses disques se vendront par millions), se mêlera de fusion (avec le funk ou l'électronique), fera des clins d'œil appuyés au passé et, marketing agressif oblige, fournira des superstars mondiales à un rythme mensuel.

Sur l'exemple de Nirvana, le fertile rock *underground* sorti de terre par l'industrie musicale, des groupes aussi différents que les Red Hot Chili Peppers, Rage Against The Machine, Nine Inch Nails, Alice in Chains ou les Smashing Pumpkins qui, une décennie avant, auraient peut-être végété dans les circuits obscurs du rock « alternatif », connaissent ainsi un succès incommensurable (certains, icônes de MTV, deviennent même multimillionnaires !).

En parallèle, ce sont aussi un nombre incalculable de « petits » groupes, artistes « vraiment » indépendants se produisant sur des petits labels très créatifs, qui assurent un autre type de renouveau en déconstruisant et ré-assemblant un rock pétri d'influences écrasantes (les Beatles, les Rolling Stones et le post-punk en incontournables références) – les plus talentueux, ou les plus malins, étant probablement ceux qui parviennent à y insuffler un sens de la modernité.

Tant et si bien que la question centrale en ce début de XXIe siècle est peut-être la suivante : et si, comme le blues, le rock était dorénavant destiné, ses révolutions éteintes, à se transmettre plus qu'à se renouveler ? Ce ne serait pas la pire des nouvelles pour un genre sexagénaire...

C'est pour vous permettre de répondre vous-même à cette question essentielle que ce chapitre vous donne toutes les clés de ce rock moderne, de Nirvana jusqu'à nos jours.

Le grunge : naissance d'un rock alternatif œcuménique

Le grunge, c'est la bonne (et un peu la mauvaise) nouvelle du rock en ce début des années quatre-vingt-dix : bonne nouvelle, car ce mouvement, né à Seattle aux États-Unis et porté par l'extraordinaire succès de son groupe local Nirvana, marque la renaissance explosive du rock alternatif ; mauvaise nouvelle, pour certains en tout cas, car après la « révolution » grunge, le rock alternatif – et donc le rock tout court – ne sera plus jamais pareil : indépendant ou alternatif, le rock devient surtout une économie puissante, sans précédent dans son histoire (oui, bien plus que dans les années quatre-vingt !).

Mémo rock : le grunge

Une fois n'est pas coutume, le genre est plutôt homogène ; on peut, avec les réserves d'usage, le caractériser comme suit :

- **Un âge d'or (1991-1994)** : ces deux années, celle de la parution de l'album *Nevermind* du groupe Nirvana qui révèle le grunge au monde entier et celle du suicide de son chanteur Kurt Cobain, encadrent symboliquement un genre dont, plus largement, les premières manifestations peuvent être trouvées dès la fin des années quatre-vingt et qui, aujourd'hui encore, survit dans quelques formations.
- **Une ville** : le foyer de l'incendie grunge qui se propagera en quelques mois dans le monde entier, c'est une ville industrielle de l'État de Washington, dans le Nord-Ouest des États-Unis : Seattle.
- **Un esprit punk modernisé** : eh oui, on croyait les derniers feux de la révolution punk éteints, mais force est de constater que l'approche brouillonne, « bricolo » et plus ou moins faussement négligée du grunge doit beaucoup au punk.
- **Un son « sale » et mélodique** : si le son caractéristique du grunge, ténébreux et boueux, puise dans celui des groupes de heavy metal (comme Black Sabbath) et de hardcore mais aussi dans les dérapages bruitistes du Velvet Underground et des Stooges, il sait aussi alterner avec des mélodies simples et accrocheuses, souvent empreintes d'une nonchalance mélancolique.

La première vague : de Neil Young à Soundgarden

D'une fraîcheur et d'un dynamisme inédits, le grunge semble pourtant avoir toujours existé. Et si le chanteur et guitariste folk-rock Neil Young était le vrai père (spirituel) du grunge ? C'est l'hypothèse de beaucoup qui rappellent que, dès la fin des années soixante-dix, le guitariste canadien explorait des ambiances sonores généreusement brouillonnes à coups de solos approximatifs, épileptiques et rageurs (voir Chapitre 9).

Outre ses influences (des Stooges à Black Sabbath), le genre doit en tout cas son épanouissement au rock « alternatif » de groupes comme les Pixies, Sonic Youth, Jane's Addiction et R.E.M. – musicalement, dans une certaine mesure, mais aussi « culturellement » puisqu'en ouvrant leur rock « souterrain » au grand public, ces groupes ont sans nul doute pavé le chemin du succès du groupe phare du grunge, Nirvana.

Une première vague grunge se forme ainsi dès le milieu des années quatre-vingt avec notamment les trois groupes Green River, Mudhoney, Soundgarden dont les albums *Dry as a Bone* (1986), *Every Good Boy Deserves Fudge* (1991), *Badmotorfinger* (1991) capturent, respectivement, le rock abrasif et métallique. À leur suite, un autre groupe comprendra la nécessité de marier cette rugosité explosive à des mélodies engageantes et touchera le jackpot. Son nom ? Nirvana, bien sûr…

Nirvana, le dernier mythe rock ?

L'acte de naissance officielle du mouvement grunge est fixé à l'année 1991 : un album à la destinée artistique et commerciale spectaculaire, *Nevermind* du groupe Nirvana, s'invite dans les bacs des disquaires. Avec cet album irrésistible, dont les guitares puissantes soufflent la rage comme la mélancolie dans des compositions inoubliables, le grunge mais aussi tout le rock « alternatif » sont portés sur la scène rock mondiale et deviennent une force commerciale. Autant dire que le rock n'est, dès lors, plus vraiment « indépendant » !

Nirvana est l'émanation d'un chanteur et guitariste torturé, Kurt Cobain, dont le talent de compositeur lui permet de synthétiser instinctivement le heavy metal, le hardcore, le punk et la pop… sans jamais en faire une tour de Babel rock et en lui donnant une évidence incoercible. En un album, avec l'aide du bassiste Chris Novoselic et du batteur Dave Grohl, toutes les expérimentations exigeantes du rock alternatif sont balayées au profit d'un rock direct, puissant et émouvant. Et pour ajouter à la portée historique de l'album, Cobain, drogué, dépressif, destructeur, revêt bien malgré lui le rôle de la star rock, antihéros au romantisme déglingué dont on attendait le retour depuis le punk, hymne générationnel compris avec le classique immédiat, « Smells like Teen Spirit ».

Les débuts du groupe remontaient déjà à 1985. Un single trois ans plus tard, un premier album prometteur (*Bleach*), des tournées épuisantes ne distinguent pas encore Nirvana de l'effervescente scène alternative américaine. Enfin remarqué, le groupe est signé sur une *major*, son univers sonore dépouillé de ses aspérités par le producteur Butch Vig sans entamer sa noirceur romantique et l'album *Nevermind* (1991) mis en vente sans grandes prétentions commerciales.

Les ventes phénoménales de cet album surgi de nulle part (ou presque) surprennent jusqu'à l'industrie du disque qui se ressaisira bien vite en tentant d'orchestrer des *success stories* identiques. La suite, dans la grande et malheureuse tradition du rock, ne pouvait qu'être tragique. Déprimé, incapable de gérer une telle notoriété, Cobain, marié à la chanteuse punk Courtney Love et bientôt père d'un enfant, sombre dans l'héroïnomanie. En 1993, l'album *In Utero* prouve aux détracteurs du groupe que le talent de celui-ci ne s'était pas tari avec le seul *Nevermind*. L'album acoustique *MTV Unplugged in New-York* (1994) dévoile en complément une facette encore plus sensible de Cobain et des influences insoupçonnées comme David Bowie dont il reprend « The Man Who Sold the World ».

Des tentatives de suicide et des overdoses récurrentes font toutefois craindre le pire pour Cobain. Celui-ci est finalement retrouvé mort, suicidé d'une balle de fusil dans la tête, chez lui en 1994. Par cette mort tragique, il rejoint le panthéon des rockers cultes (Joplin, Jones, Hendrix et Morrison) dans un ultime pied de nez à une industrie du disque qu'il méprisait viscéralement. Sur la lettre qu'il laissait derrière lui, ces quelques mots tirés de Neil Young : « *Better burn out than fade away* » (« il vaut mieux flamber que brûler à petit feu »).

Soundgarden, le grunge heavy metal

Avec son album *Ultramega* en 1988 et, plus encore, avec *Badmotorfinger* en 1991, le groupe Soundgarden a pu avoir, à juste titre, le sentiment qu'il avait droit à une place dans le cercle très fermé des précurseurs du grunge. Il se distingue pourtant du mouvement par une forte allégeance au rock « dur » des années soixante-dix, celui des Stooges, de

Black Sabbath, du MC5 et de Led Zeppelin dont il instille la puissance au sein du genre, mais aussi par des clins d'œil au rock psychédélique (voir Chapitre 7) et au rock progressif (voir Chapitre 12) de l'époque.

Après ces albums originaux, conduits dans la tradition « classique » par un chanteur puissant, Chris Cornell, et un guitariste, Kim Thayil, prodigue en riffs métalliques, le groupe souffre un peu de l'écrasant succès de Nirvana mais signe son chef-d'œuvre en 1994 avec l'album *Superunknown* qui, porté par son hit « Black Hole Sun », consacre le grunge sombre et puissant du groupe auprès de millions de jeunes fans. Il surprend avec l'album *Down on the Upside* (1996), d'une complexité un peu déroutante, avant de se saborder.

Alice in Chains, les désespoirs grunge

Dans la lignée de Soundgarden, le groupe Alice in Chains prendra appui sur le grunge pour lâcher de plus en plus la bride d'un rock agressif qui, au final, tient plus du heavy metal un peu punk que véritablement du grunge. L'atmosphère y est certes, comme dans ce dernier, fortement dépressive, les riffs vigoureux du guitariste Jerry Cantrell soutenant le chant desespéré de Layne Staley, perdu par ses addictions, comme sur le ténébreux *Dirt*, en 1992, le sommet de leur discographie et leur plus grand succès. Après l'angoissant *Alice in Chains* en 1995 et un disque acoustique surprenant (*Unplugged*), des dissensions internes couperont l'élan du groupe que certains ont pu saluer comme le « Joy Division » du grunge, du nom du plus fameux des groupes gothiques du début des années quatre-vingt (voir Chapitre 14).

Pearl Jam, le grunge des stades

Après un premier album qui fait figure de manifeste grunge avant l'heure (*Ten*, 1991), le groupe Pearl Jam, emmené par le chanteur Eddie Vedder, se place un temps dans l'ombre de Nirvana avant de se révéler comme la formation la plus populaire du grunge – un genre dont il devient le groupe « superstar », remplissant les stades du monde entier comme Nirvana même n'en aurait jamais rêvé (ou, en tout cas, leur manager).

L'influence du hard rock des années soixante-dix est marquée, avec des touches de Jimi Hendrix çà et là, mais avec une chaleur de son caractéristique qui soutient les textes introspectifs, et, genre oblige, lugubres de Vedder. *Vs* (1993), leur second album, se vend à des millions d'exemplaires alors que le groupe, dans une volte-face saisissante, a décidé de se couper du cirque médiatique l'entourant, en refusant notamment les interviews et les indispensables vidéos promotionnelles.

Le groupe entame en 1995 une collaboration aussi surprenante que réussie avec l'incontournable chanteur et guitariste Neil Young, salué comme un pionnier du grunge, notamment sur l'album *Mirror Ball*, enregistré sans la participation du chanteur Eddie Vedder.

Autour du grunge...

Le coin grunge enfoncé, des dizaines de groupes vont jouer des coudes et, guitares grondantes en première ligne, faire du genre le son « rock » américain du moment. Les Stone Temple Pilots connaissent ainsi un succès insolent que les quolibets de la critique, qui accuse le groupe de n'être qu'un recycleur des meilleurs moments de Soundgarden et Pearl Jam, ne parviennent pas à entamer. Bientôt, c'est une veine plus introspective, plus dépressive mais aussi plus accessible au grand public qui s'incarne dans des groupes comme Bush, Creed, Matchbox 20, Foo Fighters, Candlebox et, avec une dérision inattendue, les Presidents of the United States of America. Elle se confondra bientôt avec une « pop punk » que vous retrouverez plus bas dans ce chapitre.

Le retour de la revanche du fils du rock industriel

Avait-il jamais vraiment disparu ce rock industriel ? Vous vous souvenez peut-être qu'il est apparu à la fin des années soixante-dix avec des groupes comme Throbbing Gristle et Cabaret Voltaire (voir Chapitre 14), apôtres d'un rock radical, déconstruit et claustrophobe. Cette première vague est comme redécouverte en Europe et aux États-Unis à partir du milieu des années quatre-vingt par une seconde génération qui, portée par les innovations électroniques, apporte à ce rock industriel nouvelle manière une popularité inespérée dès le début de la décennie suivante.

Aux défricheurs d'un « électro-rock » naissant, comme Killing Joke (*Killing Joke*, 1980), les Allemands DAF (*Die Kleinen und die Bösen*, 1980), les (très) radicaux Big Black (*Atomizer*, 1986) et Nitzer Ebb (*That Total Age*, 1987), s'ajoutent bientôt des groupes comme Front 242, Skinny Puppy, Ministry et Nine Inch Nails qui renforcent les climats électroniques agressifs par d'occasionnels riffs de guitares hard rock au sein de titres moins expérimentaux. La formule est imparable et assure à ces groupes, et à d'autres inspirés par le genre comme les Allemands Rammstein, un énorme succès.

En voici les principaux représentants, des précurseurs aux stars du genre.

Front 242, le duo bruxellois

C'est un duo de « programmeurs » électroniques bruxellois qui est tout d'abord aux commandes de Front 242 en 1981. Renforcé d'un chanteur et d'un batteur, le groupe s'éloigne progressivement des climats de la new wave ambiante, notamment celle de Depeche Mode, pour offrir un rock électronique dur et mélodique, à destination des clubs. Après *Official Version*, l'album *Front by Front* (1988) consacre l'approche novatrice du groupe dont les compositions fiévreuses, hypnotiques et dansantes marquent durablement le genre.

Skinny Puppy, le duo canadien

On retrouve ici aussi un duo à l'origine du groupe, formé à Vancouver en 1982, bientôt complété de quelques comparses. Autour du batteur cEvin Key (la typographie fantaisiste du nom est voulue) et Nivek Ogre, puis de Dwayne Goettel, « sorcier » des synthétiseurs et des *samples*, se construit un univers sonore électronique angoissant, dansant, saturé qui s'exprime, en 1985, dans le premier album *Bites* et, plus encore, dans *VIVIsectVI* en 1988, probablement le sommet de la discographie du groupe. Traversé d'extraits sonores (de films d'horreur ou… de bulletins météo !) et de samples, l'album condense distorsion, hurlements et boucles rythmiques dans des titres subtilement oppressants – enrichis, en concert, de la diffusion sur écran d'images choquantes et écœurantes sur la vivisection !

Marqué par la mort par overdose de Goettel en 1995, le groupe enregistre douloureusement l'année suivante *The Process* et, au sein de Skinny Puppy ou dans des projets parallèles, et continue à épancher sa terrible créativité dans des albums exigeants (*Mythmaker*, 2007).

Ministry, l'industriel heavy metal dansant

Avec son rock industriel dansant, qui puise sa colossale agressivité dans le punk et le heavy metal, Ministry a longtemps été le roi incontesté du genre. Emmené par un leader charismatique un peu dérangé (avec une inoubliable barbichette diabolique), Al Jourgensen, le groupe renversait tout sur son passage, séduisant tout autant les amateurs de rock électronique que ceux de hard rock, notamment avec son album *The Land of Rape and Honey* paru en 1988 et quelques vidéos provocantes.

De ses débuts *synth-pop* en 1981 sur le modèle des incontournables Depeche Mode, Ministry ne garde que les rythmes dansants que, martelés, il brasse avec des sonorités électroniques expérimentales brutales ; le chant, quant à lui, n'émerge le plus souvent de cette orgie sonore radicale qu'en étant filtré par un mégaphone. D'une intensité rare, le rock industriel de Ministry, de plus en plus redevable au heavy metal, accède en 1991 à une notoriété mondiale avec les singles « Jesus Built My Hotrod », puis « N.W.O. » et « Just One Fix » et l'album *Psalm 69* qui révèle la viabilité économique insoupçonnée d'un genre exigeant, dorénavant accueilli sur l'antenne de MTV. Les addictions diverses de Jourgensen empêcheront le groupe d'exploiter intelligemment cette consécration – leur principal concurrent, Nine Inch Nails s'en chargera.

Nine Inch Nails, l'industriel réhumanisé

Plus encore que Ministry, Nine Inch Nails, le groupe du chanteur, producteur et multi-instrumentiste Trent Reznor, a porté le flambeau du rock industriel auprès d'un large public. Qui plus est, si Jourgensen de Ministry était une figure énigmatique du genre, Reznor en reste incontestablement la star, romantique et torturée. Guitariste, pianiste (et même saxophoniste), il a eu une intuition géniale – associer l'agressivité étouffante du rock industriel à des compositions fortes, mélodiques, refrains compris – et un talent, celui de compositeur !

Le groupe d'ailleurs se réduit à lui seul ; c'est en s'entourant de musiciens soigneusement sélectionnés qu'il compose ses albums studios dont le premier, *Pretty Hate Machine*, paru en 1989, reste le plus fameux. Avec ses grosses guitares, ses mélodies « synthétiques » et son chant sensible posés sur des boucles rythmiques pilonnées, l'album panache des ambiances asphyxiantes et des éclaircies pop ; il mettra deux ans à s'imposer mais portera Trent Reznor au rang d'icône d'un genre pourtant peu concerné par les personnalités. Une espèce de Kurt Cobain (le leader de Nirvana) à la sauce « industrielle », si vous voulez !

Le rock artisanal de masse : la « lo-fi »

La *lo-fi* ? Une simple abréviation de *low-fi*, c'est-à-dire « basse-fidélité », par opposition à « haute-fidélité ». Tout est dit : bienvenue dans l'atelier bricolage du rock !

Une brève histoire du bricolage rock...

Le rock et le bricolage – c'est-à-dire un enregistrement avec les moyens du bord et une production artisanale – c'est une histoire très ancienne qui remonte probablement à ses origines mêmes. À la fin des années soixante-dix, cette approche, vous l'avez vu aux chapitres 13 et 14 (si vous les avez lus !), devient une véritable éthique pour le courant punk et post-punk qui glorifie cette démarche artisanale, appelée « DYI » (pour « *Do It Yourself* », « bricolage » en version française), en réaction aux débauches de sophistication des albums des « dinosaures » comme Pink Floyd ou Led Zeppelin.

Quelques années plus tard, à la fin des années quatre-vingt, on assiste à un retour à cette rusticité et ce sens de la « débrouille » punk chez des artistes totalement décomplexés qui enregistrent chez eux et brassent pop, garage rock, blues, grunge, folk, rap (et tout ce que vous voulez !) sans se soucier des étiquettes ni des genres.

Si la carrière de la plupart d'entre eux (Pussy Galore, Royal Trux ou Beat Happening) est restée confidentielle, d'autres comme Sebadoh, Pavement, le chanteur Beck et Liz Phair (*Exile in Guyville*) réussiront à élargir le public de ce genre disparate et à désinhiber un rock encore trop tourné vers la gestion de ses héritages.

Les rois mages de la « lo-fi » : Sebadoh, Pavement et Beck

Formé par le chanteur Lou Barlow, transfuge de Dinosaur Jr., Sebadoh est probablement le groupe emblématique du genre, entre pop sensible et expérimentations bruitistes. Sebadoh tient d'ailleurs moins du groupe que du projet personnel, Barlow s'associant bientôt aux batteurs Eric Gaffney et Jason Loewenstein pour échanger des maquettes enregistrées « à la maison » qui, rassemblées en studio, offrent un univers sonore unique où mélodies et bruits entrent en collision sans crier gare (*III*, 1991).

En comparaison, son « rival » le groupe Pavement apparaît plus diversifié et s'abreuve indifféremment aux sources folk, pop, country, hard rock et un peu rock aussi ! Le groupe des chanteurs et guitaristes Stephen Malkmus et Scott Kannberg frappe un grand coup en 1992 avec un premier album très original, *Slanted & Enchanted*, dont chaque seconde semble inattendue. L'influence du groupe, peut-être trop original pour prétendre à un large succès, sur le rock indépendant des années quatre-vingt-dix reste considérable.

Chanteur et multi-instrumentiste (des claviers à la basse électrique en passant par la batterie), Beck est la superstar d'un genre pourtant pas vraiment destiné à en produire. Affublé, qui plus est, de rien moins que le patronyme d'un des plus célèbres guitaristes rock anglais (voir Chapitres 6 et 12), le jeune Californien a toutes les allures du petit prodige à qui tout réussit. En 1994, *Mellow Gold*, son premier album, est lancé par son single « Loser » : on y découvre un artiste panachant folk, garage rock, rap, country, psychédélisme, avec même une petite dose d'humour, au gré d'un éclectisme créatif imposant. Deux ans plus tard, l'album *Odelay* confirme le talent de Beck qui, de *Sea Change* en 2002 à *Modern Guilt* en 2008, laisse libre cours à son inventivité dans des albums surprenants, jamais fourre-tout.

Le retour de la revanche du fils du punk

Quand on vous disait que le punk a été une des plus grosses révolutions du rock ! Dix ans, vingt ans, trente ans plus tard, il est encore au cœur du rock, sous une forme certes plus accessible mais, de la « pop punk » au « garage punk » (et tous les autres genres qui s'en inspirent), une chose est sûre : depuis le début des années quatre-vingt-dix, on a jamais autant tourné autour du pot « punk ».

Vers un « néopunk »

Le punk est donc de retour. Était-il d'ailleurs jamais vraiment parti ? En tout cas, c'est bien son esprit qui souffle sur tout un pan du rock des années quatre-vingt-dix, que ce soit dans la version commerciale et irrésistible de Green Day, celle sucrée et mélodique de Weezer, celle percutante et agressive de Offspring et Rancid ou encore celle juvénile, potache et inoffensive (et donc terriblement efficace) incarnée par les jeunes Californiens de Blink-182 (*Dude Ranch*, 1997). Quant à la révolte, eh bien… on ne peut pas tout avoir non plus !

Green Day, les néo-punks anglophiles

De ce renouveau punk, la formation californienne a certainement été l'une des plus heureuses commercialement. Marqué par le punk londonien des Buzzcocks et des Jam, qu'il cherche parfois à imiter en en arrondissant les angles (et en tentant d'en reproduire l'accent anglais !), Green Day fait un carton en 1992 avec l'album *Dookie* qui, massivement soutenu par la chaîne de télévision MTV, ranime la flamme punk au sein de la nouvelle génération, à coups de titres rentre-dedans. Les albums suivants appliquent consciencieusement la formule (*Insomniac*, 1995) mais en 2004, le groupe surprend la critique un peu moqueuse avec un... opéra-rock, *American Idiot*, couronné qui plus est par un large succès public. En 2009, son album *21st Century Breakdown* montre que les « vétérans » (plus de vingt ans « au compteur », déjà !) ont encore du mordant et aspirent à une espèce de respectabilité.

Weezer, le punk des premiers de la classe

La critique n'a, là non plus, pas été tendre avec le groupe californien Weezer dont le succès insolent, fondé sur un punk simplifié et très mélodique qui évoque un croisement entre la pop de Cheap Trick et les investigations sonores des Pixies, ne s'est pourtant pas démenti au fil d'albums aux titres et pochettes volontairement uniformes (album « bleu », « rouge », « vert » à partir de 1992, portant tous le seul nom du groupe). Sous leurs faux airs d'informaticiens un peu perdus, les membres de Weezer y ont pourtant réussi un mariage loin d'être évident, celui du rock alternatif, de la pop ensoleillée et des grosses guitares des années soixante-dix.

Offspring, allez, viens jouer...

Encore des Californiens ! En 1994, le rock ne jurait que par les Offspring et tout particulièrement leur titre efficace « Come Out and Play » fait, il est vrai, pour être écouté en boucle ! Diction rap, morgue du chanteur (qui rappelle celle de Mick Jagger), alliance de guitares lentes puissantes et d'un motif de guitare léger et aérien (proche de la « surf music »), refrain irrésistible : le hit était imparable. L'album correspondant, *Smash* et ses singles suivants « Self Esteem » et « Gotta Get Away » sont également des triomphes. Sensation du moment, le groupe enregistre une version du titre « Smash It Up » des Damned, l'un des tout premiers groupes de punk anglais, pour le film *Batman Forever.* Les ventes se comptent par millions.

Rancid, les fils du Clash

Les « vrais » durs du lot ? Les modèles du groupe californien Rancid sont en tout cas à chercher du côté du groupe punk anglais le Clash et du *ska* des Specials ; sans prétendre à l'originalité, il y ajoute pourtant une pincée de hardcore et un activisme gauchiste distinctifs.

Attaché à son indépendance et courtisé par les *majors*, le groupe publie en 1995 un troisième album au titre railleur... *And Out Come the Wolves* (« et les loups sortent du bois ») qui revisite toutes leurs influences dans des compositions plus personnelles. Par une ironie dont l'industrie du disque a le secret, l'album se vend à des millions d'exemplaires. Le groupe parviendra pourtant à maintenir son intégrité artistique et poursuivra efficacement son rock référentiel.

Le rock en fusions

Fruit des amours interdites du blues noir et de la country blanche (voir Chapitre 1), le rock s'est toujours montré conciliant quand il s'est agi d'accueillir d'autres sonorités : soul, reggae, jazz, musique indienne, électronique ou tex-mex, les musiques « autres » y ont toujours été les bienvenues ! Cette ouverture devient plus marquée encore, ou en tout cas plus sensible, à partir du milieu des années quatre-vingt avec des groupes de rock métissé au succès mondial.

De la présence du funk, du rap et de l'électronique dans le rock

Si jusque-là, pour l'essentiel, les rencontres entre le rock et ces musiques « autres » étaient restées ponctuelles – à l'image du reggae d'Eric Clapton (« I Shot the Sheriff ») ou de la disco de Queen (« Another One Bites the Dust »), par exemple –, des groupes vont s'illustrer à partir des années quatre-vingt par un rock hybride, s'alimentant généreusement au funk, au rap ou à l'électronique (ou à un peu de tout ça, en même temps !).

Le funk tout d'abord, que le groupe Funkadelic fusionne déjà avec des guitares électriques à la Jimi Hendrix depuis le début des années soixante-dix, investit de ses rythmiques bondissantes le rock de groupes comme Fishbone qui, lui, associe du ska et un peu de punk en supplément (*The Reality of My Surroundings*, 1991), Living Colour qui marie funk, rock, soul, rap et jazz (*Vivid*, 1988) ou encore Infectious Grooves, le projet parallèle du chanteur Mike Muir et de l'étourdissant bassiste Robert Trujillo du groupe Suicidal Tendencies, dans une formule explosive marquée par un humour potache (*The Plague That Makes Your Booty Move*, 1991) ! Emmené par les Claypool, un prodige de la basse électrique, le groupe Primus offre quant à lui un « funk rock » placé sous le signe de la complexité et de l'absurde (*Sailing the Seas of Cheese*, 1991).

Le rap aussi s'invite dans le rock, avec, en 1987, une reprise commune du titre « Walk This Way » d'Aerosmith par le groupe de rap Run-D.M.C. et le titre « I'm the Man » du groupe de thrash Anthrax qui s'associera quatre ans plus tard aux rappeurs de Public Enemy sur le titre « Bring the Noise ». Avant eux, les Beastie Boys, qui tiennent plus du groupe de rap détournant quelques références rock que le contraire, avaient déjà exploré ces possibilités (*Licensed to Ill*, 1986 ; *Paul's Boutique*, 1989) que le groupe Cypress Hill poussera encore plus avant (*Cypress Hill*, 1991). À leur suite, d'autres formations, nettement rock, comme les activistes Rage Against The Machine, les furieux Biohazard (*Urban Discipline*, 1992), les perturbés (et perturbants) Korn (*Korn*, 1994), les énergiques Limp Bizkit (*Three Dollar Bill Y'All*, 1997), les ultra-agressifs Slipknot (*Slipknot*, 1999) ou les populaires Linkin Park (*Hybrid Theory*, 2000) s'inspireront de la scansion caractéristique du chant de rap pour donner un tour plus agressif à leur rock déjà bien musclé ! Des ventes massives d'un bout à l'autre de la planète récompenseront ces audacieux mélanges de genres, parfois regroupés sous l'étiquette de « nu metal ».

Enfin, l'électronique – dont nous suivons l'expansion dans le rock depuis les groupes progressifs allemands jusqu'au rock dansant inspiré de la « house » du mouvement Madchester (voir Chapitre 18) – s'épanouit tout à fait au début des années quatre-vingt-dix dans des formations à la créativité décuplée par les possibilités offertes par les nouvelles sonorités : Massive Attack, Portishead, Tricky, Leftfield, les Prodigy, les Chemical Brothers, Propellerheads, Fat Boy Slim et d'autres. Même les Français, avec Daft Punk et Air, se font remarquer avec leur « électro-pop » (voir Chapitre 15). L'influence de l'électronique est telle qu'on la retrouve même chez des figures historiques du rock comme David Bowie (*Earthling*, 1997) ou le guitariste Jeff Beck (*Who Else!*, 1999) et jusqu'à la pop qu'elle régénère, comme celle de la chanteuse islandaise Björk (*Post*, 1995).

Trois des plus fameux de ces groupes de fusion, tous genres confondus, vous sont présentés ici : les Red Hot Chili Peppers, Faith No More et Rage Against The Machine.

Red Hot Chili Peppers, le funk métallique

Les « Piments rouges » de Los Angeles sont devenus en quelques années les vraies superstars de ce rock « fusion », bien loin devant leurs collègues. Issu de la scène punk et hardcore californienne, le groupe est formé en 1983 autour du chanteur Anthony Kiedis, du bassiste Michael Balzary dit « Flea » et du guitariste Hillel Slovak. Malgré des prestations scéniques remarquées, les débuts de Red Hot Chili Peppers sont difficiles mais dès l'album *The Uplift Mofo Party Plan* en 1987 et surtout *Mother's Milk* deux ans plus tard, dont la reprise du titre « Higher Ground » de Stevie Wonder connaît un certain succès, le mélange explosif de funk et de rock tranchant du groupe commence à faire du bruit dans le landerneau rock. Slovak décédé d'une overdose, le groupe doit redoubler d'effort jusqu'en 1991 pour enfin accoucher d'un chef-d'œuvre, sous les auspices de l'efficace producteur Rick Rubin.

Propulsé par deux singles, le dynamique « Give It Away » et le mélancolique « Under the Bridge », ce *Blood Sugar Sex Magik* est un classique de funk rock sautillant de bout en bout. S'y révèle pleinement, au passage, l'extraordinaire talent du bassiste Flea, dont les parties de basse fantastiques laissent pantois. Le succès de l'album est considérable – mais le nouveau guitariste du groupe, John Frusciante, s'enferre malheureusement à son tour dans une dépendance qui force le groupe à le remplacer par le guitariste Dave Navarro pour l'excellent album *One Hot Minute* en 1994. Le groupe connaît depuis une même réussite avec des albums sans surprise mais toujours aussi efficaces (*Californication*, 1999 ; *Stadium Arcadium*, 2006).

Faith No More, la fantastique formation fantasque du général Patton

Nul doute que sans le talent unique et la personnalité fantasque de son chanteur Mike Patton, Faith No More n'aurait jamais eu autant d'impact. Non que les musiciens du groupe soient des données négligeables : la guitare acrobatique de Jim Martin, les nappes de synthétiseur éthéré de Roddy Bottum, la section rythmique musclée du bassiste Bill Gould et du batteur Mike Bordin ont toutes créé un « son » Faith No More à l'originalité incontestable. Mais c'est bien la créativité et le sens artistique aigu de Patton qui ont conduit le groupe vers des espaces sonores que le rock n'avait pas encore eu l'audace de défricher.

Après un premier album remarqué en 1987 (*Introduce Yourself*), l'arrivée de Patton dans la formation lui donne son premier classique avec l'album *The Real Thing*. Reprise du groupe de heavy metal Black Sabbath, ritournelle au piano, vrai-faux rap, titre éclair aux guitares thrash saturées, instrumental de rock progressif… les musiciens ont été généreux ! Patton y crève les enceintes, rappant, hurlant, berçant en prenant une voix nasale tour à tour hystérique, cajoleuse ou moqueuse. Deux ans plus tard, *Angel Dust* est encore plus réussi, d'une splendeur absolue et d'une complexité redoublée ; Patton y habite dorénavant pleinement ses « personnages » donnant une dimension presque théâtrale aux titres du groupe. Sa fécondité artistique est telle qu'il devra même l'épancher dans plusieurs projets parallèles, tous plus passionnants les uns que les autres, de Mr. Bungle à

Fantomas en passant par Tomahawk. Le groupe Faith No More, lui, un temps menacé de disparition complète, annonce sa reformation en 2009.

Rage Against The Machine, détruire, disent-ils

La formule de Rage Against The Machine paraît aussi simple qu'ingénieuse : produire un rock surpuissant en associant l'agressivité des guitares saturées à celle du chant rap. Sa force, qui le distingue des nombreuses formations qui ont été tentées par la formule, tient à la voix particulièrement agressive du chanteur Zack de La Rocha, qui scande et harangue, et la guitare inventive de Tom Morello dont chaque solo tente de surprendre l'auditeur.

ATTENTION CLASSIQUE ! En 1992, le premier album du groupe, *Rage against the Machine*, dont la célèbre pochette reproduit la photographie d'un bonze s'immolant par le feu, résume tout leur propos : on y entend des riffs fortement inspirés de Black Sabbath et de Led Zeppelin et des solos bancals d'inspiration post-punk sur une section rythmique agile, le tout au service d'une dénonciation vigoureuse de l'impérialisme américain. Ses deux premiers titres « Bombtrack » et « Killing in the Name of » restent insurpassés dans leur violence et le « refrain » du second – « *Fuck you, I won't do what you tell me!* » soit « Je vous emm…, je ferai pas ce que vous me demandez » – a assuré à la formation une place privilégiée dans l'histoire du rock dont elle capturait d'une simple phrase toute l'essence (sans mauvais de jeu de mots sur sa tragique photographie de pochette). Les albums suivants reprennent la même formule et sont donc également à recommander.

Le rock androgyne ? Même pas mort

Pour un genre destiné aux midinettes, le glam rock n'en finit pas de se rappeler au bon souvenir du rock depuis sa « mort » au milieu des années soixante-dix (voir Chapitre 11). Vous vous souvenez peut-être qu'on l'a retrouvé peu après comme influence insoupçonnée du punk, puis plus tard chez les groupes de hard rock américains des années quatre-vingt comme Mötley Crüe ou Poison (voir Chapitre 16) puis, à nouveau, chez les Anglais de Suede (voir Chapitre 18).

De ce genre scintillant et ambigu qu'est le glam rock, c'est en tout cas l'esthétique androgyne qui est captée par les générations suivantes – il faudra bien d'ailleurs s'interroger un jour sur ce goût prononcé des rockers pour les cheveux longs et le maquillage, rouge à lèvres compris ! Voici deux de ces groupes de « néo-glam », aux styles radicalement opposés.

Placebo, le fantôme de Bolan

Qui de plus approprié que l'icône du glam rock, David Bowie lui-même, pour passer le flambeau vingt ans après avoir été la star du genre avec son personnage de Ziggy Stardust ? Adoubé par Bowie qui l'invite en 1997 au concert de ses cinquante ans, le groupe Placebo, mené par le chanteur et guitariste Brian Molko, applique à la lettre la formule glam – androgynie, maquillage, grosses guitares et mélodies entraînantes – et connaît un triomphe en 2000 avec le single « Special K » et son album le plus abouti, *Black Market Music*, qui dépasse ses lourdes influences glam en les étoffant de sonorités disco et rap.

Marilyn Manson, l'âge d'or du grotesque

Si vous l'avez croisé dans un magazine ou à la télévision, vous n'avez pas pu l'oublier : yeux cernés d'une épaisse couche de khôl, lentilles de contact vairons (l'une, translucide), fond de teint blafard, rouge à lèvres carmin et chapeau melon, le personnage est soigné – et la stratégie marketing ne laisse, naturellement, rien au hasard.

Autoproclamé « Superstar Antéchrist » (du nom de l'album *Antichrist Superstar* qui l'a propulsé en 1996 sur la scène internationale), Marilyn Manson s'est choisi pour choquer son pays le prénom et le nom d'une Amérique « monstrueuse », celui de l'actrice Monroe et celui de l'illuminé qui avait ordonné en 1969 le massacre de l'actrice Sharon Tate et de ses amis. Si Brian Werner (c'est son vrai nom) s'inscrit dans la droite lignée d'Alice Cooper, il joue davantage la carte d'un satanisme (de pacotille) illustré par un rock tour à tour industriel, gothique ou hard, propre à impressionner un public d'adolescents torturés et à faire enrager les associations parentales américaines qui tentent régulièrement de le poursuivre en justice. Apôtre, si l'on peut dire, de la liberté d'expression, Manson est un musicien diaboliquement intelligent qui vaut peut-être plus que ses albums (*Holy Wood [in the Shadow of the Valley of Death]*, 2000 ; *The Golden Age of Grotesque*, 2003).

J'aime regarder les filles...

Si vous avez déjà lu quelques chapitres de ce livre, vous avez sans doute pu avoir l'impression que, peu ou prou, le rock restait une affaire d'hommes... Il est vrai qu'à une majorité qui semble écrasante, le micro et les guitares semblent rester foncièrement mâles ; pourtant en y *écoutant* de plus près, de Wanda Jackson, la « Reine du rockabilly » des années cinquante à P.J. Harvey dans les années quatre-vingt-dix, les femmes sont bel et bien légion dans le rock et, au risque du cliché, l'irriguent d'une sensibilité toute féminine, particulièrement rafraîchissante.

Les années soixante avaient apporté leur lot d'icônes (Janis Joplin et Grace Slick du Jefferson Airplane) et les années soixante-dix et quatre-vingt montré que, au-delà du folk-rock intimiste, introspectif et sensible (celui de Carole King, Rickie Lee Jones ou Joni Mitchell), il y avait une place pour un rock féminin vigoureux : Pat Benatar, Joan Jett (dont le « I love Rock and Roll » a fait le tour de la planète), Lita Ford ou la furieuse Lydia Lunch mais aussi des formations féminines comme Heart, Girlschool ou Vixen ont toutes dispensé une dose de décibels honorable ! Le punk et la new wave ont apporté là aussi, on l'a vu, un renouveau sensible puisqu'à l'ombre de ses « stars » comme Blondie, Patti Smith, Marianne Faithfull et Chrissie Hynde des Pretenders, des groupes féminins (Slits, X-Ray Specs) se mesuraient efficacement à leurs pairs masculins, pas vraiment réputés pour leur tendresse confraternelle... À partir du milieu des années quatre-vingt, des « rrrt girls », des féministes néopunk bien remontées (Hole, L7, Huggy Bear, Babes in Toyland, Bikini Kill, Bratmobile) à Garbage, emmené par la délicieuse Shirley Manson en passant par les Cranberries de Dolores O'Riordan, les Throwing Muses de Liz Phair et toute la génération de compositrices (Michelle Shocked, Sinead O' Connor, P.J. Harvey, Sheryl Crow, Alanis Morissette, Fiona Apple), le rock et les femmes constituaient enfin une évidence.

La pop « indépendante » affranchie, entre onirisme et baroque

Et la pop dans tout ça ? Entre grunge, « nouveau » punk, et « nouveau » glam, les guitares bien bruyantes sont à nouveau à la fête et semblent laisser peu de place aux subtilités. Pourtant, en marge de ce sympathique vacarme, se poursuit tout au long des années quatre-vingt-dix une tradition « pop », entamée avec les Beatles et les Beach Boys, celle d'un rock mélodique et raffiné.

La pop en expérimentations

Onirique, méditative, angoissée, acoustique, électrique, électronique, la nouvelle pop des années quatre-vingt-dix est tout sauf homogène mais se caractérise par une créativité exceptionnelle, souvent audacieusement expérimentale d'ailleurs.

Coexistent ainsi une « pop de chambre » (comme on dit « musique de chambre »), marquée par de généreuses orchestrations baroques, rappelant celles des compositeurs et producteurs un peu fous des années soixante comme Brian Wilson et Phil Spector ; ailleurs, inspirée des Cocteau Twins, c'est une pop languide, rêveuse et ouvragée, reposant sur des textures sonores subtilement entrecroisées où des guitares perdues dans un lointain écho le disputent à des nappes de synthétiseur sur lesquelles se pose un chant soupiré aux textes à peine perceptibles ; ailleurs encore, c'est une pop « indépendante », reprenant l'approche *lo-fi* pour bricoler un folk léché, doux, réflexif, parfois enfantin, comme chez les Apples in Stereo (*Fun Trick Noisemaker*, 1995) ou le collectif « Elephant 6 » et les groupes qui s'y rattachent (Olivia Tremor Control, Neutral Milk Hotel, Secret Square).

Loin d'un hypothétique *star-system* rock, cette émulation créative produit surtout des groupes cultes, au succès plus critique que public il est vrai. Certains, pourtant, comme les Écossais de Belle & Sebastian (oui, le nom vient bien de la série française des années soixante !) et leur pop qui croise les Smiths et Simon & Garfunkel (l'album *If You're Feeling Sinister*, 1996) ou les Américains de Flaming Lips (*Transmissions from the Satellite Heart*, 1993) ou de Yo La Tengo (*I Can Hear the*

Heart Beating as One, 1997) et leur pop bruitiste, ou encore Eels (*Beautiful Freak*, 1996) parviennent à une certaine popularité. En voici trois des plus reconnus, Cocteau Twins, Mercury Rev et Stereolab.

Cocteau Twins, la pop à plein « gaze »

Quand le splendide album *Heaven or Las Vegas* sort en 1990, Cocteau Twins fait déjà figure de vétéran de la pop « rêveuse ». C'est en Écosse, à Grangemouth exactement que se forme en 1979 ce groupe, l'un des plus envoûtants du rock, autour du guitariste Robin Guthrie et de son amie la chanteuse Elizabeth Fraser – leur nom leur a été soufflé par leurs confrères, écossais eux aussi, de Simple Minds. Le son de cette formation est reconnaissable entre tous : comme sous une gaze, la voix irréelle, fantomatique, presque synthétique, de Fraser circule comme une brise légère dans des compositions éthérées, flottantes et vaporeuses.

Après un *Head over Heels* marquant en 1983, c'est le bien nommé album *Treasure*, l'année suivante qui capture le mieux la matière sonore singulière du duo qui, au fil de compositions rares et volatiles, compose un paysage rock inédit, partagé entre vocaux aériens et guitares carillonnantes. Toute une génération de groupes anglais s'engouffrera immédiatement dans la brèche sans connaître, même de loin, la notoriété de la formation écossaise.

Mercury Rev, la pop au cinéma

La pop de Mercury Rev, formé à la fin des années quatre-vingt autour du chanteur David Baker, des guitaristes Jonathan Donahue et « Grasshopper » (de son vrai nom Sean Mackowiak), du bassiste Dave Fridmann, du batteur Jimy Chambers et… de la flûtiste Suzanne Thorpe, semble composer une immense bande-son ininterrompue où l'expérimentation amateur et la recherche d'ambiances sonores, plus que la virtuosité, jouent un grand rôle. Son album *Boces* l'impose en 1993 en révélant son univers unique où les flûtes se mêlent aux guitares électriques et aux chœurs éthérés pour composer une texture sonore épaisse qui en fait une référence.

Stereolab, l'auberge espagnole pop

Fondé à Londres en 1991, Stereolab tient en effet, sur le papier, de l'auberge espagnole pop : un peu de rock progressif allemand, de pop anglaise des années soixante, quelques extraits de bandes originales de films et puis, à l'occasion, un soupçon de bossa-nova ou de hip-hop, un vieux synthétiseur... Ajoutez à cela un chant en... français, des thématiques marxistes et des ambiances sonores hypnotiques et étouffantes et vous tenez là un groupe culte, à n'en pas douter !

C'est l'album *Emperor Tomato Ketchup*, en 1996, qui saisit le mieux son art subtil, complexe et ambitieux qu'il a pris le soin de rendre un peu plus accessible. L'air de rien, l'album devient la pierre de touche de la pop indépendante anglaise de la décennie !

Les superstars du rock britannique

La Brit-pop d'Oasis, Blur et quelques autres avait fait l'effet d'une décharge électrique salutaire dans le rock anglais ; mais, peut-être trop redevable à ses modèles, pour certains vieux de plus de trente ans, elle a eu logiquement toutes les peines du monde à se renouveler et s'est essoufflée en quelques courtes années (voir Chapitre 18). Revigorés par cet appel d'air, quelques groupes anglais vont prendre officieusement la relève et inquiéter jusqu'aux empereurs du rock anglais, U2, toujours aussi présents (voir Chapitre 14). Si certains d'entre eux comme Radiohead ou Muse évoluent vers un rock expérimental, d'autres, comme Coldplay, Travis, Doves, Starsailors, Stereophonics ou les Verve, tracent bientôt les contours d'un nouveau rock anglais aux ventes phénoménales. Nous vous en présentons deux des plus emblématiques – et des plus différenciés.

Coldplay, la pop en vacillements

Il aura suffi d'un album, *Parachutes*, au groupe londonien Coldplay pour que son rock gracile et émotif, partagé entre ambiances acoustiques et pop limpide légèrement électrisée, les sacre nouveaux rois du rock anglais en 2000. Ce premier album s'arrache dans le monde entier ; le groupe connaît deux ans plus tard un succès encore plus important avec l'album *A Rush of Blood to the Head*. Paru dix ans après leur formation, l'album *Viva la Vida* se vend en quelques semaines à des millions d'exemplaires !

Radiohead, les richesses de l'expérimental

Formé à Oxford, Radiohead poursuit depuis ses débuts en 1989 une des discographies les plus passionnantes du rock, au point que le groupe est devenu un « monstre » du rock qui fascine autant qu'il intrigue. Les influences premières du grunge de Nirvana, très sensibles sur l'album *Pablo Honey* (1993) et son hit plaintif « Creep », sont vite oubliées au profit d'un rock plus nuancé avec l'album *The Bends* (1995) qui attire l'attention.

Mais c'est avec l'album *OK Computer* (1997) que le groupe, emmené par le chant plaintif de Thom Yorke et la guitare de Johnny Greenwood, signe son chef-d'œuvre – et l'un des plus beaux albums rock de la décennie. Si ses ambiances évoquent autant le Pink Floyd de la grande époque que les audaces des Pixies, les compositions sont d'une splendeur unique et subtilement festonnées de touches électroniques. Elles témoignent aussi de la sensibilité rongée de Yorke dont les plaintes, terrifiantes, s'unissent aux parties de guitares démultipliées de Greenwood dans une harmonie dont le rock semblait avoir fait le deuil depuis la séparation des Smiths.

Prisonnier de ce chef-d'œuvre, le groupe prend la tangente et revient avec *Kid A* (2000), un album excellent et difficile où le légendaire perfectionnisme du groupe semble avoir été tout entier déployé pour faire fuir les radios ! *Amnesiac* (2001) puis *Hail to the Thief* (2003) confirment l'exigence du groupe. En 2007, leur album *In Rainbows* est proposé directement en téléchargement par le groupe qui demande à ses propres fans d'en fixer le prix ! Cette opération historique réalisée en toute autonomie par le groupe, sans le soutien d'une maison de disques, marquait d'une pierre blanche l'inéluctable évolution de l'industrie du disque vers la dématérialisation des supports. Le groupe, lui, était déjà parti vers de nouveaux territoires sonores…

Les sauveurs du rock : nouveau garage rock, nouvelle new wave

Le tout jeune XXIe siècle n'est pas ingrat avec les amateurs de rock : de Grande-Bretagne, des États-Unis, d'Australie, de Nouvelle-Zélande et même de Suède, on assiste au retour d'un rock direct, frais, sans fioritures et, qu'il choisisse la voie « dansante » ou « rentre-dedans », terriblement excitant. Les techniques de production modernes donnent par ailleurs des dimensions insoupçonnées au moindre riff de guitare, quitte à lui donner une précision chirurgicale pas tout à fait « rock », donc ne vous privez pas !

Cette nouvelle garde, éparse, est composée de jeunes « chiens fous » comme les Libertines, les Hives, les Strokes, les White Stripes, Franz Ferdinand ; dans leur sillage, les Arctic Monkeys, Bloc Party, Interpol, les Rapture, les Datsuns, les Vines ou encore les Killers, les Kaiser Chiefs, les Departures, les Kills, les Yeah Yeah Yeahs ou Clap Your Hands Say Yeah se font eux aussi les promoteurs d'un rock franc, frais et alerte.

Les modèles sont si évidents que les intéressés eux-mêmes ne chercheraient pas à les contester : les riffs tranchants du garage rock, les accords anguleux de Television, le post-punk de Joy Division, Gang of Four, Devo, Suicide et Wire, la new wave de Blondie et des Stranglers… En bref, un retour en arrière en forme d'hommage aux années fastes du rock qui, revigoré par cette piqûre de rappel, se porte bien, merci pour lui !

Les Strokes, les turbulents fils à papa

Les Strokes ont été la sensation, savamment orchestrée, de l'année 2001 à un tel point que le battage entourant le groupe, formé par de (très) jeunes rockers new-yorkais issus de milieux aisés, frisait tout simplement l'hystérie collective ! Les émotions apaisées, que reste-t-il des Strokes ? Bonne nouvelle : un premier album détonant, *Is This It*, sous la férule du chanteur Julian Casablancas, qui sonne comme un catalogue de riffs classiques (certains qu'on jurerait avoir entendus quelques décennies plus tôt) délivrés avec une confiance et une vigueur irrésistibles.

Les White Stripes, le punk-blues

Époque oblige, c'est là aussi une énorme campagne de promotion qui a précédé le groupe avant même que l'on puisse en écouter une note ou presque ! Les White Stripes n'avaient probablement pas besoin de tant d'attention tant leur originalité était, dès le départ, plutôt marquée : ce duo de Detroit, composé du chanteur et guitariste Jack White et d'une batteuse (!) Meg White, entretenait avec malice une savoureuse ambiguïté sur son identité, Jack et Meg portant le même nom sans qu'on sache s'ils étaient frère et sœur, mari et femme ou autre chose encore…

Côté musique – le plus important ! –, c'est un cocktail explosif de blues, celui de Son House et Blind Willie McTell, celui, surréaliste, de Captain Beefheart et enfin, celui, punk en diable, de Gun Club que le duo déverse avec fracas ! Minimaliste, rudimentaire et puissant, ce « blunk » (du blues et du punk !) comme on l'a appelé est au service de compositions au son colossal, écrites par le talentueux Jack White qui passe d'un style à l'autre, y compris vocalement, avec une aisance confondante. En 2003, *Elephant* est propulsé par son excellent single « Seven Nation Army » et fait du groupe l'un des plus remarqués du circuit, de ceux dont on attend avec impatience la parution de chaque nouvel album.

Les Hives, le garage rock suédois

Si vous avez laissé traîner une oreille du côté de la nouvelle scène rock du début du XXIe siècle, vous avez probablement aussi entendu parler des Hives, troisième atout de ce qui forme, avec les Strokes et les White Stripes, « le » nouveau brelan rock ! Formé en Suède en 1993 (à Fagersta, si vous connaissez !), le groupe touche le jackpot en… 2000 avec son second album *Veni Vidi Vicious* et sa paire de singles, « Hate to Say I Told You so » et « Main Offender » en délivrant, sous leurs costumes impeccables, un rock énergique et incisif. Avec le single « Walk Idiot Walk » en tête de pont, son album suivant, *Tyrannosaurus Hives*, confirme que la formation suédoise a encore beaucoup à dire, même dans un genre aussi peu extensible que le garage rock dont elle offre une version modernisée, que même l'amateur de rock « originel » aurait tort de bouder.

Franz Ferdinand, le disco-punk de l'archiduc

Originaire de Glasgow, ses membres issus d'une école d'art, le groupe Franz Ferdinand tire son nom de celui de l'archiduc austro-hongrois dont l'assassinat en 1914 avait déclenché la Première Guerre mondiale – les formations anglaises ont toujours eu un faible pour les concepts artistiques originaux ! En 2004, sans crier gare, le groupe se hisse en tête des charts européens et américains avec le single « Take Me Out », dansant, simple mais léché, qui apporte une fraîcheur bienvenue dans le paysage rock après une décennie de rock alternatif bancal et angulaire et de guitares thrash agressives.

L'album correspondant, *Franz Ferdinand* (2004), est un triomphe tout comme ses singles qui semblent tout droit sortis de la scène new-yorkaise de la fin des années soixante-dix. Emmené par le chanteur et guitariste Alex Kapranos, le groupe n'a, depuis, pas encore montré de signes d'essoufflement, son romantisme punk un peu sombre bardé de guitares enjouées se renouvelant même sur l'album *Tonight* en 2009 et son étrange single « Ulysses ».

Les bandes à Doherty et Barat, des Libertines aux Babyshambles

Les Américains avaient les Strokes et leur album *This Is It* ? À leur habitude, les Anglais ne tardent pas à répondre en 2002, cette fois-ci avec les Libertines, une formation londonienne conduite par les chanteurs et guitaristes Pete Doherty et Carl Barat. Leur rock qui mêle punk et Brit-pop se distingue dès leur premier album, *Up the Bracket*, par la complémentarité de Doherty et Barat, compositeurs sensibles et inspirés.

L'alchimie fera pourtant long feu et les débuts prometteurs du groupe, qui publie un second album en 2004 (*The Libertines*), bientôt regrettés : Barat et Doherty se déchirent, ce dernier, toxicomane, lâchant le groupe en pleine tournée pour s'abîmer dans des frasques qui désespèrent autant ses fans de la première heure qu'elles ravissent les journaux à scandale.

Sa flamme créative pas encore tout à fait éteinte, Doherty a toutefois formé en parallèle un second groupe, les Babyshambles (*Shotter's Nation*, 2007) où sa petite poésie rock s'épanche un peu plus librement ; Barat a fait de même avec les Dirty Pretty Things qui publient en 2005 l'album *Waterloo to Anywhere*.

... Quand on vous disait que le rock n'était pas mort... Allez, encore un petit effort et bientôt le centenaire !

Rock around the Vioques : le « papy rock »

Comment vieillir en rock ? Nombreux sont les rockers de la première heure à être tombés dans le piège de la déclaration de jeunesse bravache, de Mick Jagger affirmant crânement que jamais au grand jamais il ne chantera « (I Can't Get No) Satisfaction » à quarante ans (il l'a fait, il est vrai, aussi à cinquante et soixante ans) aux Who dont le « *Hope I die before I get old* » (« J'espère bien crever avant de vieillir ») a été entonné sur scène par son chanteur pendant près de quarante ans.

Au début du XXIe siècle, on retrouve ainsi beaucoup de rockers des années quatre-vingt, mais aussi soixante-dix et même soixante (!) tenant le haut du pavé et connaissant même un regain de succès, parfois sans commune mesure avec les périodes qui les avaient révélés : outre les immortels Rolling Stones, Eric Clapton (avec son *Unplugged*), Santana (avec *Supernatural*) mais aussi Police, Led Zeppelin, Aerosmith, les Sex Pistols, Iggy Pop, les Stooges, Morrissey, les New York Dolls et bien d'autres ont donné du fil à retordre aux jeunes générations en se lançant, leurs musiciens la cinquantaine voire la soixantaine avancée, dans des tournées à guichets fermés. Si les motivations sont souvent lucratives, certaines des œuvres tardives de ces vétérans rock, comme celles de Paul McCartney, Bruce Springsteen et Bob Dylan, arrivent parfois à égaler, voire surpasser, en qualité leurs albums classiques – peut-être parce que ces artistes y assument pleinement leur vieillesse et délivrent un rock mature, opportunément débarrassé de son artificiel jeunisme.

Septième partie

La partie des Dix

Dans cette partie...

Cette partie vous propose une liste des dix événements marquants de l'histoire du rock, de ses tout débuts à nos jours ; en complément, elle vous donne la liste de dix albums de rock historiques, dont l'écoute vous permettra de faire vos premiers pas vers la constitution d'une discothèque « rock » idéale.

Chapitre 21

Dix albums de rock légendaires

Dans ce chapitre :

- Le rock de ses débuts à nos jours en dix albums de légende
- Les plus grands groupes et artistes à travers leur album emblématique

Le rock en dix albums ? Mission impossible, évidemment, quand 100 (500 ?) albums ne suffiraient pas à en rendre la diversité... Voici tout de même un tour d'horizon des incontournables du genre, des débuts mythiques en 1954 jusqu'à aujourd'hui, comme premiers pas vers une discothèque idéale... À vous de la compléter ensuite... pourquoi pas avec l'aide du *Petit Livre des 100 Meilleurs Albums de rock* de votre serviteur, aux Éditions First !

Elvis Presley, « The Sun sessions » (1954-1955)

Le véritable acte de naissance du rock : guitare sèche en bandoulière et sourire rebelle aux lèvres, Elvis Presley, dix-neuf ans, fait le malin et improvise une version endiablée d'un blues de Arthur « Big Boy » Crudup, « That's All Right (Mama) » dans les studios Sun du producteur Sam Phillips, à Memphis (Tennessee). Derrière lui, le guitariste Scotty Moore et le contrebassiste Bill Black suivent comme un seul homme et font chauffer la marmite pendant une petite minute et ses cinquante-cinq secondes : le rock, qui commençait déjà à jouer un peu des coudes avant Elvis, est enfin pleinement libéré – et s'invite bientôt dans les oreilles des millions de jeunes auditeurs.

Une vingtaine de titres (« Baby Let's Play House », « Good Rockin' Tonight », « Mystery Train », « Blue Moon »...) sont enregistrés dans la foulée lors de ces sessions historiques, comme autant de « classiques » : sur « Milk Cow Blues Boogie », Elvis, fébrile, arrête ses musiciens quelques secondes seulement après le début de la chanson et leur dit : « Attendez les gars, ça me fait rien tout ça, lâchons-nous vraiment pour changer » et c'est encore l'explosion rock, sur un riff glissé implacable de Moore et la « pompe » de la basse de Black. Investies du chant félin, hoqueté et suggestif d'un Elvis à la voix d'or, les influences blues et country y sont encore évidentes mais la révolution rock est bel et bien lancée. Pour un peu, on aurait envie de vous dire de vous en tenir à ce seul disque : tout le rock, spontané, rebelle et suggestif, y est.

Bob Dylan, « Highway 61 Revisited » (1965)

Le véritable acte de naissance du folk-rock : le chanteur Bob Dylan au sommet de sa verve acide, soutenu pour la première fois par un groupe de rock, s'ouvre pleinement à l'électricité et laisse libre cours, dans des blues dévoyés par le guitariste Michael Bloomfield et le claviériste Al Kooper, à son imaginaire poétique délirant, entrechoquant de sa voix nasillarde images extravagantes (« Le salon de beauté est rempli de marins ») et saillies obscures (« Bon, la 5e fille, la 12e nuit / Dit au premier père que tout ça n'allait pas / Mon teint, dit-elle, est beaucoup trop pâle »).

Du fameux « Like a Rolling Stone » à « Ballad of a Thin Man » en passant par « Queen Jane Approximately » et la chanson-titre, tout est osé, moderne, inédit dans cet album conduit par le « flux de conscience » de Dylan, cynique, jubilatoire et pétri d'un surréalisme sarcastique, qui emporte tout sur son passage – et tant pis pour les erreurs, les couacs et le rythme incertain, capturés pour l'éternité sur disque ! Comment s'arrêter en effet à de telles considérations quand, dans un même titre de plus de onze minutes (« Desolation Row »), sont convoqués Cendrillon, Abel et Cain, le Bon Samaritain, Bette Davis, Roméo, Ophélia, Einstein, Noé, le Fantôme de l'Opéra, Casanova, Ezra Pound, T.S. Eliot et le bossu de Notre-Dame ?

The Beatles, « Sgt. Pepper's Lonely Hearts Club Band » (1967)

Le rock devient art et propose sa première « œuvre » : avant même d'en entendre les premières notes (un orchestre qui s'accorde sous les murmures impatients de son public), on découvre sa pochette, éclatante et chamarrée, en deux volets, avec même, pour la première fois, les paroles des chansons imprimées ! John, Paul, George et Ringo, les quatre Beatles, en uniformes de parade, s'y tiennent debout devant une assemblée d'effigies en carton-pâte figurant plus de soixante-dix personnalités – Karl Marx, Marlene Dietrich, Aleister Crowley, Marlon Brando, Bob Dylan, Marilyn Monroe, Edgar Allan Poe, Stan Laurel et Oliver Hardy… – et divers objets (figurines, poupées, narguilé, serpent en velours…), tous clins d'œil que les fans du groupe s'échinent bientôt à décoder.

Et l'album lui-même ? Si le concept qui semble conduire l'album (les tribulations d'un groupe imaginaire, celui du Sergent Poivre) est vite abandonné en cours de disque, c'est pour céder la place à une luxuriance sonore inouïe (effets électriques, bandes d'enregistrements au déroulement inversé ou accéléré, sitar et orchestre indien, bruits d'animaux, ultrasons…) travaillée plus de 700 heures durant sous la direction du producteur George Martin et l'influence du compositeur avant-gardiste Karlheinz Stockhausen. Le son est superbe (la basse de McCartney, enregistrée sur une piste spéciale, est particulièrement splendide) et les compositions, somptueuses : « Lucy in the Sky with Diamonds » (dont les principales initiales donnaient assez, à l'insu de son auteur Lennon, la portée d'un album psychédélique conduit par les drogues), « With a Little Help from My Friends » (Ringo n'a jamais aussi bien chanté), « She's Leaving Home » (et ses cordes émouvantes), « A Day in the Life » (chef-d'œuvre baroque du groupe, au crescendo improvisé conclu d'une note finale terrassante)… Avec ce « Sergent Poivre », les Anglais fournissent au « Summer of Love » de San Francisco sa plus belle bande-son sans même s'y déplacer – mais, surtout, en passant, ils donnent enfin ses lettres de noblesse au rock.

The Rolling Stones, « Let It Bleed » (1969)

Les « Stones » au sommet : le titre, clin d'œil railleur au « Let It Be » des « gentils » Beatles le clament haut et fort : « Que ça saigne ! » Le prodige multi-instrumentiste Brian Jones enferré dans les drogues, Mick Jagger (chant) et Keith Richards (guitare) prennent les commandes du groupe et, servis par ce qui est peut-être la plus belle section rythmique du rock (Bill Wyman à la basse et Charlie Watts à la batterie) avertissent au verso de la pochette : « JOUER FORT ». Richards, les coudées franches, distribue des riffs sanglants en accords non conventionnels. « Sa Majesté » Jagger, elle, toute en gouaille cockney, se repaît de textes ciselés et glauques, invitant les nanas à partager son mode de vie (« Live with Me »), se mettant dans la peau d'un homme-singe lubrique (« Monkey Man ») et même jusqu'à celle de l'Étrangleur de Boston (« Midnight Rambler ») !

L'album démarre sur un rock limpide et inquiet, avec les vocalises déchirées de Mary Clayton (« Gimmie Shelter »), et se clôt sur une ballade louche, renforcés d'un cor anglais et des chœurs du London Bach Choir (« You Can't Always Get What You Want ») ; entre les deux, un blues lumineux de Robert Johnson vampirisé (« Love in Vain »), une ballade acoustique exceptionnellement chantée par Richards (« You Got the Silver »), un titre country poisseux (« Country Honk »)… Visqueux, salace et mélodique : le rock des Rolling Stones est alors au sommet.

Led Zeppelin, « Led Zeppelin IV » (1971)

Le chef-d'œuvre du hard rock : une pochette sans titre, ni même mention d'artiste, et à l'intérieur, de curieux symboles runiques associés à chacun des musiciens ; sur les huit titres de l'album, de l'électricité crépitante, des guitares en fusion (« When the Levee Breaks »), des rythmiques lourdes et virtuoses sous des vocalises sidérantes (« Black Dog »), mais aussi des arpèges acoustiques poignants (« Going to California ») et des ambiances celtiques (« The Battle of

Evermore »). Épaulés par la basse fluide de John Paul Jones et la frappe colossale du batteur John Bonham, Robert Plant (chant) et Jimmy Page (guitare) redoublent d'inventivité et poussent le rock hors ses limites.

Monumental, tour à tour violent et serein, l'album brille aussi par sa classe et sa finesse toutes britanniques. Sommet du disque, une ballade mystique de plus de huit minutes, « Stairway to Heaven », aux arpèges liminaires devenus mythiques, et au solo aérien final mille fois copié depuis, achève d'inscrire le groupe au panthéon du rock. Jones déclara d'ailleurs : « Après ce disque, plus personne ne nous a comparés à Black Sabbath… »

The Sex Pistols, « Never Mind the Bollocks, Here's the Sex Pistols » (1977)

Le manifeste punk-rock : « on s'en bat les c…lles » ! Avec ce titre qui a fait frémir l'Angleterre, Johnny Rotten, chanteur teigneux, et Steve Jones, guitariste crasseux, annonçaient la couleur : au programme, du mépris, de la hargne et de la rébellion, encore de la rébellion… Contre le rock d'alors, tout d'abord, qui avait perdu son urgence et sa spontanéité originelles, écrasées par les errances des « dinosaures » (Led Zeppelin, Yes et consorts) ; contre « l'Establishment » et la société ensuite, avec des titres comme « God Save the Queen » qui, sorti en single au moment du jubilé de la Reine, bafoue vicieusement l'hymne anglais, ou l'éloquent « Anarchy in the UK », aux paroles fielleuses crachées par Rotten.

Dans l'Angleterre des « Pistols », selon une formule devenue fameuse, on ne se rêve plus de futur (« *there is no future in England's dreaming* »), la reine est une vieille icône touristique désincarnée (au fascisme larvé de surcroît), et les fans, comme la Pauline de « Bodies » qui connaît viol, asile et avortement, survivent tant bien que mal… Pour appuyer la charge, Rotten prend un malin plaisir à surarticuler ses paroles fielleuses, voire à chanter faux, Jones frappe sa guitare de quelques accords bruts avec, comme compagnons de raffut, le bassiste Glen Matlock et le batteur Paul Cook… Sous le boucan, entre les râles et les grognements de Rotten, une critique sociale virulente plus fine qu'il n'y paraît, du boucan et une énergie contagieuse : le rock en a été secoué jusque dans ses fondations.

The Cure, « Seventeen Seconds » (1980)

Le rock prend un coup de froid : dépressif, lugubre, blafard, l'album est une plongée abyssale dans le spleen infini de Robert Smith (chant, guitare) qui y impose son univers tragique et torturé. Menée en compagnie de Simon Gallup (basse), Matthieu Hartley (claviers) et Laurence Tolhurst (batterie), l'équipée est certes éprouvante : des compositions étouffantes, désespérées, inspirées par la drogue, des orchestrations minimalistes et dépouillées, aux ambiances vaguement cinématographiques (« A Reflection »), partagées entre arpèges nauséeux (« In Your House »), pop « artificielle » (« M ») et échappées orientalisantes (« Play for Today ») dont émergent seules, dignes et magnifiques, la guitare Fender de Smith et la basse de Gallup (« A Forest »). À mille lieues de la spontanéité joyeuse de ses débuts, sous un ciel de suie, le rock a la drogue triste et déprime en beauté.

Metallica, « Master of Puppets » (1986)

Le classique du thrash : après avoir fait une entrée tonitruante sur la scène rock avec un *Kill 'Em All* primaire et violent, Metallica s'ouvre à des structures de titres plus complexes qui, toujours déployées sous une chape de guitares saturées, évoquent parfois le rock progressif de la génération précédente. On y retrouve les incursions électroacoustiques déjà éprouvées sur leur album précédent, *Ride the Lightning*, dont l'album reste d'ailleurs très proche ; l'avancée, harmonique et rythmique, est toutefois significative, les compositions étant moins démonstratives, plus assurées, plus audacieuses aussi.

Lancé par un titre sauvage, aux premiers accords hispanisants trompeurs (« Battery »), l'album passe les thématiques tourmentées chères au groupe, comme la manipulation des consciences (« Master of Puppets »), la folie (« Welcome Home [Sanitarium] ») ou les horreurs de la guerre (« Disposable Heroes ») au crible des guitares véloces, puissantes et rageuses de James Hetfield et Kirk Hammett. Trouées dans le tir d'artillerie sonore orchestré par les deux guitaristes mais aussi le batteur Lars Ulrich et le bassiste Cliff Burton – dont la virtuosité, comme sur l'instrumental « Orion », assure au groupe une place unique dans le thrash –, les solos de Hammett, habités d'un lyrisme confiant, sont autant de démonstrations éclatantes de la subtilité d'un genre qui cache son exigence (et ses émotions) sous les décibels.

Faith No More, « Angel Dust » (1992)

Le rock baroque : Faith No More, l'un des groupes les plus atypiques du rock (qui, des Stooges à Kraftwerk, en compte déjà pas mal !), offre un album à nul autre pareil, dont la richesse d'inspiration doit beaucoup à son chanteur fantasque, Mike Patton, artiste « total » et poète punk qui ouvre ici la boîte de Pandore de ses obsessions, de ses craintes et de ses fantasmes. À ses côtés, le guitariste « Big » Jim Martin, aux grosses rythmiques saturées, Bill Gould, bassiste nourri de funk, le batteur Mike Bordin et, aux claviers et synthétiseurs, Roddy Bottum créent des ambiances sonores improbables où basse claquante (« Crack Hitler »), wah-wah crémeuse (« Be Aggressive »), synthétiseur planant (« Land of Sunshine »), guitare hawaïenne (« RV »), piano instable (« Everything's Ruined »), chœurs pop (« Malpractice ») et riffs thrash (« MidLife Crisis ») se côtoient dans une harmonie déconcertante.

Maître de cette troublante cérémonie rock, Patton investit chaque titre de son chant halluciné, éructant d'obscures injures, s'improvisant rappeur, se faisant cajoleur ou, crooner éméché, déversant son fiel dans un micro confident. L'album se termine sur une reprise du fameux thème du film *Macadam Cowboy* (« Midnight Cowboy »), hommage inattendu mais, au final, tout à fait raccord avec un album à la singulière qualité cinématographique.

Radiohead, « OK Computer » (1997)

Le rock ressuscité : avec ce chef-d'œuvre, sombre et exigeant, les Anglais de Radiohead portent leur rock mélodieux, teinté de grunge et consacré quatre ans auparavant par le single « Creep », vers des sommets insoupçonnés. Si les guitares inventives de Jonny Greenwood et Ed O'Brien, la section rythmique formée par le bassiste Colin Greenwood et le batteur Phil Selway, sont indiscutablement rock, l'album se veut de toute évidence bien davantage : truffé d'audaces sonores, fruit d'un long travail en studio qui évoque, trente ans après, les recherches des Beatles (déroulement inversé des bandes d'enregistrements, travail de l'habillage sonore, etc.), il propose d'amples compositions à la dimension épique.

Les guitares, tour à tour cristallines ou criardes, sont à la fête mais c'est la subtilité et l'intensité émotionnelle des compositions qui frappent dès la première écoute : « Paranoid Android », « The Tourist », « Karma Police », « Airbag », « Subterranean Homesick Alien » sont autant de classiques rock moderne, torturés et émouvants, portés par la voix fragile et tétanisante de Thom Yorke. Ultime irrévérence, le court titre « Fitter Happier » qui débite froidement des slogans marketing est « chanté » par la voix d'un ordinateur.

Index

C

D

E

F

G

H

I

J

K

L

M

N

O

P

Q

R

S

T

U

V

W

X-Y-Z